芝浦工業大学柏中学校

〈収録内容〉

2024 年度 ……………… 第１回（算・理・社・国）
第２回（算・理・社・国）

2023 年度 ……………… 第１回（算・理・社・国）
第２回（算・理・社・国）

2022 年度 ……………… 第１回（算・理・社・国）
第２回（算・理・社・国）

2021 年度 ……………… 第１回（算・理・社・国）

2020 年度 ……………… 第１回（算・理・社・国）

2019 年度 ……………… 第１回（算・理・社・国）

便利な DL コンテンツは右の QR コードから

解答用紙

過去年度

国語の問題は
紙面に掲載

⇒

※データのダウンロードは 2025 年 3 月末日まで。
※データへのアクセスには、右記のパスワードの入力が必要となります。 ⇒ 043224

〈合格最低点〉

	第１回	第２回
2024年度	213点	217点
2023年度	236点／200点	258点／222点
2022年度	236点／214点	247点／219点
2021年度	224点／189点	239点／202点
2020年度	222点／184点	259点／227点

※GSクラス／一般クラス

本書の特長

実戦力がつく入試過去問題集

- ▶ 問題 …………… 実際の入試問題を見やすく再編集。
- ▶ 解答用紙 …… 実戦対応仕様で収録。
- ▶ 解答解説 …… 詳しくわかりやすい解説には、難易度の目安がわかる「基本・重要・やや難」の分類マークつき（下記参照）。各科末尾には合格へと導く「ワンポイントアドバイス」を配置。採点に便利な配点つき。

入試に役立つ分類マーク

基本 確実な得点源！
受験生の90%以上が正解できるような基礎的、かつ平易な問題。
何度もくり返して学習し、ケアレスミスも防げるようにしておこう。

重要 受験生なら何としても正解したい！
入試では典型的な問題で、長年にわたり、多くの学校でよく出題される問題。
各単元の内容理解を深めるのにも役立てよう。

やや難 これが解ければ合格に近づく！
受験生にとっては、かなり手ごたえのある問題。
合格者の正解率が低い場合もあるので、あきらめずにじっくりと取り組んでみよう。

合格への対策、実力錬成のための内容が充実

- ▶ 各科目の出題傾向の分析、合否を分けた問題の確認で、入試対策を強化！
- ▶ その他、学校紹介、過去問の効果的な使い方など、学習意欲を高める要素が満載！

解答用紙ダウンロード 解答用紙はプリントアウトしてご利用いただけます。弊社ＨＰの商品詳細ページよりダウンロードしてください。トビラのＱＲコードからアクセス可。

UD FONT 見やすく読みまちがえにくいユニバーサルデザインフォントを採用しています。

芝浦工業大学柏中学校

理科系大学の付属校だが
難関大学へ高い進学実績
夢と理想を実現する中高一貫教育

URL	https://www.ka.shibaura-it.ac.jp/

生徒数　588名
〒277-0033
千葉県柏市増尾700
☎04-7174-3100
東武アーバンパークライン新柏駅
スクールバス5分
常磐線　東武アーバンパークライン柏駅
スクールバス15分

トピックス　SSH指定校

2018年度より、文部科学省からSSH（スーパー・サイエンス・ハイスクール）の再指定を受け、問題解決を重視した、より体験的で主体的な学び場を提供している。様々な研究機関や企業と連携しながら、最先端の実験に取り組むことで、創造性と個性に溢れたミライの科学技術のトップランナーを育成している。

また、中学・高校を通じて研究活動にも力を入れており、校外学習などに絡め各自で課題を設定し、情報収集や整理分析を経てまとめ上げたものを文化祭などで発表している。

環境　設備の拡充進む 教育環境

緑に囲まれた好環境の中、学内の教育環境も毎年拡充している。2013年5月にオールウェザー対応の人工芝グランド、2015年5月には第3グランドが完成、2016年から中・高各教室にプロジェクター付きホワイトボード「ワイード」を設置するなど、大きな施設整備を図っている。冷暖房完備の教室をはじめ、大画面のプロジェクターが設置されたグリーンホール、カフェテリア、茶室などの施設と共に校内のトイレは化粧台を備え、洋式温水シャワー付きトイレに改修。体育施設ではソーラーハウスプール、体育館、クラブハウス、トレーニングルーム、小体育館、弓道場なども完備。

カリキュラム　少人数の演習や授業 きめ細かな指導

中学では、「自ら学ぶ」を重視し、基礎学力の徹底を図る。また、Webコンテストなどに代表される「CSC（探究）教育」中学3年次の海外ホームステイなどの「グローバル教育」とグリーンスクールや独自プログラムである芝浦サイエンスなどの「サイエンス教育」に力を入れている。1人1台のタブレットPCを「文房具」として利用し、反転学習やアクティブラーニングの取り組み、プレゼンテーションなど、自らの目標に向け、主体的に課題を見つけ解決していく人材を育成していく。また、教科の特性、時間割構成を生かした授業を展開するほか、スタディサプリや補習などによる授業のアフターケアも万全だ。

「創造性の開発と個性の発揮」を建学の精神とし、2015年度より新たにグローバル・サイエンスとジェネラルラーニングの2コースで高校のカリキュラムを編成。グローバルの取り組みとして、全員参加の海外ホームステイや希望者によるオーストラリア、イギリス、アメリカ、カナダへのホームステイ、サイエンスの取り組みとして、環境教育や芝浦サイエンスの実践がある。グローバル・サイエンスクラスでは文理に関わらず、最難関国公立を目指し、課題解決力や表現力を意識した、知識を運用する授業を行う。ジェネラルラーニングクラスは、5教科7科目をまんべんなく学びながら千葉大、筑波大や難関私立大の進学を目指す。

また、既成の教科を統合、応用し、思考力を錬成する「総合学習」では、「自分史作成」と、中高生によるweb教材開発コンテストの参加により、情報・コンピュータ・環境・芸術などについて幅広く考える力を身につける。そのほか、1年次の現代社会の授業では「ディベート」を行い、論理的な思考力を養っている。

タブレットPCは生徒一人に1台

学校生活　多くの生徒が クラブに所属

クラブ活動は週5日以内となっており、9割以上の生徒が加入し、充実した施設の中、元気に活動している。

［運動部］　野球、サッカー、バスケットボール（男子）、バレーボール（女子）、ハンドボール（女子）、ソフトテニス、卓球、陸上競技、水泳、剣道、ダンス（女子）

クラブ活動も盛ん

［文化部］　吹奏楽、コンピュータ、科学、演劇、英語、美術、囲碁サークル、鉄道サークル、数学研究サークル

進路　高い現役合格率 難関校にも強い

2023年3月の現役の合格実績は、東京大1、千葉大14、筑波大13、九州大1、東京工業大4、一橋大2、国公立大学計72名合格。早慶上理GMARCHの合格率も高い。

芝浦工業大学の併設校だが、内部推薦で進学する生徒は10％強となっている。芝浦工業大学は就職もよく非常に評価の高い大学だが、「工学」を中心とした大学なので、それぞれの個性に合う進路を開発する本校では、生徒達が多様な進路を開拓している。芝浦工大に内部推薦で進学する場合にも、一般入試で合格する学力が必要となるので、推薦クラスは最後まで編成されず、推薦を希望する場合でも、一般入試を突破する学力をつけていく。また芝浦工大推薦入学者3〜4名に無料で短期留学を実施し、全員にTOIECの指導もしている。

2024年度入試要項

試験日　1/23（第1回）　1/27（第2回）
2/4（課題作文）

試験科目　国・算・理・社（第1回、第2回）
人文社会系テーマ作文・理数系テーマ作文・面接（課題作文）
※帰国生は面接あり
※希望者に英語入試（リスニング含む）あり

2024年度	募集定員	受験者数	合格者	競争率
第1回	約110	692/303	296/101	2.3/3.0
第2回	約55	328/129	84/26	3.9/5.0
課題作文	約15	56/30	15/11	3.7/2.7

※人数はすべて男子／女子

過去問の効果的な使い方

① **はじめに**　ここでは，受験生のみなさんが，ご家庭で過去問を利用される場合の，一般的な活用法を説明していきます。もし，塾に通われていたり，家庭教師の指導のもとで学習されていたりする場合は，その先生方の指示にしたがって，過去問を活用してください。その理由は，通常，塾のカリキュラムや家庭教師の指導計画の中に過去問学習が含まれており，どの時期から，どのように過去問を活用するのか，という具体的な方法がそれぞれの場合で異なるからです。

② **目的**　言うまでもなく，志望校の入学試験に合格することが，過去問学習の第一の目的です。そのためには，それぞれの志望校の入試問題について，どのようなレベルのどのような分野の問題が何問，出題されているのかを確認し，近年の出題傾向を探り，合格点を得るための試行錯誤をして，各校の入学試験について自分なりの感触を得ることが必要になります。過去問学習は，このための重要な過程であり，合格に向けて，新たに実力を養成していく機会なのです。

③ **開始時期**　過去問との取り組みは，通常，全分野の学習が一通り終了した時期，すなわち6年生の7月から8月にかけて始まります。しかし，各分野の基本が身についていない場合や，反対に短期間で過去問学習をこなせるだけの実力がある場合は，9月以降が過去問学習の開始時期になります。

④ **活用法**　各年度の入試問題を全問マスターしよう，と思う必要はありません。完璧を目標にすると挫折しやすいものです。できるかぎり多くの問題を解けるにこしたことはありませんが，それよりも重要なのは，現実に各志望校に合格するために，どの問題が解けなければいけないか，どの問題は解けなくてもよいか，という眼力を養うことです。

算数

どの問題を解き，どの問題は解けなくてもよいのかを見極めるには相当の実力が必要になりますし，この段階にいきなり到達するのは容易ではないので，この前段階の一般的な過去問学習法，活用法を2つの場合に分けて説明します。

☆偏差値がほぼ55以上ある場合

掲載順の通り，新しい年度から順に年度ごとに3年度分以上，解いていきます。

ポイント1…問題集に直接書き込んで解くのではなく，各問題の計算法や解き方を，明快にわかるように意識してノートに書き記す。

ポイント2…答えの正誤を点検し，解けなかった問題に印をつける。特に，解説の 基本 重要 がついている問題で解けなかった問題をよく復習する。

ポイント3…1回目にできなかった問題を解き直す。同様に，2回目，3回目，…と解けなければいけない問題を解き直す。

ポイント4…難問を解く必要はなく，基本をおろそかにしないこと。

☆偏差値が50前後かそれ以下の場合

ポイント1～4以外に，志望校の出題内容で「計算問題・一行問題」の比重が大きい場合，これらの問題をまず優先してマスターするとか，例えば，大問2までをマスターしてしまうとよいでしょう。

理科

理科は1から順番に解くことにほとんど意味はありません。理科は，性格の違う4つの分野が合わさった科目です。また，同じ分野でも単なる知識問題なのか，あるいは実験や観察の考察問題なのかによってもかかる時間がずいぶんちがいます。記述，計算，描図など，出題形式もさまざまです。ですから，解く順番の上手，下手で，10点以上の差がつくこともあります。

過去問を解き始める時も，はじめに1回分の試験問題の全体を見通して，解く順番を決めましょう。得意分野から解くのもよいでしょう。短時間で解けそうな問題を見つけて手をつけるのも効果的です。くれぐれも，難問に時間を取られすぎないように，わからない問題はスキップして，早めに全体を解き終えることを意識しましょう。

社会

社会は1から順番に解いていってかまいません。ただし，時間のかかりそうな，「地形図の読み取り」，「統計の読み取り」，「計算が必要な問題」，「字数の多い論述問題」などは後回しにするのが賢明です。また，3分野（地理・歴史・政治）の中で極端に得意，不得意がある受験生は，得意分野から手をつけるべきです。

過去問を解くときは，試験時間を有効に活用できるよう，時間は常に意識しなければなりません。ただし，時間に追われて雑にならないようにする注意が必要です。“誤っているもの”を選ぶ設問なのに“正しいもの”を選んでしまった，“すべて選びなさい”という設問なのに一つしか選ばなかったなどが致命的なミスになってしまいます。問題文の“正しいもの”，“誤っているもの”，“一つ選び”，“すべて選び”などに下線を引いて，一つ一つ確認しながら問題を解くとよいでしょう。

過去問を解き終わったら，自己採点し，受験生自身でふり返りをしましょう。できなかった問題については，なぜできなかったのかについての分析が必要です。例えば，「知識が必要な問題」ができなかったのか，「問題文や資料から判断する問題」ができなかったのかで，これから取り組むべきことも大きく異なってくるはずです。また，正解できた問題も，「勘で解いた」，「確信が持てない」といったときはふり返りが必要です。問題集の解説を読んでも納得がいかないときは，塾の先生などに質問をして，理解するようにしましょう。

国語

過去問に取り組む一番の目的は，志望校の傾向をつかみ，本番でどのように入試問題と向かい合うべきか考えることです。素材文の傾向，設問の傾向，問題数の傾向など，十分に研究していきましょう。

取り組む際は，まず解答用紙を確認しましょう。漢字や語句問題の量，記述問題の種類や量などが，解答用紙を見て，わかります。次に，ページをめくり，問題用紙全体を確認しましょう。どのような問題配列になっているのか，問題の難度はどの程度か，などを確認して，どの問題から取り組むべきかを判断するとよいでしょう。

一般的に「漢字」→「語句問題」→「読解問題」という形で取り組むと，効率よく時間を使うことができます。

また，解答用紙は，必ず，実際の大きさのものを使用しましょう。字数指定のない記述問題などは，解答欄の大きさから，書く量を考えていきましょう。

算数　出題傾向の分析と合格への対策

●出題傾向と内容

近年の出題数は第1回，第2回とも大問が7題で，小問数は20問程度である。

出題形式は，①が四則計算と小問，②～⑦が大問という構成になっている。分野別に見ると，「図形」，「割合」，「数の性質」，「速さ」の問題を中心に例年出題されている。ほかに「場合の数」などの問題もよく出題されており，図形は標準的なレベルの問題が中心であるが，立体図形の切断，回転など複雑なパターンも出題される傾向にあるので，しっかり対策をたてておきたい。また，思考力を必要とする問題が出題されることがあるので，注意が必要である。

✔学習のポイント

基礎をしっかり固め，標準レベルまでの問題の定着を図ること。思考力を必要とする問題に挑戦すること。

●2025年度の予想と対策

出題率が高い分野は「割合と比」，「図形」，「数の性質」，「速さ」であり，「場合の数」もよく出題される。

対策の第一歩は基礎学力の定着である。各分野の典型的な問題はすぐに解法が浮かぶようになるまでくり返し練習を積んでおこう。このとき大事なことは，ただ解法を覚えるのではなく，なぜそう考えるのかをしっかり理解しておくことである。

そして，基礎学力がしっかり身についたら，応用レベルの問題や思考力を必要とする問題に挑戦していこう。もちろん正確な計算力は不可欠なので，日々の計算練習もおこたらないようにしよう。

▼年度別出題内容分類表

※　よく出ている順に☆，◎，○の３段階で示してあります。

出題内容		2022年		2023年		2024年	
		1回	2回	1回	2回	1回	2回
数と計算	四則計算	○	○	○	○	○	○
	概数・単位の換算	○	○				
	数の性質	☆	☆	○	☆		☆
	演算記号						
図形	平面図形	☆	☆	☆	◎	☆	☆
	立体図形	☆	◎	◎	☆	◎	☆
	面積	○	☆	○	☆		○
	体積と容積	☆		○	◎	◎	◎
	縮図と拡大図	○	○				
	図形や点の移動	◎	☆			☆	☆
速さ	三公式と比	☆				☆	
	文章題　旅人算			☆			
	文章題　流水算	☆					
	文章題　通過算・時計算						
割合	割合と比	☆	☆	☆	◎	◎	◎
	文章題　相当算・還元算						
	文章題　倍数算	○					
	文章題　分配算						
	文章題　仕事算・ニュートン算	◎	◎				☆
文字と式							
2量の関係(比例・反比例)							
統計・表とグラフ							
場合の数・確からしさ		☆		◎	◎		
数列・規則性			◎			☆	
論理・推理・集合			○				
その他の文章題	和差・平均算						
	つるかめ・過不足・差集め算		◎				
	消去・年令算			○			
	植木・方陣算						

芝浦工業大学柏中学校

算数 ——グラフで見る最近3ヶ年の傾向——

最近3ヶ年に出題されたすべての問題を内容別に分類・集計し，全体に対して何パーセントくらいの割合になっているかを示しました。

▒……50校の平均　　■……芝浦工業大学柏中学校

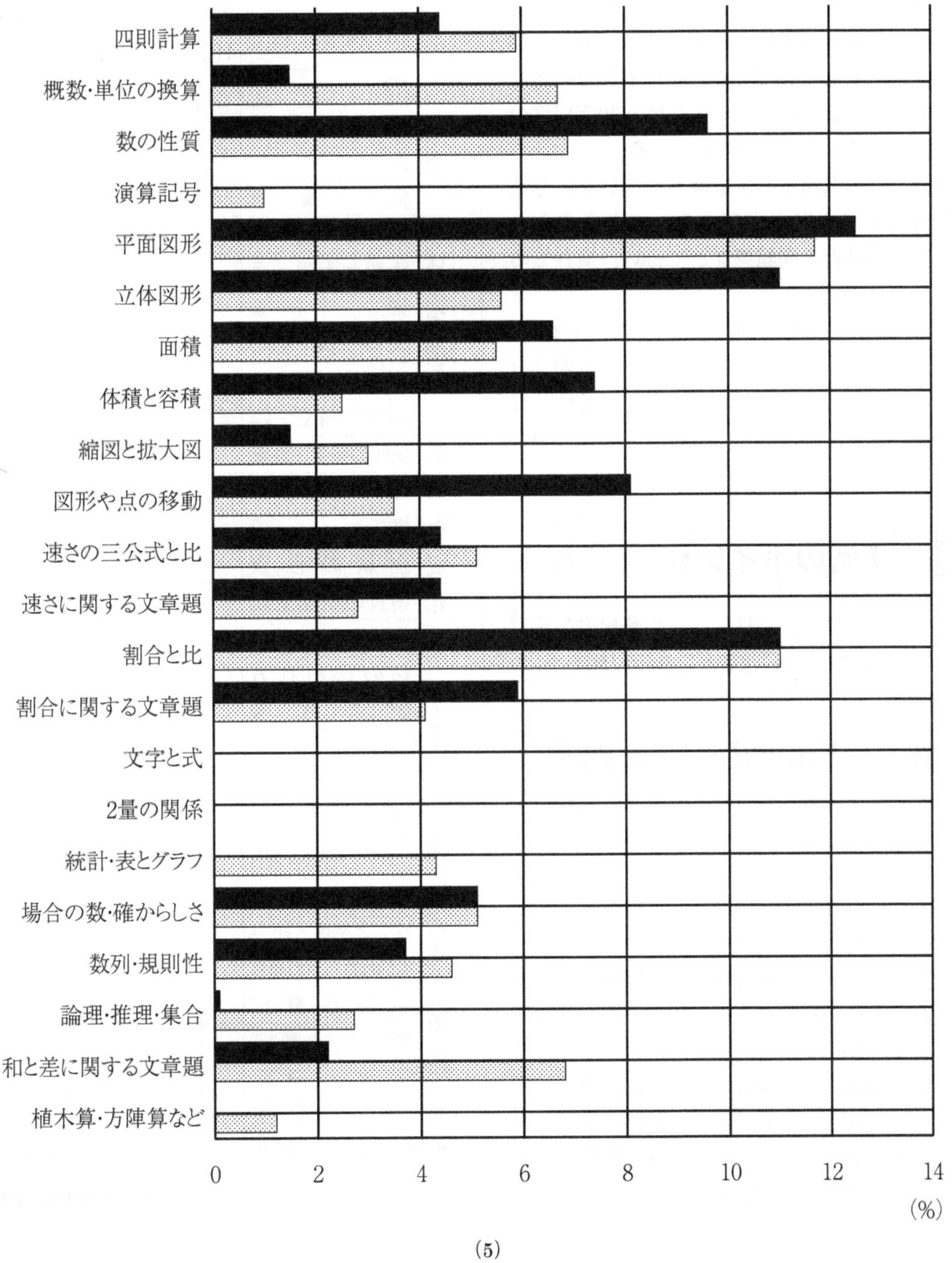

理科　出題傾向の分析と合格への対策

●出題傾向と内容

問題数は，昨年同様大問が4題，小問は40問程度であった。生物・地学・物理・化学・環境・時事問題から出題されている。単純に知識力が求められるだけでなく，論理的な思考力も試されている。また，今年度も15～30字程度の文章記述問題も複数出題されている。

また，計算問題が必ず出題されている。与えられた数値の意味を理解する能力が必要となる。類題の練習を問題集などで行い，慣れておくことが必要である。

時事問題は，第1回で特定外来生物，第2回で小惑星探査衛星の「はやぶさ」「はやぶさ2」「みお」についてとり上げられていた。話題性の高いものや身近なことなど，幅広く関心をもつことが重要である。

✔学習のポイント

基本的な知識だけでなく，やや難易度の高い計算問題や実験問題などにも取り組もう。

●2025年度の予想と対策

やや設問に特徴はあるが，設問文や実験結果などを的確に把握し，基本から応用へとつなげていくという出題形式である。したがって，日頃から，長い設問文・会話文や実験を中心とした問題に慣れておきたい。

計算問題はやや難問もあり，問題集などでよく練習を重ねておくようにしたい。過去問を研究することも役に立つ。

自然や環境，時事問題については，今後も出題が予想される。対策として，話題になった自然や生物に関するニュースに興味を持ち，詳細まで調べる習慣をつけたい。

▼年度別出題内容分類表

※よく出ている順に☆，◎，○の３段階で示してあります。

出題内容		2022年		2023年		2024年	
		1回	2回	1回	2回	1回	2回
生物	植物			☆	☆		
	動物	☆	☆			☆	☆
	人体						
	生物総合	○					
天体・気象・地形	星と星座			◎			
	地球と太陽・月			☆	○		☆
	気象	☆			☆		
	流水・地層・岩石		☆			☆	
	天体・気象・地形の総合						
物質と変化	水溶液の性質・物質との反応	◎	☆		☆		
	気体の発生・性質			☆			
	ものの溶け方						
	燃焼	◎				☆	
	金属の性質						
	物質の状態変化						☆
	物質と変化の総合						☆
熱・光・音	熱の伝わり方	○	☆				
	光の性質						
	音の性質						
	熱・光・音の総合						
力のはたらき	ばね					☆	
	てこ・てんびん・滑車・輪軸						
	物体の運動	☆					
	浮力と密度・圧力				◎	☆	
	力のはたらきの総合						
電流	回路と電流			☆		☆	
	電流のはたらき・電磁石						
	電流の総合						
実験・観察		☆	☆	☆	○	◎	☆
環境と時事／その他		☆	○	◎	☆	☆	☆

芝浦工業大学柏中学校

理科 ――グラフで見る最近３ヶ年の傾向――

最近３ヶ年に出題されたすべての問題を内容別に分類・集計し，全体に対して何パーセントくらいの割合になっているかを示しました。

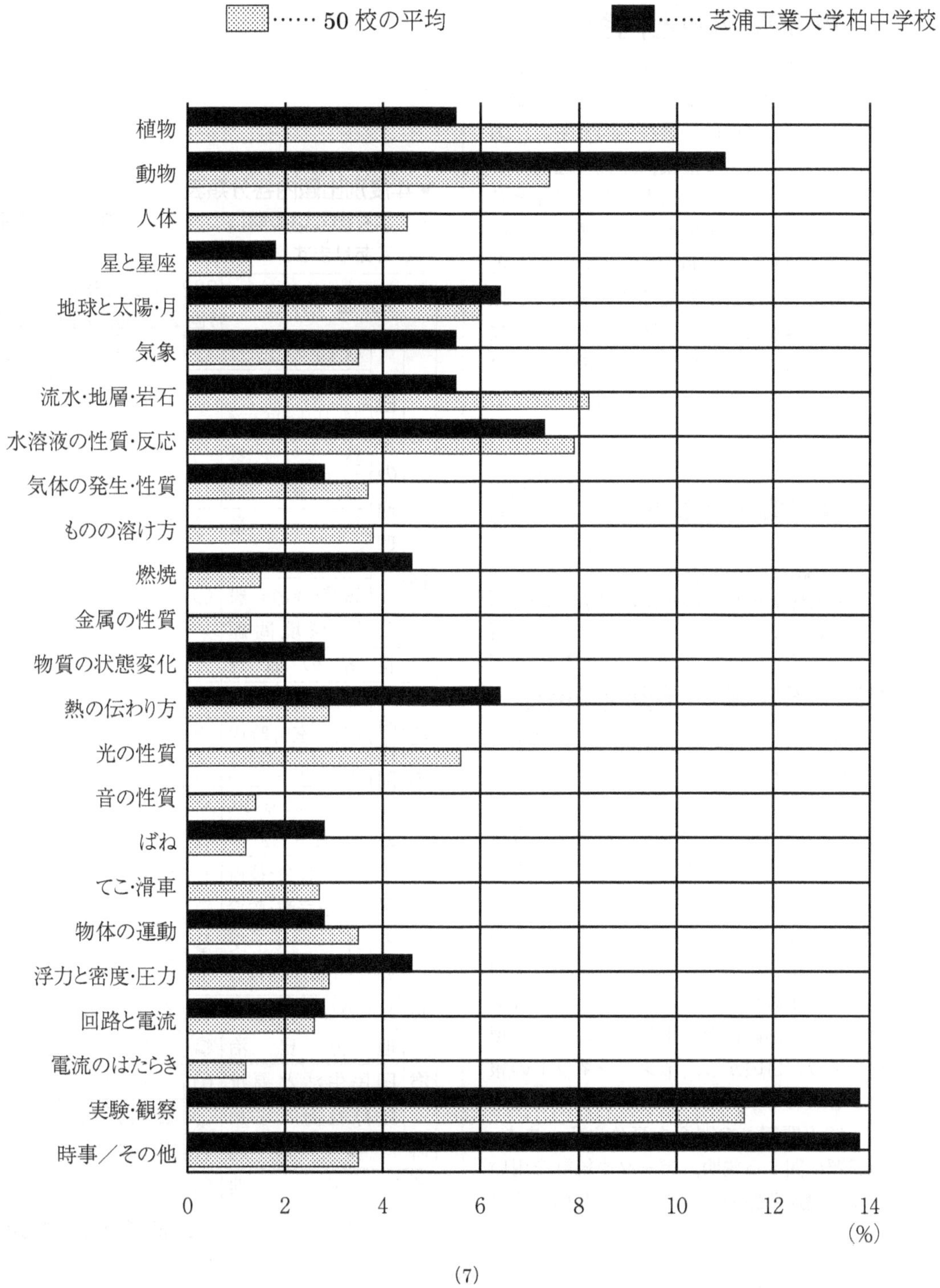

社会　出題傾向の分析と合格への対策

●出題傾向と内容

今年度も昨年度同様，各分野大問1題，小問数はともに35問程度で，記号中心だが語句記入と記述もあった。地理は，第1・2回ともに，国土と自然中心に地形図や産業，運輸・通信・貿易など。いずれも略地図，図表やグラフなど各種資料が多用されて，重要事項が出題されている。歴史は，第1回が女性の歴史をテーマに各時代の特色を，第2回が函館市をテーマとし，関連する重要事項と人物が出題されている。政治は，第1，2回ともに現代の政治経済をテーマとし，政治のしくみや地方自治，国際社会などが出題されている。

✔学習のポイント

地理：各種資料の読み取りに強くなろう！
歴史：各時代の流れと特色をつかもう！
政治：政治経済のしくみや国際社会に関心をもとう！

●2025年度の予想と対策

出題内容は，基本的なものが多いので，何よりも教科書の重要事項をマスターすることが大切。

地理は，地図帳で場所を確認しながら学習し，地形図の読図をともなう問題や様々な資料を考察する問題にも取り組もう。特に，国土と自然，産業や運輸・貿易などについて関心を高めよう。歴史は，テーマごとに基本的内容を整理し，資料や年表を活用して，重要事項と人物の因果関係を正確におさえよう。政治は，政治経済のしくみや国際社会と平和などの重要事項を理解しよう。日頃から，インターネットの報道に関心をもち考察して，内外の重要な情報を整理して時事問題への関心を高めよう。また，今日の課題に関する説明，データや統計を用いた問題及び論述問題の演習を欠かさないようにしたい。

▼年度別出題内容分類表

※　よく出ている順に☆，◎，○の３段階で示してあります。

出題内容			2022年		2023年		2024年	
			1回	2回	1回	2回	1回	2回
地理	日本の地理	地図の見方	◎	○	○	◎	○	○
		日本の国土と自然	☆	☆	☆	☆	☆	☆
		人口・土地利用・資源	◎	☆	◎	○	○	○
		農業	○	○	○	○	○	◎
		水産業		○		○		◎
		工業	○	○	◎	◎	◎	○
		運輸・通信・貿易	◎	○	◎	◎	◎	◎
		商業・経済一般	○	○	○	◎	○	○
	公害・環境問題			○	◎	○	○	
	世界の地理							
日本の歴史	時代別	原始から平安時代	◎	◎	◎	◎	☆	☆
		鎌倉・室町時代	☆	◎	☆	○	○	○
		安土桃山・江戸時代	☆	◎	☆	☆	◎	☆
		明治時代から現代	☆	☆	☆	☆	☆	☆
	テーマ別	政治・法律	☆	☆	☆	☆	☆	☆
		経済・社会・技術	☆	☆	☆	☆	☆	☆
		文化・宗教・教育	◎	○	◎	○	○	○
		外交	◎	◎	◎	◎	○	☆
政治	憲法の原理・基本的人権		○	○				
	政治のしくみと働き		☆	◎	☆	☆	◎	☆
	地方自治		◎	○			◎	
	国民生活と福祉		○					○
	国際社会と平和		○	☆	○	☆	○	◎
時事問題			☆	◎	◎	☆	◎	◎
その他			○	◎	◎	○	○	○

芝浦工業大学柏中学校

社会 ――グラフで見る最近3ヶ年の傾向――

最近3ヶ年に出題されたすべての問題を内容別に分類・集計し，全体に対して何パーセントくらいの割合になっているかを示しました。

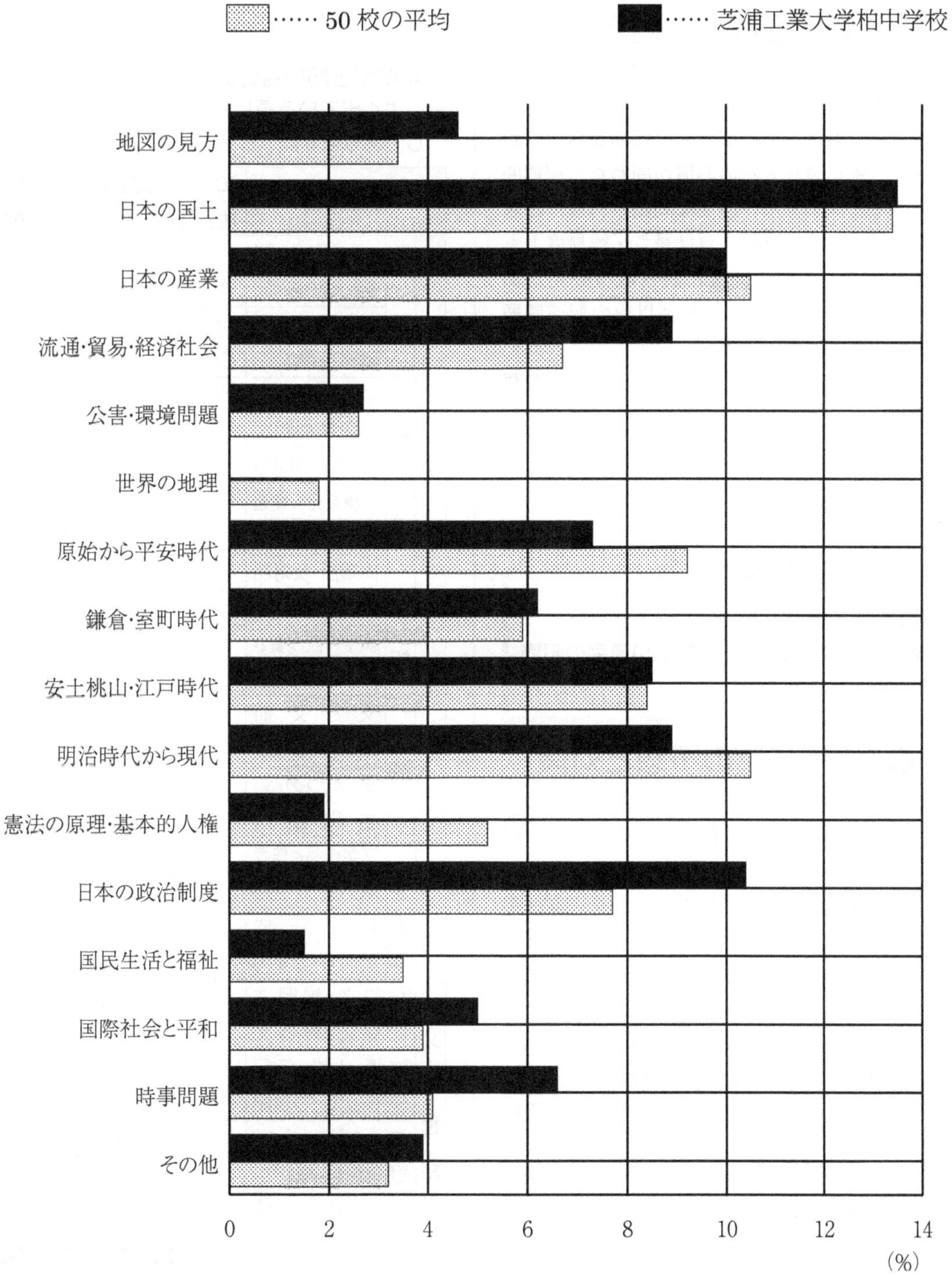

国語　出題傾向の分析と合格への対策

●出題傾向と内容

今年度も第1回・2回とも知識問題，文学的文章，論理的文章の大問3題の構成となった。

文学的文章は有名作家の文学作品からの出題が多く，主に登場人物の心情が問われ，記述問題もある。深い読解が必要な問題もあり，注意が必要である。論理的文章は長さ・難易度とも標準的だが，内容を的確に読み取る必要がある。いずれの文章でも5～40字以内の記述問題が出題されている。

知識問題では例年漢字とともに，漢字や熟語に関する問題も必ず出題されている。総合的な国語力が試されている。

学習のポイント

選択問題に慣れよう！
同音異義語や熟語など，幅広い漢字の知識をたくわえておこう！

●2025年度の予想と対策

長文読解では，理由や説明を指定字数以内で述べる記述問題は必ず出題されるので要旨を的確にとらえ，まとめていく記述力が不可欠だ。

文学的文章は，有名作品も含め多くの作品を丁寧に読み込むことが対策となるだろう。登場人物の心情，場面の情景，全体を通しての主題を考えながら読むとよい。

論理的文章は，新聞の社説を中心に，社説以外の記事にも目を通し，社会の動きにも関心を持とう。筆者の考えを正確に読み取れるようにしたい。

知識問題は熟語の知識が必須なので，正確な知識を身につけることを心がけよう。旧暦などの知識もおさえておきたい。

▼年度別出題内容分類表

※　よく出ている順に☆，◎，○の３段階で示してあります。

出題内容			2022年		2023年		2024年	
			1回	2回	1回	2回	1回	2回
内容の分類	読解	主題・表題の読み取り						
		要旨・大意の読み取り	☆	☆	☆	☆	☆	☆
		心情・情景の読み取り	☆	☆	☆	☆	☆	☆
		論理展開・段落構成の読み取り	◎	◎	◎	◎	◎	◎
		文章の細部の読み取り	☆	☆	☆	☆	☆	☆
		指示語の問題			○			
		接続語の問題	○	○	○	○	○	○
		空欄補充の問題	◎	◎	◎	◎	◎	◎
	知識	ことばの意味		○		○	○	
		同類語・反対語						
		ことわざ・慣用句・四字熟語	○					
		漢字の読み書き	☆	☆	☆	☆	☆	☆
		筆順・画数・部首	○	○	○	○	○	○
		文と文節						
		ことばの用法・品詞						
		かなづかい						
		表現技法						
		文学作品と作者						
		敬語						
	表現	短文作成						
		記述力・表現力	☆	☆	☆	☆	☆	☆
文の種類		論説文・説明文	○	○	○	○	○	○
		記録文・報告文						
		物語・小説・伝記	○	○	○	○	○	○
		随筆・紀行文・日記						
		詩（その解説も含む）			○			
		短歌・俳句（その解説も含む）						
		その他						

芝浦工業大学柏中学校

国語 ――グラフで見る最近３ヶ年の傾向――

最近３ヶ年に出題されたすべての問題を内容別に分類・集計し，全体に対して何パーセントくらいの割合になっているかを示しました。

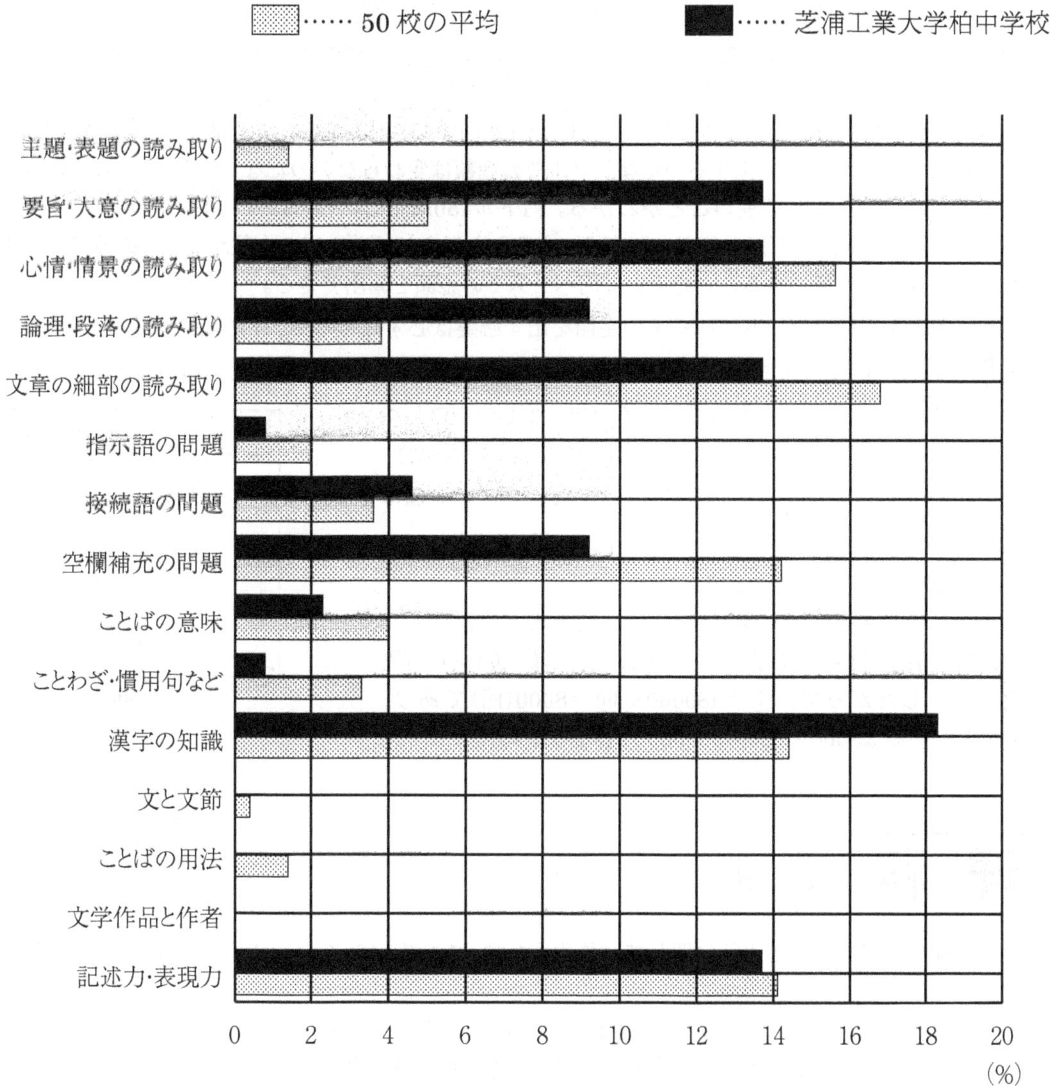

	論説文 説明文	物語･小説 伝記	随筆･紀行 文・日記	詩 (その解説)	短歌･俳句 (その解説)
芝浦工業大学 柏中学校	46.2%	46.2%	0%	7.7%	0%
50校の平均	47.0%	45.0%	8.0%	0%	0%

2024年度 合否の鍵はこの問題だ!!

(第１回)

算 数 4

円とドルの関係(為替)については社会の問題で出題されることが多いが，算数でも比の問題として出題される。今回の問題は，為替について理解していなくても，問題文をよく読んで整理することで正解を導くことができると思われる。

(1)を解くにあたって，「ドルで購入」,「1ドル120円のとき」,「1ドル150円になったとき」という問題文から，「円での金額が変化するのだな，ドルでの金額は変わらないのだな」ことに気づけば，まずはドルでの金額を算出すれば良いことがわかる。「1ドル150円」というのは「150円で1ドルと交換できる」ということなので，90万円で何ドルと交換できるかと考えればドルでの金額が算出できる。そうすれば，1ドルが120円と交換できることを用いて円ベースでの金額を算出できる。

比の考えを用いれば，ドルベースの金額を出す必要は必ずしもない。1ドルが120円から150円に$\frac{150}{120}=\frac{5}{4}$(倍)になったことに注目して，90万円を$\frac{4}{5}$倍すれば1ドル120円での円の金額が算出できる。

(2)ではドルベースの金額も変化するので，少しややこしくなるが，比の考えを用いればそれほど難しくない。絵画の値段が1.2倍，1ドルが$\frac{150}{120}=\frac{5}{4}$(倍)になったので，円での金額は$1.2\times\frac{5}{4}=1.5$(倍)となったことがわかる。48万円高くなったことから購入した金額がわかる。

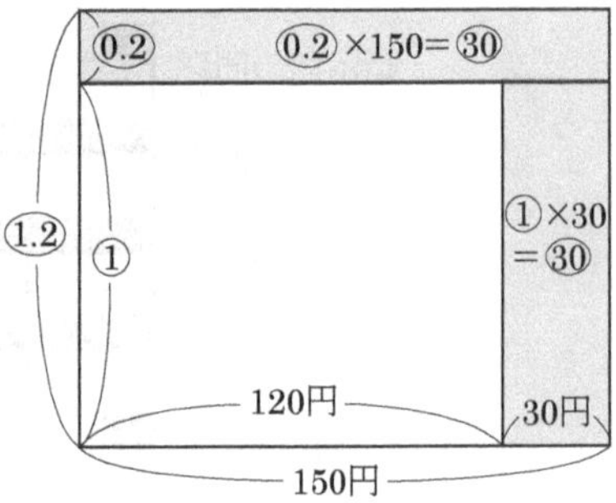

また，面積図を用いて算出することもできる。右図において，斜線部分が48万円に相当するので，㉚＋㉚＝㊿が48万円となる。したがって，①＝480000÷⑥⓪＝8000(円)であり，購入時の金額は8000×120＝960000 (円)となる。

理 科 3 (9)

酸化銅の木炭を使った還元に関して，酸化銅1.60gに木炭0.12gを混ぜて反応させた実験結果を考える問題である。

表では酸化銅と炭素が反応した割合が25%，50%，75%，100%の値が与えられている。

この表から反応による重さの減少量が木炭の炭素と酸化銅の酸素が結びついてできた二酸化炭素の重さであることを把握する。

問題では酸化銅の重さは表と等しい1.60gに対して木炭の量を0.20gにして表のときの1.20gより多くしているが，酸化銅の50%が反応したときに反応による重さの減少量は，0.22gで変わらないことに着目すると，(1)は酸化銅1.60(g)＋木炭0.20(g)－減少量0.22(g)＝1.58(g)となる。(2)では表で酸化銅1.60gが100%反応したときに炭素は0.12gと反応して二酸化炭素になり無くなっていることを確認して，50%反応したときは$0.12\text{g}\times\frac{1}{2}=0.06$(g)減少することがわかる。

与えられた表から反応する木炭の量を反応による重さの減少量と結びつけて考える視点が大切である。

社 会 ②問8(2), 問12

②問8(2) 地理の運輸・通信に関する出題であるが，時事的要素を含んでいて，日頃から，インターネットなどの情報に目を通す習慣がないとわからない難問でもある。日本のフードマイレージは，先進国の中でも数値が極めて大きく，国民一人当たりの比較でも，日本の大きさが目立つ。日本のフードマイレージが大きい理由は，①食料の多くを輸入に頼っているため，②島国であり長い輸送距離が必要なため，③「フードマイレージ」の考え方が浸透していないため，などが考えられる。それを減らすための主な解決策として，(1) 国産の食材を選ぶ。 (2) 地産地消に協力する。 (3) 手軽な家庭菜園をはじめる。などが上げられる。いずれも実践すれば，野菜の輸送距離が短縮されると考えられる。

問12 地理の環境問題に関連したさまざまな事項を考えさせる設問である。時事的要素も含んでいるので環境問題に関連した事項に関心がないと解けない難問でもある。四大公害病，循環型社会，3R，ラムサール条約，パークアンドランド，モーダルシフトなどの重要事項を正確に調べておきたい。パークアンドライドは，一般に，道路交通の混雑緩和，交通事故の抑制，排気ガスの削減などのほか，地方鉄道の利用促進にも一定の効果があると言われている。モーダルシフトの効果とメリットは，(1) CO_2排出量が削減される。 (2) ドライバー不足の解消につながる。 (3) 長距離輸送のコストが削減できる。(4) 物流企業の課題解決につながる。 (5) 労働力不足の解消・働き方改革につながる。などが考えられる。

国 語 ㊁問七

★合否を分けるポイント

——部③「私が〝正しい〟を疑えという理由」とあるが，次の生徒のやり取りを読み，それぞれの空欄に当てはまるように指定字数以内で説明する記述問題である。生徒のやり取りから，本文のどの部分に着目すればよいか，的確に読み取れているかがポイントだ。

★着目すべき箇所をさかのぼって確認する

本文は，日本の学校教育は「～しなければならない」という「must」がついて回るが,「してもいいよ」という「may」が理想である一方で，モラルや社会のルールを身につける必要がある→モラルや社会のルールを守った上で，〝正しい〟の意見が分かれた場合を考える→【一つの〝正しい〟を押しつけ，だれか一人が訴える〝正しさ〟を認めてしまうと，異なる意見の人は受け入れられないものになるので，可能な限りの〝正しさ〟を盛り込んだ「落としどころ」を探る作業が重要】→その好例が民主主義についての議論で，多数決の原則を踏まえた上で，どうすれば多数意見の人に自分の訴えを聞き届けてもらえるかを考えることが，〝正しい〟を疑えと言う理由である→自分を信じ，他人の意見を受け入れられる広い視野と懐の深さを持つ心構えを大切にしてほしい，ということを述べている。これらの内容の【 】部分から，Aさんの話す「疑うべき〝正しさ〟」は「一つの〝正しい〟を押しつけ，だれか一人が訴える〝正しさ〟」のこと，Bさんの話す「多数決」に「必要」なことは「可能な限り多くの〝正しさ〟を盛り込んだ『落としどころ』を探る作業」，Cさんの話す「〝正しさ〟を疑うこと」で「できる」ことは「異なる人の意見を受け入れる」といった内容が当てはまるということになる。生徒たちが——部③までの内容を通してやり取りしていることをふまえ，——部③付近ではなく，さかのぼって確認する必要がある。本校の出題の特徴として，本文をふまえて話し合っている内容という形の問題が出題されることが多いので，本文の要旨を的確にとらえた上で，着目するべき箇所を的確に見極めることが重要だ。

MEMO

大切なことはメモしておこうネ！

2024年度

★★★★★★★★★★★★★★★★★★★★★★★

入　試　問　題

2024年度

芝浦工業大学柏中学校入試問題(第1回)

【算　数】（45分）〈満点：100点〉

1　次の各問いに答えなさい。

（1）　次の計算をしなさい。

$$\left(\frac{12}{19}+0.64\times\frac{5}{4}\div0.8\right)-\frac{1}{2}\div0.5$$

（2）　あるスーパーでは，ペットボトルのお茶が1本108円(税込み)で売られています。このお茶のキャップを4個集めると，もう1本同じお茶が貰(もら)えます。お茶を22本飲むには，いくら払えばよいですか。ただし，貰ったお茶のキャップも使用する事ができ，払う金額をできるだけ少なくするものとします。

2　1辺が6cmの立方体ABCDEFGHの辺AB，BC，CD，DAのちょうど真ん中の点をそれぞれ点I，J，K，Lとします。

（1）　この立方体を3点L，I，Eを通る平面で切断するとき，頂点Aを含(ふく)む立体の体積は何cm^3ですか。

（2）　この立方体を(1)のように切断した後，頂点Aを含まない立体をさらに3点K，J，Fを通る平面で切断するとき，頂点Cを含まない立体の体積は何cm^3ですか。

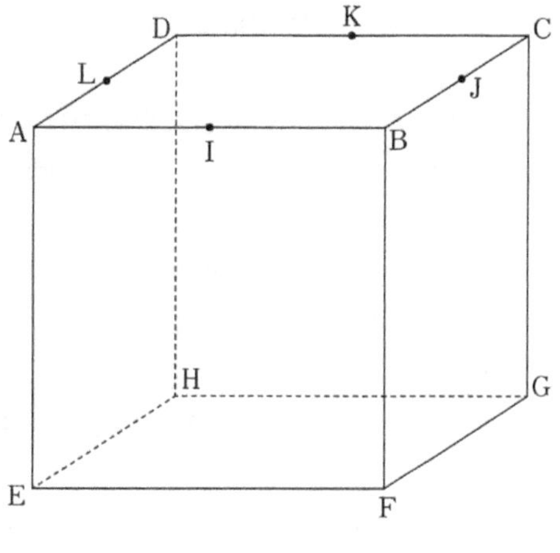

3　ある整数が偶数であればその数を2で割り，奇数であればその数を3倍して1を加えるという操作を繰り返し行い，1になれば操作を終了します。例えば，10から始めると，10→5→16→8→4→2→1となり，6回の操作で1になります。

（1）　12から始めると，何回の操作で1になりますか。

（2）　128から始めると128→64→32→16→8→4→2→1となり，7回の操作で1になります。このように，7回の操作で1になる整数の中で128以外のものをすべて答えなさい。

4 イチローさんは，1ドル120円のときに，絵画をドルで購入しました。

(1) 1ドル150円になったとき，絵画を円で売ったところ90万円になりました。絵画を購入した金額は円でいくらでしたか。

(2) 絵画の価値(値段)が購入時の1.2倍になり，また，1ドル150円に変化しました。その結果，絵画は購入時より円で48万円高くなりました。このとき，絵画を購入した金額は円でいくらでしたか。

5 表が白色，裏が黒色の3枚のカード「ア」，「イ」，「ウ」があります。すべてのカードは白色を上にして机に並べてあり，次のルールで操作をします。

「ア」のカードは，1ターン目に初めて裏返し，その後は毎ターン裏返す。
「イ」のカードは，2ターン目に初めて裏返し，その後は2ターンごとに裏返す。
「ウ」のカードは，3ターン目に初めて裏返し，その後は3ターンごとに裏返す。

すなわち，3枚のカードを次のように操作します。

	1ターン目	2ターン目	3ターン目	4ターン目	・・・
ア	裏返す	裏返す	裏返す	裏返す	・・・
イ	裏返さない	裏返す	裏返さない	裏返す	・・・
ウ	裏返さない	裏返さない	裏返す	裏返さない	・・・

(1) すべてのカードで黒色が上になるのが2回目となるのは，操作を開始してから何ターン目が終わったときですか。

(2) すべてのカードで黒色が上になるのが10回目となるのは，操作を開始してから何ターン目が終わったときですか。

(3) すべてのカードで同じ色が上になるのが50回目となるのは，操作を開始してから何ターン目が終わったときですか。ただし，操作を開始するときの状態は数えないこととします。

6 半径3cmの大きな円Pと半径1cmの小さな円Qがあり，次のページの図1のように円Q上の点Aが円P上の点Bに1点で重なるように置きます。いま，図2のように円Qは円Pの内側をすべることなく回転します。また，2つの円が1点で重なる点をRとすると，この点は，中心Pと中心Qを結んだ延長上にあります。このとき，中心角BPRを㋐，中心角AQRを㋑とします。ただし，円周率は3.14とします。

(1) 角㋐の大きさが45°であるとき，角㋑に対する弧(こ)ARの長さは何cmになりますか。

(2) (1)のとき，角㋑の大きさは何度になりますか。また，その角度になる理由を「弧」と「中心角」という言葉を用いて説明しなさい。

(3) 円Qが回転して点Aが再び点Bと重なるとき円Qは何回転しますか。ただし，この場合の円Qの1回転とは円Qが円Pに沿(そ)って回転し，点Aが再び円Pの周上に戻ることをいいます。

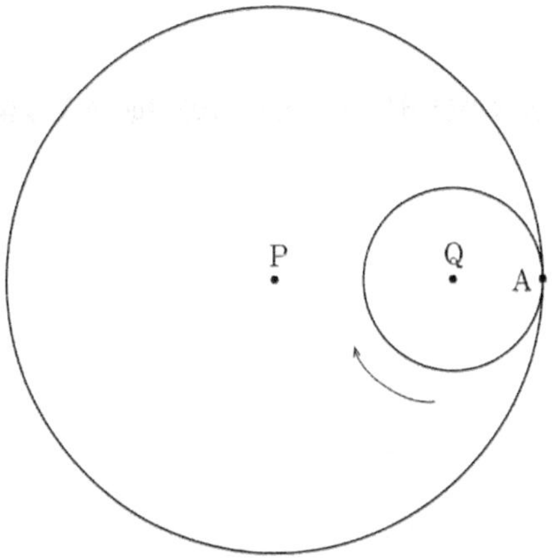

図1

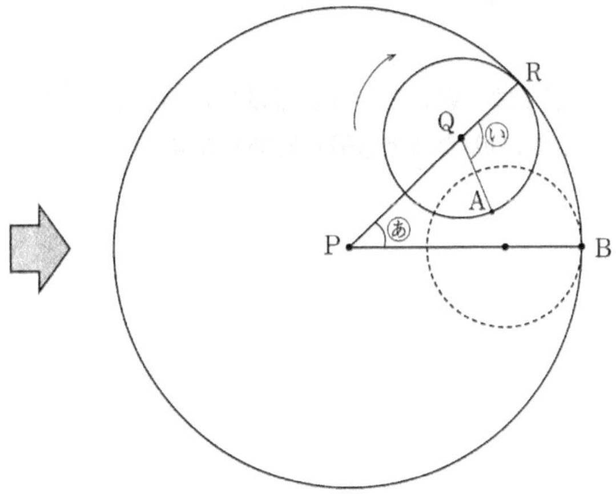

図2

7 **（注意：この問題の（2）（3）は，解き方を式や言葉などを使って書きなさい。）**

Aくんは，家から1.6km離れた学校に通っています。普段は午前7時42分に家を出て，午前8時7分に学校に到着します。

（1） 普段，学校に向かう速さは毎分何mですか。

今日も普段と同じ時刻に家を出て，普段と同じ速さで学校に向かいました。しかし，学校に向かう途中で忘れ物に気がついたので，急いで家に戻りそのままの速さで学校に向かったところ，学校には普段と同じ時刻に着きました。ただし，家に戻ってから忘れ物を探す時間は考えないものとします。

（2） 家を出てから5分後に忘れ物に気がついたとすると，Aくんが家に戻るときの速さは普段の速さの何倍ですか。

（3） Aくんは普段の速さの2倍まで，急いで移動することができます。忘れ物をして家に戻っても同じ時刻に学校に到着できるのは，家を出て何分何秒以内に忘れ物に気がついたときですか。

【理　科】(40分)〈満点：75点〉

1　**図1は，動物をなかま分けした図です。A～Cはなかま分けをするための説明が入りますが，問題の都合上省略してあります。**

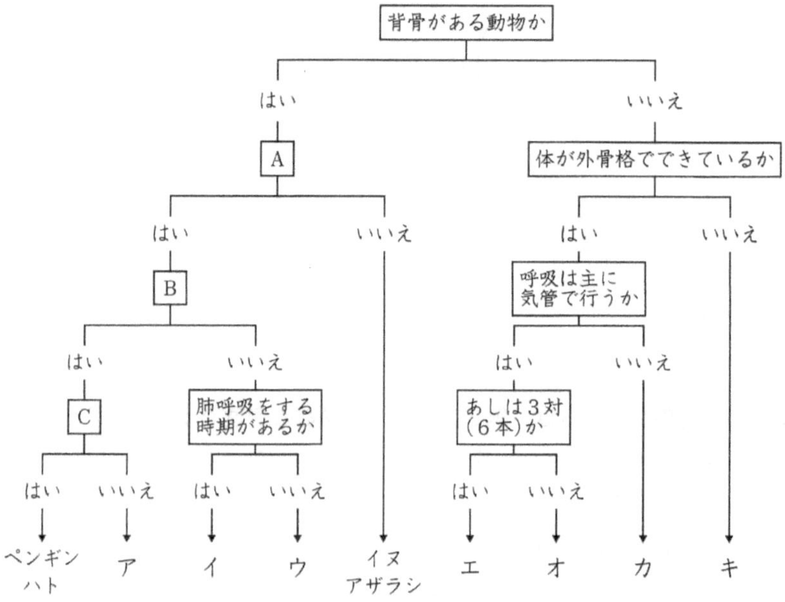

図1　動物のなかま分け

(1)　図1のA，Cに当てはまるなかま分けの基準を，以下の①～⑦の中から1つずつ選び，番号で答えなさい。

①卵生であるか　②胎生であるか　③水中に卵を産むか
④水中で生活をするか　⑤陸上に卵を産むか　⑥羽毛はあるか
⑦全身がうろこでおおわれているか

2023年6月より，アカミミガメとアメリカザリガニを飼育したり，捕獲(ほかく)したり，無償(しょう)で譲渡(じょうと)することができるようになりました。日本で特定(　　X　　)に指定されている生物は，飼育，栽培(さいばい)，保管，運搬(ぱん)，輸入が禁止されており，飼育するためには国に書類を届ける必要があります。しかし，アカミミガメとアメリカザリガニは，元々飼育者がとても多い生物なので，届け出をする必要がなくなるよう法律改定されました。しかし飼育できなくなったからといって，野外に放したり，逃(のが)したりすることは法律で禁止されています。

(2)　アカミミガメとアメリカザリガニをなかま分けすると，図1のア～キのどこに属しますか。ア～キからそれぞれ1つずつ選び，記号で答えなさい。

(3)　アメリカザリガニと同じなかまを以下から1つ選びなさい。

クワガタ　　アサリ　　ミジンコ　　バッタ　　クモ

(4)　アカミミガメやアメリカザリガニのような生物は(　　X　　)と呼ばれています。これらの生物は，本来生息していなかった土地に海外から人間が持ち込み定着した生物のことです。空らん(　　X　　)に当てはまる用語を，漢字4字で答えなさい。

(5) (4)の生物の影響で元からいた生物の数が減少することがありますが，それはどのような理由からですか。「元からいた生物」という語を使って，この語も含めて20字以内で答えなさい。

アメリカザリガニを使って水のよごれの程度を調べることができます。他にも26種類程度そのような生物がいて，このような生物を指標生物と言います。調査した川や湖，沼に多く見られた生物の種類とその数によって，よごれの程度は決まり，4段階に分けられます。指標生物にはそれぞれ点数が決められていて，1.0～10.0で評価されます。採集された生物の点数を調査した地点ごとに合計し，採集された生物数で割った値を平均点数とします。その平均の点数によって水のよごれの程度が決まります。表1は平均点数の範囲と水のよごれの程度を表しています。

表1　平均点数別の水のよごれ度合い

平均点数の範囲	水のよごれの程度
7.5以上	とてもきれいな水
6.0以上7.5未満	きれいな水
5.0以上6.0未満	きたない水
5.0未満	とてもきたない水

ある川での地点A～Eで，生息している生物を調査して以下の表2にまとめました。

表2　調査地点別の出現生物とその点数

出現生物	点数	調査した川の地点				
		A	B	C	D	E
カワゲラ	9.0				○	
ヒラタカゲロウ	9.0				○	
ヘビトンボ	9.0	○		○		
サワガニ	8.0					○
ヨコエビ	8.0	○				
オオシマトビケラ	7.0					
イシマキガイ	7.0	○	○			○
ゲンジボタル	6.0	○				
カワニナ	6.0	○			○	
タニシ	5.0			○	○	○
ゲンゴロウ	5.0					○
ヒル	5.0		○			
ミズムシ	2.0			○		○
ユスリカ	2.0		○			
エラミミズ	1.0					○
サカマキガイ	1.0					○
アメリカザリガニ	1.0		○			

※表中の○はその地点で出現した生物を表します。
※この表は，平成29年環境省の水生生物の水質評価表マニュアルを参考にして作成しました。

(6) 出現生物がどれも1個体としたとき，以下の問いに答えなさい。

① 地点Cの平均点数を求めなさい。ただし小数第2位を四捨五入して，小数第1位で答えること。また，水のよごれの程度を表1にならって，以下のア～エから1つ選び，記号で答えなさい。

ア. とてもきれいな水　　イ. きれいな水
ウ. きたない水　　エ. とてもきたない水

② 地点A～Eをきれいな順に並べた時，4番目の地点はA～Eのうちのどの地点か。記号で答えなさい。

(7) 生物どうしは食べる・食べられる関係で結びついています。例えば，ある沼(ぬま)Fで見られる生物の食べる・食べられる関係を見てみると，ザリガニはコイを食べ，コイはタニシを食べ，タニシはミカヅキモを食べて生活しています。一方でザリガニは，コサギなどの鳥類に食べられます。文中に登場する生物5種類を並びかえて，食べる・食べられる関係を矢印で示しなさい。ただし，解答らんの一番左はミカヅキモとします。

(例)ワシはウサギを食べ，ウサギは植物を食べることを矢印で表すと，
植物→ウサギ→ワシ　となります。

2 **1923年9月1日に発生した関東大震(しん)災から100年が経過しました。この機会に日本の地震災害について調べてみることにしました。次の表1は，気象庁のHPを参考にし，日本に大きな被(ひ)害を与(あた)えた3つの地震についてのまとめです。**
これを読んで，以下の問いに答えなさい。

表1

地震名	大正関東地震	兵庫県南部地震	東北地方 太平洋沖地震
発生日	1923年9月1日	1995年1月17日	2011年3月11日
発生場所	神奈川県西部	淡路(あわじ)島北部	三陸沖
(　A　)の深さ	23 km	16 km	24 km
最大震度	7	7	7
地震の規模	M7.9	M 7.3	M9.0

(1) 表1の空らん(　A　)は，最初に岩石が破壊された場所を表しています。この場所を何といいますか。

(2) 3つの地震の最大震度は，いずれも最大の震度7を記録しました。それでは日本の震度の最小はいくつでしょうか。

(3) 大正関東地震での死者・行方不明者は合わせて10万人を超(こ)えました。この多くは地震により発生した火災によるものです。火災による被害が大きくなった原因について説明した次の文章中の空らんに当てはまる文を，台風の風の特徴(ちょう)をふまえて15字以内で答えなさい。

『地震が発生した時間が昼食の時間と重なり，火の使用が多かったこと，木造住宅が密集していたこと，地震発生直後には日本海沿岸を北上する台風の影響で，関東地方には(　　　)こと，などが挙げられる。』

次の図1は，気象庁のHPに載っている日本付近のプレートの模式図です。図1の通り，日本は4つのプレートの境界にあり，プレートがぶつかることで多くの地震が発生しています。図2は日本のプレート境界で発生する地震の分布を模式的に表したものです。

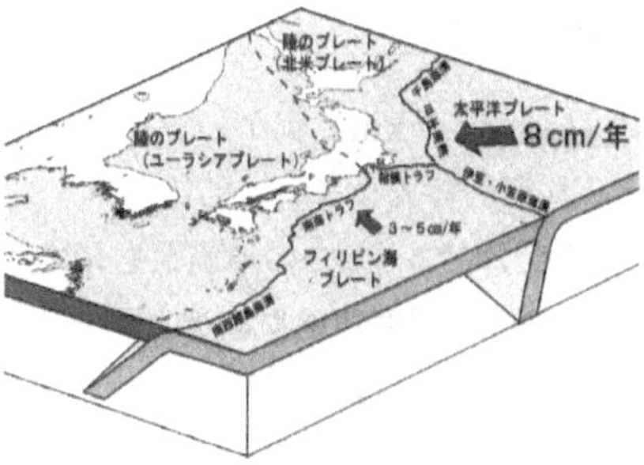

図1

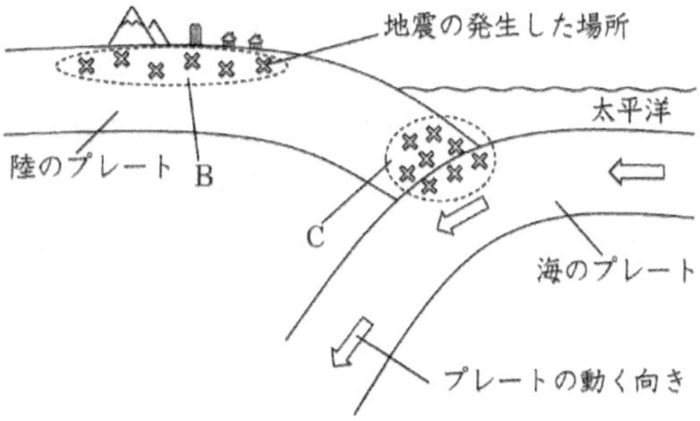

図2

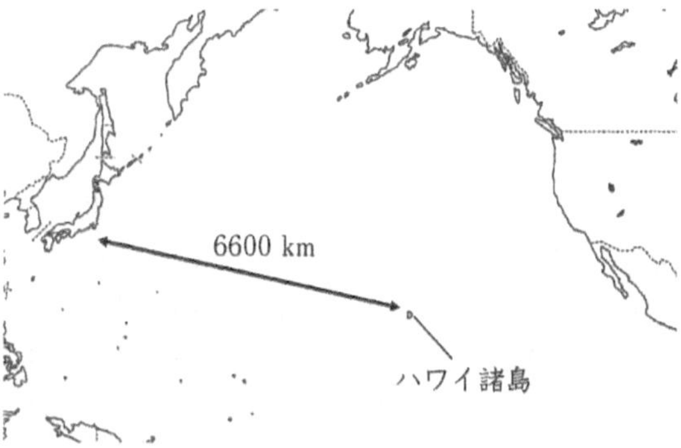

図3

(4)　太平洋プレート上にはハワイ諸島があり，図1のように，太平洋プレートは1年間に8cmずつ動いているため，ハワイ諸島は現在日本に近づいてきています。図3のような地図上で日本とハワイ諸島の直線距離を調べてみると，およそ6600kmとわかりました。このまま太平洋プレートの進む向きと速さが変わらないとすると，およそ何万年後に日本とハワイ諸島はくっつくことになるでしょうか。
答えは万年後の単位で答えなさい。

(5)　図2で，日本付近で発生する地震は，Bのように直下で発生する『内陸型地震』とCのように陸のプレートと海のプレートの境界付近で発生する『海溝型地震』の2つがあります。この2つの地震の特徴の違いについて説明した次の文章の空らんに当てはまる文を，地震の規模と気を付ける災害にふれて25字以内で答えなさい。

『Cの地震は，Bの地震と比べて(　　　　)。』

地表近くで発生した地震について，①，②，③の3地点で観測すると，地震発生場所からの距離，P波到達時刻，S波到達時刻は表２のようになりました。

表２

地点	地震発生場所からの距離	P波到達時刻	S波到達時刻
①	63 km	11時26分04秒	11時26分13秒
②	D	11時26分11秒	11時26分27秒
③	189 km	11時26分22秒	E

（6） この地震の初期微動を起こす波の伝わる速さは，毎秒何kmですか。

（7） 表の空らんD，Eに当てはまる距離，時刻をそれぞれ答えなさい。

（8） 次の図は，地点①で観測した2つの地震X，Yの記録です。2つの地震ともに地点①での揺れの大きさはほぼ同じでした。このとき，地点①における震度とマグニチュードについて正しく述べているものを，ア～ケの中から1つ選んで，記号で答えなさい。

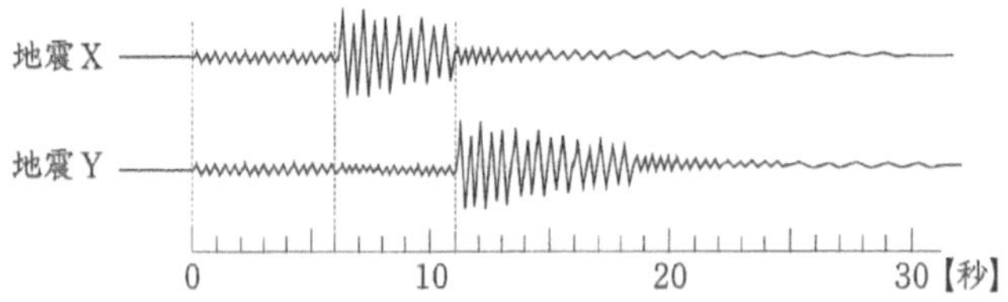

	震度	マグニチュード		震度	マグニチュード
ア	Xの方が大きい	Xの方が大きい	カ	Xの方が小さい	XYともに同じ
イ	Xの方が大きい	Xの方が小さい	キ	XYともに同じ	Xの方が大きい
ウ	Xの方が大きい	XYともに同じ	ク	XYともに同じ	Xの方が小さい
エ	Xの方が小さい	Xの方が大きい	ケ	XYともに同じ	XYともに同じ
オ	Xの方が小さい	Xの方が小さい			

3 **環境問題と化学物質の関係は切っても切れない関係にあり，現在多くの問題にさまざまな物質が関係しています。環境問題を考える先駆けとなったのが，1962年アメリカで出版されたレイチェル・カーソンという生物学者が書いた「沈黙の春」という一冊の本で，(i)農薬にふくまれる化学物質が環境や生き物に影響を与え，人間の体内で濃縮が起こり，次世代にまで影響がおよぶことを警告したものでした。当時，魔法の薬としてもてはやされた農薬に含まれる化学物質の多くは炭素や水素を含む有機物でできていました。**

（1） 下線部(i)の農薬に含まれる化学物質は農業において作物を育てるときに，うまく使えば病害虫が作物について成長のさまたげになるのを防ぐなどの効果を期待できますが，使い過ぎたり使用方法を間違えると問題が生じる場合があります。人への健康被害以外にはどのようなことが考えられますか。具体的に考えられる問題を10字以上15字以内で答えなさい。

（2） 農薬に限らず，身のまわりで便利に使われている様々な化学物質にはその効果を期待するために適量で使用することが望ましいものがあります。以下の文章のうち，適量に関係した説明として適切でないものを次のア～エより2つ選んで，記号で答えなさい。

ア．市販薬などの分量は，1日何回どのくらいの量を飲めばよいかなどの表記を必ず守って服用する。

イ．栄養素を補うサプリメントは，栄養素をたくさん摂取できるので商品の表記以上に摂取しても問題はない。

ウ．消毒用のアルコール水溶液の濃度は，適切な濃度で使用しないと殺菌や除菌の効果が十分に得られない。

エ．衣類を洗たくしたり，食器をきれいにする洗剤は，たくさん使うほうがよごれが落ちるので，特にきれいにしたいときは使用量の目安以上に使うとよい。

（3） 環境問題と化学物質の観点で考えると，かつては分からなかった問題も現在では多くのものが対策されるようになってきました。例えば，オゾン層の破壊にはある化学物質が関係しており，この物質はエアコンや冷蔵庫が冷却するのにかつて身近に使われた物質で，強力な温室効果ガスでもあることが知られています。現在では生産を禁止されるなど規制が進んでいるこの物質は何ですか。物質の総称を答えなさい。

有機物は炭素や水素をふくんでおり，火をつけると光や熱を出しながら酸素と結びつき燃焼します。燃えることで二酸化炭素や水蒸気ができ，燃やすものによっては灰が残りますが，このとき燃焼するためには酸素のはたらきが重要になります。例えば，木材を試験管の中に入れその試験管を加熱したところ，木材が酸素とふれられないので蒸し焼きの状態になり，最終的に木炭が得られます。

（4） 木材を試験管の中で蒸し焼きにする際に，試験管の向きは以下の図のように下方に傾けて設置します。この理由を25字以内で答えなさい。

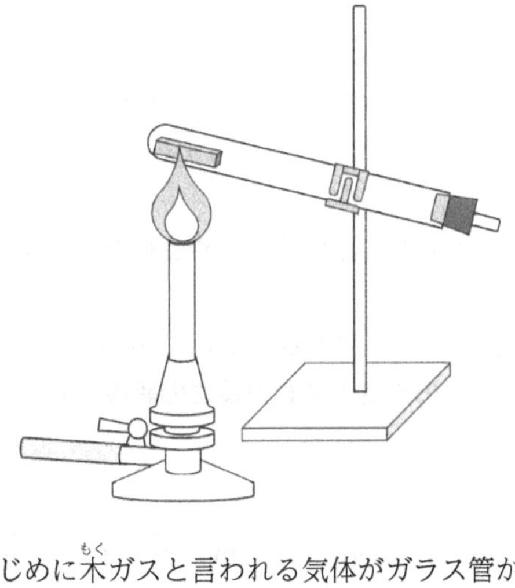

（5） 加熱を進めると，はじめに木ガスと言われる気体がガラス管から出ていきます。この気体の特徴として当てはまらないものを次のア～エより1つ選んで，記号で答えなさい。

ア．試験管から白い煙となって出ていく。

イ．水に溶(と)けて黄色くなる。

ウ．火を近づけると引火する。

エ．BTB溶液を青くする。

（6） 酸素の少ない状態で，得られた木炭を燃やすと燃焼の仕方が不完全燃焼になります。このとき発生する有毒な気体の物質名を答えなさい。

先ほどの実験で得られた木炭を粉状にしたものを，(ii)酸化銅の黒色の粉と混ぜて試験管内で蒸し焼きと同じ方法で加熱しました。木炭の粉が反応したものはすべて二酸化炭素に変化すると考えて，以下の問いに答えなさい。

（7） 下線部(ii)の酸化銅の黒色の粉は，銅を空気中で加熱して酸素と結びつくことで得られます。0.32gの銅から，0.40gの酸化銅が得られたとすると，重さはもとの何倍に変化していますか。小数第2位で答えなさい。

（8） 木炭も酸化銅も，もとは黒色の粉状の物質でしたが，加熱後の粉を確認すると，赤茶色の粉が混ざった状態が見られました。これは，木炭が酸化銅に対してどのようなはたらきをしたからですか。15字以内で答えなさい。

（9） この実験を，酸化銅がちょうど反応しきる量の木炭を用意して，酸化銅1.60g，木炭0.12gを混ぜて反応させようとこころみました。酸化銅が木炭と反応した割合で以下の表のように重さが変化すると考えられます。

表．反応前後の酸化銅と木炭の粉末の重さの関係

反応した割合	25%	50%	75%	100%
反応前(酸化銅＋木炭)の重さ〔g〕	1.72	1.72	1.72	1.72
反応後の重さ〔g〕	1.61	1.50	1.39	1.28
反応による重さの減少量〔g〕	0.11	0.22	0.33	0.44

いま，同じ方法で木炭が反応に必要な量より多くなるように，酸化銅1.60gと木炭0.20gで混ぜて加熱し，酸化銅の50%が反応しました。

① 反応後の全体の重さは何gになりますか。小数第2位で答えなさい。

② 反応後に残った木炭の重さは何gになりますか。小数第2位で答えなさい。

4

以下の問いに答えなさい。ただし，用いるばねやひもの重さはすべて無視できるものとします。

もとの長さが異なるばねA，Bに，図1のように，いろいろな重さのおもりをつるし，そのときのおもりの重さとばねの長さの関係をまとめると表1のようになりました。

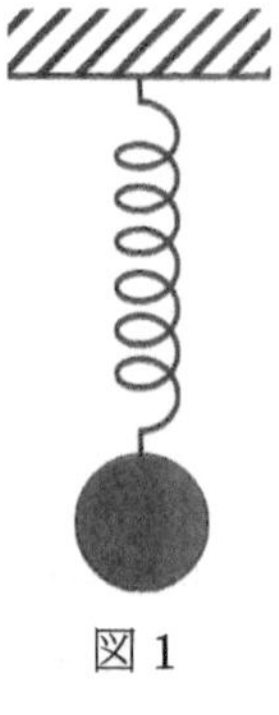

図1

表1

おもりの重さ〔g〕	10	20	30	40	50
ばねAの長さ〔cm〕	5.5	8	（ X ）	13	15.5
ばねBの長さ〔cm〕	7	9	11	13	15

（１） 表１の（　X　）にあてはまる数字を答えなさい。

（２） 何もつるしていないときのばねBの長さは何cmですか。

（３） ばねAに100gのおもりをつるすとばねののびは何cmですか。

（４） 表１の結果をふまえて，つるしたおもりの重さとばねA，Bののびの関係をそれぞれグラフに表しなさい。ただし，どちらのグラフがどちらのばねの関係を表しているかを解答らんに示しなさい。

ばねA，Bと一様な棒を用いて，図２～4のような実験を行いました。ただし，かっ車とひもの摩擦（まさつ）は無視できるものとします。

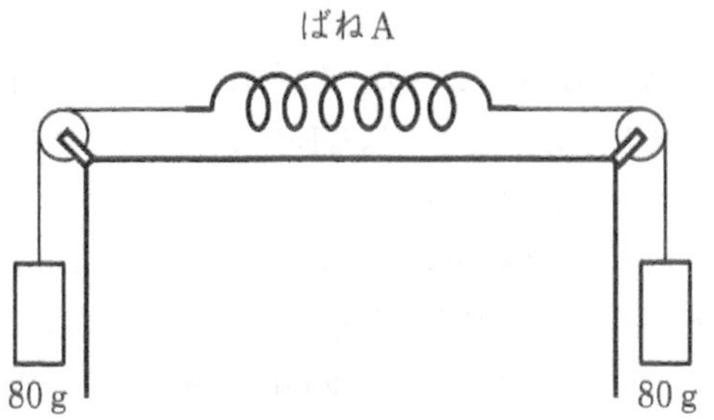

図２

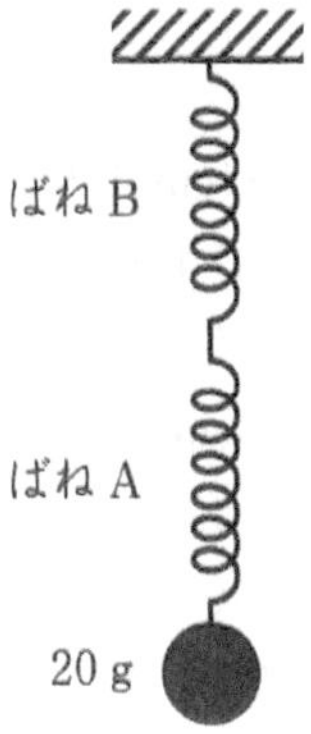

図３

（５） 図２のばねAの長さは何cmですか。

（６） 図３のばねA，Bの長さの合計は何cmですか。

（７） 図４のように，ばねA，Bを一様な太さの棒の両端に取り付けて，棒の中心に10gのおもりをつるしたところ，A，Bは同じ長さになりました。棒の重さは何gですか。

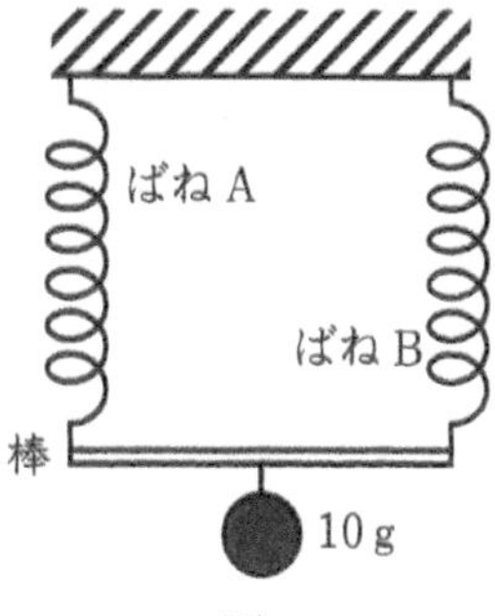

図４

(8) ばねBに重さ75gのおもりをつるし，図5のように，水の入ったビーカーに完全にしずめた結果，ばねBの長さは18.5cmになりました。このおもりの体積は何cm^3ですか。ただし，おもりにはたらく浮力の大きさは，おもりがおしのけた液体の重さに等しいものとし，水$1cm^3$の重さは1gであるものとします。

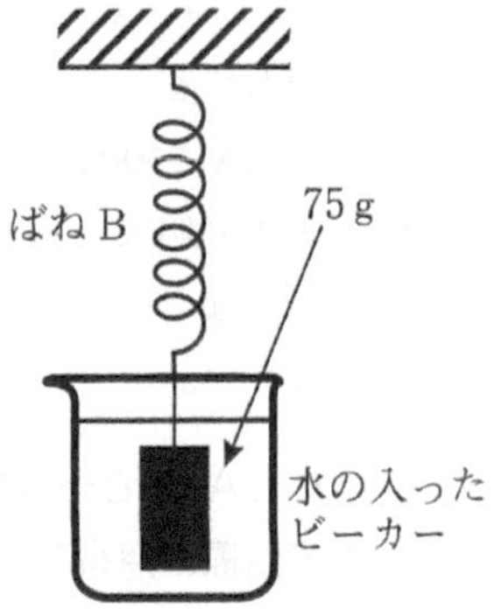

図5

(9) 水よりも$1cm^3$あたりの重さが大きい食塩水をビーカーに入れて，(8)と同じ実験を行うことにします。おもりを食塩水に完全にしずめたときのばねBの長さは水のときの結果の18.5cmに比べてどうなりますか。ア～ウの中から1つ選んで，記号で答えなさい。

ア. 18.5cmより長い　　イ. ちょうど18.5cmである　　ウ. 18.5cmより短い

(10) 鉄の船をイメージしたモデルを水にうかべる実験に関しても，その船にはたらく浮力を計算することでその結果を考察することができます。図6の3000gの箱型の鉄を水にうかべるとどうなりますか。水にうかぶか，しずむかについて答えなさい。また，そのように考えた理由を35字以内で答えなさい。

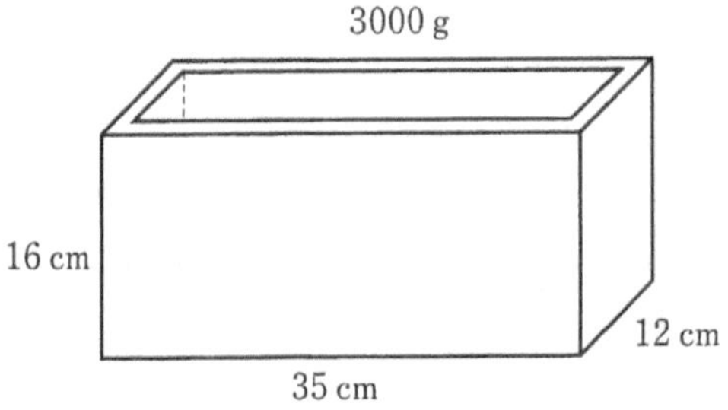

図6

【社　会】（40分）〈満点：75点〉

1　**まひとくんは女性の歴史をテーマに調べ学習を行い，カードを作成しました。これらのカードを読み，以下の問題に答えなさい。**

〈あ〉時代
かつて大名屋敷で楽しまれていた相撲(すもう)見物は，この時代には庶民も楽しむようになった。女性力士による相撲も行われ，特に目が見えない男性を相手に取り組みをもたせ，それを見世物として楽しむ「盲(めくら)・女相撲」は大人気となった。この様子は，浮世草子や①人形浄瑠璃などでも確認できる。勧進元(かんじんもと)に率いられる女相撲取を一つの②身分とみて，この時代の社会のすがたを考えることもある。

〈い〉時代
律令国家が成立したこの時代には，戸籍で男女が明確に区分されて記録されることとなった。③中国にならって作られた律令では，男女で④税の制度も異なっていた。

〈う〉時代
この時代には，夫が亡くなった後，再婚せずに出家した妻が，家の代表として強い権限を持つことがあった。たとえば，⑤北条政子は「尼将軍」とも呼ばれ，幕府を代表して政治を行った。

〈え〉時代
熊本県のある⑥古墳からは，首長と思われる30歳代の女性人骨が発掘されている。副葬品は男性の場合とほとんど同じだが，武器・武具が副葬されず，刀剣は棺(ひつぎ)の外に置かれているといった違いもみられた。

〈お〉時代
社会で女性が感じる大変さは，政治や⑦文化の状況によって変わる。この時代に生きた伊藤野枝(のえ)は，女性が自己主張することを良しとしない時代のなか，※良妻賢母(りょうさいけんぼ)の価値観に強く反発した。関東大震災が発生すると，彼女は震災の混乱の中で殺害された。

※良妻賢母…夫に対しては良い妻，子供に対しては養育に努める賢い母であること。

〈か〉時代
⑧『兎(うさぎ)』で有名な金井美恵子は，公害対策基本法がつくられた年に太宰治賞を受賞した女性作家である。彼女は女性の自由や自立を唱える⑨社会運動に対して，そもそも男性との比較で女性の立場や境遇を語ること自体が差別を生み出していると批判した。

問１　〈あ〉時代から〈か〉時代のカードを年代の古い順に並び替えたとき，**4番目**にあたるカードとして正しいものを，次のアからカより1つ選び，記号で答えなさい。

ア）〈あ〉時代　　イ）〈い〉時代　　ウ）〈う〉時代
エ）〈え〉時代　　オ）〈お〉時代　　カ）〈か〉時代

問２　下線部①について，『曽根崎心中』などの台本を書いたのは，だれか。人名を**漢字**で書きなさい。

問３　下線部②について，以下の資料Aと資料Bは，どちらかが1992年に書かれた高校日本史の教科書で，もう一方は現在の高校日本史の教科書です。これらの一部は，出題の都合で改変しています。また，資料Cはこれまでの研究の流れを整理して紹介したものです。これをもとに，以下の各問いに答えなさい。

資料A

「えた」などの蔑称（べっしょう）でよばれた「かわた」は，…（中略）…農業のほか手工業に従事し，幕府や大名の支配のもとで，死牛馬の処理や死刑にかかわる仕事も担った。非人は，村や町から排除され集団化した乞食（こつじき）で，…（中略）…村や町の番人や清掃・芸能にたずさわった。かわた身分や非人身分も，集団を形成して御用を勤めている点では他の諸身分と共通していたのである。

資料B

幕府や藩は，支配を維持し強固にするために，社会秩序を固定しておく必要があった。そのために士農工商という身分の別をたてた制度を定め，さらにこれら四民の下に「えた」「ひにん」などとよばれる賤民身分をおいた。…（中略）…幕府や藩が彼らにさまざまの制約を加えたのは，農民や町人の武士に対する不満をそらすためであったと考えられている。

資料C

明治時代以後，えた身分・ひにん身分は渡来人の子孫だと考えられていた。こうした考えは1950年代には修正され，えた身分・ひにん身分は幕府によって意図的に作られたものであると考えられるようになった。ところが，こうした考えも1980年代に大きな変化がみられた。すでにまとまりとして存在している集団が，その社会的な役割を幕府に認めてもらい，税として課された役務（えきむ）を負担することで身分として成り立っていたと考えられるようになったのである。こうした新しい考え方が教科書に反映されるのは，2000年以降になってからのことであった。

（１）　1992年の高校日本史の教科書は，資料Aと資料Bのどちらですか。記号で答えなさい。

（２）　（１）で解答した方が1992年の高校日本史の教科書と判断した理由は何ですか。
30字から50字で答えなさい。なお，**句読点は字数に含みます**。

問４　下線部③について，次のAからCの文を時代が古いものから順に並べた場合，どのような並び方になりますか。正しいものを以下のアからカより1つ選び，記号で答えなさい。

A.　日本は二十一カ条の要求をつきつけ，その大部分を認めさせた。

B.　華北地域から出発した日本軍は，首都南京を占領した。

C.　国際社会からの圧力をうけ，日本は遼東半島を返還した。

ア）　A⇒B⇒C　　イ）　A⇒C⇒B　　ウ）　B⇒A⇒C

エ）　B⇒C⇒A　　オ）　C⇒A⇒B　　カ）　C⇒B⇒A

問５　下線部④に関連して，日本の税制度について述べた次の文のうちに，正しいものが2つあります。正しい文を**すべて選び**，記号をアイウエオ順に並べて答えなさい。

ア) 律令で定められた庸は，各地の特産物を納める税であった。
イ) 律令で定められた防人は，6歳以上の男女が対象であった。
ウ) 鎌倉時代には，徳政令が出されて税が免除されることもあった。
エ) 織田信長は，城下町での税を免除する楽市・楽座を実行した。
オ) 8代将軍の徳川吉宗は，税率を検見法から定免法に切り替えた。
カ) 明治時代の農地改革により，国民は税を現金で納めるようになった。
キ) 高度経済成長の時期には，政府開発援助(ODA)と呼ばれる税が導入された。

問6　下線部⑤について，次の年表は北条政子の生涯(しょうがい)をまとめたものです。表中の空らんにあてはまる語句の組み合わせとして適切なものを1つ選び，記号で答えなさい。

〈年表〉

西暦年	年齢	出来事
1157年	0歳	伊豆国の豪族である北条時政の長女として生まれる。
1177年	20歳	頼朝と結婚する。
1180年	23歳	源平の合戦が始まる。夫の頼朝は関東を制圧し，［X］と呼ばれるようになる。
1182年	25歳	のちに2代将軍となる頼家(よりいえ)を出産する。
1185年	28歳	源平の合戦が終わる。
1192年	35歳	のちに3代将軍となる実朝(さねとも)を出産する。
1195年	38歳	娘の大姫(おおひめ)が20歳で亡くなる。
1199年	42歳	大姫に続き，夫の頼朝が急死する。
1204年	47歳	頼家が将軍職を奪われ，伊豆で亡くなる。襲撃には政子の弟の［Y］が関わっていたとされている。
1219年	62歳	実朝が暗殺される。政子はこれで出産したすべての子どもに先立たれることとなる。
1221年	64歳	承久の乱が発生した際，御家人に演説を行って結束を強める。
1224年	67歳	弟の［Y］が死去する。
1225年	68歳	その生涯を終える。

［X］　Ⅰ：鎌倉殿　　Ⅱ：征夷大将軍
［Y］　A：北条泰時　　B：北条義時

ア) Ⅰ・A　　イ) Ⅰ・B　　ウ) Ⅱ・A　　エ) Ⅱ・B

問7　下線部⑥について，正しいものを次の文のうちから1つ選び，記号で答えなさい。
ア) 奈良県にある箸墓(はしはか)古墳は，推古天皇の墓と考えられている。
イ) 京都府にある大仙古墳は，仁徳天皇の墓と考えられている。
ウ) 古墳の周囲に置かれた「はにわ」には，家や馬の形をしたものもあった。
エ) 東北地方には，前方後円墳は存在していない。

問8　下線部⑦について，次の文のうちから正しいものを**すべて選び**，記号をアイウエオ順に並べて答えなさい。なお，正しい文が1つもない場合には，解答らんに「×」を記入しなさい。

ア）　古墳時代にやってきた渡来人の中には，国内政治の記録にたずさわる者もいた。

イ）　平安時代には，「鳥獣戯画」や「一遍上人絵伝」などの絵巻物が作られた。

ウ）　室町時代には，現在の和風住宅のもととなった寝殿造という様式が生まれた。

エ）　明治時代の初め，新橋から横浜の間に日本で最初の鉄道が開通した。

オ）　初代文部大臣の森有礼が学校令を定め，小学校6年間が義務教育となった。

カ）　野口英世は破傷風の血清療法を発見し，世界に認められる研究成果を発表した。

キ）　ロマン主義の文学者である森鴎外は，『一握(いちあく)の砂』を発表して人気となった。

問9　下線部⑧について，昨年の正月に行われた**ふみ**くんと**さらさ**さんの【会話文】を読み，文中に設けられた空らん［　X　］・［　Y　］にあてはまるものとして，もっとも自然な【選択肢】を**一つだけ**選び，記号で答えなさい。

【会話文】

さらさ　「年賀状ありがとう！　今年はウサギ年ね。ウサギちゃんは可愛いから大好きよ！」

ふみ　「どういたしまして。ところで君，兎(うさぎ)が可愛いっていうのは近代の感覚なんだよ。昔の人は，かわいいなんて思ってなかったんだ。」

さらさ　「嘘(うそ)よ！　だって，お月様にはウサギちゃんがいるじゃない？　昔の人は，お月見しながらお酒を飲んでいたりしたんでしょ？」

ふみ　「それと兎が可愛いかどうかは別だよ。資料A・Bの平安貴族の日記を見て。」

資料A

> 2月28日。今朝，兎が※1外記(げき)局に侵入した。使いの者たちが始末した。占いによれば「怪異のあるところには火事があるぞ」とのことであった。

※1　外記局…公文書を作成する役所。

資料B

> 3月4日。大外記(げき)の清原頼隆(よりたか)が言うには，「先日，兎の侵入があったことをうけ，7日に外記局で※2読経(どきょう)と※3火祭を行うことになりました。」

※2　読経…僧侶がお経を読み上げること。
※3　火祭…火災を防ぎ，火災がないように祈る祭。

ふみ　「兎は月から来た神の使者と考えられていたんだ。」

さらさ　「ウサギちゃんが神の使いっていうのは知らなかったわ。昔の人にとって，ウサギちゃんは［　X　］だったのね。」

さらさ　「けど，戦国武将の中には，兜(かぶと)にウサギちゃんの耳をつけていた人もいたそうよ。これは可愛いからでしょ？」

ふみ　「君，因幡(いなば)の白兎の話は知ってるね？　海波を乗り越えていく勇敢さが，武士に好まれたんだよ。戦場で神を味方につけるってこともあるだろうね。」

さらさ　「あっ！　**ふみ**にもらった年賀状にも波が書いてある！（資料C）」

資料C：年賀状にみる波兎(はと)文様

ふみ　「そう。見た目の問題じゃなくて，戦国武将が兜に兎を付けたのは[Y]なんだよ。」

さらさ　「そういえば，竹取物語にも月が出てくるわね。もしかしてこれもウサギちゃんと関係があるのかしら！？」

ふみ　「君はいつも質問ばっかり…。シバカシに入学したら探究活動で調べてみなよ。」

【選択肢】

ア）[X]には「ありがたいことをもたらす高貴な存在」が入る。

イ）[X]には「不吉なことをもたらすこともある畏(おそ)れ多い存在」が入る。

ウ）[Y]には「派手な格好をして目立つため」が入る。

エ）[Y]には「長い耳で周囲の音をよく聞くため」が入る。

問10　下線部⑨に関する文A・Bについて，A・Bともに正しい場合はア，Aは正しいがBが誤っている場合はイ，Aは誤っているがBが正しい場合はウ，A・Bともに誤っている場合はエを答えなさい。

A．自由民権運動では，農民らの支持を得た自由党が民撰議院設立建白書を提出した。

B．第一次世界大戦の後，立憲政治を守ることを目的に第一次護憲運動が発生した。

2　日本の地理に関する問題に答えなさい。

〈地図〉

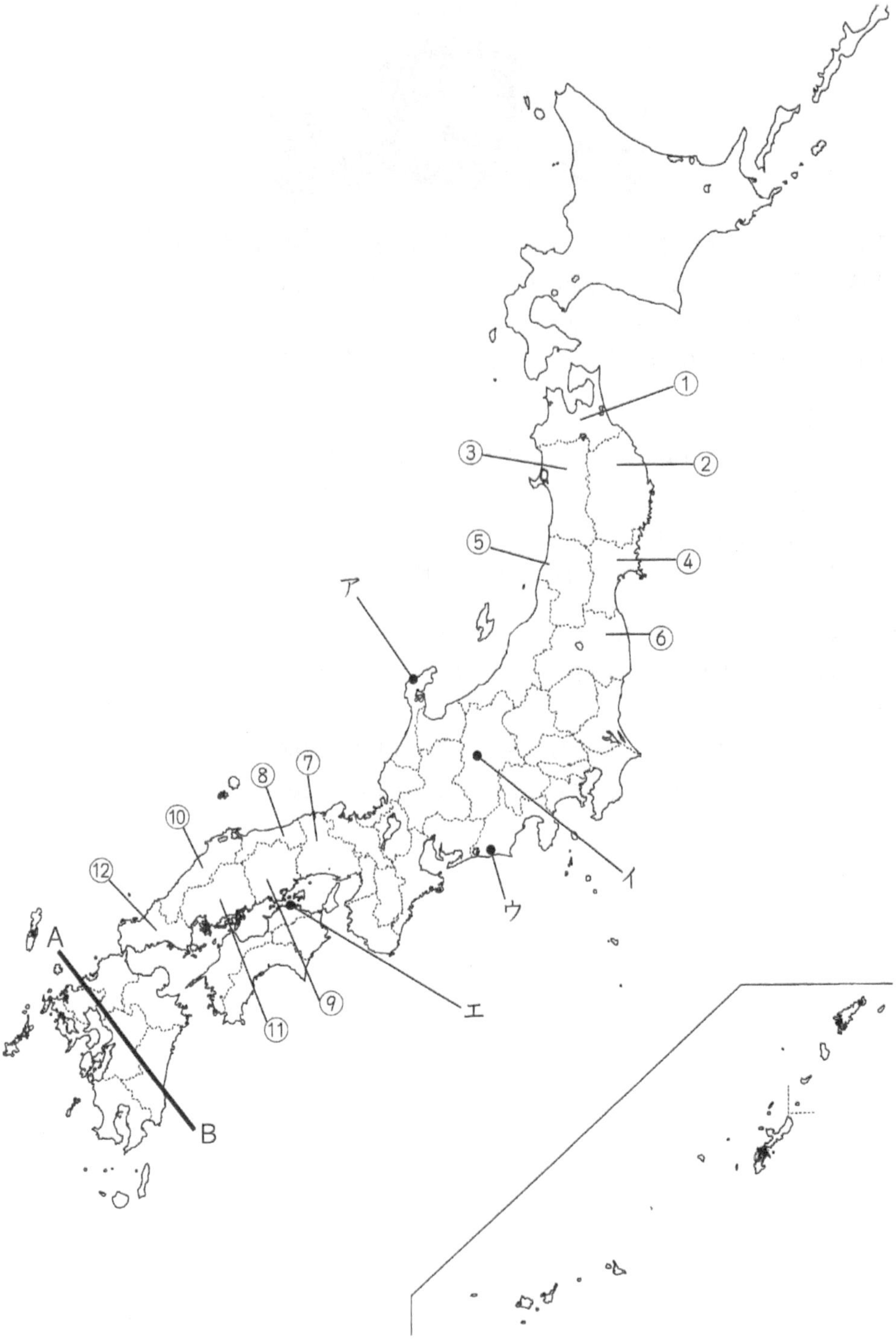

問1　〈地図〉中の①から⑥の県に関する説明として，**誤っているもの**を次の文のうちから1つ選び，記号で答えなさい。

ア）　やませによる冷害の影響を特に受けやすいのは①，②，④である。

イ）　①と③にまたがる山地には，ブナの原生林が広がり，世界遺産に登録されている。

ウ）　②と④の沿岸部にはリアス海岸が見られ，わかめ，のり，かきなどの養殖のほか，さんま漁などもさかんにおこなわれている。

エ）　④と⑤の間には南北に大規模な山脈が連なり，特に⑤の内陸部は夏に日本海側から吹く季節風がもたらすフェーン現象の影響で，高温となりやすい。

問2　〈地図〉中の⑦から⑫の県に関する説明として，正しいものを次の文のうちから1つ選び，記号で答えなさい。

ア）　県名と県庁所在地名が同じ県は5つある。

イ）　日本海と瀬戸内海の両方に面している県は3つある。

ウ）　政令指定都市があるのは⑦，⑨，⑪である。

エ）　日本の時刻の基準となっている経線が通っているのは，⑧と⑨である。

問3　次の〈表〉中のAからDは，〈地図〉中のアからエのいずれかの月別平均気温と降水量を示したものです。〈表〉中Dにあてはまるものを地図中のアからエより1つ選び，記号で答えなさい。

〈表〉　　上段…月平均気温(℃)，下段…月降水量(mm)

	1月	2月	3月	4月	5月	6月	7月	8月	9月	10月	11月	12月	全年
A	3.3	3.4	6.1	11.1	16.1	20.0	24.4	25.9	22.0	16.3	10.8	5.9	13.8
	219.2	139.6	138.6	121.6	115.6	155.8	199.6	176.8	214.5	171.1	231.5	278.4	2162.3
B	5.9	6.3	9.4	14.7	19.8	23.3	27.5	28.6	24.7	19.0	13.2	8.1	16.7
	39.4	45.8	81.4	74.6	100.9	153.1	159.8	106.0	167.4	120.1	55.0	46.7	1150.1
C	-0.3	0.6	4.6	10.8	16.5	20.2	24.2	25.1	20.4	13.9	7.8	2.5	12.2
	39.8	38.5	78.0	81.1	94.5	114.9	131.3	101.6	148.0	128.3	56.3	32.7	1045.1
D	6.3	6.8	10.3	15.0	19.3	22.6	26.3	27.8	24.9	19.6	14.2	8.8	16.8
	59.2	76.8	147.1	179.2	191.9	224.5	209.3	126.8	246.1	207.1	112.6	62.7	1843.2

(『地理データファイル 2023年版』帝国書院より作成)

問4　〈地図〉中のA－B間の地形をAからBへ順番に並べた時、正しいものを次のうちから1つ選び，記号で答えなさい。

ア）　熊本平野 → 九州山地 → 宮崎平野

イ）　熊本平野 → 筑紫山地 → 宮崎平野

ウ）　宮崎平野 → 九州山地 → 熊本平野

エ）　宮崎平野 → 筑紫山地 → 熊本平野

問5　次の文章AからCは，自然環境や自然災害について説明したものです。文章AからCの正誤の組合せとして，正しいものを以下のアからクより1つ選び，記号で答えなさい。

A　関東平野のローム層や鹿児島県のシラス台地は，河川の上流で侵食された土砂がたまったことにより作られた。

B　台風や強い低気圧が発達する時期には，海面が上空に吸い上げられたり，強風によって海水がふき寄せられたりすることにより，津波が発生しやすい。

C　前線が停滞している時期，台風が接近する時期には集中豪雨が発生することがあり，地すべりなどの土砂災害が生じやすい。

	ア	イ	ウ	エ	オ	カ	キ	ク
A	正	正	正	正	誤	誤	誤	誤
B	正	正	誤	誤	正	正	誤	誤
C	正	誤	正	誤	正	誤	正	誤

問6　次の〈表〉は，4つの農産物の1960年から2010年までの収穫量の推移，2021年における全国の収穫量と，その生産量の上位5位までの県名を示したものです。〈表〉について説明した文章AからCの正誤の組合せとして，正しいものを以下のアからクより1つ選び，記号で答えなさい。

〈表〉　(単位：千トン)

	キャベツ		きゅうり		りんご		みかん	
1960年		686		462		876		894
1970年		1 437		965		1 021		2 552
1980年		1 545		1 018		960		2 892
1990年		1 544		931		1 053		1 653
2000年		1 449		767		800		1 143
2010年		1 359		588		787		786
全国 2021年		1 485		551		662		749
1位	群馬	292	宮崎	64	青森	416	(　2　)	148
2位	愛知	267	群馬	54	(　1　)	110	愛媛	128
3位	千葉	120	埼玉	46	岩手	42	静岡	100
4位	茨城	109	福島	39	山形	32	熊本	90
5位	(　1　)	73	千葉	31	福島	19	長崎	52

(『地理データファイル 2023年版』帝国書院より作成)

A　キャベツときゅうりは消費地である東京に近い県や，促成栽培や抑制栽培がおこなわれている県での生産が多い。

B　それぞれの農産物の収穫量が最も多かった年と，2021年の収穫量を比べた時，2021年の収穫量が，最も収穫量の多かった年の半分未満となった品目は1つだけある。

C　〈表〉中の(　1　)には長野，(　2　)には和歌山が入る。

	ア	イ	ウ	エ	オ	カ	キ	ク
A	正	正	正	正	誤	誤	誤	誤
B	正	正	誤	誤	正	正	誤	誤
C	正	誤	正	誤	正	誤	正	誤

問７　次の文AからCは，林業や森林資源について説明したものです。文章AからCの正誤の組合せとして，正しいものを以下のアからクより1つ選び，記号で答えなさい。

A　木材の自給率は1960年以降，減少し続けており，現在にいたるまで増加に転じることはなかった。

B　林業に従事する人の数は1960年以降，減少傾向にあり，現在では高齢化も進んでいる。

C　人工林の中心となるのは，生長が早く建築材にも適した針葉樹林である。

	ア	イ	ウ	エ	オ	カ	キ	ク
A	正	正	正	正	誤	誤	誤	誤
B	正	正	誤	誤	正	正	誤	誤
C	正	誤	正	誤	正	誤	正	誤

問８　次の文章は，食料や環境問題について述べたものです。これに関して以下の問いにそれぞれ答えなさい。

〈文章〉

食料の輸送において，生産地と消費地との距離が遠くなると，輸送のための燃料の消費量や，二酸化炭素の排出量が多くなります。このように食料の輸送が環境にどれくらい影響を与えるかを表す数値のことを(　あ　)といい，食料の重さ(トン)×生産地から消費地までの距離(km)で求めることができます。

(１)〈文章〉中の空らん(　あ　)にあてはまる語句を**カタカナ**で答えなさい。

(２)〈文章〉中の空らん(　あ　)に関連して，次の文AとBについて，A・Bともに正しい場合はア，Aは正しいがBが誤っている場合はイ，Aは誤っているがBが正しい場合はウ，A・Bともに誤っている場合はエを答えなさい。

A　日本は世界各地から多くの食料を輸入しているため，他の先進国と比べて(　あ　)は高い。

B　ある地域で生産された農産物や水産物をその地域で消費する地産地消を進めることで，(　あ　)は高くなる。

問9　次の〈グラフ〉中のAからCは，世界のおもな国の自動車生産の移り変わりを，〈地図〉DとEはある工場の所在地を示したものです。日本の自動車生産の移り変わりを〈グラフ〉中のAからCより，自動車組立工場の所在地を〈地図〉DまたはEより選んだ組合せとして，正しいものを以下のアからカより1つ選び，記号で答えなさい。

〈グラフ〉

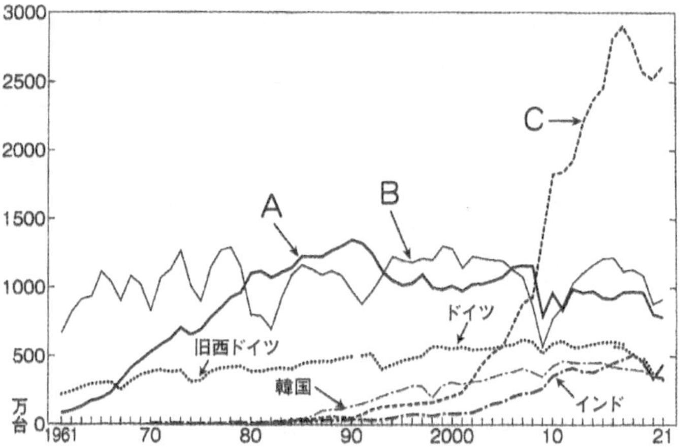

(『日本国勢図会 2022/23』より作成)

〈地図〉

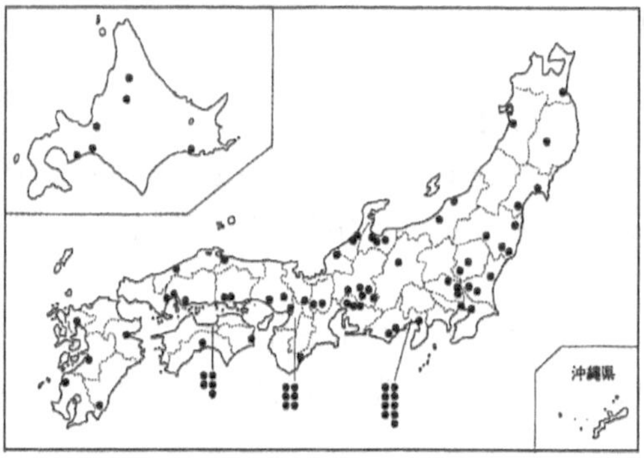

D

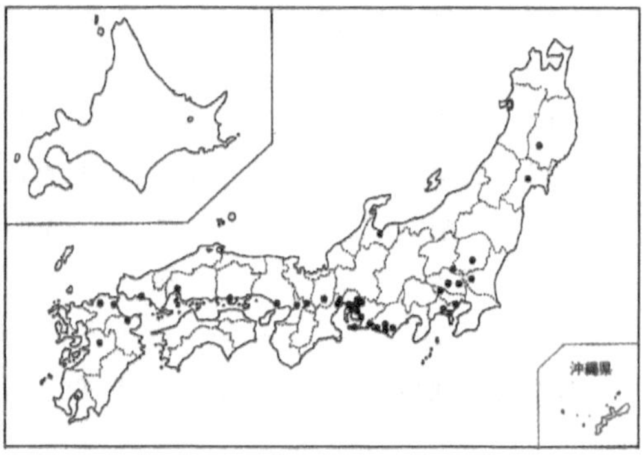

E

(『データでみる県勢 2023』より作成)

	ア	イ	ウ	エ	オ	カ
〈グラフ〉	A	A	B	B	C	C
〈地図〉	D	E	D	E	D	E

問10　次の〈表〉における4つのグラフは，1960年の輸出品・輸入品，2020年における輸出品・輸入品のいずれかを示したものです。〈表〉中のAとBには1960年，2020年のいずれか，CとDには輸出品，輸入品のいずれかが入ります。BとDにあてはまる語句の組合せとして，正しいものを以下のアからエより1つ選び，記号で答えなさい。

〈表〉

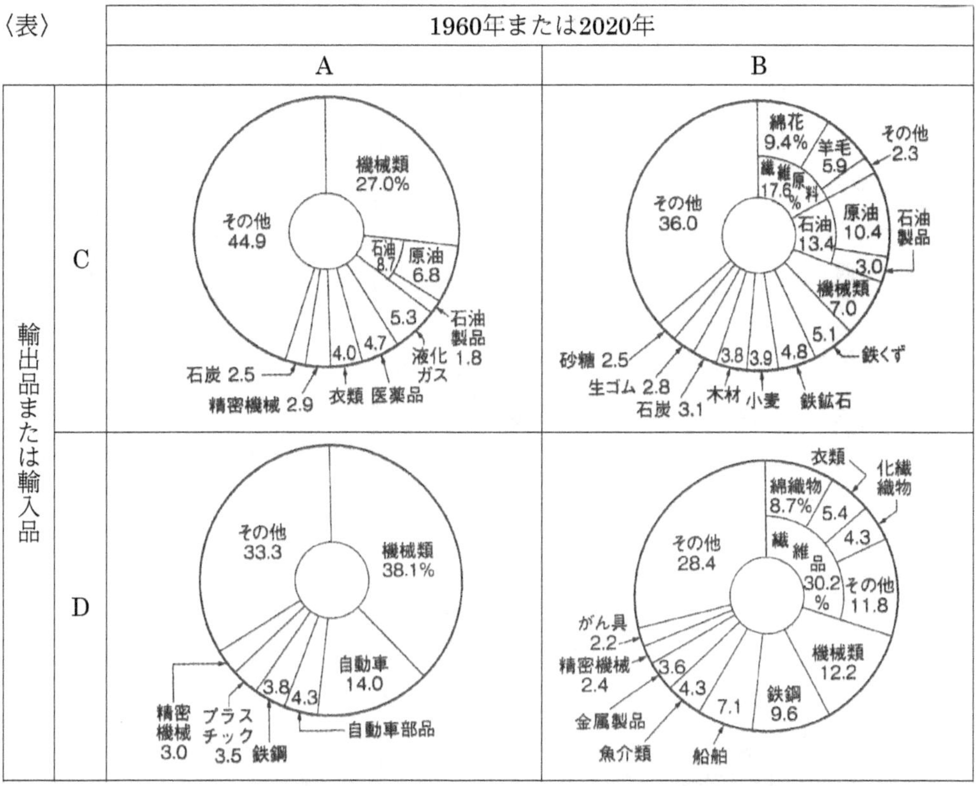

(『日本国勢図会 2022/23』より作成)

	ア	イ	ウ	エ
B	1960年	1960年	2020年	2020年
D	輸出品	輸入品	輸出品	輸入品

問11　次の〈地形図〉から読み取れる内容として，正しいものを以下の文のうちから1つ選び，記号で答えなさい。

〈地形図〉

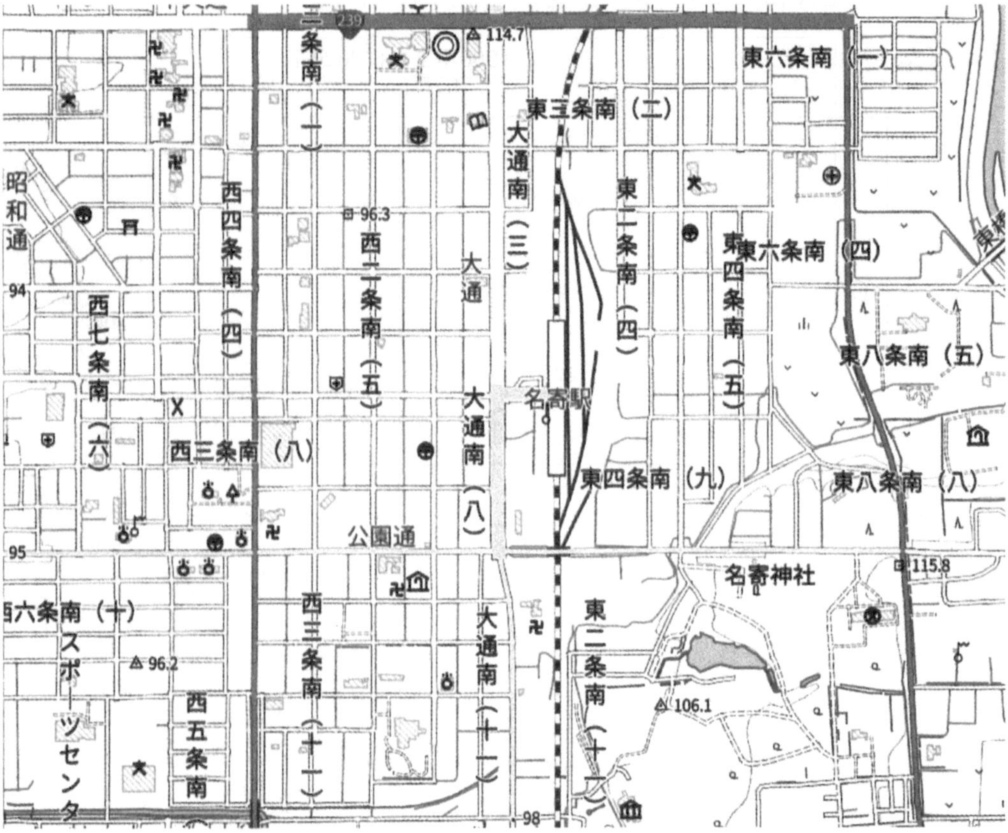

（『地理院地図』より作成）

ア）　老人ホームは「名寄駅」の北東部と南西部にみられる。

イ）　「名寄駅」から北北西の方角に図書館，南南東の方角に博物館がある。

ウ）　地形図中の地域はすべて標高が100m未満の地域である。

エ）　「名寄駅」を通るJR路線の東部は畑や果樹園が広がっている。

問12　環境問題に関する説明として，**誤っているもの**を次の文のうちから1つ選び，記号で答えなさい。

ア）　四大公害病のうち，水俣病，新潟水俣病，イタイイタイ病の原因は，工場からの排水に含まれた汚染物質によるものである。

イ）　循環型社会の形成に向けた取り組みとして，リデュース，リユース，リサイクルの3Rのほか，近年ではそこにリフューズ(断る)，リペア(修理して使う)の2つを加えた5Rを推進している自治体や企業もある。

ウ）　ラムサール条約は，湿原や沼，干潟とそこにすむ水鳥などの生物を守っていくことを目的に結ばれたものであり，日本では琵琶湖や釧路湿原などが登録されている。

エ）　二酸化炭素の排出をおさえたり，交通渋滞を減らすための取り組みとして，トラックによる貨物輸送を鉄道や船に切りかえるパークアンドライド，自家用車からバスや電車などの公共交通機関に乗りかえるモーダルシフトなどが挙げられる。

3 **現代の政治経済に関して，次の文章を読み，あとの問題に答えなさい。**

昨年，4月に統一地方選挙が行われました。みなさんも，候補者ポスターの掲示板や選挙運動をする人たちを目にする機会が多かったでしょう。

統一地方選挙とは，全国各地で都道府県(　①　)や市区町村長，都道府県議会議員や市区町村議会議員の選挙が同時に行われるものです。1947年5月に②日本国憲法が施行され，それまではなかった「地方自治」が生まれたことにともない，それに合わせて全国の地方公共団体で一斉に選挙が行われました。その後，地方公共団体の首長・議員の任期に合わせて(　③　)年に1度，統一地方選挙が行われるようになりました。もっとも，この間，さまざまな理由で(　③　)年間の任期の途中で選挙が行われた地方公共団体もあるため，統一の日程で選挙を行う地方公共団体は徐々に減っています。2023年の統一地方選挙で選挙が行われたのは全国の地方選挙のうち4分の1程度でした。

政治に関してもっとも注目される選挙は④国会議員選挙ですが，それに加えて地方でも選挙をする必要があるのはなぜでしょうか。国会は，日本全体にかかわる政治を行います。一方で，それぞれの地域には，地域独自の事情や問題があります。それぞれの地域の実情にあった政治をするために，⑤地方自治体ごとの首長や議員を選ぶ必要があるのです。地方選挙は，住民みんなで地域の問題を考え議論する大切な機会なのです。

しかし，地方選挙については問題も指摘されています。まず，(　⑥　)の低さがあげられます。選挙に行かない有権者が増えているということです。また，⑦なり手不足や候補者の偏りも問題となっています。なり手不足とは，首長や議員に立候補する人が少ないという問題です。そのため，定員を超える立候補者がなく無投票で首長や議員が決まってしまう事例も多くなっています。候補者の偏りとは，首長や議員に立候補する人の年齢や性別に偏りがあることです。特に女性の候補者が少なく，その結果，首長や議員となる女性も少ないことは，⑧世界の国々と比べても深刻で，日本の大きな課題です。そのため近年では，より多くの人が選挙に立候補しやすくなるように，他の⑨仕事や子育てをしながら立候補したり議員の仕事をしたりしやすくするなどの対策も進められています。

問1　文中の空らん(　①　)・(　③　)・(　⑥　)に入る語句・数字を答えなさい。なお，語句は**漢字**で答えなさい。

問2　下線部②に関する説明として，正しいものを次の文のうちから1つ選び，記号で答えなさい。

ア）日本国憲法の三大原則とは，国民主権，基本的人権の尊重，権力分立である。

イ）国会が圧倒的多数の賛成で制定した法律であっても，憲法に反する場合には無効となる。

ウ）日本国憲法の第9条では，自衛隊と日米安全保障条約により国を防衛することが書かれている。

エ）日本国憲法を改正する際には，国民だけでなく最高裁判所長官と天皇が改正に賛成することが必要である。

問3　下線部④に関する説明として，正しいものを次の文のうちから1つ選び，記号で答えなさい。

ア）常会は毎年1回4月に開かれ，原則として150日間続く。

イ）必要なときには，弾劾裁判所をつくり，通常の裁判所にかわって重大な刑事裁判や民事裁判に判決を下すことができる。

ウ）法律案は，衆議院，参議院それぞれの委員会で話し合われたのち，最終的に衆議院と参議院が合同で開く本会議で議決される。

エ）予算を先に審議する権限と内閣に対して信任･不信任の決議ができる権限は，衆議院のみに認められている。

問4　下線部⑤に関して，ある生徒は次のような疑問を抱きました。

「国の政治においては，国民が行政の長である内閣総理大臣を直接選ぶことはできません。国民は，国会議員を選び，そうして選ばれた国会議員が内閣総理大臣を選出します。これに対して地方公共団体では，行政の長である首長を住民が直接選ぶことができます。それでは，なぜ住民は地方議会議員の選挙に参加する必要があるのでしょうか。地方議会はなくてもいいのではないでしょうか。」

この疑問に対して，住民の選挙によって議員が選ばれる地方議会が置かれているのはなぜだと考えられますか。**30字以上45字以内**で答えなさい。ただし，**句読点は字数に含みます**。

問5　下線部⑦に関して，次の二つの表は，ある年の統一地方選挙で議員選挙が行われた市区町村について，女性議員の数および議員の平均年齢と，選挙が無投票となった地方公共団体(無投票団体)の数の関係を調べてまとめたものです。これらのグラフから読み取れることとして**適切でないもの**を，以下のアからエより1つ選び記号で答えなさい。

〈表1〉

女性議員数	0人	1人	2人	3人	4人	5人以上
地方公共団体数	115	153	128	100	51	159
無投票団体数	38	25	24	11	4	2
無投票団体割合	33%	16%	19%	11%	8%	1%

〈表2〉

議員の平均年齢	50歳未満	50～54歳	55～59歳	60～64歳	65～69歳	70歳以上
地方公共団体数	10	79	178	247	174	18
無投票団体数	0	0	11	47	39	7
無投票団体割合	0%	0%	6%	19%	22%	39%

(表1・2ともに，総務省資料から作成。無投票団体には，市区町村内の一部の選挙区において無投票となった市区町村を含む。)

ア）女性議員がいない団体では，約3分の1の団体が無投票だった。

イ）女性議員がいない団体と女性議員が1人しかいない団体が，無投票団体の半分以上を占める。

ウ）議員の平均年齢が50歳未満の地方公共団体数は，調査対象の地方公共団体の1%にも満たない。

エ）議員の平均年齢が高いほど，無投票団体である割合が高い傾向にある。

問6　下線部⑧に関して，近年の世界の説明として，**誤っているもの**を次の文のうちから1つ選び，記号で答えなさい。

ア)　日本は，アメリカが主導するNATO(北大西洋条約機構)に加盟している。

イ)　2022年に始まったウクライナとロシアの戦争は，2023年も続いていた。

ウ)　インドの人口が中国の人口を抜き，世界一位となった。

エ)　イスラエルが，パレスチナのガザ地区に軍隊を送って攻めた。

問7　下線部⑨に関して，日本における働き方や育児の説明として，正しいものを次の文のうちから1つ選び，記号で答えなさい。

ア)　物価があがり企業の経営が難しくなっていることにともない，近年は最低賃金の引き下げが続いている。

イ)　労働者には，団結権，団体交渉権，団体行動権が保障されているが，ストライキは禁止されている。

ウ)　政府の対策の結果，近年は合計特殊出生率(1人の女性が生涯に産む見込みの子どもの数)の上昇が続いている。

エ)　こども基本法では，子どもが意見を言う機会を確保すべきことがうたわれている。

問十　空欄ⅵについて、正しく説明している文となるように考えて15字以内で書きなさい。

〈下書き用〉

＿＿＿＿＿＿＿＿＿＿＿＿＿＿＿ から男の子のようだね。

※下書きはしなくてもかまいません。答えは、必ず解答用紙に記入して下さい。字数の決まりを守らないものは採点しません。

鼻をならす音がする。きっとザシキワラシだろう。この神がいる家は金持ちになるという。

　ザシキワラシは女の子であることもある。別の家では女の子の神様が二人住んでいると言われていた。ある男が町から帰ってくると、イ橋のほとりで二人の見慣れない美しい娘に会った。どこから来たか男が聞くと、神が住んでいると言われる家から来たのだという。どこに行くのかと聞くと、そこから離れた村のある家の名前を告げた。その男は、きっと神に出ていかれた家は世も末だ、と思ったが、ほどなくして、家のものが二十人ばかり毒にあたって死に絶え、女の子一人が残ったが、子どもも残せず、老いて病気で死んだということだ。

Aくん　読んでみると、宮沢賢治の話と似ているところがあるね。整理してみよう。

Bさん　〜〜〜部アと同じような話が［ i ］で、〜〜〜部イと同じような話が［ ii ］だね。

Cくん　柳田國男のザシキワラシの特徴をまとめると、「［ iii（10字以内） ］」「男か女かわからないこと」「住んでいる家を裕福にすること」「ザシキワラシが去ると不幸になること」と言ったところかな。

Aくん　住んでいる家が裕福になるんだったら、もしかしたら宮沢賢治の話も全部金持ちになっているという言葉があるんじゃないかな。

Bさん　そう言われて読んでみると、2には「お振舞」なんて表現がある。きっとごちそうするとかいう意味だから、お金持ちだろうね。1には、［ iv（5字以内） ］なんていう言葉があるよ。

Cくん　3についてはどうだろう？

Aくん　同じように、「大きな本家」っていう言葉があるよ。この家は［ v（10字以内） ］ことができる。だから分家の子はおもしろくなかったんだよね。

Bさん　ざしき童子が裕福にするのはわかったけれど、柳田國男の話は男の子だったり、女の子だったりするって書いてある。宮沢賢治の方は全部男の子じゃないかな。

Cくん　たしかに4の話では、［ vi（15字以内） ］から男の子のようだね。僕はざしき童子は女の子のイメージだった。

問六　空欄ⅰ、ⅱに入る話の番号を答えなさい。

問七　空欄ⅲに入る文を考え、10字以内で書きなさい。

〈下書き用〉

問八　空欄ⅳに入る言葉を、宮沢賢治の「ざしき童子のはなし」の中から探し5字以内で抜き出しなさい。［ X ］に入れる文も含めて探すこと。

問九　空欄ⅴに入る文を考え、「〜ことができる」に続く形で10字以内で書きなさい。

〈下書き用〉

ことができる。

かくれんぼをすればざしき童子が現れると思ったから。

エ　もともと友達としては認めておらず、せっかくいなくなったのに、また遊ばなければいけないのがいやで仕方なかったから。

問四　――部①「旧の八月」③「旧暦八月十七日の晩」について、調べてみると日本には旧暦というものがあって、今のカレンダーとはずれていることがわかりました。たとえば、「立春」は二月三日ですが、旧暦を使っていた頃は実際にもう少し春めいていたと考えられます。それを踏まえて、3と4の話に関わりがあると思われる、旧暦の八月に関わる行事を次の中から選び記号で答えなさい。

ア　ひな祭り　　イ　中秋の名月（お月見）

ウ　端午の節句　　エ　七夕

問五　――部④「よく子どもを見た」は、渡し守が「ざしき童子」というものを知らない場合と知っている場合とで、よく子どもを見た理由についての異なる解釈が考えられます。それぞれの場合について、指定された形式に合わせてわかりやすく説明しなさい。

ざしき童子を知らない場合、「よく子どもを見た」のは、［30字以内］からだが、

ざしき童子を知っている場合、「よく子どもを見た」のは、［30字以内］からだと考えられる。

〈下書き用〉

ざしき童子を知らない場合、「よく子どもを見た」のは、［　　　30］からだが、

〈下書き用〉

ざしき童子を知っている場合、「よく子どもを見た」のは、［　　　30］からだと考えられる。

※下書きはしなくてもかまいません。答えは、必ず解答用紙に記入して下さい。字数の決まりを守らないものは採点しません。

教室でこの作品について議論をしています。次の文章を読んであとの問いに答えなさい。

生徒たちが「ざしき童子」について調べてみると、柳田國男の「遠野物語」の中に次のような話が見つかりました。

古い家にはザシキワラシという神様がいることが少なくない。この神様は十二、三歳の子どもである。たまに人に姿を見せる。ある家では休暇に帰った時に廊下でザシキワラシとすれちがって大変驚いた。違う家では、母が一人で縫い物をしているとがさがさ音がする。この部屋は東京に出張に行った主人の部屋で、一人いる母が（ア）おかしいと思って戸をあけるが誰もいない。しばらくすると今度は同じ部屋から

で、白緒のぞうりもはいていた。「渡るか」と言ったら、「たのむ」と言った。子どもは乗った。舟がまん中ごろに来たとき、おらは見ないふりして④よく子供を見た。きちんと膝に手を置いて、そらを見ながら座っていた。

「お前さん今からどこへ行く、どこから来た」ってきいたらば、子供はかあいい声で答えた。「そこの笹田のうちに、ずいぶんながくいたけれど、もうあきたから外へ行くよ。」「なぜあきたね」ってきいたらば、子供はだまってわらっていた。「どこへ行くね」ってまたきいたらば「更木の斎藤へ行くよ」と言った。岸に着いたら子供はもう居ず、おらは小屋の入口にこしかけていた。夢だかなんだかわからない。けれどもきっと本当だ。それから笹田がおちぶれて、更木の斎藤では病気もすっかり直ったし、むすこも大学を終わったし、めきめき立派になったから」

こんなのがざしき童子です。

(宮沢賢治「ざしき童子のはなし」による)

問一 [X] に、ア〜オを意味が通るように並べ替えなさい。ただし四番目には次のアが入ります。

ア ざわっざわっと箒の音がきこえます。

イ ところが家の、どこかのざしきで、ざわっざわっと箒の音がしたのです。

ウ 大きな家にだれも居ませんでしたから、そこらはしんとしています。

エ とおくの百舌の声なのか、北上川の瀬の音か、どこかで豆を箕にかけるのか、ふたりでいろいろ考えながら、だまって聴いてみましたが、やっぱりどれでもないようでした。

オ ふたりのこどもは、おたがい肩にしっかりと手を組みあって、こっそり行ってみましたが、どのざしきにもだれも居ず、刀の箱もひっそりとして、かきねの檜が、いよいよ青く見えるきり、だれもどこにも居ませんでした。

問二 2の話について解釈したものとしてふさわしくないものを次の中から選び記号で答えなさい。

ア いつの間にか一人増えていることは間違いないわけだから、確かにざしき童子が姿を現していると考えてよい。

イ 遊んでいる子どもたちに男の子も女の子もいたとするなら、ざしき童子も男の子か女の子かわからないということになる。

ウ 「確かに知っている顔」と書いてあるので、遊んでいる子どもによって、違う子どもに見えている可能性もある。

エ 大人はどの子どもがざしき童子かわかっており、判断力のある大人をざしき童子はだますことができない。

問三 ——部②「『ようし、かくれろ』みんなは次の、小さなざしきへかけ込みました」とありますが、みんながかくれるのはなぜですか。もっともふさわしいものを次の中から選び記号で答えなさい。

ア 仲の良いともだちがようやく元気になって遊べるようになったので、驚かせてお祝いしようと思ったから。

イ はしかをやんだ子のためにいろいろな都合をあわせていて、快気祝いまで強制されるのはおもしろくないから。

ウ 友達はみな、一度ざしき童子に会ってみたくて、自分たちが

2

「大道(※太陽のこと)めぐり、大道めぐり」

一生けん命、こう叫びながら、ちょうど十人の子供らが、両手をつないで円くなり、ぐるぐるぐるぐる、座敷のなかをまわっていました。どの子もみんな、そのうちのお振舞によばれて来たのです。

ぐるぐるぐるぐる、まわってあそんでおりました。

そしたらいつか、十一人になりました。

ひとりも知らない顔がなく、ひとりもおんなじ顔がなく、それでもやっぱり、どう数えても十一人だけおりました。その増えた一人がざしきぼっこなのだぞと、大人が出てきて言いました。

けれどもだれが増えたのか、とにかくみんな、自分だけは、何だってざしきぼっこでないと、一生けん命眼を張って、きちんと座っておりました。

こんなのがざしきぼっこです。

3

それからまたこういうのです。

ある大きな本家では、いつも①旧の八月のはじめに、如来さまのおまつりで分家の子供らをよぶのでしたが、ある年その中の一人の子が、はしかにかかってやすんでいました。

「如来さんの祭へ行くたい(※行くんだい)。如来さんの祭へ行くたい」と、その子は寝ていて、毎日毎日言いました。

「祭延ばすから早くよくなれ」本家のおばあさんが見舞に行って、その子の頭をなでて言いました。

その子は九月によくなりました。

そこでみんなはよばれました。ところがほかの子供らは、いままで祭を延ばされたり、鉛のうさぎを見舞にとられたりしたので、何ともおもしろくなくてたまりませんでした。「あいつのためにひどいめにあった。もう今日は来ても、どうしたってあそばないぞ」と約束しました。

「おお、来たぞ、来たぞ」みんながざしきであそんでいたとき、にわかに一人が叫びました。

②「ようし、かくれろ」みんなは次の、小さなざしきへかけ込みました。

そしたらどうです、そのざしきのまん中に、今やっと来たばかりのはずの、あのはしかをやんだ子が、まるっきり痩せて青ざめて、泣き出しそうな顔をして、新しい熊のおもちゃを持って、きちんと座っていたのです。

「ざしきぼっこだ」一人が叫んで逃げ出しました。みんなもわあっと逃げました。ざしきぼっこは泣きました。

こんなのがざしきぼっこです。

4

また、北上川の朗明寺の淵の渡し守が、ある日わたしに言いました。

③「旧暦八月十七日の晩に、おらは酒のんで早く寝た。おおい、おおいと向うで呼んだ。起きて小屋から出てみたら、お月さまはちょうどおそらのてっぺんだ。おらは急いで舟だして、向うの岸に行ってみたらば、紋付を着て刀をさし、袴をはいたきれいな子供だ。たった一人

問九　この文章を読んだあとで、生徒たちは関連する書籍を見つけ、本文との関連について考えを述べています。

> 関連する書籍…宇野重規『民主主義とは何か』にあった二文(出題に際し、表記を一部改めた)
>
> 文1「民主主義とは多数決だ。より多くの人々が賛成したのだから、反対した人も従ってもらう必要がある」
>
> 文2「民主主義の下、すべての人間は平等だ。多数派によって抑圧されないように、少数派の意見を尊重しなければならない」

本文の筆者の主張を正しくとらえている生徒として、もっともふさわしい生徒を次の中から選び、記号で答えなさい。ただし、さん・くんはつけなくてもかまいません。

Aさん　本文では、「最後には多数決ですべてが決まります」と言っているから、筆者は文1側の意見だということが言えそうね。多数の意見が反映できているのだとしたら、民主的だと言えるのではないかしら。

Bくん　文2のように少数派の意見を尊重していたら、いつまでたっても話し合いがまとまらないよね。話し合いがまとまらないままだと、じゃんけんで決めるというような偶然性に頼ることになってしまうよ。

Cさん　多数決を絶対のものとしないことで、文1と文2を両立させたらいいんじゃないかな。筆者は文1の正しさを認めつつ、文2の条件を満たすように努力すべきだと言っているように読み取れるわ。

Dくん　文2は現代の流れに合致しているよ。文1のやり方をとっている限り、反対派が問題を起こすのは避けられないから、多数決でものごとを決めるやり方は今すぐやめるべきだよ。

Eさん　文1と文2は反対のことを言っているようだけど、一人に対して平等に一票が与えられているということで共通しているのよ。でも少数派の一票をより重くみるべきだと筆者は言っているのね。

三　次の文章を読んで、あとの問に答えなさい。

ぼくらの方の、ざしき童子のはなしです。

1　あかるいひるま、みんなが山へはたらきに出て、こどもがふたり、庭であそんでおりました。

X

たしかにどこかで、ざわっざわっと箒の音がきこえたのです。

も一どこっそり、ざしきをのぞいてみましたが、どのざしきにもだれも居ず、ただお日さまの光ばかり、そこらいちめん、あかるく降って居りました。

こんなのがざしき童子です。

りますか？」と疑問を投げかけている。

エ　〝正しさ〟についての筆者の主張をよりわかりやすく説明するために、学校生活などの話題に続き、「民主主義についての議論」を例として取り上げている。

問六　本文中の「Y」の部分には使い方を誤った同音または同訓の漢字が一字あります。解答欄に正しい漢字を書きなさい。

問七　――部③「私が〝正しい〟を疑えという理由」とありますが、次の生徒のやり取りを読み、それぞれの空欄に当てはまるように指定された字数の決まりを守って説明しなさい。

Aさん　ここで筆者が言っている、疑うべき〝正しさ〟というのは、［Ⅰ（10字～15字以内）］正しさのことだよね。

Bくん　筆者によると、多数決をするときには、［Ⅱ（20字～40字以内）］ことが必要だということがわかるよ。

Cさん　つまり〝正しさ〟を疑うことによって、［Ⅲ（10字～15字以内）］ことができるというわけだね。

〈下書き用〉
Ⅰ

〈下書き用〉
Ⅱ

〈下書き用〉
Ⅲ

※下書きはしなくてもかまいません。答えは、必ず解答用紙に記入して下さい。字数の決まりを守らないものは採点しません。

問八　――部④「〝正しい〟が気になる」とありますが、「〝正しい〟が気になる」と、どのような行動をとると考えられますか。例としてふさわしくないものを次の中から一つ選び記号で答えなさい。

ア　これまで当然のことだと考えられてきた「男らしさ」「女らしさ」の押しつけに対して、疑問の声を上げる。

イ　洋服を選ぶ際に、自分が気に入ったものではなく、ＳＮＳで評価が高いものを調べてそれを購入する。

ウ　友達や家族といった自分と近い関係であっても、自分の意見をまげて相手に合わせた意見を言う。

エ　国の代表を選ぶ選挙において、候補者をおとしめるような※フェイク（にせもの）ニュースをうのみにしてしまう。

※注1　既知……………すでに知っていること。
※注2　プロセス……作業を進める方法や過程。
※注3　普遍的………あらゆる物事に共通して当てはまること。

問一　――部①「must」、②「may」とありますが、本文中でのそれぞれの使い方の説明として、もっともふさわしいものを次の中から選び記号で答えなさい。

ア「must」は自分が決めたルールに基づいて自分が「～しなければならない」と考えるもの。一方「may」はみんなで決めたルールに基づいて、他者に「してもいいよ」と許すもの。

イ「must」は社会通念に照らして、それぞれが自発的に「～しなければならない」とするもの。一方「may」は実際には行動が強制されるものの、表面的には「してもいいよ」と認めるもの。

ウ「must」はすでにある、行動の規律に対して「～しなければならない」とするもの。一方「may」は自分で正しいと思うことを考え、他人に対しても「してもいいよ」と認めるもの。

エ「must」は自分勝手を認めず、決められたルールを「～しなければならない」ととらえるもの。一方「may」は多様な考えに基づいてどんなことに対しても「してもいいよ」と許可するもの。

問二　次の文は本文中の【Ⅰ】・【Ⅱ】・【Ⅲ】・【Ⅳ】のいずれかの箇所(かしょ)に入ります。もっともふさわしい箇所を選びア～エの記号で答えなさい。

それを感じ取るには想像力が必要です。

ア【Ⅰ】　イ【Ⅱ】　ウ【Ⅲ】　エ【Ⅳ】

問三　[X]に入る語句として、もっともふさわしいものを次の中から選び記号で答えなさい。

ア　集団と個人　イ　理想と現実
ウ　秩序(ちつじょ)と混乱　エ　自由と義務

問四　[A]～[D]に入る言葉としてもっともふさわしいものを次の中からそれぞれ選び記号で答えなさい。ただし、同じ記号を二度使ってはいけません。

ア　もし　イ　だから
ウ　なぜなら　エ　でも

問五　[　]で囲まれた部分の本文における役割はどのようなものですか。その説明としてもっともふさわしいものを次の中から選び記号で答えなさい。

ア　今までの論を整理し、「民主主義を守れ！」と訴える人への批判がなぜ起こるのかを読者が納得できるように、SNSなどの具体例を用いて説明している。

イ「民主主義」についての読者の考えをより深めるために、日本には「民主主義」が存在するのかしないのか、という対立する二つの意見を紹介している。

ウ　新たな問題を提起するために、これまでの〝正しさ〟についての話題を打ち切って、「民主主義について考えることがあその好例が、民主主義についての議論ではないでしょうか。

皆さんは、民主主義について考えることがありますか？

日本でも「民主主義を守れ！」のデモがありますし、ＳＮＳでも話題になります。

この「民主主義を守れ！」という訴えも要注意です。

［ B ］、「民主主義を守れ！」と訴える人の多くは、自分が気に入らない事態が起きたときだけ、そう叫んでいるからです。

まるで、日本に民主主義がないかのように。

（中略）

もちろん、少数意見の尊重や熟議を尽くすなど、より良き民主主義のためのルールはありますが、最後は多数決ですべてが決まります。たった一票の差でも、その決定は揺るぎません。

そう、民主主義は残酷な制度なのです。多様性の時代にはなじまないかもしれませんね。

［ C ］、大勢の人の主張をまとめるためには、今のところ「最良の方法」だと考えられています。

第二次世界大戦時のイギリスの首相チャーチルは、「民主主義は最悪の政治形態であるが※注1既知の政治形態の中では一番ましだ」というようなことを言っています。

多数決の原則を踏まえた上で、どうすれば多数意見の人に自分の訴えを聞き届けてもらえるかを考えることで、「最悪」の民主主義を進化させていく――。

この作業こそが大切で、③私が〝正しい〟を疑えと言う理由です。

Y

価値観は違っても、喧嘩せずにみんながある程度納得できる落としどころを探す。

［ D ］、日本に民主主義がないと感じるなら、もっと掘り下げて、※注2プロセスのどこに問題があるかを探らなければなりません。

感情や自分が信じる〝正しい〟を根拠にするのではなく、可能な限り※注3普遍的な視点から、問題を探り当てるのです。

力のある者が他者を制圧して押し切ったら、必ず反発が起き社会はうまく機能しません。

多数決では勝利しても、反対派が一定数いるのであれば、強引な主張が後々問題を起こすのは、当然のなりゆきです。

そうならないために知恵を絞る。それが政治だと私は思っています。

ヒステリックに〝正しい〟を振りかざさず、相手を徹底的に罵倒することもなく、自分の意見を聞いてもらうために汗を流す。それが大切なのです。

④〝正しい〟が気になるのは、自信がないからです。

胸を張って「自信がある」と言うなんて、嫌なやつじゃないか。そう思うとしたら、あなたは自信の意味を勘違いしています。

自信とは、自分を信じることです。色々考え、試行錯誤して、確かめながら生きていく。そのためには、頑張っている自分を信じることが大切です。

他人の意見をしっかりと聞き、頭から非定するのではなく異なる意見として受け入れられる広い視野と懐の深さを持つ。

これからの人生を豊かなものにするためにも、そうした心構えを大切にしてほしいと思います。

（真山　仁『〝正しい〟を疑え！』による）

【Ⅰ】

その一方で、若いうちに道徳（モラル）や社会のルールを守る大切さを身につける必要があります。私たちは助け合って生きているからです。

いや、自分は誰の助けも不要だ！　と宣言したところで、あなたが手にしているスマホは誰かがつくった物だし、交通手段も誰かのおかげです。

社会通念を身につける場として学校の役割はとても重要ですし、ルールを守る意識を持つために、ある程度の強制も必要になります。

自分勝手な行動で集団に迷惑をかける。迷惑をかけられた側の立場になれば、いかにその行動がよくないかわかるはずです。

【Ⅱ】

ルールを守るというのは〝正しい〟を守ることではなく、社会性を養うためのステップです。ルールを理解する、ルールを守れる。その前提があって初めて、このルールは少し変えた方がいいという意見に説得力が生まれます。

多様性は尊重するけど、他人に迷惑をかける自分勝手は認められない。社会には、常に［X］が表裏一体で存在しているということを覚えておいてください。

本書で問題にしている〝正しい〟は、モラルや社会性を守った上で、意見が分かれた場合にどう考えるのか、という話です。

【Ⅲ】

だから、「人を殺すのだって、価値観の多様性からすれば正しいでしょ」という発想は通用しません。

多様性の認識が社会に広がったことで、〝正しい〟も複数あっていい、という考え方が受け入れられやすくなってきました。

極端なようですが、人の数だけ〝正しい〟があるということです。

でも、思い出してください。

あなたが自分の価値観をもとに〝正しい〟と考えるのは自由ですが、それを他人に押しつけてはいけません。

多様性とは、そういうもの。この発想こそが「ｍａｙ」です。

お互いが多様性を認めていれば、価値観が異なる人とも仲良くできるはずです。

私はみなさんより人生を長く過ごしてきましたが、すべての価値観が同じ人に会ったことはありません。気が合う人でも、価値観が似ているのは半分ぐらいです。

【Ⅳ】

だから、〝正しい〟の基準がちがったら友達になれない、なんて思い込まないように。

私からすれば、自分と違う〝正しい〟を訴える人は魅力的に見えます。視野を広げてくれるからです。

一つの物事に複数の〝正しい〟があるとするなら、一つの〝正しい〟を押しつけて他の意見をつぶすのではなく、皆が認め合いながら「落としどころ」を探す大切さが見えてくるはずです。

だれか一人が訴える〝正しい〟をまるごと認めてしまうと、多様性は失われ、異なる意見の人は受け入れられないものになります。

［A］、可能な限り多くの〝正しい〟を盛り込んだ「落としどころ」を探る作業が、重要になるのです。

【国　語】〈四五分〉〈満点：一〇〇点〉

一　次の問に答えなさい。

問一　次の①～④の――部のカタカナを漢字に直しなさい。②は送りがなも正しく答えなさい。

① 彼のタイゲン壮語(そうご)の癖(くせ)にはうんざりだ。

② これは誰にでも解けるヤサシイ問題だ。

③ 医療(いりょう)ジュウジ者の仕事を調べる。

④ イジワルなことをしないでよ。

問二　生徒たちが次の①～④の熟語について話し合いをしています。次の会話を読み、【　】内のカタカナを漢字に直しなさい。

①【カイホウ】

A「これは同じような意味を持つ漢字によって構成されている熟語だね。」

B「同じ構成で同じ読みの熟語があるけど、こちらは制限をなくして出入りを自由にするという意味だよ」

C「この熟語は確かに窓とか校庭とかに使うけど、そういう違いがあったんだ。」

②【イギ】

A「この熟語は日常会話ではあまり使わないよね。」

B「ドラマとかではよく耳にするな。裁判で使われているイメージがあるよ。それもひとりやふたりではなく、たくさんの人がいるなかで出てくる熟語って感じ。」

C「それぞれの考えや意見を闘わせている時に使われている熟語だよね。」

③【カテイ】

A「これは前の漢字が後の漢字を詳しく説明している熟語だね。」

B「前の漢字には、インタイの『タイ』や、トウボウの『トウ』と同じ部首が使われているね。」

C「行ったり来たりすることが元になってできた部首なんだって。」

④【ハッコウ】

A「これは前の漢字が動作を表していて、後の漢字が『～を』を補っている熟語だね。」

B「後の漢字には、ツウキンの『キン』やキュウジョの『ジョ』と同じ部首が使われているね。」

C「この熟語は法律や条約に関する文章で見たことがあるなぁ。」

二　次の文章を読んで、あとの問に答えなさい。

日本は詰(つ)め込(こ)み教育だとか、何でもかんでも強制しているとか言われます。その結果、規律(きりつ)が重視され、行動は「～しなければならない」と型にはめられがちです。

学校では常に「①must(マスト)」がついて回ります。これでは息苦しいし、知らない間に〝正しい〟を探して、それにすがるクセがついてしまう。

「してもいいよ」という「②may(メイ)」をベースにした教育が理想だと私は思っています。

2024年度

芝浦工業大学柏中学校入試問題(第2回)

【算　数】(45分)〈満点：100点〉

1　次の各問いに答えなさい。

(1)　□にあてはまる数を答えなさい。

$$\left\{\left(2.5+5\frac{3}{4}\right)\times\frac{2}{11}-0.5\right\}\div\square=0.2$$

(2)　下の四角形ABCDは平行四辺形です。点EをBEとECの比が2：1となるように辺BC上にとります。このとき，三角形CEFの面積は何cm^2になりますか。

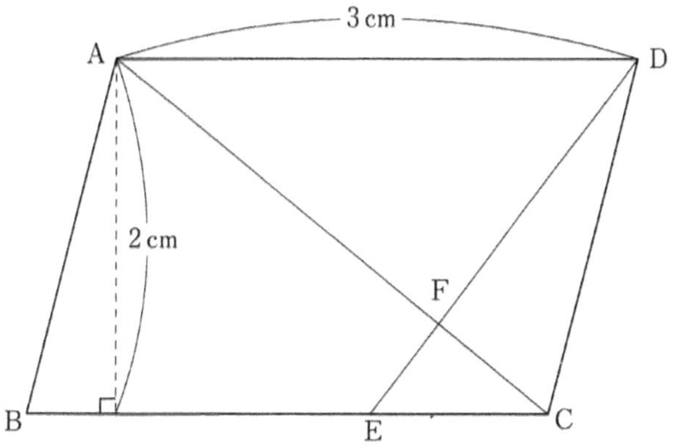

2　ある駅では，赤い電車が3分ごとに，青い電車が7分ごとに発車します。今，どちらもこの駅を10時ちょうどに発車します。

(1)　10時から16時の間で，赤い電車と青い電車が同時刻に発車するのは10時ちょうども含(ふく)めて何回ありますか。

(2)　10時から16時の間で，一方の電車が発車した後，2分差でもう一方の電車が発車するのは何回ありますか。

3　濃度の異なる食塩水Aと食塩水Bがあります。食塩水A300gと食塩水B200gを混ぜると，濃度7.2%の食塩水Cができます。また，食塩水B200gに水100gを混ぜると，食塩水Aと同じ濃度の食塩水ができます。

(1)　食塩水Cに含(ふく)まれている食塩は何gですか。

(2)　食塩水Bの濃度は何%ですか。

4 半径6cm，中心角が60度のおうぎ形が3つあります。下図のように3つのおうぎ形の斜線部分を重ねて図形Aをつくります。ただし，円周率は3.14とします。

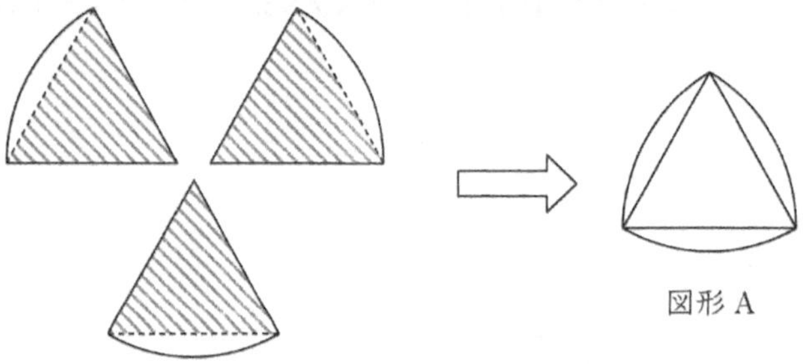

図形 A

図1のように図形Aが直線上をすべらないように1回転します。図形Aが通過した部分を表す図（影の部分）として，正しいものを次の記号（ア）～（エ）から1つ選びなさい。また，選んだ図の太線の長さは何cmですか。

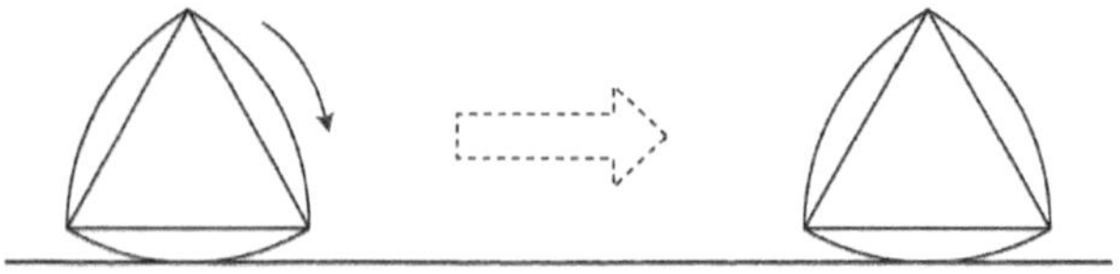

図1

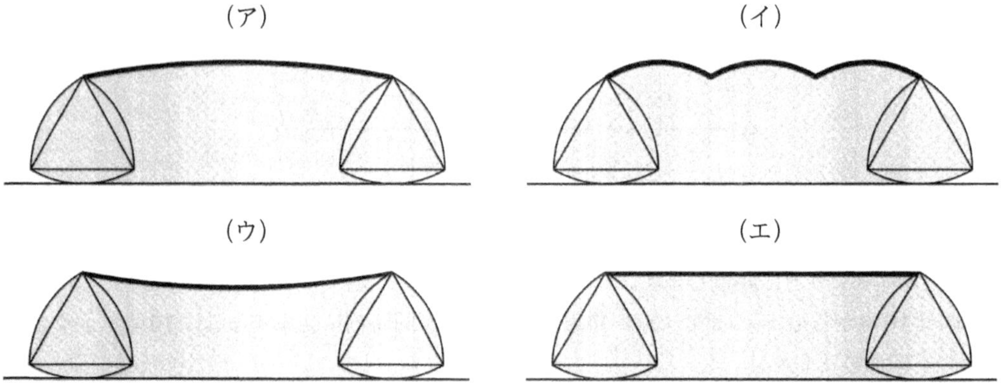

5 ある宅配便会社の倉庫では，各家庭へ届ける荷物が集まってきて，その荷物を地域別に仕分けていく作業があります。作業開始時にはたくさんの荷物が集まっており，その後も1分あたり12個の荷物が集まってきます。この作業を3人で行うと1時間15分で，また4人で行うと45分で倉庫の荷物が空（から）になります。

（1） 1人で仕分ける荷物の個数は1分あたり何個ですか。

（2） 作業開始時に集まっていた荷物の個数は何個ですか。

（3） 何人で作業すると15分で倉庫の荷物が空になりますか。

6

Aさんのクラスでは，算数の授業で次の【問題】を考えています。

【問題】
各位の数が0か7の自然数を考えます。そのような数を小さい方から順に並べて書くと，7，70，77，・・・となります。ただし，自然数とは1以上の整数のことです。
① そのような数の中で，もっとも小さな21の倍数はいくつですか。
② そのような数の中で，もっとも小さな24の倍数はいくつですか。

（1） 【問題】の①に答えなさい。

授業後，AさんとBさんは【問題】の②について，次のような会話をしました。

Aさん：私はある数が24の倍数かどうかを判定する方法として「4の倍数でもあり，6の倍数でもある」ことを確認すればよいと考えたから，「4の倍数でもあり，6の倍数でもある」数を見つけようとしたの。

Bさん：でも，「4の倍数でもあり，6の倍数でもある」数を考えると，「77700」が考えられるけど，「77700」は24の倍数ではないよね。

Aさん：そうね。どうして私の考え方では「77700」のように，24の倍数ではない数も含まれているんだろう？

Bさん：＿＿＿＿＿＿＿＿＿＿からだよ。ある数が24の倍数かどうかを判定する方法は「4の倍数でもあり，6の倍数でもある」ことを確認するのではなく，「(ア)の倍数でもあり，(イ)の倍数でもある」ことを確認するんだよ。

Aさん：そうか！【問題】の②には，「(ア)の倍数でもあり，(イ)の倍数でもある」数を見つければよさそうだね。

（2） 下線部のAさんの考え方は正しくありません。その理由を＿＿＿の部分に合うように説明しなさい。また，会話文中の(ア)，(イ)にあてはまる数を1組答えなさい。ただし，(ア)は(イ)より小さいものとし，(ア)，(イ)に入る数は1以上11以下の整数とします。

（3） 【問題】の②に答えなさい。

7

(注意：この問題の(2)(3)は，解き方を式や言葉などを使って書きなさい。)

次のページの図のように，底面の三角形DEFの面積が18cm^2である三角柱を3点A，B，Cを通る平面で切った立体をXとします。切った結果，BCとEFは平行で，BE＝9cm，AD＝12cmとなりました。また，点Pが点Aから点Dまで毎秒1cmで動くとき，点B，C，P，E，F，Dを頂点とする立体をYとします。

（1） 点Pが動き始めてから3秒後の立体Yの体積は何cm^3ですか。

（2） 立体Xの体積は何cm^3ですか。

（3） 立体Yの体積が立体Xの体積の$\frac{2}{3}$になるのは点Pが動き始めてから何秒後ですか。

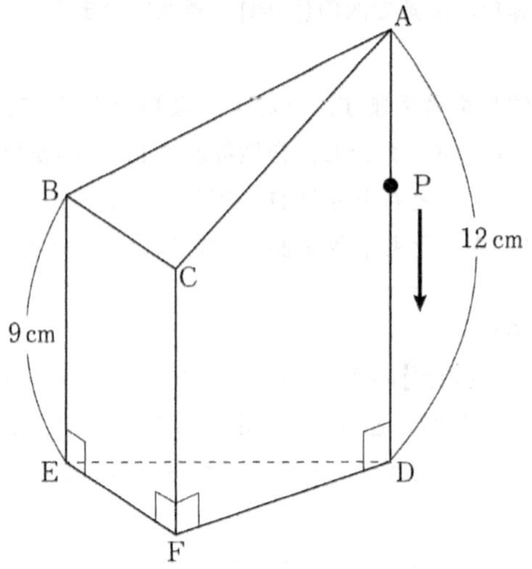

立体X

【理　科】（40分）〈満点：75点〉

1　**トンボの生態について次の文章を参考にして以下の問いに答えなさい。**

トンボは日本に200種ほど生息しており，細長い羽と身体を持ったこん虫のことを指します。幼虫は水中で過ごし，さなぎの過程を経ずに羽化します。幼虫の期間は種によって実に様々です。アキアカネは約3カ月，オニヤンマは約2年から4年，日本の固有種であるムカシトンボは5年以上もの時を幼虫として過ごすのです。子孫を残すために幼虫は羽化してトンボとなります。トンボが交尾(こうび)を行う方法も多様性に富んでおり，あるトンボのメスは最後に交尾したオスとの卵を産むことが知られています。

（1）トンボが羽化して飛ぶ前の幼虫を何といいますか。

（2）ある沼(ぬま)全体に生息するアキアカネの（1）の数を調べるための方法を2つ考えました。続く問い①～⑤に答えなさい。

方法1：ある面積あたりの（1）の数を調べる

方法2：一度（1）をつかまえて印をつけて逃(に)がす。しばらく経ってからもう一度（1）をつかまえて，印のついていた数を調べる

① 方法1を行ったところ，$100m^2$中の（1）の数は15匹(ひき)でした。ある沼の面積全体が$4km^2$であったとき，沼全体に生息する（1）の数を予想しなさい。ただし単位は万匹とします。

② 方法1について，予想した数は必ずしも正しいということができません。次のア～ウのとき，①の予想した数は実際の数に比べて大きいといえますか。小さいといえますか。それぞれ大きい，または小さいのいずれかで答えなさい。

ア．方法1で調べた場所には，他の場所に比べて（1）を食べるものが多く生息していた。

イ．沼の深いところでは（1）が少ない。方法1で調べた場所には他の場所に比べて浅いところが多かった。

ウ．方法1で調べた場所は，他の場所に比べて（1）の住みかとなる植物が多く生育していた。

③ 方法2について，印をつけた数が34匹でした。この印をつけた数の全体の数に対する割合が0.02％であったとき，沼全体に生息する（1）の数を予想しなさい。ただし単位は万匹とします。

④ 印をつけた数の全体の数に対する割合は，2度目につかまえた数のうち印のついていた数の割合と等しくなります。最初につかまえた150匹に印をつけました。2度目に200匹つかまえた時，印のついていた数が1匹でした。このとき沼全体に生息する（1）の数を予想しなさい。ただし単位は万匹とします。

⑤ 方法2について，できる限り正確に全体の数を推定する条件として適当でないものを次のア～エの中から1つ選んで，記号で答えなさい。

ア．印をつけたことで警戒(かい)心が高まらないようにする。

イ．印をつけたことで食べられやすさが変わらないようにする。

ウ．1度目につかまえてから，3ヶ月以上経ってからもう一度つかまえる。

エ．1度目につかまえる方法と2度目につかまえる方法は同じにする。

（3） ニホンカワトンボにはオスが2種類存在します。メスにアピールするために身体が青く，羽が茶色の派手な種類と，メスのように身体の色も羽の色も地味な種類の2種類です。続く問い①～③に答えなさい。

① 下線部の種類のように生物が，他の生物やものなどとそっくりの形や色を持ったり，行動をしたりして第三者をだます現象を何というか答えなさい。

② 右の写真，アケビコノハ，というチョウの一種は茶色い上羽を持っており，秋から冬にかけて見られます。これは何に①していると考えられるか答えなさい。また，そうすることでどのような利点があると考えられますか，15字以内で答えなさい。

写真．アケビコノハ

③ 下線部の種類はメスに①をしているといえます。その利点について，派手な種類が縄張りをつくり，地味な種類が縄張りをつくらないことを参考に，「交尾の機会を」という出だしから，合わせて15字以内で答えなさい。ただし，縄張りとはエサやメスとの交尾場所を確保した生息場所のことを指します。

2 **X太陽系惑星(わく)（　あ　）と（　い　）の公転軌(き)道の間に多くの小惑星が存在していることが知られ，この小惑星は太陽系が誕生した当時の情報を持っていると考えられています。**

日本の小惑星探査機「はやぶさ」と「はやぶさ2」はそれぞれ小惑星（　う　）と（　え　）にてサンプル採取を行い，それぞれのサンプルを保管したYカプセルを探査機から分離(り)させ，サンプルを地球に持ち帰ることに成功しました。

2023年7月15日から10月9日まで東京の国立科学博物館にて特別展「海―生命のみなもと」展が開催(さい)されました。この展示は，海の起源から現在までの歴史の企(き)画展となっており，はじめに，はやぶさ2と（　え　）から持ち帰ったサンプルが紹介(しょうかい)されました。サンプルの研究の結果，サンプルから液体の水や有機物が発見されており，地球や海の誕生について知るヒントとなっています。

これを読んで，以下の問いに答えなさい。

（1） 下線部Xについて，次の説明文①～④はどの惑星について述べているものですか。それぞれ漢字で答えなさい。

① 酸化した鉄によって，全体的に赤く見えます。大気の主成分は二酸化炭素で，極域は二酸化炭素が凍(こお)ったドライアイスによって白く見える極冠(かん)が存在します。

② 太陽系惑星のうち最も小さい惑星で，表面には月のようにクレーターが見られ，昼は約430℃，夜は約-170 ℃と温度差が大きい環境を持ちます。

③ 太陽系惑星のうち最も巨(きょ)大で，主に気体でできています。多くの衛星があり，1610年にガリレオが発見した4つの衛星が有名です。

④ 地球の100倍近い大気をまとっており，表面温度が昼も夜も約460 ℃あります。地球上から観測すると満ち欠けする様子が観測されます。

(2)　(1)の④の惑星の表面温度が昼も夜も約460 ℃となっているのは，大気のほとんどが二酸化炭素であることが原因となっています。このように二酸化炭素が持つ大気を温めるはたらきを何と言いますか。漢字で答えなさい。

(3)　波線部について，有機物は強く加熱すると燃え，二酸化炭素を発生させる特徴(ちょう)があります。このことから有機物には何が含まれていると考えられますか。

(4)　(1)の②の惑星と③の惑星は2023年3月下旬に大接近して地球上から観測されました。地球上から見ると2つの惑星は明るい星のように見え，大きさの差はわかりにくいですが，実際には②の惑星は地球の0.38倍の直径，③の惑星は地球の11.2倍の直径となっています。このことから③の惑星の直径は②の惑星の直径の何倍ですか。小数第1位を四捨五入し答えなさい。

(5)　(1)の②の惑星環境を調べるために，日本の宇宙航空研究開発機構JAXAが開発した探査機「みお」とヨーロッパ宇宙機関ESAが開発した探査機「MPO」の2機を同時に送り込む国際協力ミッションが進められ，2025年12月の惑星周回軌道投入を目指し，現在，探査機は宇宙空間を航行しています。このJAXAの開発した「みお」は側面に鏡が多用されています。なぜ鏡が使われているのか，その理由を②の惑星の太陽系内における位置を考え20字以内で答えなさい。

(6)　惑星(　あ　)と(　い　)はそれぞれ何ですか。正しい組み合わせのものを，以下のア～キの中から1つ選んで，記号で答えなさい。

ア．あー水星　　いー金星　　　イ．あー金星　　いー地球
ウ．あー地球　　いー火星　　　エ．あー火星　　いー木星
オ．あー木星　　いー土星　　　カ．あー土星　　いー天王星
キ．あー天王星　いー海王星

(7)　「はやぶさ」が到達した小惑星(　う　)と「はやぶさ2」が到達した小惑星(　え　)の名前は何ですか。それぞれカタカナで答えなさい。

(8)　下線部Yについて，探査機からカプセルを分離すると同時に，カプセルを独楽(こま)のように回転させながら地球に再突入させます。回転させる理由を，独楽の運動を参考に考え，10字以内で答えなさい。

3 次の文章を読み，以下の問いに答えなさい。

一定温度のもとで，固体や液体は力を加えて押(お)しても体積はほとんど変化しませんが，(a)気体は力を加えると体積が変化しやすく，とじこめられた気体に力を加えると，もとにもどそうと反発します。

一方，温度が上がると，固体や液体は体積が(b)しますが，水は例外的に図1のように4℃のときに体積が最も小さくなります。また，すべての気体は温度が上がると体積が(b)しますが，気体は固体や液体に比べると，温度による体積変化が一番大きくなります。

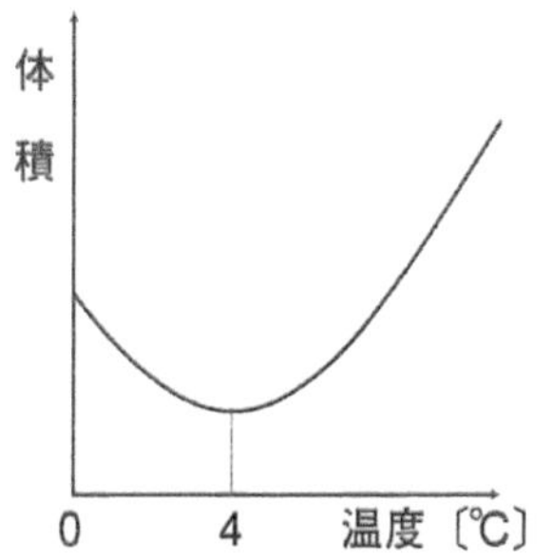

図1

(1)　下線部(a)のような気体の体積変化によるものを，ア～エの中からすべて選んで，記号で答えなさい。

ア．空気がたくさん入ったボールはよくはずむ。

イ．空気でっぽうの玉が勢いよく飛ぶ。

ウ．空気の入ったピンポン球は水に浮く。

エ．山頂付近では水は100℃より低い温度で沸とうする。

（２）（ b ）に入る語句を答えなさい。

（３）寒い日には池の水は表面からこおっていきます。それを説明した文の空らんに理由を20字以内で入れ，文を完成させなさい。

水の表面が冷やされると，水温が4℃以上では温度が低いほど水の密度が大きいので，冷たい水は沈み，暖かい水は水面に上がります。さらに寒くなって水温が4℃ 以下になると，［　　　　　　　　　　　　　　　］ので，0℃の水は水面に広がり，その水からこおっていくので，水面からこおり始めます。

（４）平らな場所でビーカーに入った水をこおらせたときの氷面のようすを線で示しなさい。ただし，こおらせる前の水面は点線で示してあります。

（５）容積500cm^3の丸底フラスコに水を50 cm^3入れ，下からガスバーナーで火力を一定にして加熱すると，ゴム管の先から(c)あわが出て，水で満たしたメスシリンダーにたまり始めました。その後，丸底フラスコ内からも盛んに(d)あわが出るようになり，(e)フラスコ内の水の量が少なくなるまで加熱を続けました。

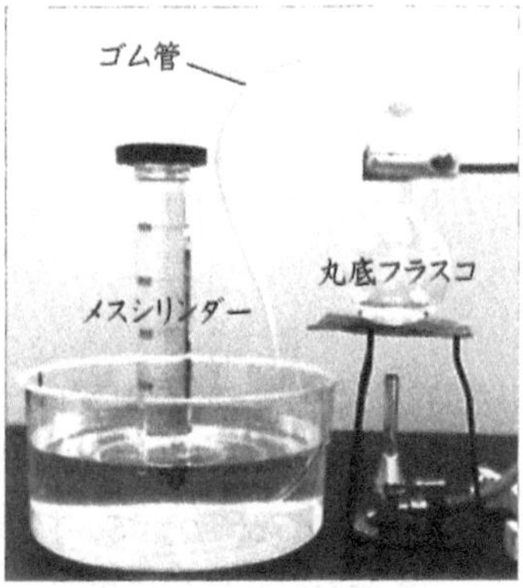

① 下線部(c)，(d)のあわは主に何ですか。

② 下線部(e)の直後，メスシリンダーにたまった気体の体積はおよそいくらになりますか。最も適当なものをア～オの中から1つ選んで，記号で答えなさい。

ア．50 cm^3　イ．100 cm^3　ウ．400 cm^3　エ．450 cm^3　オ．500 cm^3

（６）（５）のフラスコ内の水の量が少なくなったところで，フラスコの口のゴム管をしぼんだゴム風船につけかえ加熱を続けたところ，ゴム風船はふくらみました（状態1）。フラスコ内の水がほぼなくなったところで加熱を止め，しばらく放置し，冷水でフラスコを冷やすと，ゴム風船はどのようになると考えられますか。最も適当なものをア～オの中から1つ選んで，記号で答えなさい。

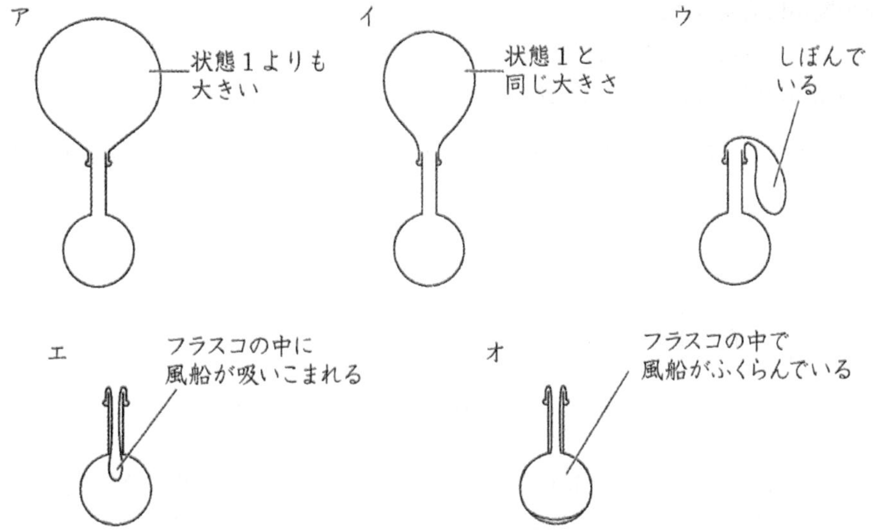

（７） 温度と体積変化の関係を利用して簡易温度計を自作しました。

（方法）

1．100mLの小さいペットボトルに絵の具で色をつけた色水を70mL入れる。

2．ペットボトルのふたの中央に穴をあけ，ストローを通す。

3．ストローが色水に3cmくらいつかる高さに調整し，ストローとふたのすき間を接着剤でうめる。

4．ふたの約3cm上の高さまで色水を吸い上げ，ふたをしっかりと閉める。ふたの周りにビニールテープをまいて，空気がもれないようにする。

5．ペットボトルを温度の異なる場所に置き，ストロー内の色水の高さと温度の関係を記録する。

① あたたかくなると，ストロー内の色水は上下どちらに移動しますか。

② 温度変化による気体の体積の変化量は，気体の種類に関わらず，温度が1℃変わるごとに，0℃のときの体積の$\frac{1}{273}$ずつ増えたり減ったりすることが知られています。そこで，0℃のときのペットボトル中の空気の体積が30cm^3であったとすると，27.3℃のときのストロー内の色水は0℃のときから何cm移動しますか。整数で答えなさい。ただし，ストローの断面積は0.30cm^2とし，色水は0℃でもこおらず，温度変化により色水の蒸発やペットボトル，ストローそのものの体積変化もないものとします。

③ 細かい温度をはかれるようにするには，どんな工夫をするとよいですか。アイデアを10字以内で答えなさい。

4 **以下の問いに答えなさい。**

(1) 水の入った容器に，氷を入れたところ，氷が溶(と)けました。以下の文章の(　①　)～(　④　)に入る語句の組み合わせとして正しいものをア～エの中から1つ選んで，記号で答えなさい。

熱は温度が(　①　)い物体から温度が(　②　)い物体に移動する。そのため，水の温度は(　③　)がり，氷の温度は(　④　)がった。

	①	②	③	④
ア	低	高	下	上
イ	低	高	上	下
ウ	高	低	下	上
エ	高	低	上	下

(2) -15℃の氷Aを熱して温度を30℃まで上昇(じょうしょう)させたところ，温度と時間の関係を表すグラフのおおよその形は図1のようになりました。図1のアの時間の間，Aはどのような状態になっていますか。10字以内で答えなさい。

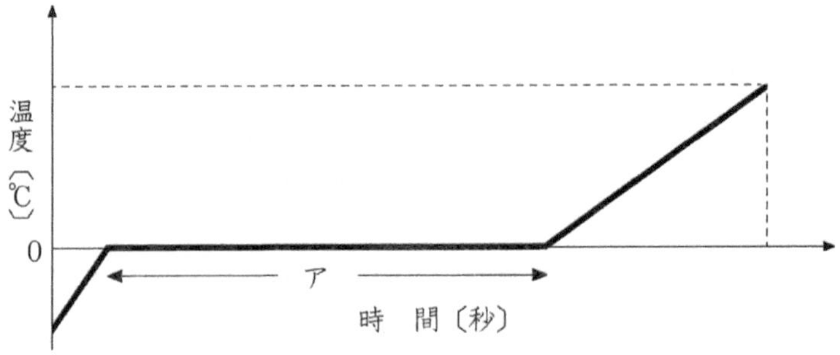

図1

(3) 30℃の水Bを一定の割合で冷やして-15℃の氷を作りました。Bの温度と時間の関係を表すグラフのおおよその形を図1にならって描(えが)きなさい。

(4) 熱の単位はジュールで表されます。水1gの温度を1℃上昇させるのに必要な熱は4.2ジュール，氷1gの温度を1℃上昇させるのに必要な熱は2.1ジュールであることが知られています。このことから100gの水，100gの氷それぞれ同じだけの熱を与(あた)えたとき温度上昇はどのようになると考えられますか。ア～ウの中から1つ選んで，記号で答えなさい。

ア. 水の温度上昇の方が大きい。
イ. 氷の温度上昇の方が大きい。
ウ. 水も氷も温度上昇は等しい。

(5) (4)のように氷1gの温度を1℃上昇させるのに必要な熱は2.1ジュールであることが知られています。また，0℃の氷1gを溶かすのに必要な熱は336ジュールであることも知られています。これらのことを利用して，-15℃，100gの氷を全て溶かして，0℃の水100gにするには何ジュールの熱が必要か求めなさい。

(6) 熱を通さない3個の発泡(はっぽう)スチロールのカップに，それぞれ5℃で200gの水を入れました。ここに，それぞれ①～③を入れてよくかき混ぜると，全体の温度は何℃になりますか。ただし，容器の外部に熱が逃(に)げることはなく，熱のやり取りは水同士でのみ行われるものとします。③は小数第1位で答えなさい。

① 55℃で200gの水

② 95℃で100gの水

③ 85℃で150gの水

(7) (6)と同様に，熱を通さない発泡スチロールのカップに5℃で200gの水を入れました。ここに100℃で100gの鉄球を入れてよくかき混ぜると，全体の温度は10℃になりました。このことから，鉄は水に比べて何倍温度変化しやすい物質であると考えられますか。ただし，容器の外部に熱が逃げることはなく，熱のやり取りは水と鉄球同士でのみ行われるものとし，鉄球の熱で発泡スチロールが溶けることはないものとします。

(8) (7)の発泡スチロールのカップの代わりにビーカーに200gの水を入れ十分に時間が経過した後，水温を測ると5℃でした。この状態で，図2のように全体を熱を通さない発泡スチロールで囲み，100℃で100gの鉄球を入れてよくかき混ぜました。このとき，水の温度は10℃より高くなりますか，低くなりますか。その理由を25字以内で答えなさい。ただし，空気の温度の影響(えいきょう)は受けないものとします。

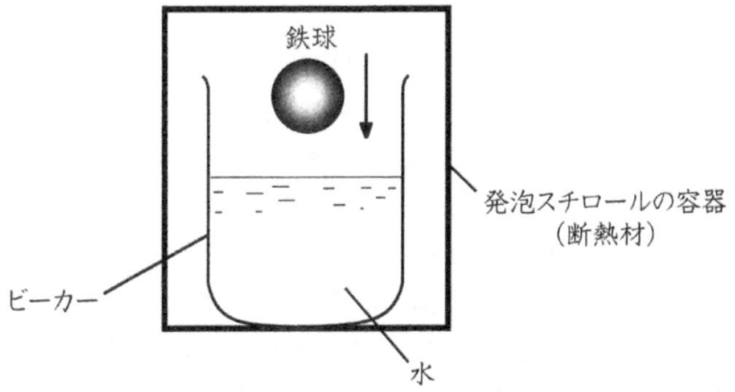

図2

【社　会】(40分)〈満点：75点〉

1 **ちさとさんは，2023年の夏休みに両親と妹のまひろさんと一緒におばさんが住む函館市を訪れました。次の文章は，ちさとさんがその時に書いた記録の一部です。この文章を読み，以下の設問に答えなさい。**

〈8月10日(木)〉

私たちは，函館に住むおばさんを訪ねました。私たちは，おばさんを名前の一部を取ってターおばさんと呼んでいます。

ターおばさんは，車で空港まで迎えに来てくれていました。到着出口で久しぶりにターおばさんと対面し，駐車場に向かいました。その途中で，空港3階のホールで①縄文時代の展覧会を行っているというポスターをみました。このことをターおばさんに聞くと，函館周辺では，縄文時代の遺跡がたくさん発掘されているそうです。

一度荷物を置いて休むために，ターおばさんの家に行きました。ターおばさんの家は，五稜郭(ごりょうかく)公園の近くにあります。五稜郭は江戸時代末期に幕府側が築造した西洋式の城郭で，現在では公園として市民に親しまれ，花見の名所としても知られています。また夏には②函館野外劇という演劇の会場としても使用されているそうです。

早めの昼食を取った後に，市電で杉並町(すぎなみちょう)から青柳町(あおやぎちょう)に向いました。私はターおばさんに，函館周辺の歴史を夏休みの自由研究のテーマにしたいと相談したところ，市立函館博物館を案内してくれました。博物館では「はこだての歩み」という展示をしており，甕(かめ)という大きな土器の中にたくさんの銭が入っていたものが，もっとも印象に残りました。これは函館空港の近くから発掘されたもので，本州から渡ってきた人の拠点である館(たて)から見つかったということでした。この館が使われていた③室町時代には，アイヌと本州から北海道に渡ってきた和人との間で交易が行われていたそうです。④明治以降の展示で火事の写真が何枚かありました。函館では，明治4年から昭和9年までの間に10回もの⑤大火の被害にあいました。このため，現在の函館の町の大部分は，昭和9年の大火以降の復興のなかで築かれたのです。さらに⑥戦後になると，函館の住宅地は北部や北西部へと広がっていったそうです。

博物館で勉強した後には，ロープウェイで函館山の山頂に行くことにしました。函館山からの夜景は有名ですが，ターおばさんによると，昼間の風景も函館の街並みと左右の海の組合せが素晴らしいとのことでした。おばさんの話の通り，ロープウェイで山頂に上る途中， 海の中に函館の街並みが広がっていく風景に感動しました。山頂からの景色も素敵でした。山頂には「ブラタモリ」のポスターも貼っていました。ターおばさんの説明によると，タモリさんが山頂付近にも来て，⑦日清戦争後に造られた砲台などの軍事施設を紹介したそうです。

再びロープウェイに乗って，函館の町が近づく風景を楽しみました。この後，この付近を歩きました。元町教会や函館教会などがあり，さらに進むと(　⑧　)提督来航記念碑がありました。アメリカ人の(　⑧　)は，日米和親条約を結んだ後に，函館にも訪れて開港のための調査などをしたそうです。

この後，赤レンガ倉庫などで買い物をして，市電に乗っておばさんの家に戻り，おいしい魚などをご馳走(ちそう)になりました。

〈8月11日(金)〉

この日は，ターおばさんの車で松前に向かいました。松前までは津軽海峡の海を見ながら，約2時間のドライブでした。車内では，おばさんと母が⑨紫式部が主人公となる来年の大河ドラマについて話していました。

松前城の建物の大部分は戦後の建築ということでしたが，門など一部の建築物は⑩江戸時代のものでした。また松前藩屋敷という場所では，当時の生活の様子などが復元されていました。松前藩を治めていた松前氏は，本来は蠣崎(かきざき)氏を名乗り，⑪豊臣秀吉からも支配を認められていました。その後，松前氏と改めます。江戸時代には，松前藩は，幕府が認めた北海道唯一の藩でした。この時代には米の生産力で藩の規模を示していましたが，当時の北海道では⑫稲の栽培ができなかったため，松前藩はアイヌとの交易を収入源としていたそうです。

松前からの帰りには，函館の海の向こうに見える函館山が夕日を浴びてきれいに見えました。

問1　下線部①に関して説明した次のAからDの文のなかに，正しい文が2つあります。その文の組合せとして，正しいものを以下のアからカより1つ選び，記号で答えなさい。

A.　現在と比べると寒い時代で，日本列島はユーラシア大陸とほぼ陸続きであった。

B.　みんなで協力して狩りなどを行う平等な社会であった。

C.　動物の骨や角を削った骨角器を使って，漁業も行っていた。

D.　自然の神々への感謝を示す祭りには，土偶(どぐう)や青銅器が用いられていた。

ア)　AとB　　イ)　AとC　　ウ)　AとD

エ)　BとC　　オ)　BとD　　カ)　CとD

問2　下線部②に関連して，日本の芸能などについての説明として，**誤っているもの**を次の文のうちから1つ選び，記号で答えなさい。

ア)　鎌倉文化では，琵琶法師によって『平家物語』が語られた。

イ)　室町文化では，観阿弥・世阿弥によって能楽が大成された。

ウ)　桃山文化では，出雲の阿国によって歌舞伎おどりが始められた。

エ)　元禄文化では，井原西鶴によって『曽根崎心中』などの人形浄瑠璃(じょうるり)の台本が著された。

問3　下線部③に関連して，次の各文章は3人の生徒が室町時代に関して説明したものです。これらの説明のうち，正しい説明をしている人の組合せを次のページのアからクより1つ選び，記号で答えなさい。

ゆい「足利尊氏は，征夷大将軍に任命されるとすぐに京都の室町に花の御所を建てたので，この幕府は室町幕府と呼ばれています。また足利尊氏は，将軍を補佐する管領をはじめとする幕府の組織を整えました。」

けん「室町時代には，民衆たちが団結して土一揆を起こしたこともあったよ。時には荘園領主に訴えて，年貢を軽くしてもらおうと要求することもあったようだ。また酒屋・土倉などを襲って，借金の取消も要求したんだ。このため，幕府は彼らの騒ぎを押さえるために，永仁の徳政令を発令したんだよ。」

るり「足利義満は，明との間で国と国との正式な貿易として勘合貿易を開始しました。この貿易では，倭寇と区別するために，勘合という合い札が用いられました。この貿易では生糸や陶磁器などが輸入され，幕府は大きな利益を上げることができました。」

ア) 3人とも正しい　イ) ゆい・けん　ウ) ゆい・るり　エ) けん・るり
オ) ゆい　カ) けん　キ) るり　ク) 3人とも間違っている

問4　下線部④時代に起こった出来事や当時の様子に関する説明として，次の文のうちに正しいものが**2つ**あります。正しい文を**すべて選び**，記号をアイウエオ順に並べて答えなさい。

ア) 明治新政府は政治を開始した直後に，新政府の政治方針を明らかにするために大日本帝国憲法を発表した。

イ) 身分制度を廃止し，四民平等の原則がとられたため，以後日本国内では身分的な差別はなくなった。

ウ) 政府は，長野県につくられた富岡製糸場などの官営工場を設立することで，産業の活性化につとめた。

エ) 征韓論に失敗して政府を去った板垣退助と西郷隆盛らは，自由民権運動を開始し，国会の開設を主張した。

オ) 労働運動などを抑えるために，治安維持法が制定された。

カ) この時期に開かれた帝国議会は貴族院・衆議院の二院制であったが，選挙で選ばれたのは衆議院議員のみであった。

キ) 夏目漱石や高村光雲らの活躍によって，近代文学の発展がみられた。

ク) 学制が定められて全国に小学校が設置され，やがて教育の方針として教育勅語が定められた。

問5　下線部⑤に関連して，日本の災害に関係する次の文を参照し，また今まで学習してきた成果なども使って，日本の災害に関する説明として，正しいものを以下の文のうちから1つ選び，記号で答えなさい。

日本国内では，いろいろな災害の記録が残っています。

下線部にもある大規模な火災も何度となく起こっています。平安時代には天皇の住居や政治・儀式の場である内裏(だいり)が火災で焼失してしまい，以後正式に再建されることはありませんでした。奈良の東大寺大仏殿も2度にわたって火災にあっていますが，これらは戦乱によるものです。1度目は源平の合戦で平重衡(たいらのしげひら)，2度目は戦国時代に松永久秀(まつながひさひで)によって焼かれています。法隆寺では，1949年の火災により金堂の一部を焼失し，壁画の大部分を失ってしまいました。これは漏電(ろうでん)が原因で，このような災害を防止するために，文化財保護法が制定され，災害から文化財を守るための設備が整えられるようになりました。自然災害による火災の例もあります。興福寺では，何度も雷が原因で火災が起きたとの記録が残されています。

火災の場合には，自然災害以外にも人災の場合が多いのですが，その他の災害をみてみると，圧倒的に自然災害が原因となることが多いようです。

日本の場合，地震で大きな被害を受けることが少なくありません。近年で考えても，1995年の阪神・淡路大震災，2011年の東日本大震災をはじめとして，ここ30年間で10回以上，大規模な地震が起こっています。地震の場合，地震による建物の破壊などの被害もありますが，地震後の二次災害による被害も大きいことがあります。東日本大震災でも，津波や火災，原子力発電所からの放射能汚染などの被害がありました。1923年に起こった関東大震災でも，地震そのものによる被害よりもその後に起こった火災での被害が大きく，地震による家屋の全壊・半壊は約24万戸に対して，火災による焼失はその約2倍の44万戸におよびました。このように二次災害には，人災と考えられるものも含まれています。

火山の噴火による災害もみられます。たとえば1707年に起こった富士山の噴火では，大量の火山灰により関東地方でも農業への被害が出るとともに，酒匂(さかわ)川流域では川に降り積もった火山灰により洪水が起こり，流域では水没などの被害も起こりました。

自然災害では，冷害などの異常気象も人々の生活に影響を与えました。江戸時代の中後期にみられた何度かの飢饉も冷害などの天候不順が原因でありますが，他にもイナゴなどの大量発生や火山の噴火などの要因が重なることもありました。

ア) 東大寺の大仏殿は2度にわたって火災の被害を受け，1度目は鎌倉時代に再建されたが，2度目の火災以降は，再建されていない。

イ) 現在国宝などの文化財には，法律によって消火装置の設置など，火災などの被害をおさえるための設備が整備されている。

ウ) 地震の場合，火災などの二次災害が起きることもあるが，これらの二次災害の被害は，地震そのものの被害を上回ることはない。

エ) 江戸時代に起こった天明の大飢饉は，冷害による不作に加えて，富士山の噴火の影響を受けての飢饉であった。

問6 下線部⑥に起こった出来事や様子に関して説明した次のAからDの文のなかに，正しい文が2つあります。その文の組合せとして，正しいものを以下のアからカより1つ選び，記号で答えなさい。

A. 農地改革によって，地主の所有する農地の面積を制限し，農地が小作人に安く払い下げられたので，自作地・自作農の割合は増加した。

B. 日本はアメリカとの間に日米安全保障条約を締結し，同時期に日韓基本条約も結んで韓国との国交を回復した。

C. 高度経済成長が終わりを告げると，日本は平成不況と呼ばれる長期間の不況の時期をむかえた。

D. ソ連や東ヨーロッパでは民主化がすすみ，冷戦の象徴ともいわれたベルリンの壁が崩壊した。

ア) AとB　　イ) AとC　　ウ) AとD
エ) BとC　　オ) BとD　　カ) CとD

問7 下線部⑦に関して説明した次のAからDの文のなかに，正しい文が2つあります。その文の組合せとして，正しいものを以下のアからカより1つ選び，記号で答えなさい。

A. 戦争の直前には，義和団事件が起こった。

B. 戦争の大部分は，清国内で行われた。

C. 講和会議で結ばれた条約の内容に抗議して，ドイツなどが三国干渉を行った。

D. 清からの賠償金の一部は，八幡製鉄所の建設に使われた。

ア) AとB　　イ) AとC　　ウ) AとD
エ) BとC　　オ) BとD　　カ) CとD

問8　空らん(　⑧　)に入る適切な人名を答えなさい。

問9　下線部⑨は平安時代の文学者です。平安時代の出来事や様子に関して説明した次のAからDの文のなかに，正しい文が2つあります。その文の組合せとして，正しいものを以下のアからカより1つ選び，記号で答えなさい。

A.　藤原道長・藤原頼通らによって，摂関政治が行われた。

B.　この時代の貴族は，寝殿造の邸宅で生活していた。

C.　『古事記』や『日本書紀』などの歴史書が作られた。

D.　死後に極楽浄土に行くことを願って，法然の浄土宗，親鸞の浄土真宗が広まった。

ア）　AとB　　イ）　AとC　　ウ）　AとD

エ）　BとC　　オ）　BとD　　カ）　CとD

問10　下線部⑩の出来事や様子に関する説明として，次の文のうちに正しいものが3つあります。正しい文を**すべて選び**，記号をアイウエオ順に並べて答えなさい。

ア）　大名を幕府に従わせるために武家諸法度を制定したが，天皇や朝廷，貴族に対するきまりはなかった。

イ）　譜代大名の藩は，江戸周辺や重要な地域に置かれることが多かった。

ウ）　江戸時代は鎖国であったため，日本人の商人が外国に行って貿易をすることはなかった。

エ）　将軍が代替わりすると，朝鮮や琉球からは使節が送られた。

オ）　幕府や藩に収められた年貢は，収穫高の5割未満と決められていた。

カ）　京都は「天下の台所」と呼ばれ，経済の中心地であった。

キ）　徳川綱吉は，生類憐みの令を定め，上げ米の制を実行するなどの改革につとめた。

ク）　『古事記伝』を著した本居宣長などの国学の研究では，古代以来の日本人の考えを明らかにしようとした。

問11　右の写真は，下線部⑪が行った対外政策で犠牲になった人々を供養(くよう)するために建てられました。この対外政策に関して，次の点にそれぞれ簡単に触れて，**25字から50字**で説明しなさい。なお，**句読点は字数に含みます**。

- 対外政策の内容。
- どのように展開したか。
- 終了した原因。

問12　下線部⑫に関する次の文A・Bについて，A・Bともに正しい場合はア，Aは正しいがBが誤っている場合はイ，Aは誤っているがBが正しい場合はウ，A・Bともに誤っている場合はエを答えなさい。

A.　弥生時代の稲作では，すでに田植が行われていた。

B.　鎌倉時代ごろには，春には麦，秋には稲を収穫する二毛作が西日本で行われていた。

2 日本の地理に関する問題に答えなさい。

〈地図〉

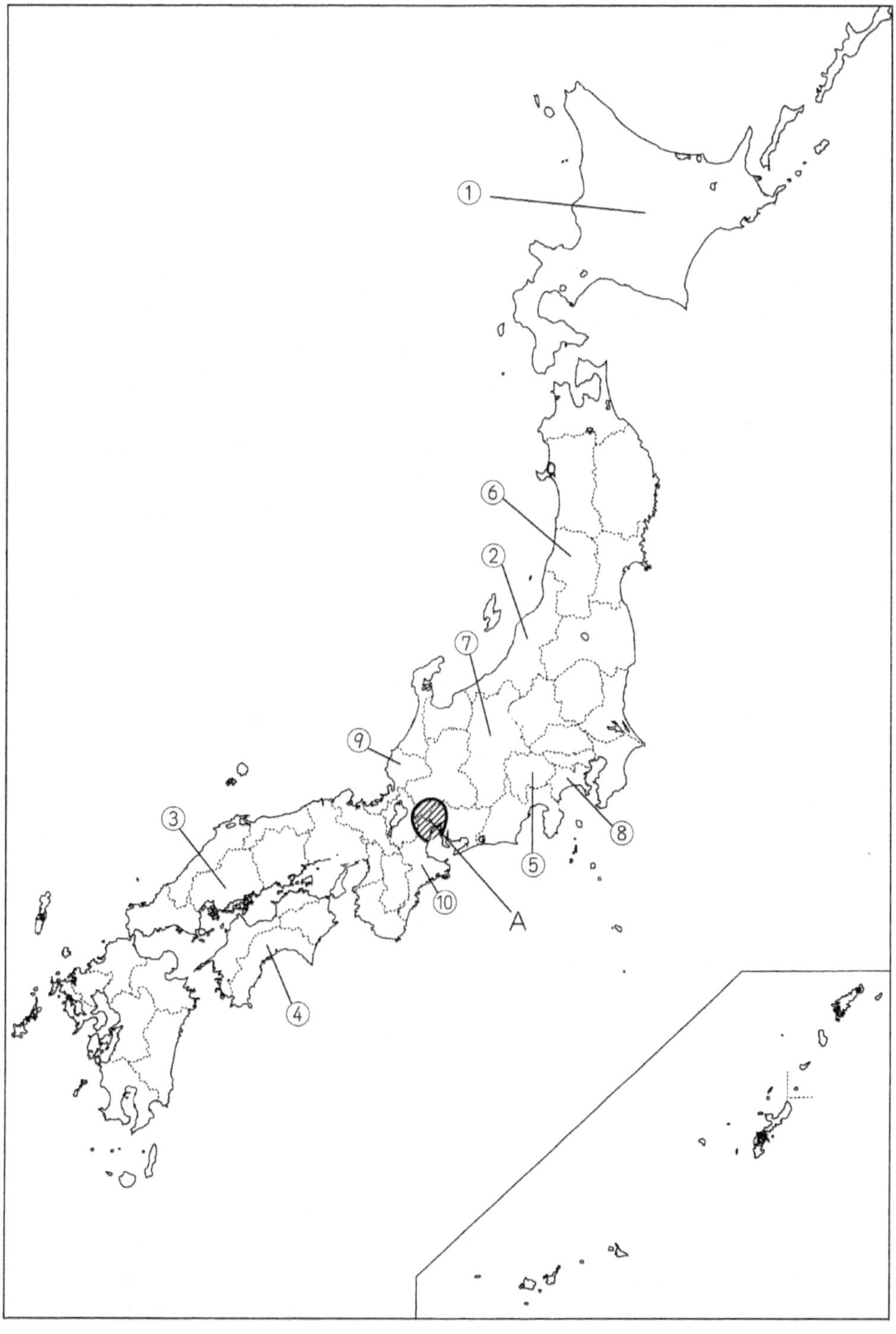

問1　〈地図〉中のAの平野を流れる河川を西から東へ順に並べた場合，正しいものを次のアからエより1つ選び，記号で答えなさい。

ア）　木曽川－揖斐川－長良川　　　イ）　木曽川－長良川－揖斐川

ウ）　長良川－木曽川－揖斐川　　　エ）　揖斐川－長良川－木曽川

問2　次の〈表〉におけるAからDは，〈地図〉中の①から④の都道府県のいずれかの都道府県庁所在地の月別平均気温と降水量を示したものです。〈表〉中のBにあてはまる都市名を**漢字**で答えなさい。

〈表〉　上段…月平均気温(℃)，下段…月降水量(mm)

	1月	2月	3月	4月	5月	6月	7月	8月	9月	10月	11月	12月	全年
A	2.5	3.1	6.2	11.3	16.7	20.9	24.9	26.5	22.5	16.7	10.5	5.3	13.9
	180.9	115.8	112.0	97.2	94.4	121.1	222.3	163.4	151.9	157.7	203.5	225.9	1845.9
B	6.7	7.8	11.2	15.8	20.0	23.1	27.0	27.9	25.0	19.9	14.2	8.8	17.3
	59.1	107.8	174.8	225.3	280.4	359.5	357.3	284.1	398.1	207.5	129.6	83.1	2666.4
C	-3.2	-2.7	1.1	7.3	13.0	17.0	21.1	22.3	18.6	12.1	5.2	-0.9	9.2
	108.4	91.9	77.6	54.6	55.5	60.4	90.7	126.8	142.2	109.9	113.8	114.5	1146.1
D	5.4	6.2	9.5	14.8	19.6	23.2	27.2	28.5	24.7	18.8	12.9	7.5	16.5
	46.2	64.0	118.3	141.0	169.8	226.5	279.8	131.4	162.7	109.2	69.3	54.0	1572.2

（『地理データファイル 2023年版』帝国書院より作成）

問3　〈地図〉中の⑤の県に関する説明として，正しいものを次のアからエより1つ選び，記号で答えなさい。

ア）　武田信玄のつくった信玄堤（づつみ）と呼ばれる堤防が今でも残っている。

イ）　県庁所在地で夏におこなわれる「ねぶた祭」が有名である。

ウ）　伝統的な合掌造りの家が残されており，世界遺産に登録されている。

エ）　弥生時代の遺跡である「吉野ケ里遺跡」が有名である。

問4　〈地図〉中の⑥の県の稲作に関する説明として，正しいものを次のアからエより1つ選び，記号で答えなさい。

ア）　越後平野で作られるコシヒカリの生産が有名である。

イ）　やませの影響によって冷害が発生し，米が不作になることがある。

ウ）　最上川の下流に広がる平野では，米の栽培が盛んである。

エ）　ひとめぼれという米のブランドが有名である。

問5　次の〈表〉は，〈地図〉中⑦から⑩のいずれかの県における発電方式別の発電電力量を示したものです。⑩の県にあてはまるものを以下のアからエより1つ選び，記号で答えなさい。

〈表〉　（単位：百万kWh）

	水力	火力	その他	合計
ア	596	79 703	53	80 352
イ	1 676	7 877	15 407	24 960
ウ	639	20 717	1 244	22 600
エ	7 363	91	183	7 637

（『データでみる県勢 2022』より作成）

問6　次の〈表〉は日本の食料自給率の推移を示したものです。AからCは野菜，肉類，果実のいずれかです。組み合わせとして，正しいものを以下のアからカより1つ選び，記号で答えなさい。

〈表〉　(単位：%)

	1960年	1980年	2000年	2019年
A	91	81	52	52
B	100	81	44	38
C	100	97	81	79

(『日本国勢図会(2021/2022)』より作成)

	A	B	C
ア	果実	野菜	肉類
イ	果実	肉類	野菜
ウ	野菜	果実	肉類
エ	野菜	肉類	果実
オ	肉類	果実	野菜
カ	肉類	野菜	果実

問7　次の〈グラフ〉中のアからエはそれぞれ沿岸漁業，遠洋漁業，海面養殖業，内水面漁業・養殖業のいずれかの漁獲量の推移を示したものです。これに関して，以下の問いにそれぞれ答えなさい。

〈グラフ〉

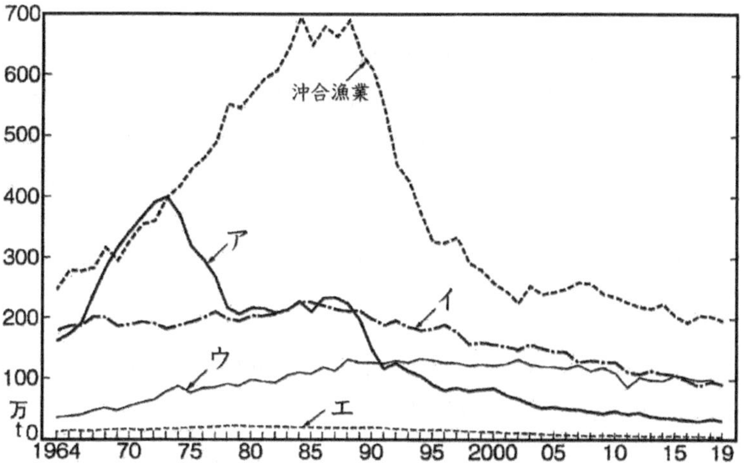

(『日本国勢図解(2021/2022)』より作成)

(1)　沿岸漁業にあてはまるものを〈グラフ〉のアからエより1つ選び，記号で答えなさい。

(2)　沖合漁業の漁獲量が1990年以降，減少している理由を説明した次の文A・Bについて，A・Bともに正しい場合はア，Aは正しいがBが誤っている場合はイ，Aは誤っているがBが正しい場合はウ，A・Bともに誤っている場合はエを答えなさい。

A)　石油危機によって船の燃料費が値上がりしたため。

B)　排他的経済水域が設定され，遠くまで漁に出られなくなったため。

問8　次の〈表〉のアからエは青森県，高知県，千葉県，北海道のいずれかの海面漁業の魚種別漁獲量を示したものです。青森県にあてはまるものを1つ選び，記号で答えなさい。

〈表〉　(単位：トン)

	かつお類	いわし類	かに類	いか類
ア	13 972	10 321	4	118
イ	288	60 507	27	1 008
ウ	9	25 591	5 428	13 523
エ	1 796	19 103	579	17 350

(『データでみる県勢 2022』より作成)

問9　次の〈表〉に関する以下の〈会話文〉を読み，問いに答えなさい。

〈表〉　(単位：億円)

	1980年	1990年	2000年	2010年
Ⅰ	293 825	414 569	516 542	673 996
Ⅱ	319 953	338 552	409 384	607 650

(『地理データファイル 2023年版』帝国書院より作成)

〈会話文〉

こうすけ　「この表は日本の輸出入額の推移を10年おきに表したものです。1980年はⅡの値の方が大きいですが，1990年以降はⅠの値の方が大きくなっているため，Ⅰが(　X　)ということがわかりますね。」

はるか　「つまり，1990年から2010年の間は，日本は(　Y　)ということですか？」

こうすけ　「そういうことになりますね。昔よりも日本の貿易がさかんになっていることがわかります。かつて日本では原材料を輸入して製品を輸出する(　Z　)貿易を行ってきました。しかし，1980年代後半からは海外で生産された製品の輸入が増え，また，安い労働力を求めて海外へ工場を移す企業が増えてきました。」

はるか　「産業の空洞化ですね。国内の工場が減って国内の生産や雇用がおとろえたらしいですね。」

(1)　〈会話文〉中の空らん(　X　)と(　Y　)に入る語句の組み合わせとして，正しいものを次のアからエより1つ選び，記号で答えなさい。

	ア	イ	ウ	エ
(　X　)	輸出額	輸出額	輸入額	輸入額
(　Y　)	貿易黒字	貿易赤字	貿易黒字	貿易赤字

(2)　〈会話文〉中の空らん(　Z　)に入る語句を**漢字**で答えなさい。

問10　次の〈グラフ〉はそれぞれ1970年，1990年，2020年のいずれかの日本の人口ピラミッドを示したものです。それぞれの組み合わせとして正しいものを，次のアからカより1つ選び，記号で答えなさい。

〈グラフ〉

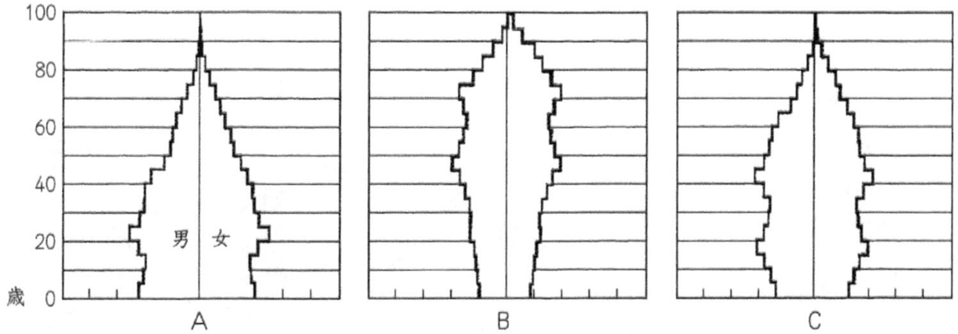

(『日本国勢図会(2021/2022)』より作成)

	ア	イ	ウ	エ	オ	カ
1970年	A	A	B	B	C	C
1990年	B	C	A	C	A	B
2020年	C	B	C	A	B	A

問11　次のページの〈地形図〉から読み取れる内容として，正しいものを次のアからエより1つ選び，記号で答えなさい。

ア）「中央町」には交番がある。

イ）線路を横断する道路は，すべて線路の上を通っている。

ウ）市役所は「松阪駅」の東側にある。

エ）「松阪駅」にはJR線と私鉄が1本ずつ通っている。

〈地形図〉

（『地理院地図』より作成）

3 **現代の政治経済に関して，次の文章と資料を参考にして，以下の問題に答えなさい。**

2023年，日本政府は国内外の大きな問題に取り組みました。国内の重要課題の1つは少子高齢化の問題です。①厚生労働省が2月に，子供の出生数が初めて80万人を下回ったと発表しました。ここまで色々と対策を講じてきた政府ですが，なかなか成果が現れません。一方，国外の問題は，何と言っても2022年から続くロシアによるウクライナ侵攻です。

5月に（　②　）で開かれたG7サミットにおいて，議長をつとめた岸田首相は，「③核兵器のない世界の実現に向けたG7首脳の決意や具体的合意，今後の優先事項，方向性を力強く示す歴史的意義を有するものだ」と成果を強調しました。また，中国やロシアに対抗し「④法の支配」に基づく国際秩序を維持するため，G7諸国での結束を強化することを，首脳宣言に明記しました。しかし，ウクライナ侵攻で核兵器使用の可能性を表明したロシアや核戦力の増強を続けようとする中国を非難する一方で，G7の米英仏が保有する核兵器は「防衛目的」と強調し，核削減の目標を掲げることはありませんでした。一方で，日本には今もなお⑤国連とは違った活躍が期待されています。

続く6月，（　⑥　）国会が閉会しました。この国会会期中，マイナンバーカードと⑦健康保険証を一体化することなどを盛り込んだ法案が，成立しました。政府は，国民にマイナンバーカードの普及を進めてきましたが，ここにきて銀行口座との連結の不具合により，国民の不信感が高まったことで，健康保険証の廃止については先送りする可能性が出てきました。また，「こども未来戦略方針」を閣議決定したことをうけて，若年人口が急減する2030年までに⑧少子化傾向を反転させるための「次元の異なる少子化対策」を打ち出しました。

問１　文中の空らん（　②　）・（　⑥　）に入る語句をそれぞれ**漢字2字**で答えなさい。なお，（　②　）は都市名を答えなさい。

問２　下線部①に関連して，内閣に所属する各省庁に関する説明として，**誤っているもの**を次の文のうちから1つ選び，記号で答えなさい。

ア）　法務省は，法の整備，法秩序の維持，出入国管理等を行っている。

イ）　防衛省が管轄する自衛隊の最高指揮監督権を持つのは，内閣総理大臣である。

ウ）　国土交通省の管轄下には，海上保安庁，観光庁などがある。

エ）　総務省は，環境の保全，整備，公害の防止等を担当する。

問３　下線部③に関連して，日本は世界で唯一の被爆国です。日本が掲げる平和主義の説明として，**誤っているもの**を次の文のうちから1つ選び，記号で答えなさい。

ア）　日本国憲法の前文で，平和のうちに生存する権利についてうたっている。

イ）　日本国憲法では，国民主権，基本的人権の尊重とならぶ基本原理となっている。

ウ）　日本国憲法第9条では，戦争放棄，戦力の不保持，交戦権の否認を定めている。

エ）　自衛隊は，憲法で国防のために例外として保有を定めた軍事力である。

問４　下線部④に関連して，次の問題に答えなさい。

（１）　主に交通違反や軽犯罪などを裁く裁判所は何ですか。次のうちから1つ選び，記号で答えなさい。

ア）　地方裁判所　　イ）　簡易裁判所　　ウ）　弾劾裁判所　　エ）　家庭裁判所

（２）　裁判所で扱う裁判には，主に民事裁判と刑事裁判があり，刑事裁判については，2009年度から裁判員制度が導入されました。次の裁判員制度の説明文の空らんXに数字を，空らんYには**20字から30字**の文を入れ，説明文を完成させなさい。

〈説明文〉

「裁判員制度」とは18歳以上の有権者の中から裁判員候補者がくじで選ばれ，事件ごとに裁判所での選任手続を経て，（　X　）人の裁判員が選ばれ，裁判に参加します。

「裁判員制度」によって，国民の［　　　Y　　　］が期待されています。

問５　下線部⑤の説明として，正しいものを次の文のうちから1つ選び，記号で答えなさい。

ア）　本部はニューヨークに置かれ，毎年総会が開かれる。

イ）　総会での議決は1国1票であり，すべての議案で加盟国の4分の3以上の賛成で議決される。

ウ）　世界の平和を守る仕事を担う安全保障理事会には，常任理事国が7か国あるが，日本は含まれていない。

エ) 世界の人々が健康に過ごせるように設立された組織が，UNESCO (ユネスコ)である。

問6 下線部⑦に関連して，社会保障制度の説明として，正しいものを次の文のうちから1つ選び，記号で答えなさい。

ア) 年金保険は，個人や企業があらかじめ保険料を支払い，失業したときに支給される仕組みである。

イ) 雇用保険は，生活に困っている人の自立を促す仕組みである。

ウ) 社会福祉は，児童や母子世帯，高齢者，障害のある人を保護・援助する仕組みである。

エ) 公的扶助は，感染症の予防や生活習慣病の予防を支援する仕組みである。

問7 下線部⑧に関して，下の〈表〉は2021年現在の日本国内の乳幼児・小学生・中学生の人数と総人口に占める割合を示したものであり，次のページの〈グラフ〉は1950年から2021年までの子どもの数(15歳未満人口)と総人口に占める割合を示したものです。次の〈説明文〉・〈表〉・〈グラフ〉について，もっとも適切なものを次の文のうちから1つ選び，記号で答えなさい。

〈説明文〉

2021年4月1日現在におけるこどもの数(15歳未満人口。以下同じ。)は，前年に比べ19万人少ない1493万人で，1982年から40年連続の減少となり，過去最少となりました。

男女別では，男子が765万人，女子が728万人となっており，男子が女子より37万人多く，女子100人に対する男子の数(人口性比)は105.0となっています。

こどもの数を中学生の年代(12～14歳)，小学生の年代(6～11歳)，未就学の乳幼児(0～5歳)の三つの区分でみると，それぞれ324万人(同割合2.6%)，612万人(同4.9%)，557万人(同4.4%)となっています。

〈表〉

		こどもの数	未就学の乳幼児(0~5歳)			小学生(6～11歳)			中学生(12～14歳)
				0～2歳	3～5歳		6～8歳	9～11歳	
人口(万人)	男女計	1493	557	265	292	612	298	314	324
	男	765	285	136	150	314	153	161	166
	女	728	271	129	142	299	146	153	158
総人口に占める割合(%)		11.9	4.4	2.1	2.3	4.9	2.4	2.5	2.6

〈グラフ〉

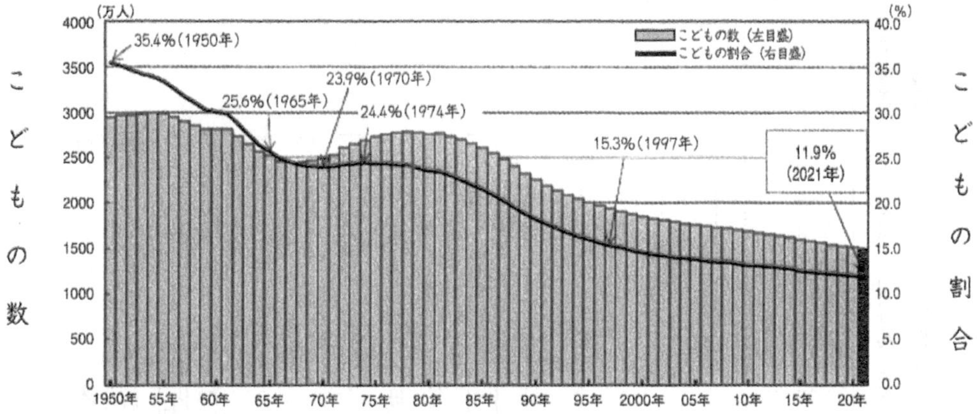

資料:「国勢調査」及び「人口推計」
注) 2020年及び2021年は4月1日現在，その他は10月1日現在

ア) 2021年4月1日現在，こどもが総人口に占める割合は，1950年の割合のほぼ4分の1となっている。

イ) 1950年以降のこどもの数は，第2次ベビーブームを迎える1971年になって初めて，増加に転じた。

ウ) 2021年4月1日現在の男女別のこどもの数は，乳幼児・小学生・中学生ともに男子が女子よりも10万人以上多くなっている。

エ) 2020年4月1日現在のこどもの数は，1500万人を超えていたものの，1982年から連続して減少している。

Cさん　「白の心情を考えるために、その前の記述も見てみようよ。『この声は白の心の中へ、あの恐ろしい黒の最後をもう一度はっきり浮ばせた』という記述のあとに、『白は目をつぶったまま、元来た方へ逃げ出そうとしました』とあるよね。『助けてくれえ！』という子犬の声を聞いたことで、［Ⅰ（15字以内）］を思い出して、自分の［Ⅱ（5字以内）］をあらためて感じてしまったんだろうね。だからつらくなって一瞬逃げ出そうとしたんじゃないかな。」

Dくん　「でも白は逃げ出さなかったよね。Cさんが言ってくれたこともふまえると、『助けてくれえ！』が『臆病ものになるな！』と聞こえたのは、白は［Ⅲ（20字以内）］からじゃないかな。」

〈下書き用〉

Ⅰ

Ⅱ

〈下書き用〉

Ⅲ

※下書きはしなくてもかまいません。答えは、必ず解答用紙に記入して下さい。字数の決まりを守らないものは採点しません。

問八　この文章の表現について生徒たちが意見を述べています。誤った意見を述べている生徒を一人、次の中から選び記号で答えなさい。ただし、くん・さんはつけなくてもかまいません。

Aさん　語り手は「ごらんなさい」という言葉を何回か語りの中にはさんでいるね。この言葉をはさむことで、読者にまるでその場にいるかのような感覚をもたせる効果があると思うな。

Bくん　東京をさまよっている場面では「若葉」によって季節を表現しているね。その後主人の家へ帰ったときを「秋」と描写することで、白が長い間さまよっていたことを表現できていると思ったよ。

Cさん　この物語では「月」が効果的に使われているよ。子犬と別れるときは「三日月」、家に帰ってきたときは「白い月」と月の大きさを変えることで、白が成長したことをうまく表現していると言えるね。

Dくん　本文中には「――」が何度も登場するね。繰り返し同じことを描写せずに「――」で省略したり、登場人物のためらいを表現したりするときに使われていると気づいたよ。

ア　自分の体がまっ黒であることを改めて認識してつらく思っている。
イ　主人たちにつけてもらった自分の名前を大切にしたいと思っている。
ウ　体の色だけで名前を不思議がるナポ公の幼さをかわいらしく思っている。
エ　見た目が変わっても自分は変わらず自分なのだと主張したいと思っている。

問四　――部③「度々危い人命を救った、勇ましい一匹の黒犬」とありますが、白はなぜ度々人命を救ったのですか。その説明としてふさわしくないものを次の中から選び記号で答えなさい。

ア　黒君を見殺しにしてしまったつぐないをしたかったから。
イ　体がまっ黒になってしまった理由をたしかめたかったから。
ウ　かつての自分の臆病さを恥ずかしく思っていたから。
エ　命を落としてもおかしくない状況に自分の身をおきたかったから。

問五　――部④「白は今では帰ってきたことを後悔する気さえ起こしました」とありますが、このときの白の心情の説明として、もっともふさわしいものを次の中から選び記号で答えなさい。

ア　汚れた姿のままで主人たちの前に現れてしまったことを恥ずかしく思っている。
イ　一度のみならず二度も自分たちの飼い犬を認識できない主人たちにがっかりしている。
ウ　自分の体が黒くなってしまった理由を分かってもらえないだろうと残念に思っている。
エ　白だと気づいてもらえなかった時のつらさをもう一度味わうのではないかと恐れている。

問六　[X]には次のア～エの文が入ります。意味の通るように正しい順番に並べ替えなさい。

ア　しかしその犬小屋の前には米粒ほどの小ささに、白い犬が一匹坐(すわ)っているのです。
イ　お嬢さんの目には黒い瞳にありありと犬小屋が映っています。
ウ　同時に白はお嬢さんの目へ、じっと彼の目を移しました。
エ　高い棕櫚の木のかげになったクリイム色の犬小屋が、――そんなことは当然に違いありません。

問七　――部「『きゃあん。きゃあん。助けてくれえ！　きゃあん。きゃあん。助けてくれえ！』この声はまた白の耳にはこういう言葉にも聞こえるのです。『きゃあん。きゃあん。臆病ものになるな！　きゃあん。臆病ものになるな！』」についてクラスで討論をしています。[Ⅰ]～[Ⅲ]に入れるのにふさわしい内容を、それぞれ決められた字数で書きなさい。

Aさん「この場面、最初に読んだときに違和感を感じたんだよね。子犬は『助けてくれえ！』としか言っていないのに、どうして白には『臆病ものになるな！』と聞こえたのかな？」
Bくん「白の耳に『臆病ものになるな！』と聞こえた、ということはこのときの白自身の心情が関係していそうだよね。」

かも知れません。しかしそれでも本望です。お月様！　お月様！　わたしは御主人の顔を見るほかに、何も願うことはありません。そのため今夜は［ C ］もう一度ここへ帰って来ました。どうか夜の明けしだい、お嬢さんや坊ちゃんに会わして下さい。」

　白は独り語をいい終わると、芝生に顋（あご）をさしのべたなり、いつかぐっすり寝入ってしまいました。

×　　×　　×

「驚いたわねえ、春夫さん。」

「どうしたんだろう？　姉さん。」

　白は小さい主人の声に、［ D ］目を開きました。見ればお嬢さんや坊ちゃんは犬小屋の前に佇んだまま、不思議そうに顔を見合せています。白は一度挙げた目をまた芝生の上へ伏せてしまいました。お嬢さんや坊ちゃんは白がまっ黒に変わった時にも、やはり今のように驚いたものです。あの時の悲しさを考えると、――④白は今では帰ってきたことを後悔する気さえ起こしました。するとそのとたんです。坊ちゃんは突然飛び上がると、大声にこう叫びました。

「お父さん！　お母さん！　白がまた帰って来ましたよ！」

　白が！　白は思わず飛び起きました。すると逃げるとでも思ったのでしょう。お嬢さんは両手を延ばしながら、しっかり白の頸を押えました。

［ X ］

　清らかに、ほっそりと。――白はただ恍惚（こうこつ）とこの犬の姿に見入りました。

「あら、白は泣いているわよ。」

　お嬢さんは白を抱きしめたまま、坊ちゃんの顔を見上げました。坊ちゃんは――ごらんなさい、坊ちゃんの威張っているのを！

「へっ、姉さんだって泣いているくせに！」

（芥川龍之介『白』による）

問一　［ A ］～［ D ］に入る語句としてもっともふさわしいものを次の中からそれぞれ選び記号で答えなさい。

ア　きりりと　　イ　はっと

ウ　はるばると　　エ　はっきりと

問二　――部①「たちまち公園の中へ駆けこみました」とありますが、このとき白がこのような行動を取ったのはなぜですか。30字以内で説明しなさい。

〈下書き用〉

※下書きはしなくてもかまいません。答えは、必ず解答用紙に記入して下さい。字数の決まりを守らないものは採点しません。

問三　――部②「それでも白というのだよ」とありますが、このときの白の心情の説明として、ふさわしくないものを次の中から選び記号で答えなさい。

「御主人？　なぜまたそんなことを尋ねるのだい？」
「もし御主人がやかましくなければ、今夜はここに泊まっていって下さい。それから僕のお母さんにも命拾いの御礼をいわせて下さい。僕の家には牛乳だの、カレエ・ライスだの、ビフテキだの、いろいろな御馳走（ごちそう）があるのです。」
「ありがとう。ありがとう。だがおじさんは用があるから、御馳走になるのはこの次にしよう。――じゃお前のお母さんによろしく。」
白はちょいと空を見てから、静かに敷石（しきいし）の上を歩き出しました。空にはカフェの屋根のはずれに、三日月もそろそろ光りだしています。
「おじさん。おじさん。おじさんといえば！」
子犬は悲しそうに鼻を鳴らしました。
「じゃ名前だけ聞かして下さい。僕の名前はナポレオンというのです。ナポちゃんだのナポ公だのともいわれますけれども。――おじさんの名前は何というのです？」
「おじさんの名前は白というのだよ。」
「白――ですか？　白というのは不思議ですね。おじさんはどこも黒いじゃありませんか？」
白は胸が一ぱいになりました。
「②それでも白というのだよ。」
「じゃ白のおじさんといいましょう。白のおじさん。ぜひまた近い内に一度来て下さい。」
「じゃナポ公、さよなら！」
「ごきげんよう、白のおじさん！　さようなら、さようなら！」

その後の白はどうなったか？――それは一々話さずとも、いろいろの新聞に伝えられています。大かたどなたも御存じでしょう。③度々危い人命を救った、勇ましい一匹の黒犬のあるのを。また一時『義犬』という活動写真の流行したことを。あの黒犬こそ白だったのです。

（中　略）

ある秋の真夜中です。体も心も疲れ切った白は主人の家へ帰って来ました。もちろんお嬢さんや坊ちゃんはとうに床へはいっています。いや、今は誰一人起きているものもありますまい。ひっそりした裏庭の芝生の上にも、ただ高い棕櫚（しゅろ）の木の梢に白い月が一輪浮かんでいるだけです。白は昔の犬小屋の前に、露（つゆ）に濡れた体を休めました。それから寂しい月を相手に、こういう独り語（ひとりごと）を始めました。
「お月様！　お月様！　わたしは黒君を見殺しにしました。わたしの体のまっ黒になったのも、大かたそのせいかと思っています。しかしわたしはお嬢さんや坊ちゃんにお別れ申してから、あらゆる危険と戦ってきました。それは一つには何かの拍子に煤（すす）よりも黒い体を見ると、臆病を恥じる気が起こったからです。けれどもしまいには黒いのがいやさに、――この黒いわたしを殺したさに、あるいは火の中へ飛びこんだり、あるいはまた狼と戦ったりしました。が、不思議にもわたしの命はどんな強敵にも奪われません。死もわたしの顔を見ると、どこかへ逃げ去ってしまうのです。わたしはとうとう苦しさのあまり、自殺をしようと決心しました。ただ自殺をするにつけても、ただ一目（ひとめ）会いたいのは可愛がってくだすった御主人です。もちろんお嬢さんや坊ちゃんはあしたにもわたしの姿を見ると、きっとまた野良犬と思うでしょう。ことによれば坊ちゃんのバットに打ち殺されてしまう声が聞こえるばかりです。白は平和な公園の空気に、しばらくは醜い黒犬になった日ごろの悲しさも忘れていました。

　しかしそういう幸福さえ五分と続いたかどうかわかりません。白はただ夢のように、ベンチの並んでいる路ばたへ出ました。するとその路の曲り角の向こうにけたたましい犬の声が起こったのです。

「きゃん。きゃん。助けてくれえ！　きゃあん。きゃあん。助けてくれえ！」

　白は思わず身震いをしました。この声は白の心の中へ、あの恐ろしい黒の最後をもう一度はっきり浮ばせたのです。白は目をつぶったまま、元来た方へ逃げ出そうとしました。けれどもそれは言葉通り、ほんの一瞬の間のことです。白は凄まじい唸り声を洩らすと、［　B　］また振り返りました。

「きゃあん。きゃあん。助けてくれえ！　きゃあん。きゃあん。助けてくれえ！」

　この声はまた白の耳にはこういう言葉にも聞こえるのです。

「きゃあん。きゃあん。臆病ものになるな！　きゃあん。臆病ものになるな！」

　白は頭を低めるが早いか、声のする方へ駆けだしました。

　けれどもそこへ来てみると、白の目の前へ現れたのは犬殺しなどではありません。ただ学校の帰りらしい、洋服を着た子供が二、三人、頸のまわりへ縄をつけた茶色の子犬を引きずりながら、何かわいわい騒いでいるのです。子犬は一生懸命に引きずられまいともがきもがき、「助けてくれえ。」と繰り返していました。しかし子供たちはそんな声に耳を借すけしきもありません。ただ笑ったり、怒鳴ったり、あるいはまた子犬の腹を靴で蹴ったりするばかりです。

　白は少しもためらわずに、子供たちをめがけて吠えかかりました。不意を打たれた子供たちは驚いたの驚かないのではありません。また実際白のようすは火のように燃えた眼の色といい、刃物のようにむき出した牙の列といい、今にも噛みつくかと思うくらい、恐ろしい権幕を見せているのです。子供たちは四方へ逃げ散りました。中にはあまり狼狽したはずみに、路ばたの花壇へ飛びこんだのもあります。白は二三間（※約四、五メートル）追いかけた後、くるりと子犬を振り返ると、叱るようにこう声をかけました。

「さあ、おれと一しょに来い。お前の家まで送ってやるから。」

　白は元来た木々の間へ、まっしぐらにまた駆けこみました。茶色の子犬も嬉しそうに、ベンチをくぐり、薔薇を蹴散らし、白に負けまいと走って来ます。まだ頸にぶら下った、長い縄をひきずりながら。

×　×　×

　二、三時間たった後、白は貧しいカフェの前に茶色の子犬と佇んでいました。昼も薄暗いカフェの中にはもう赤あかと電燈がともり、音のかすれた蓄音機は浪花節か何かやっているようです。子犬は得意そうに尾を振りながら、こう白へ話しかけました。

「僕はここに住んでいるのです。この大正軒というカフェの中に。——おじさんはどこに住んでいるのです？」

「おじさんかい？——おじさんはずっと遠い町にいる。」

　白は寂しそうにため息をしました。

「じゃもうおじさんは家へ帰ろう。」

「まあお待ちなさい。おじさんの御主人はやかましいのですか？」

（2）（1）　それぞれ35字以内で書くこと
　　　　　それぞれに、「個性」という言葉を使うこと

「自分探し」というのは

［　A　35字以内　］

であるのに対し、「自分を創る」というのは

［　B　35字以内　］

である。

〈下書き用〉
「自分探し」というのは

［A（35字）］

であるのに対し、「自分を創る」というのは、

〈下書き用〉
［B（35字）］

である。

※下書きはしなくてもかまいません。答えは、必ず解答用紙に記入して下さい。字数の決まりを守らないものは採点しません。

三　次の文章を読んで、あとの問に答えなさい。

お嬢さんや坊ちゃんに飼われている白は、名前のとおり体がまっ白な犬でした。ある日、お隣に住んでいる仲良し犬の黒が犬殺しに狙われているところを見ていたにもかかわらず、恐ろしくなって黒を助けずに逃げてしまいました。逃げ帰ってきた白の体はいつの間にかまっ黒になってしまい、お嬢さんや坊ちゃんに白だと気づいてもらえず、家を追い出されてしまいました。

お嬢さんや坊ちゃんに追い出された白は東京中をうろうろ歩きました。しかしどこへどうしても、忘れることのできないのはまっ黒になった姿のことです。白は客の顔を映している理髪店の鏡を恐れました。雨上がりの空を映している往来の水たまりを恐れました。往来（※通り）の若葉を映している飾り窓の硝子（ガラス）を恐れました。いや、カフェのテーブルに黒ビールを湛（たた）えているコップさえ、――けれどもそれが何になりましょう？　あの自動車をごらんなさい。ええ、あの公園の外にとまった、大きい黒塗（ぬ）りの自動車です。漆（うるし）を光らせた自動車の車体は今こちらへ歩いてくる白の姿を映しました。――［　A　］、鏡のように。白の姿を映すものはあの客待ちの自動車のように、至るところにあるわけなのです。もしあれを見たとすれば、どんなに白は恐れるでしょう。それ、白の顔をごらんなさい。白は苦しそうに唸（うな）ったと思うと、①たちまち公園の中へ駈（か）けこみました。

公園の中には鈴懸（すずかけ）の若葉にかすかな風が渡っています。白は頭を垂れたなり、木々の間を歩いて行きました。ここには幸い池のほかには、姿を映すものも見当たりません。物音はただ白薔薇（ばら）に群れる蜂の

Aくん　この漢字の読みには「身が美しい」っていう意味があるんだね。「身」は「身体」のことだよね？　この漢字のようなことをすると、「身体の動きが美しい」と言えるんだな。

Bさん　そうだね。てっきり、見た目の美しさを示す字なのかと思ったけど、身体を使って「型」通りに美しく行動できる人に使う字だったんだ。その「型」をつくるためにこの漢字の読みのようなことをするってことかな。

Cくん　この漢字の読みは、要するに「教育」と同じようなことだよね。強制される感じがしたから、「美しい型が身につく」なんて考えもしなかったよ。

Dさん　この漢字は、親とか先生から「ちゃんとしなさい」って言われるような気がして、いいイメージじゃなかったけど、そうじゃない解釈もできるんだね。

問七　――部④「型を止まってしまった過去のものと考えるのは、大いなる誤解です」とありますが、筆者は「型」をどのようなものと捉えていますか。もっともふさわしいものを次の中から選び記号で答えなさい。

ア「型」は伝統的な歴史に基づいて、身体表現として伝えられるものだと捉えられているが、実際には文字化された情報として受け継がれるものだということ。

イ「型」は、誰かによって定められた単なる決まり事のように思われているが、実際は身体の動きがあってはじめて成立するものだということ。

ウ「型」を持った動きは特徴的なものが多く、その動きさえすれば個性があると思われそうだが、実際は誰でも同じ動きになってしまうように作られているものだということ。

エ「型」は一度完成すれば変化することのない、固定されたものだと思われているかもしれないが、実際は常に進化を続けて変わり続けるものだということ。

問八　――部⑤「比叡山の『千日回峰行』」を行う理由を、筆者はどのように考えていますか。その説明として、もっともふさわしいものを次の中から選び記号で答えなさい。

ア　一見意味が無いように感じても、ひたむきに続けてみることで、しだいに身体に「型」が定着していき、自分という存在を創ることができるから。

イ　精神的につらい修行を乗り越えることができれば、「型」を習得したと周囲から認められ、その先にある個性も獲得できるだろうと期待されるから。

ウ　千日走り続けることで心肺機能の向上が見込まれるだけではなく、繰り返した事による走りの「型」も身につき、自分の成長を実感できるから。

エ　大阿闍梨の名にふさわしい存在になろうと思ったら、「型」の存在を忘れるくらい無心になって走り続けることが、どうしても必要不可欠だと思われるから。

問九　――部「自分探し」「自分を創る」とありますが、それぞれどのような行為ですか。解答欄にあうように、以下の条件を踏まえて答えなさい。

問一　[1]～[4]に入る言葉として、もっともふさわしいものを次の中からそれぞれ選び記号で答えなさい。ただし、同じ記号を二度使ってはいけません。

ア　もちろん　イ　たとえば
ウ　ところが　エ　だから

問二　——部①「いまはカフカの言う通りになりました」とありますが、どういうことですか。もっともふさわしいものを次の中から選び記号で答えなさい。

ア　人間の意識は失っても必ず取り戻せるとカフカが小説に記したが、情報化社会でもネットの自分から現実の自分へ戻ってくることは可能になったということ。

イ　虫などの異質な身体に変化することができるとカフカが描いたように、情報化社会でも、ネットの中で異なる自分を仮想的に体験できるということ。

ウ　人間の意識は変わらなくても身体はいくらでも変化させられるとカフカが小説に書いたように、情報化社会では、自分の身体も望むように変化させられるということ。

エ　小説内で意識こそが自分という存在を確立させるとカフカが書いたように、情報化社会でも、身体は意識に比べると軽く見られているということ。

問三　次の文は本文中の【Ⅰ】・【Ⅱ】・【Ⅲ】・【Ⅳ】のいずれかの箇所(か)に入ります。もっともふさわしい箇所を選び、ア～エの記号で答えなさい。

> 変わらない自分が素晴らしいとなるのだから、当然です。

ア【Ⅰ】　イ【Ⅱ】　ウ【Ⅲ】　エ【Ⅳ】

問四　——部②「そこまではっきり区別するもの、親子ですら通じ合えないもの、それこそが個性です」とありますが、どういうことですか。その説明として、もっともふさわしいものを次の中から選び記号で答えなさい。

ア　遺伝によって見た目が似ていても性格は異なるので、やはり親子とは言え別々の人間であり、この性格の違いを個性と呼ぶということ。

イ　親に反発し通じ合うことができないと思うことによって、親と自分の違いを実感し、そこから自分だけの個性に気づくことが可能になるということ。

ウ　顔が人それぞれ違っているように、人間は誰しも違う身体を持っているもので、内面の違いを見出さずとも、身体自体に個性を見出せるということ。

エ　皮膚も筋肉も骨も、子どもの身体はどんどん成長していってしまい、身近にいる親でさえ気づけないほどの個性的な姿に変化していくということ。

問五　本文中の「X」の部分には使い方を誤った同音または同訓の漢字が一字あります。解答欄(らん)に正しい漢字を書きなさい。

問六　——部③「躾」という字の読み方について、生徒が話し合いをしています。その内容をふまえて、この字の正しい読み方を解答欄にひらがなで書きなさい。

間もなく死んで、落ちてしまいます。誰も教えたわけではないのに、身体は自分と他人を、たとえ親であっても、区別しています。それが個性です。②そこまではっきり区別するもの、親子ですら通じ合えないもの、それこそが個性です。

（中略）

教育に個性という言葉をもち込んだとき、この言葉は身体に該当すると思った人がいなかったようです。教育は「頭の教育」だと、ほとんどの人がまさに「頭から」信じていました。知識も教養も「身につける」ものです。「身」とは身体です。③躾という文字もまた、同じ洞察(どうさつ)から生じているはずです。「身が美しい」。身体の動きは表現であり、そうした身体表現の完成した形を、日本では伝統的に「型」と表現しました。

伝統芸能はすべて「型」の学びから始まります。型は動かないから、情報ではないのか。そう思う人もいるかもしれません。④型を止まってしまった過去のものと考えるのは、大いなる誤解です。

茶道も武道もたしかに型です。茶道が止まっていますか。客は座っているけれど、主人は動いている。いや客だって、飲むときは動いています。武道は言わずもがなでしょう。型には動きがあり、動くのは身体です。前に書いた茶道や武道の世界では、この型を極めた先に、ようやく個性がわかるようになるのです。

個性とは、私だけの思い、私だけの考え、私だけの感情だという世界では、学習は半復練習だ、身につけることだ、という常識は消えてしまいます。そんなことも考えずに、ひたすら個性を美化するから、何を伸ばしていいかがわからなくなる。心や頭に個性があったら、それをどうやって伸ばせばいいのか。わかるはずがありません。

X

（中略）

「やらなきゃいけないこと」が否定的に感じられるとしたら、それも個性尊重のまやかしです。やらなきゃいけないことをやっても、個性は伸びない。そう思うから、自分の好きなことをやりたがる。でも、「型」なんてやらなきゃいけないことの連続です。

やらなきゃいけないことをやり続けると、型が身につく。何かが身についたら、自分は変わります。身体が個性なんですから、当たり前です。

仏教の修行もそうです。⑤比叡山の「千日回峰行(せんにちかいほうぎょう)」というのがあります。比叡山の山中を千日、ただひたすら走り回る。それを終えると、「大阿闍梨(だいあじゃり)」という称号がもらえます。

マラソンの選手じゃないんだから、お坊さんが山を走り回ったところで、一文(いちもん)にもなりません。誰に頼まれたわけでもなし、そんなことをしても、何の意味もない。じゃあ、なんでそんなことをするのか。

走ったあげくの果てに、本人が変わります。修行の後にできあがる唯一(ゆいいつ)の作品が大阿闍梨本人なのです。修行を無益(むえき)だと思う人は、そこを忘れています。芸術家なら作品ができるし、大工なら家が建ち、農民なら米がとれる。しかしお坊さんはそのどれでもありません。それなら何をするのかと言えば、「自分を創る」のです。

（養老孟司『ものがわかるということ』による）

そのとき、ザムザ本人はどう思っているか。相変わらず自分はグレゴール・ザムザだと思っています。何がそう主張するんでしょうか。意識です。虫になっても、「私は私である」という意識は変わらない。不思議なことです。

朝目が覚めると、ああ、俺は俺だと思う。今日は昨日の続きである。それは意識が戻ったということです。意識は寝るととりあえず消えますが、朝になると戻る。その都度(つど)私たちは、私は私だと確認する。[1]その確認自体はほとんど無意識になされます。意識は勝手になくなって、勝手に戻ってくるんです。

カフカはちゃんとわかっていました。当時の社会の常識を延長していけば、自分の身体が虫になったって、意識は私は私だと主張するだろう、と。①<u>いまはカフカの言う通りになりました</u>。それが私たちの現代社会、情報化社会です。

なぜ情報化社会と言うんでしょうか。ほとんどの人はこう考えます。コンピュータが普及して、テレビやパソコンのない家はなくなって、誰でもスマホやケータイを持っていて、毎日おびただしい情報が流れるからと。

私は情報化社会という言葉を、違った意味で使います。人間自体が情報になったのです。情報化したのは人間です。前章でも情報は「変わらない」と書きました。「同じ私」とは、変わらない私です。変わらない私とは、情報としての私です。【Ⅰ】

情報化社会では、情報と人間がひっくり返しに錯覚(さっかく)されるようになりました。自分は名前つまり情報ですから、いつも「同じ」です。自分が情報になり、変わらなくなると、死ぬことがおかしなことに感じられます。死ぬとは、自分が変わるということです。同じ私、変わらない私があるなら、死ぬのはたしかに変です。

[2]現代人は死ぬことが理解できなくなりました。

仏教で生老病死(しょうろうびょうし)のことを「四苦」と言います。四苦は、人の一生が変化の連続だということを示しています。それがすべて「変なこと」になってしまいました。それと同時に、教育が何をすることなのか、わからなくなってしまった。【Ⅱ】

人が変わらなくなった社会で、一番苦労するのは子どもです。なぜか。子どもとは一番速(すみ)やかに変化する人たちだからです。育つ、つまり変わっていくこと自体が、言ってみれば、子どもの目的みたいなものです。【Ⅲ】

[3]情報化社会になると、情報はカチンカチンに固まって止まっていて、子どもまで固めてしまう。その延長で、個性を伸ばせとか、自分を探せとか言われてしまう。そんな自分なんてあるわけありません。だって探している当の自分がどんどん変わっていくんですから。

【Ⅳ】

じゃあ、個性って何なのか。個性を伸ばす教育とはどういうことでしょう。

誰だって、あなたを他人と間違えません。そそっかしい人なら別ですが。どうして間違えないかというと、顔が違う、立ち居振る舞(いふるま)いが違う、つまり身体が違うからです。

どのくらい身体が違うかというと、[4]あなたの皮膚(ひふ)を取って、親に移植(いしょく)したと思ってください。つきません。逆に親の皮膚をもらって、自分につけてもらっても、やっぱりつきません。移植した皮膚は

【国　語】〈四五分〉〈満点：一〇〇点〉

一　次の問に答えなさい。

問一　次の①～④の――部のカタカナを漢字に直しなさい。②は送りがなも正しく答えなさい。

① 先生のアドバイスを金科ギョクジョウとする。
② 混乱した内政をオサメル。
③ 自分はなかなか帰省をしない親フコウ者だ。
④ 会社でギョウセキをあげて昇進（しょうしん）した。

問二　生徒たちが次の①～④の熟語について話し合いをしています。次の会話を読み、【　】内のカタカナを漢字に直しなさい。

①【ヘイコウ】
A「これは前の漢字が後の漢字を説明している熟語だよ。」
B「同じような熟語があるね。そちらは算数で使うことが多いけど、この『ヘイコウ』は使わないよ。」
C「例えば、同時に複数の作業をする場合に用いるね。」

②【コウエン】
A「これって、有名な人とかがホールで大人数を相手に話すときに使う熟語？」
B「違うよ、その『コウエン』じゃない。音楽やお芝居（しばい）をお客さんの前で披露（ひろう）するときに使うの。」
C「字は似ているけどね。話すことではなく、みんなの前で見てもらうことが目的だからかな。」

③【シュウシ】
A「これは前後の漢字の意味が対になっている熟語だね。」
B「前の漢字には、サイシュの『シュ』やジュチュウの『ジュ』と同じ部首が使われているね。手を使ったやりとりが元になってできた部首なんだって。」
C「だから、この熟語はお金に関連している場面で使うんだね。たしかにお金は手で扱うもんね。」

④【コウカ】
A「これは同じような意味を持つ漢字によって構成されている熟語だね。」
B「前の漢字には、ボウケンの『ケン』やテイボウの『ボウ』と同じ部首が使われているよ。この部首は斜面を元に成り立ったんだって。」
C「たしかに。この熟語は高いところから低いところに行くときに使うから、部首のイメージに合っていると思ったよ。」

二　次の文章を読んで、あとの問に答えなさい。

「自分に適した仕事」「自分探し」と言うような人は、どこかで西洋的な「私」を取り入れているのでしょう。自分は自分で変わらない。だからその自分に合った仕事がある。変わらない自分を発見することが大切だ。そう思い込んでいるのです。

一九一〇年代に、フランツ・カフカという小説家が『変身』という変な小説を書きました。主人公のグレゴール・ザムザは、普通の勤（つと）め人です。いまのサラリーマンと思えばいいでしょう。そのザムザが朝起きてみると、自分が等身大の大きな虫に変わっている。

第1回

2024年度

解　答　と　解　説

《2024年度の配点は解答欄に掲載してあります。》

＜算数解答＞

1 (1) $\frac{12}{19}$ (2) 1836円　2 (1) $9cm^3$ (2) $144cm^3$

3 (1) 9回 (2) 3, 20, 21　4 (1) 720000円 (2) 960000円

5 (1) 11ターン目 (2) 59ターン目 (3) 152ターン目

6 (1) 2.355cm (2) 135度 (理由) 円Qの弧ARと円Pの弧BRの長さが等しくなるので，おうぎ形の半径と中心角は逆比になるから。 (3) 3回転

7 (1) 毎分64m (2) 1.5倍 (3) 8分20秒以内

○配点○

1 各5点×2　他 各6点×15　計100点

＜算数解説＞

基本 1 (四則計算，規則性)

(1) $\left(\frac{12}{19}+\frac{64}{100}\times\frac{5}{4}\times\frac{5}{4}\right)-\frac{1}{2}\times2=\left(\frac{12}{19}+\frac{4}{4}\right)-1=\frac{12}{19}$

(2) ペットボトルを4本買うともう1本貰えるので，5本を4本の値段で買え，キャップが1個集まる。同様に，ペットボトル10本を8本の値段で買え，キャップが2個集まる。ペットボトル20本を16本の値段で買え，キャップが4個集まり，集まった4個のキャップでさらに1本のペットボトルと交換できるので，この1本を加えて，21本を16本の値段で買える(キャップは0個)。したがって，お茶を22本飲むには，21本を16本の値段で買い，残り1本を買えばよく，合計17本買うことになるから，108×17＝1836(円)

重要 2 (立体図形)

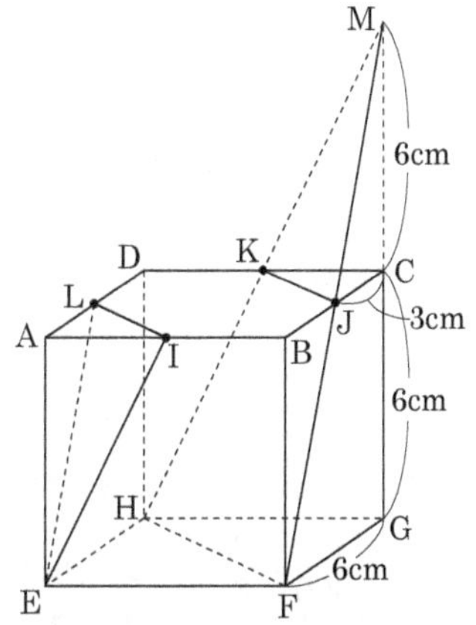

(1) L, I, Eを通る平面で切断すると，頂点Aを含む立体は，三角形ALIを底面とし，AEを高さとする三角すいE－ALIとなる。この三角すいの体積は$3\times3\times\frac{1}{2}\times6\times\frac{1}{3}=9(cm^3)$

(2) 頂点Aを含まない立体をK, J, Fを通る平面で切断すると右図の通り。CGとJFとKHの延長線の交点をMとする。頂点Cを含む立体は，三角すいM－HFGから三角すいM－KJCを除いた立体KJC－HFGになる。MCの長さは6cmなので，三角すいM－HFGの体積は$6\times6\times\frac{1}{2}\times12\times\frac{1}{3}=72(cm^3)$　三角すいM－KJCの体積は$3\times3\times\frac{1}{2}\times6\times\frac{1}{3}=9(cm^3)$なので，立体KJC－HFGの体積は$72-9=63(cm^3)$　したがって，頂点Cを含まない立体の体積は，立方体から三角すいE－ALI，立体KJC－HFGを除いたものであり，$6\times6\times6-9-63=216-72=144(cm^3)$

基本 3 (規則性，演算規則)

(1)　12から始めると，12→6→3→10→5→16→8→4→2→1であり，9回の操作で1になる。

(2)　7回の操作を逆から考えると右図のとおりであり，3，20，21

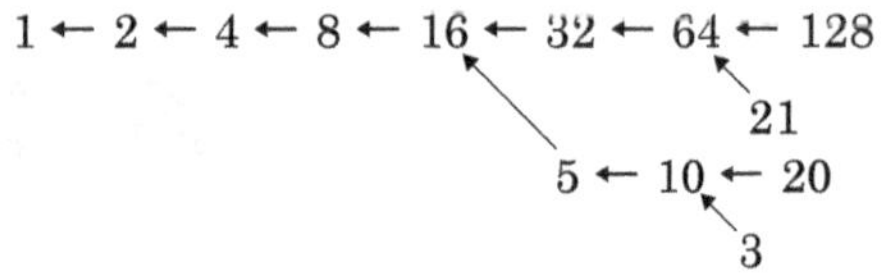

重要 4 (比，為替問題)

(1)　1ドル150円で90万円なので，絵画のドルベースの値段は90(万円)÷150(円)＝6000(ドル)　したがって，1ドル120円のときに購入すると，6000(ドル)×120(円)＝720000(円)

(2)　絵画の価値が1.2倍となり，1ドルが120円から150円に$\frac{150}{120}=\frac{5}{4}$(倍)となったことから，円では$1.2\times\frac{5}{4}=1.5$(倍)　絵画は購入時より48万円高くなったことから，購入時の金額の1.5－1＝0.5(倍)分が48万円となる。したがって，絵画を購入した金額は480000÷0.5＝960000(円)

やや難 5 (規則性)

(1)　カードの色の推移は下表の通り。すべてのカードで黒色が上になるのが2回目となるのは，操作を開始してから11ターン目

ターン	1	2	3	4	5	6	7	8	9	10	11	12	13	14	15	16	17	18	19	20	…
ア	黒	白	黒	白	黒	白	黒	白	黒	白	黒	白	黒	白	黒	白	黒	白	黒	白	…
イ	白	黒	黒	白	白	黒	黒	白	白	黒	黒	白	白	黒	黒	白	白	黒	黒	白	…
ウ	白	白	黒	黒	黒	白	白	白	黒	黒	黒	白	白	白	黒	黒	黒	白	白	白	…

12ターンごとに1ターン目と同じになる

(2)　(1)の表から，13ターン目に1ターン目の状態に戻り，1～12ターンが繰り返されることがわかる。また，その12ターンのうち，すべてのカードで黒色が上になるのは3ターン目と11ターン目の2回。10回目にすべてのカードで黒色が上になるのは，12ターンの繰り返しが10÷2＝5(巡目)のときのすべてのカードで黒色が上になる2回目(12ターンのうちの11ターン目)のとき。したがって，12×4＋11＝59(ターン目)。

(3)　12ターンのうち，すべてのカードで同じ色が上になるのは4回(3ターン目，8ターン目，11ターン目，12ターン目)ある。すべてのカードで同じ色が上になるのが50回目となるのは，50÷4＝12…2より，12ターンの繰り返しが13巡目のときのすべてのカードで同じ色が上になる2回目。12ターンのうち，すべてのカードで同じ色が上になるのが2回目となるのは8ターン目であるので，すべてのカードで同じ色が上になるのが50回目となるのは12×(13－1)＋8＝152(ターン目)

重要 6 (平面図形)

(1)　円Qは円Pの内側をすべることなく回転することから，弧ARの長さは弧BRの長さと等しい。弧BRの長さは$3\times2\times3.14\times\frac{45}{360}=2.355$(cm)なので，弧ARの長さは2.355(cm)

(2)　弧ARの長さが2.355cmなので，ⓘの角度を□度とすると，$1\times2\times3.14\times\frac{□}{360}=2.355$となるので$\frac{□}{360}=\frac{3}{8}$　したがって，□＝135°であり，ⓘの角度は135°　これは弧ARと弧BRの長さが同じなのでその中心角であるⓐとⓘの比は半径の比の逆比になるので，ⓐとⓘの角度の比は1：3となる。

(3)　円Qが1回転するとき，中心角ⓐは360°　(2)より，ⓘはⓐの3倍になり，360°×3＝1080°となるため，円Qは3回転する。

重要 7 (速さ)

(1) 7時42分から8時7分まで25分間で1.6(km)＝1600(m)歩くことから，普段，学校に向かう速さは毎分1600÷25＝64(m)

(2) 5分間で歩く距離は64×5＝320(m)　忘れ物に気付いてから家に戻り，学校まで行くのに移動する距離は320＋1600＝1920(m)　この距離を25−5＝20(分)で移動することから，速さは毎分1920÷20＝96(m)であり，普段の速さの96÷64＝1.5(倍)

(3) 普通の速さの2倍で移動できることから，毎分64×2＝128(m)の速さで移動できる。□分後に忘れ物に気づいたとすると，同じ距離を2倍の速さで移動できることから，家に戻るまでの時間は$□\times\frac{1}{2}$(分)　家から学校までかかる時間は1600÷128＝12.5(分)　したがって，$□+□\times\frac{1}{2}+12.5=25$(分)なので，$□\times\frac{3}{2}=12.5$(分)であり$□=\frac{25}{3}$(分)＝8(分)20(秒)

★ワンポイントアドバイス★

5は規則性の問題。解説のように書き出せば12ターンが周期になっていることがわかる。アは2ターン，イは4ターン，ウは6ターンで元に戻るので，2，4，6の最小公倍数である12ターンで3つとも元に戻る。

＜理科解答＞

1 (1) A ① C ⑥ (2) (アカミミガメ) ア (アメリカザリガニ) カ
(3) ミジンコ (4) 外来生物 (5) (元からいた生物)に食べられてしまうから
(6) ① (平均点数) 5.3 (記号) ウ ② E (7) (ミカヅキモ)→タニシ→コイ→ザリガニ→コサギ

2 (1) 震源 (2) 0 (3) 南よりの，強い風が吹いていた (4) 8250万年後
(5) 地震の規模は大きく，津波に気をつける必要がある (6) 毎秒7km
(7) D 112km E 11時26分49秒 (8) ク

3 (1) 土や水などがおせんされること (2) イとエ (3) フロン (4) 発生した液体が加熱部分に流れこむのを防ぐため (5) エ (6) 一酸化炭素 (7) 1.25倍
(8) 酸素をうばい銅にするはたらき (9) ① 1.58g ② 0.14g

4 (1) 10.5 (2) 5cm (3) 25cm (4) 解説参照 (5) 23cm (6) 17cm
(7) 70g (8) 7.5cm^3 (9) ウ (10) (箱形の鉄は水に)うかぶ 箱をほぼ水にしずめたときにはたらく浮力よりも箱の重さが小さいので

○配点○

1 (1) 各1点×2 他 各2点×8((6)①完答) 2 (4) 3点 他 各2点×8
3 (5) 1点 他 各2点×9 4 (1) 1点 他 各2点×9((10)完答) 計75点

＜理科解説＞

1 (生物－動物)

基本 (1) A イヌやアザラシで「いいえ」なので，「①卵生であるか」があてはまる。 C Bが「陸上に卵を産むか」と考えられ，アが「は虫類」と考えられる。は虫類と鳥類の違いで鳥類が「はい」なので⑥の「羽毛があるか」があてはまる。

重要 (2) アカミミガメはは虫類なのでア，アメリカザリガニは外骨格があり，えら呼吸だからカがあてはまる。

(3) アメリカザリガニと同じ甲殻類は，ミジンコである。

(4) 海外から人が持ち込み日本に定着した生物を「外来生物」という。

(5) (元からいた生物)を餌とするために，食べられてしまい，在来種が減少する。

(6) ① 平均点数＝(9.0＋5.0＋2.0)÷3＝5.33≒5.3で，度合いはウのきたない水となる。

② 平均点はそれぞれ，A＝(9.0＋8.0＋7.0＋6.0＋6.0)÷5＝7.2，B＝(7.0＋5.0＋2.0＋1.0)÷4＝3.75，D＝(9.0＋9.0＋6.0＋5.0)÷4＝7.25，E＝(8.0＋7.0＋5.0＋5.0＋2.0＋1.0＋1.0)÷7＝4.14…≒4.1となり，4番目にきれいなのはEとなる。

(7) 食べる・食べられるの関係を順に並べると「(ミカヅキモ)→タニシ→コイ→ザリガニ→コサギ」となる。

2 (天体・気象・地形)

基本 (1) 最初に岩石が破壊された場所は地震が発生した場所で「震源」である。

基本 (2) 震度の値は0～7の10段階である。

(3) 台風が日本海側を北上しているので関東地方は台風の右側にあり，「南よりの，強い風が吹いていた」ことが予測できる。

(4) (6600×1000×100)(cm)÷8(cm)＝82500000(年後)＝8250万(年後)となる。

(5) 「海溝型地震」では地震の規模が大きく，「内陸型地震」では発生しない津波に注意が必要である。

重要 (6) 初期微動を起こすのはP波で地点①と地点③のP波の到着時刻と震源距離の差から計算すると(189km－63km)÷(11時26分22秒－11時26分04秒)＝毎秒7(km)となる。

(7) 初期微動継続時間と震源距離が比例することから考える。初期微動継続時間は地点①は9秒，地点②は16秒で地点①の震源距離は63kmなので，9：16＝63：DよりD＝112(km)である。同様に震源距離は地点①は63km，地点③は189kmで，初期微動継続時間は地点①は9秒なので，63：189＝9：EよりE＝27(秒)である。11(時)26(分)22(秒)＋27(秒)＝11(時)26(分)49(秒)とわかる。

(8) ゆれの大きさが同じであることから震度は同じである。初期微動継続時間が長いことから地震Xの方の震源が近いことがわかる。震度が同じであることから地震Xの方がマグニチュードは小さい。

3 (物質と変化－燃焼)

基本 (1) 農薬に含まれる化学物質が土の中に残ったり，水に溶けることで汚染されることが考えられる。

(2) サプリメントは特定の成分が濃縮されているので過剰摂取は内臓などに悪影響がある。洗剤を目安以上に使うことは洗浄の効果が弱くなったり，洗剤自体がすすぎにくくなったり，環境汚染につながったりする。

重要 (3) この物質はフロンであり，現在はオゾン層を破壊しない代替フロンが使われている。

(4) 木材から発生した液体が加熱部に流れ込み，試験管が割れる可能性があるので加熱部を高く傾けて加熱する。

(5)　木ガスの成分はメタン・一酸化炭素・二酸化炭素であるので，水に溶けて酸性を示す。

(6)　酸素が不足するため二酸化炭素になれなかった一酸化炭素が発生する。

(7)　0.40(g)÷0.32(g)＝1.25(倍)に変化している。

(8)　黒色の酸化銅が赤茶色に変化しているということは，酸化銅が酸素をうばわれて銅に変化していると考えられる。

(9)　この反応は酸化銅＋木炭→銅＋二酸化炭素と表され，木炭が酸化銅から酸素をうばい，二酸化炭素になる反応である。反応が100％でないときは，酸化銅＋木炭→銅＋酸化銅＋二酸化炭素＋木炭となり，還元されていない酸化銅と木炭が残る。

①　表より酸化銅1.60gのうち50％が反応したときに二酸化炭素が発生して減少する重さは0.22gなので，1.60(g)＋0.20(g)－0.22(g)＝1.58(g)となる。酸化銅＋木炭→銅＋酸化銅＋二酸化炭素＋木炭となる。　②　表より反応の前後で重さの和が変化していないことがわかる。過不足なく反応している100％のとき酸化銅1.60(g)＋木炭0.12(g)＝銅1.28(g)＋二酸化炭素0.44(g)となっていると考えられる。酸化銅が50％反応したとき，木炭は0.12(g)×0.5＝0.06(g)反応に使われるので残っているのは0.20－0.06＝0.14(g)である。

4　(力のはたらき－ばね・浮力)

基本　(1)　ばねAはおもりの重さが10g増えるとばねの伸びは2.5cm増えるので8＋2.5＝10.5(cm)となる。

重要　(2)　ばねBはおもりの重さが10g増えるとばねの伸びは2cm増えるので7－2＝5(cm)である。

重要　(3)　ばねAはおもりの重さが10g増えるとばねの伸びは2.5cm増えるので，$2.5(\mathrm{cm})\times\dfrac{100(\mathrm{g})}{10(\mathrm{g})}$＝25で25(cm)伸びる。

(4)　ばねAは10gで2.5cm伸び，ばねBは10gで2cmのびる。このことから，グラフは右図のようになる。

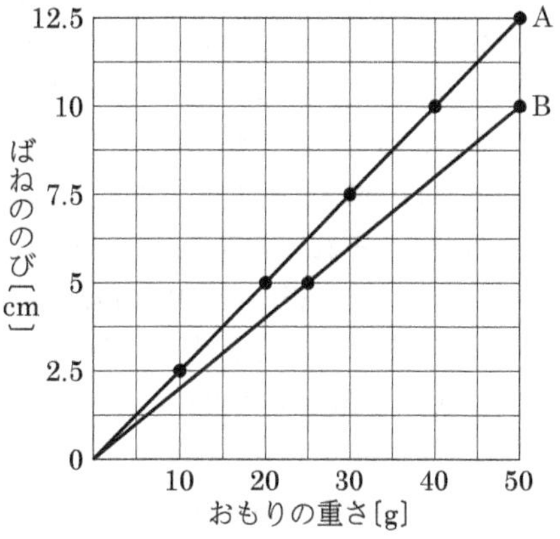

(5)　80g分のびるので，$2.5(\mathrm{cm})\times\dfrac{80(\mathrm{g})}{10(\mathrm{g})}$＝20(cm)のびる。ばねAの自然長は5.5(cm)－2.5(cm)＝3(cm)だから20(cm)＋3(cm)＝23(cm)である。

(6)　ばねA,Bともに20gの重さがかかるので表より8(cm)＋9(cm)＝17(cm)となる。

(7)　ばねA,Bの長さが同じになるのはそれぞれに40gつるしたときなので，40(g)×2－10(g)＝70(g)と考えられる。

(8)　ばねBは18.5(cm)－5(cm)＝13.5(cm)伸びているので$10(\mathrm{g})\times\dfrac{13.5(\mathrm{cm})}{2(\mathrm{cm})}$＝67.5(g)の重さがかかっている。浮力は75(g)－67.5(g)＝7.5(g)で，押しのけた水の体積は7.5cm^3である。これがおもりの体積である。

(9)　浮力が大きくなるのでばねを引く力は小さくなるため伸びは小さくなる。

(10)　鉄の船の体積は35(cm)×12(cm)×16(cm)＝6720(cm^3)で箱全体の体積分の水の重さは6720gだから，3000gより大きい。水に入れたときに3000gの浮力をはたらかせることができるので，浮く。

★ワンポイントアドバイス★

記述する問題が多く，知っている知識で解ける問題と問題文から判断する問題がある。じっくり考える必要がある問題に時間を使えるように基本的問題は素早く解いていこう。計算問題も多数出題されている。問題文中に計算方法のヒントがある出題もあるので，読み落とさないようにしよう。

<社会解答>

1 問1 ア 問2 近松門左衛門 問3 (1) B (2) 資料Bは，えた身分・ひにん身分が幕府によって意図的に作られたと書いているから。 問4 オ 問5 エ・オ 問6 イ 問7 ウ 問8 ア・エ 問9 イ 問10 エ

2 問1 エ 問2 ウ 問3 ウ 問4 ア 問5 キ 問6 ア 問7 オ 問8 (1) フードマイレージ (2) イ 問9 イ 問10 ア 問11 イ 問12 エ

3 問1 ① 知事 ③ 4 ⑥ 投票率 問2 イ 問3 エ 問4 住民の多様な意見を政治に反映させるとともに，首長によって行われる政治を監視するため。 問5 ウ 問6 ア 問7 エ

○配点○

1 問1・問2・問7 各2点×3 問3(1) 1点 他 各3点×7(問5・問8各完答)

2 問6・問10 各3点×2 他 各2点×11

3 問1③ 1点 問4・問5 各3点×2 他 各2点×6 計75点

<社会解説>

1 (日本の歴史―古墳時代から昭和時代)

問1 え：古墳時代→い：奈良時代→う：鎌倉時代→あ：江戸時代→お：大正時代→か：昭和時代。

基本 問2 近松門左衛門は，江戸時代初期に上方で活躍した人形浄瑠璃脚本家である。当時大人気だった歌舞伎役者の初代坂田藤十郎に作品を提供するようになり，歌舞伎にも深く関わるようになった。

やや難 問3 (1) 資料Cを考察すると，被差別部落民に対する考え方が，以前と変わってきていることがわかる。それによると，えた・ひにん身分が，幕府によって意図的につくられたと考えられていた時代の教科書は資料B(1992年)に当たる。 (2) 1992年頃は，江戸時代における身分差別は，幕府が社会を安定させるために自らつくりだした制度と考えられていた。

問4 C：三国干渉(1895年)→A：二十一カ条の要求(1915年)→B：南京占領(1937年)。

問5 信長は座を廃止して楽市楽座を実行し産業を盛んにした。吉宗は定免法を採用することによって幕府の収入を安定させようとした。特産物を納める税は調なのでアは誤り，防人は成年男子が対象なのでイは誤り，徳政令で税が免除されることはないのでウは誤り，地租改正によって税を現金で納めるようになったのでカは誤り，ODAは税ではないのでキも誤りとなる。

問6 鎌倉殿とは，鎌倉幕府の将軍の称であり源頼朝の敬称でもある。頼家を排除して，執権政治を確立したのは北条義時である。

問7 埴輪は大きく円筒埴輪と形象埴輪の2種類に大別され，人だけでなく家，馬などさまざまな種類がある。箸墓古墳は推古天皇の墓とは考えられていないのでアは誤り，大仙古墳は大阪府堺市にあるのでイは誤り，東北地方南部などにも前方後円墳は存在しているのでエも誤りとなる。

問8 渡来人の中には日本の政治に携わる者も存在した。明治時代文明開化時に新橋―横浜間で初めて鉄道が開通した。一遍上人絵伝は鎌倉時代につくられたのでイは誤り，ウは寝殿造が書院造の誤り，オは6年間が4年間の誤り，カは野口英世が北里柴三郎の誤り，『一握の砂』は石川啄木の作品なのでキも誤りとなる。

問9 資料A・Bを考察すると，兎を不吉なものとして扱っていることがわかる。したがって，イが正解となる。

問10　Aは自由党が板垣退助の誤り，Bは第一次世界大戦後が第一次世界大戦前の誤りである。

2　(地理―地図の見方，日本の国土と自然，土地利用，農業，工業，運輸・通信・貿易，商業一般，環境問題)

問1　夏は太平洋側から季節風が吹き，日本海側からは季節風が吹かないので，エは誤りである。

問2　兵庫県の神戸，岡山県の岡山，広島県の広島が政令指定都市である。アは5つが4つの誤り，イは3つが2つの誤り，エは⑧と⑨が⑦の誤りとなる。

基本　問3　Dは夏に太平洋から吹く季節風の影響で降水量が多くなる太平洋岸の気候でウが該当する。Aは日本海側の気候でアが，Bは瀬戸内の気候でエが，Cは内陸の気候でイが，それぞれ該当する。

問4　九州地方の中央部にはけわしい九州山地の山々がつらなり，火山が多い。その西に熊本平野，東に宮崎平野がある。

重要　問5　台風による集中豪雨などで，地すべりなどの土砂災害の危険が高まる。関東ロームもシラス台地も火山の噴出物が積もってできたのでAは誤り，津波の発生は強風などではないのでBも誤りとなる。

問6　群馬，千葉，茨城，埼玉などはいずれも東京に近い県である。また，宮崎平野ではきゅうりなどの促成栽培がおこなわれているので，Aは正しい。Bの文章に当てはまるのはみかんだけであるので，Bは正しい。キャベツの収穫量第5位は長野，みかんの収穫量第1位は和歌山であるので，Cも正しくなる。

問7　木材の自給率は2000年より増加に転じているので，Aは誤りとなる。林業への従事者は減少傾向で高齢化もしている。また，針葉樹林は人工林の主なものである。

問8　(1)　フードマイレージとは，食料の輸送によって発生する環境負荷を示した指標のことである。具体的には，「食料の輸送量(t)」と「輸送距離(km)」をかけ合わせた数値のことで，単位はt･km(トン・キロメートル)で表す。　(2)　日本は先進国の中でもフードマイレージは高いほうである。地産地消とは，地元で作ったものを地元で消費することで，環境や経済に良い影響を与える取り組みであり，それを推進することでフードマイレージも低くすることが可能となる。

問9　Aはアメリカ，Bは日本，Cは中国である。現在の自動車生産第1位は中国となっている。自動車組み立て工場の所在地は，中京工業地帯に集中している地図Eが正解となる。

問10　1960年頃の日本は，主に繊維原料を輸入して，繊維品を輸出していた。現在は，重化学工業が発展していることもあって輸出入とも機械類の割合が1番高い。昔から変わらないことは，石油(原油)の輸入の割合が上位であることである。

問11　地形図を注意深く分析すると，名寄駅のすぐ西にある道路を北に向かうと道の左側に図書館が確認できる。方角は名寄駅の北北西となる。また名寄駅から南南東の方角の東二条南(十一)に博物館が確認できる。

問12　パークアンドライドとは，自宅から自家用車・軽車両で最寄りの駅または停留場まで行き，駐車・駐輪させた後，バスや鉄道などの公共交通機関を利用して，都心部などの目的地に向かうシステムであるので，エは誤りとなる。

3　(政治―政治のしくみと働き，地方自治，国際社会と平和，時事問題，その他)

問1　地方公共団体の首長とは，都道府県知事，市区町村長などである。統一地方選は4年に1度ある。投票率とは「有権者総数に対する投票者の比率」を指す。わかりやすくいえば，選挙権を持っている国民の中でどれだけの人が投票をしたかという割合で，政治への関心を計る目安にもなる。

問2　違憲立法審査権は，裁判所(司法権)が持っていて，憲法に違反している法律があれば，それを無効にできる権限である。したがって，イが正解となる。

問3　予算先議権と内閣不信任決議権は衆議院だけに与えられている。

問4　住民の選挙によって議員が選ばれる地方議会は，首長の不信任決議権や予算・条例の議決権を持っている。したがって，地方議会は，住民の多様な意見を政治に反映させるとともに，首長によって行われる政治を監視することが可能となるのである。

やや難　問5　「表2の議員の平均年齢50歳未満の地方公共団体数10は，調査対象の地方公共団体706(地方公共団体数の合計)の何％を占めるか？」について，計算すると10÷706≒0.014であり，これを％に直すと，0.014×100＝1.4(％)となり1％以上はあることになる。したがって，ウは，「1％未満」というところが誤りとなる。

重要　問6　日本はアメリカの同盟国であるが，NATOには加盟していない。

問7　こども基本法は，こども政策を総合的に推進することを目的として，令和4年6月に成立し，令和5年4月に施行された。この法律には，こども施策の基本理念や策定，こどもの意見の反映などが定められている。

★ワンポイントアドバイス★

1問7　埴輪は，3世紀後半から6世紀後半にかけて造られ，前方後円墳とともに消滅した。3問7　こども基本法は，日本国憲法と児童の権利に関する条約の精神に基づいて制定された法律である。

＜国語解答＞

一　問一　①　大言　②　易しい　③　従事　④　意地悪　問二　①　開放　②　異議　③　過程　④　発効

二　問一　ウ　問二　イ　問三　エ　問四　A　イ　B　ウ　C　エ　D　ア　問五　エ　問六　否[否定]　問七　(例)　Ⅰ　だれか一人が訴える一つの　Ⅱ　可能な限り多くの〝正しさ〟を盛り込んだ「落としどころ」を探る　Ⅲ　異なる人の意見を受け入れる　問八　ア　問九　C[Cさん]

三　問一　ウ→イ→オ→(ア)→エ　問二　エ　問三　イ　問四　イ　問五　(例)　(ざしき童子を知らない場合，「よく子どもを見た」のは，)夜中に一人で子どもが川を渡ることを不審に思った(からだが，ざしき童子を知っている場合，「よく子どもを見た」のは，)この子どもがざしき童子ではないかと思い様子をうかがおうとした(からだと考えられる。)　問六　ⅰ　1　ⅱ　4　問七　(例)　子どもの姿であること　問八　大きな家　問九　(例)　祭りの日を変える　問十　(例)　紋付きを着て刀をさしている

○配点○

一　各2点×8　二　問二・問三　各3点×2　問四・問六　各2点×5　問七　10点　他　各4点×4　三　問四・問七～問九　各3点×4　問五　10点　問六　各2点×2　他　各4点×4(問一完答)　計100点

<国語解説>

一 **(漢字の書き取り)**

基本 問一　①の「大言壮語」は実力以上に大げさなことを言うこと。②は簡単であること。同訓異字で思いやりがあるという意味の「優しい」と区別する。③はその仕事に携わること。④は相手を困らせるような行動をとること。

重要 問二　①はBの話から「開放」。同音異義語で，制限を解き放して自由にするという意味の「解放」と区別する。②はCの話から「異議」。同音異義語で，ものごとの価値という意味の「意義」と区別する。③はB・Cの話から前の漢字の部首は「辶(しんにょう)」，Aの意味の話から「過程」。④はBの話から後の漢字の部首は「力(ちから)」，A・Cの意味の話から「発効」。

二 **(論説文－要旨・細部・段落構成の読み取り，接続語，空欄補充，漢字の書き取り，記述力)**

問一　――部①は直前で「規律が重視され……『～しなければならない』と型にはめられがちで」あること，②は「あなたが自分の……」で始まる段落で「自分の価値観をもとに〝正しい〟と考え」たこと「を他人に押しつけ」ない「多様性……の発想」であることを，それぞれ述べているのでウが適切。これらの内容をふまえていない他の選択肢は不適切。

問二　ぬけている文の「それ」は，【Ⅱ】直前の「迷惑をかけられた側の立場になれば，いかにその行動がよくないかわかるはず」ということを指しており，このことを「感じ取るには想像力が必要です」と述べているので，Ⅱであるイが適切。

問三　X直前の「多様性は尊重する」と「他人に迷惑をかける自分勝手は認められない」は，それぞれ「社会」に存在している「自由」と「義務」である，ということなのでエが適切。

問四　Aは直前の内容を理由とした内容が続いているのでイ，Bは「……からです」の形で直前の内容の理由が続いているのでウ，Cは直前の内容とは反対の内容が続いているのでエ，Dは「……なら」の形で仮定の内容が続いているのでアがそれぞれ入る。

重要 問五　□部分直前までで，規律が重視されている学校や社会における〝正しい〟について述べ，「多くの〝正しさ〟を盛り込んだ『落としどころ』を探る作業が重要になる」ということの「好例」として，「民主主義の議論」を□部分で述べているのでエが適切。□部分直前の一文を説明していない他の選択肢は不適切。

問六　「他人の意見を……」で始まる段落の「非(定)」は正しくは「否(定)」である。

やや難 問七　空欄Ⅰは「疑うべき〝正しさ〟」のことなので，「一つの物事に……」から続く2段落で「一つの〝正しい〟を押しつけ……だれか一人が訴える〝正しさ〟を認めてしまうと……異なる意見の人は受け入れられないものにな」ると述べていることから，「だれか一人が訴える一つの(12字)」といった内容が当てはまる。Ⅱは「多数決」に「必要」なこと，Ⅲは「〝正しさ〟を疑うこと」で「できる」ことなので，「一つの物事に……」から続く3段落内容から，Ⅱには「可能な限り多くの〝正しさ〟を盛り込んだ『落としどころ』を探る(30字)」といった内容，Ⅲには「異なる人の意見を受け入れる(13字)」といった内容がそれぞれ当てはまる。

問八　――部④は「自信がない」すなわち，自分の考えに自信がないことなので，自分の考えで「押しつけに対して，疑問の声を上げる」とあるアはふさわしくない。他はいずれも自分の考えではなく，周りに合わせているので，④の行動としてふさわしい。

重要 問九　本文Y部分で，「多数決の原則を踏まえた上で，どうすれば多数意見の人に自分の訴えを聞き届けてもらえるかを考えること……こそが大切」と述べているので，Cさんが適切。文1側の意見とするAさん，Bくんの「偶然性に頼る」，文1はやめるべきと言うDくん，文1・文2は共通していると言うEさんはいずれも不適切。

三 (物語文ー心情・情景・文章構成・細部の読み取り，空欄補充，ことばの意味，記述力)

問一　空らんX前後をふくめて整理すると，みんなが山へはたらきに出て，ふたりの子供は庭で遊んでいる→家にはだれも居ない＝ウ→ところが，家のどこかのざしきで箒の音がした＝イ→ふたりの子供がこっそり行ったが，どのざしきにもだれも居ない＝オ→箒の音がきこえる＝(ア)→ふたりでいろいろ考えたが，どれでもない＝エ→たしかにどこかで箒の音がきこえた，という流れになる。

問二　2の話で，「増えた一人がざしきぼっこなのだぞ，大人が出てきて言」ったことは描かれているが，「大人はどの子供がざしき童子かわかって」いることは描かれていないのでエはふさわしくない。

問三　分家の子供らの中の一人の子がはしかにかかったことで，「ほかの子供らは，いままで祭が延ばされたり，鉛のうさぎが見舞にとられたりしたので，何ともおもしろくなくて……『あいつのためにひどいめにあった。……どうしたってあそばないぞ』と約束し」て，——部②のようにしているのでイが適切。②前の描写をふまえていない他の選択肢は不適切。

基本　問四　旧暦と現在使われている新暦では約一か月の差があり，旧暦の八月は新暦では九月ごろになるので，——部①・③の旧暦に関わる行事は，新暦で9月15日ごろに見られるイが適切。アは3月3日，ウは5月5日，エは7月7日に行われる。

やや難　問五　——部④は，「晩に」「子供が」川を渡ることを渡し守にたのんできた場面で，渡し守が「ざしき童子を知らない場合」は「夜中に一人で子どもが川を渡ることを不審に思った(23字)」というようなことが考えられ，「ざしき童子を知っている場合」は「この子どもがざしき童子ではないかと思い様子をうかがおうとした(30字)」というようなことが考えられるので，それぞれの場合について，状況を考えながら「よく子どもを見た」理由を説明する。

問六　空欄ｉは——部ア，すなわち，物音がしたのに「誰もいない」話と同じなので，「箒の音がきこえた」のに「だれも居」なかったという1が入る。ⅱは——部イ，すなわち「見慣れない美しい娘に会った」話と同じなので，見知らぬ子供に川を渡ることを頼まれた4が入る。

重要　問七　『遠野物語』冒頭で，「ザシキワラシという神様は……十二,三歳の子どもである」と述べているので，空欄ⅲには「子どもの姿であること(10字)」というような内容が入る。

問八　空欄ⅳは「お金持ち」であることがわかる言葉で，このあとのAくんが「同じように『大きな本家』っていう言葉」と話していることから，1のX部分のウの選択肢にある「大きな家(4字)」が入る。

問九　空欄ｖは「分家の子はおもしろくなかった」と感じるということで，分家の中の一人の子がはしかにかかったことで本家のおばあさんが「『祭延ばすから……』」と話していることから，「祭りの日を変える(8字)」ことができる，といった内容が入る。

重要　問十　空欄ⅵは「男の子」であることがわかる内容で，4の「ざしき童子」が「紋付きを着て刀をさし，袴をはいた」姿であることが描かれているので，この内容を指示に従って指定字数以内でまとめる。

★ワンポイントアドバイス★

物語文では，細かい描写もていねいに読み取って，物語全体の内容をとらえていこう。

第2回

2024年度

解 答 と 解 説

《2024年度の配点は解答欄に掲載してあります。》

＜算数解答＞

1 (1) 5 (2) $0.25cm^2$ 2 (1) 18回 (2) 34回
3 (1) 36g (2) 9% 4 エ，18.84cm
5 (1) 8個 (2) 900個 (3) 9人
6 (1) 777 (2) 4の倍数でもあり，6の倍数でもある数は4と6の最小公倍数である12の倍数であり，必ずしも24の倍数とはならない (ア) 3 (イ) 8 (3) 777000
7 (1) $162cm^3$ (2) $180cm^3$ (3) 10秒後

○配点○

1 各5点×2 他 各6点×15 計100点

＜算数解説＞

基本 1 (四則計算，平面図形)

(1) $\left(7\frac{5}{4}\times\frac{2}{11}-\frac{1}{2}\right)\div\square=0.2$ $\left(\frac{3}{2}-\frac{1}{2}\right)\div\square=0.2$ $1\div\square=0.2$ $\square=5$

(2) 平行四辺形ABCDにおいて，BCの長さは3cmであるので，ECの長さは1cm 三角形CEFと三角形ADFは相似であり，EC：DA＝1：3 三角形CEFと三角形ADFの高さの比も1：3であり，合計が2cmであることから，三角形CEFの高さは$2\times\frac{1}{(1+3)}=0.5$(cm) したがって，三角形CEFの面積は$1\times0.5\div2=0.25(cm^2)$

重要 2 (最小公倍数)

(1) 3分と7分ごとに発車することから，3と7の最小公倍数である21分ごとに同時に発車する。したがって，10時から16時の6時間＝360分の間に360÷21＝17あまり3より，17回同時に発車し，10時ちょうども含めて17＋1＝18(回)

(2) 同時に発車してから次に同時に発車する21分間に2分差で発車するのは，同時に発車した後，青い電車が7分後，赤い電車が9分後に発車するときと，赤い電車が12分後，青い電車が14分後に発車するときの2回。6時間の間に21分の間隔は360÷21＝17あまり3より17回あり，それぞれに2回，2分差で発車するので，17×2＝34(回)，2分差で発車する(あまりの3分で2分差での発車はない)。

基本 3 (食塩水の濃度)

(1) 食塩水Cは濃度7.2%，重さ300＋200＝500(g)なので，食塩は500×7.2÷100＝36(g)

(2) 食塩水Bに水100gを混ぜると重さ300gとなり，食塩水Aと同じ濃度，同じ重さの食塩水となる。そのため，食塩水Aと食塩水Bには同じだけ食塩が含まれており，それぞれ36÷2＝18(g)の食塩が含まれる。 したがって，食塩水Bの濃度は18÷200×100＝9(%)

やや難 4 (平面図形，長さ)

次ページの図の通り，回転してもこの図形の高さは変わらない(左はし，右はしの状態を考えると

わかりやすい)。したがって，図形Aが通過した部分を表す図は(エ)

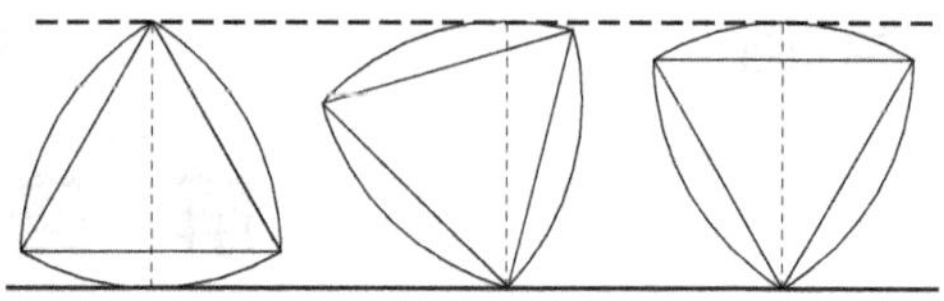

太線の長さは図形Aの外側の長さと等しい。

図形Aの外側の長さは$6\times2\times3.14\times\frac{1}{6}\times3=$18.84(cm)なので，太線の長さは18.84(cm)

重要 5 **(仕事算)**

(1)　1人が1分あたりに仕分ける荷物を①とすると，3人が75分で仕分ける荷物は①×3×75=(225)　4人が45分で仕分ける荷物は①×4×45=(180)　この差は75分と45分の差である30分で集まってくる荷物の量なので，30×12=360(個)　したがって，①=360÷((225)−(180))=8(個)

(2)　4人が45分で仕分ける荷物は8×4×45=1440(個)　45分間に集まってくる荷物の量は45×12=540(個)なので，作業開始時に集まっていた荷物は1440−540=900(個)

(3)　15分間に集まってくる荷物は15×12=180(個)　作業開始時に荷物は900個あったので，15分間で仕分ける荷物の量は900+180=1080(個)　1人が15分間で仕分ける個数は8×15=120(個)　したがって，15分で倉庫の荷物を空にするには1080÷120=9(人)必要

重要 6 **(数の性質，約数)**

(1)　各位の数が0か7の自然数は7の倍数になるので，さらに21の倍数になるためには3の倍数である必要がある。3の倍数は各位の数を足すと3の倍数になればよく，もっとも小さな数は7が3つある777

(2)　4の倍数でもあり，6の倍数でもある数は必ずしも24の倍数になるとは限らない。例えば12。これは4と6の最小公倍数が12だからである。24の倍数にするためには，最小公倍数が24となる組み合わせである，3の倍数でもあり，8の倍数である必要がある。

(3)　3の倍数にするためには7が3つ必要である。さらに8の倍数にするためには下3桁が8の倍数であればよい。7，70，77，700，707，770，777はいずれも8の倍数ではないため，下3桁は000であることがわかる。したがって，もっとも小さな24の倍数は777000

やや難 7 **(立体図形，点の移動)**

(1)　点Pが動き始めて3秒後はPDの長さが9cmであり，立体Yは三角形EFDを底面とし，BE=PD=9(cm)を高さとする三角柱　したがって，立体Yの体積は$18\times9=162$(cm^3)

(2)　立体Xは(1)の立体に，三角形BCPを底面とし，APを高さとする三角すいを加えたものである。三角形BCPを底面とし，APを高さとする三角すいの体積は$18\times3\times\frac{1}{3}=18$(cm^3)より，立体Xの体積は$162+18=180$(cm^3)

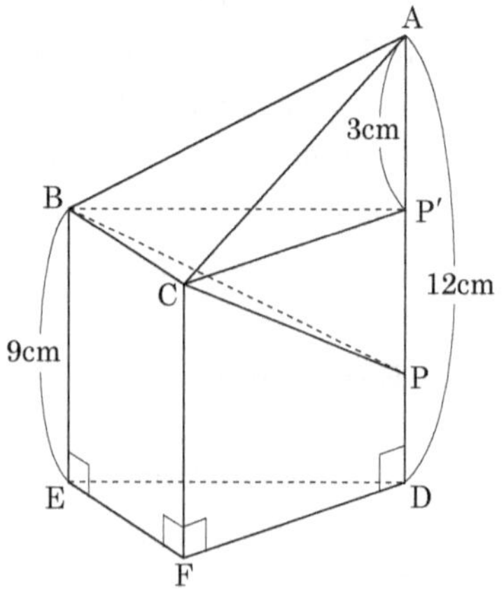

(3)　立体Yの体積が立体Xの体積の$\frac{2}{3}$になるとき，立体Yの体積は$180\times\frac{2}{3}=120$(cm^3)となる。これは(1)の立体から$162-120=42$(cm^3)分小さくなればよく，(1)のときのPの位置をP'とすると，三角すいBCP'Pの体積が42cm^{3}となればよい。このとき，P'Pの長さを□とすると，$18\times□\times\frac{1}{3}=42$となるので，□=7よりP′Pの長さは7cm　APの長さは3+7=10(cm)であり，これは点Pが動き始めてから10秒後

★ワンポイントアドバイス★

6 倍数になるための条件はおさえておこう。例えば3の倍数になるのは各位の数の合計が3の倍数となることや，4の倍数になるのは下2桁が4の倍数となること，8の倍数になるのは下3桁が8の倍数となることなど。

＜理科解答＞

1 (1) ヤゴ (2) ① 60万匹 ② ア 小さい イ 大きい ウ 大きい ③ 17万匹 ④ 3万匹 ⑤ ウ (3) ① ぎ態 ② 落ち葉 (利点)天敵に食べられにくくなること ③ (交尾の機会を)横取りできること

2 (1) ① 火星 ② 水星 ③ 木星 ④ 金星 (2) 温室効果 (3) 炭素 (4) 29倍 (5) 太陽に近く，強い太陽光を反射させるため (6) エ (7) う イトカワ え リュウグウ (8) 姿勢を安定させるため

3 (1) ア，イ (2) 増加 (3) 温度が低いほど水の密度が小さくなる (4) 解説参照 (5) ① c 空気 d 水蒸気 ② エ (6) オ (7) ① 上 ② 10cm ③ ストローを細くする

4 (1) ウ (2) 水と氷が混ざった状態 (3) 解説参照 (4) イ (5) 36750ジュール (6) ① 30℃ ② 35℃ ③ 39.3℃ (7) 9倍 (8) (水の温度は10℃より)低(くなる) 鉄球の熱が水とビーカーの温度上昇に使われるから

○配点○

1 (1)，(2)②，(3)② 各1点×5 他 各2点×7 2 (1)，(7) 各1点×6 他 各2点×6 3 (2)，(6)，(7)① 各1点×3 他 各2点×8 4 (1) 1点 他 各2点×9 計75点

＜理科解説＞

1 (生物－動物)

基本 (1) トンボの羽化前の幼虫は「ヤゴ」である。

重要 (2) ① $100m^2$に15匹で$4(km^2)=4000000(m^2)$だから$15(匹)\times\frac{4000000}{100}=60万(匹)$と考えられる。 ② ア (1)を食べる生物が多いことから，生息密度が低い場所を基準にしたので全体の数は少なく計算されると考えられる。 イ 浅い場所に(1)は多く生息しているので，生息密度が高い場所を基準にしたため全体の数は大きく計算されると考えられる。 ウ 浅い場所に(1)は多く生息しているので，生息密度が高い場所を基準にしたため全体の数は大きく計算されると考えられる。 ③ 34匹が0.02%だから$34(匹)\div0.02(\%)=34(匹)\div0.0002=17万(匹)$である。
④ 200匹中1匹なので全体の数に対する割合は$\frac{1}{200}$だから$150(匹)\div\frac{1}{200}=3万(匹)$である。
⑤ 季節が変わると気象状況が変化するので，期間を3か月以上空けるのは適切ではないと考えられる。

(3) ① 天敵などから身を守るための形や色彩，行動を「ぎ態」という。 ② 秋から冬にかけては茶色い枯れ葉が多いので「落ち葉」にぎ態すると，天敵が見つけにくくなり，天敵に食べられなくなる利点がある。 ③ 派手な種類は目立つのでなわばりを犯しにくいがメスにぎ態して

いる種類はメスの中に紛れることができ，交尾の機会を横取りできる。

2 (天体・気象・地形－地球と太陽)

基本 (1) ①で，酸化した鉄により赤く見えるのは，火星である。②は，太陽系で最も小さいということで水星である。③は，太陽系で最も大きい惑星なので木星，地球の約100倍の大気をまとい，その成分のほとんどが二酸化炭素であるため地表付近の温度は約460℃になる④は，金星である。

(2) 二酸化炭素は熱を吸収し，大気をあたためる性質を持つ。これを「温室効果」という。

重要 (3) 炭素を含む有機物は燃焼すると酸素と結びつき，二酸化炭素を発生する。

(4) ほぼ同じ大きさに見えるということは直径の比と地球からの距離の比が等しいということになるから，11.2÷0.38＝29.4…≒29(倍)である。

(5) ②の惑星は太陽に近いため，太陽の熱の影響を受けやすいので，強い太陽光を反射させるために鏡が多用されている。

(6) 火星と木星の間には岩石でできた小惑星が多数ある。

(7) 「はやぶさ」がサンプル採取したのは「イトカワ」で「はやぶさ2」がサンプル採取したのは「リュウグウ」である。

(8) 回転することで中心からの軸に垂直な面で回転し，姿勢を垂直にしようとする力がはたらくため姿勢が安定する。

3 (物質と変化－物質の状態変化)

基本 (1) アとイは，押し縮められた空気が元に戻る力による現象である。ウは密度によるもので，エは圧力にかかわる現象である。

基本 (2) 気体は温度が上昇すると膨張し，体積が増加する。

重要 (3) グラフから0℃から4℃の間では温度が上昇すると体積が減少し，密度が大きくなっているので，温度が低くなると密度が小さくなる。

(4) 凍ると体積が増えるので右図のようになる。

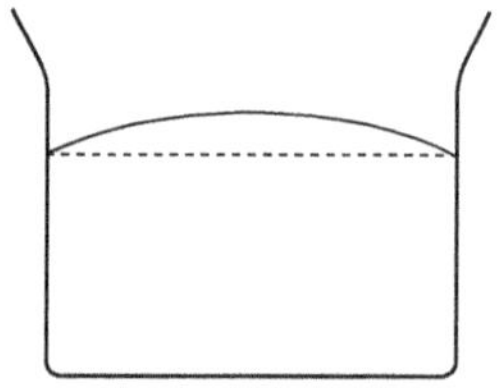

(5) ① (c)はフラスコの中の空気で，(d)は水が沸騰して気体となった水蒸気である。 ② メスシリンダーにたまるのはフラスコ内の空気で，(d)のあわの水蒸気は冷やされて水となっているので，メスシリンダーにたまった空気の体積は丸底フラスコの容積500(cm^3)－入れた水の体積50(cm^3)＝450(cm^3)である。

(6) 液体の水が気体になると体積が1700倍に膨張するので，冷やされて水蒸気が水になると$\frac{1}{1700}$になり，フラスコ内部の気圧が下がり大気圧に押され，オの状態になると考えられる。

(7) ① あたたかくなり水温が上昇すると水は膨張するので，色水は上に移動する。 ② 空気の体積は30(cm^3)×$\frac{27.3}{273}$＝3(cm^3)増える。断面積0.30(cm^2)×移動距離＝3(cm^3)より3(cm^3)÷0.30(cm^2)＝10(cm)となる。 ③ ストローの断面積を小さくすることにより小さい体積の変化でも移動距離を大きくできるので，ストローを細くすると良い。

4 (音・光・熱－熱の伝わり方)

基本 (1) 熱は温度の高い物体から低い物体に移動するため，水の温度は下がり，氷の温度は上昇し溶ける。

基本 (2) 氷Aは0℃で溶け始めるが氷が水になるときに熱をうばい，全て溶けるまで温度は上がらないので，アの時間の間は水と氷が混ざった状態である。

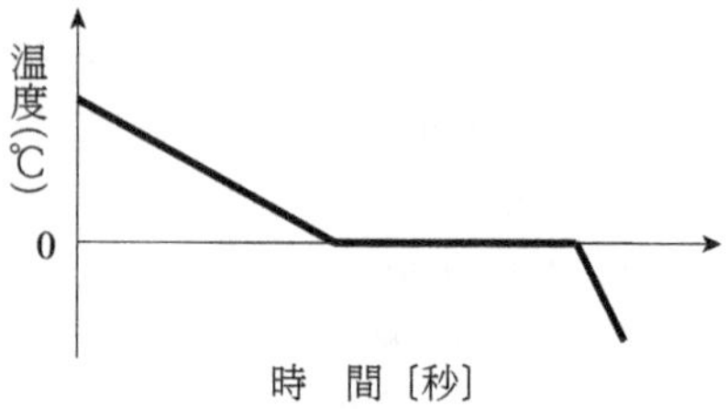

重要 (3) 30℃の水Bを－15℃の氷になるとき，水は0℃で凍る

ので，温度変化は前ページの図のように図1の逆の形となる。

(4)　温度を1℃上昇させるために必要な熱量は氷の方が小さいので同じ熱量を与えたときの上昇温度は氷の方が大きい。

(5)　－15℃の氷を0℃にするための熱量は2.1(ジュール)×100(g)×15(度)＝3150(ジュール)である。この氷をすべて溶かすためには336(ジュール)×100(g)＝33600(ジュール)必要である。必要な熱量は3150(ジュール)＋33600(ジュール)＝36750(ジュール)である。

(6)　熱量を0℃の水と比較して計算すると熱量(カロリー)＝水の重さ(g)×上昇温度で求められる。　①　5℃の水200gの水を加えたときの熱量は200(g)×55(℃)＋200(g)×5(℃)＝12000(カロリー)である。(200g＋200g)×水の温度＝12000(カロリー)より12000(カロリー)÷400(g)＝30(℃)となる。　②　200(g)×5(℃)＋100(g)×95(℃)＝10500(カロリー)より10500(カロリー)÷(200g＋100g)＝35(℃)となる。　③　200(g)×5(℃)＋150(g)×85(℃)＝13750(カロリー)より13750(カロリー)÷(200g＋150g)＝39.28≒39.3(℃)となる。

(7)　200gの水の温度が得た熱は4.2(ジュール)×200(g)×(10℃―5℃)＝4200(ジュール)である。このことから鉄1gが1℃上昇するのに□ジュール必要だとすると□(ジュール)×100(g)×(100℃－10℃)＝9000×□(ジュール)より9000×□＝4200であり□＝$\frac{4.2}{9}$となるので1gの鉄の温度を1℃上昇させるための熱が水の$\frac{1}{9}$と少なくてよいので，鉄は水の9倍温度変化しやすい。

(8)　鉄球があたためた水の熱がビーカーや発泡スチロールの容器内の空気の温度も上昇させ，水の温度の上昇に使われる熱が減少するのででは10℃より低くなる。

★ワンポイントアドバイス★

記述の問題が多く，短時間で答えていく必要がある。また，計算の問題も10問程度あるので問題文や表・グラフの数値を把握して，素早く計算しよう。

<社会解答>

[1]　問1　エ　問2　エ　問3　キ　問4　カ，ク　問5　イ　問6　ウ　問7　カ　問8　ペリー　問9　ア　問10　イ，エ，ク　問11　朝鮮に二度にわたり出兵したが，民衆の抵抗，朝鮮の水軍や明の援軍に苦戦し，豊臣秀吉の死により撤退した。　問12　ア

[2]　問1　エ　問2　高知　問3　ア　問4　ウ　問5　ウ　問6　オ　問7　(1)　イ　(2)　エ　問8　エ　問9　(1)　ア　(2)　加工　問10　イ　問11　エ

[3]　問1　②　広島　⑥　通常　問2　エ　問3　エ　問4　(1)　イ　(2)　X　6　Y　裁判への理解が深まり，国民の意見が裁判に反映されること　問5　ア　問6　ウ　問7　エ

○配点○

[1]　問3～問5・問10・問11　各3点×5(問4，問10各完答)　問8　1点　他　各2点×6

[2]　問5・問6　各3点×2　他　各2点×11

[3]　問1・問4(2)X　各1点×3　問4(2)Y・問7　各3点×2　他　各2点×5　計75点

<社会解説>

1 (日本の歴史―旧石器時代から昭和時代)

問1 縄文時代は生きていくために皆が協力し合う平等社会であり，狩りや漁業を行っていた。Aは旧石器時代，Dは弥生時代，それぞれをあらわした文章である。

問2 『曽根崎心中』は近松門左衛門があらわした人形浄瑠璃の台本なので，エは誤りとなる。

問3 義満は，倭寇の取りしまりを要求してきた明に対して，倭寇を禁じるとともに貿易を求めて，明もそれを承諾し日明貿易(勘合貿易)が開始された。花の御所を建てたのは義満なので，ゆいの説明は誤りである。永仁の徳政令は，鎌倉時代の元寇後にでているので，けんの説明も誤りとなる。

問4 1872年に学制が定められた後，1890年に第1回帝国議会が開かれ，同年，教育勅語も発布されている。

問5 イは文化財保護法で定められていることなので正しい。

問6 日米安全保障条約と日韓基本条約は同時期には結ばれていないので，Aは誤りである。高度経済成長の後は平成不況の時代ではなく，バブル経済の時代になるので，Cも誤りである。

問7 日清戦争後の下関条約締結の後，三国干渉(ロシア，ドイツ，フランス)が行われた。清から得た賠償金は，主に軍事費や八幡製鉄所建設などの資本主義確立のために使われた。義和団事件は日清戦争後に起きているのでAは誤り，日清戦争の大部分は朝鮮半島周辺で行われているのでBも誤りとなる。

問8 ペリーと幕府との間に結ばれた日米和親条約で，下田，函館の二港が開かれ，ペリーは函館にも来ている。

重要 問9 平安時代は主に藤原氏の摂関政治の時代であり，貴族たちは寝殿造の邸宅に住んでいた。『古事記』，『日本書紀』は共に奈良時代に書かれているのでCは誤り，極楽浄土に行くことを願ったのは浄土教であるのでDも誤りとなる。

問10 アは，天皇や朝廷，貴族が守るべきものとして禁中並公家諸法度も出されているので，誤りとなる。ウは，江戸時代初期には朱印船貿易が行われていたので，誤りとなる。江戸時代の租税徴収の割合は五公五民といい，収穫の半分を年貢として納め，残りの半分を農民のものとされていたので，オは「五割未満」というところが誤りである。「天下の台所」は大阪のことなのでカは誤り，上げ米の制は吉宗の政策なのでキも誤りとなる。

重要 問11 天下統一を達成した豊臣秀吉は明の征服を目指し，諸大名による遠征軍を組織した。そして，進行通路である李氏朝鮮に服属を要求し拒否され，遠征軍がそのまま朝鮮攻略を開始した(文禄の役)。遠征軍が首都に攻め込むと李氏朝鮮は首都を放棄し，明軍に援軍要請し抵抗する。その後，講和条約を結び一時停戦となるが，講和時の要求が守られなかったため，再度遠征軍を組織して攻め込んだ(慶長の役)。その後，1598年に秀吉が亡くなったため，戦争は終結した。

問12 弥生時代の遺跡には田植えの跡が確認されている。同じ土地で，一年に2回，違う作物を作る二毛作は，鎌倉時代，牛馬の糞を肥料にして土地の生産力が上がったことから始まった。

2 (地理―地図の見方，日本の国土と自然，土地利用，農業，水産業，工業，運輸・貿易・通信，商業一般)

問1 濃尾平野は地質学的には木曽三川(木曽川・長良川・揖斐川)と庄内川により形成された沖積平野であり，木曽三川は西から揖斐川，長良川，木曽川となる。

重要 問2 Aは冬に大陸からの季節風の影響で雪が降り，降水量が多くなる日本海側の気候で②の新潟が該当する。Bは夏に太平洋からの季節風の影響で降水量が多くなる太平洋岸の気候で④の高知が該当する。Cは夏でも涼しく，降水量の少ない北海道の気候で①の札幌が該当する。Dは夏に乾燥し降水量の少ない瀬戸内の気候で③の広島が該当する。

問3　⑤の山梨県はかつて「甲斐国」と呼ばれて，戦国大名武田信玄が治めていた。釜無川の氾濫を防ぐために彼がつくった信玄堤は現存している。

問4　⑥の山形県を流れる最上川の下流にある庄内平野は穀倉地帯であり，古くより農業が盛んであった。その中心は稲作であり，既に奈良時代の和銅年間には水稲農耕が行われていたと伝えられている。

問5　⑩の三重県四日市市には有数の石油化学コンビナートがあり，火力発電の電力量がきわめて多い。したがって，ウが正解となる。

問6　どの自給率も低くなってきているが，肉類だけは，2000年と2019年は横ばいで変わりがない。特に果実の自給率は，近年，大幅に低下している。

問7　(1)　アは遠洋漁業，イは沿岸漁業，ウは海面養殖業，エは内水面漁業・養殖業である。
(2)　A，Bともに遠洋漁業が減少している理由となるため，両方とも誤りである。

問8　アはカツオの一本釣りで有名な高知県，イはいわし類が多い千葉県，ウはかに類で有名な北海道，エはいか類が4県の中では最も多い青森県である。

問9　(1)　貿易黒字とは，輸出額から輸入額を差し引いた貿易収支がプラスになることを指す。日本は1965年以降，貿易黒字で推移してきたが，2010年代には原油価格の高騰や円安などの影響で貿易赤字となることもあった。　(2)　日本は資源がとぼしく，原油などの燃料資源や工業原料などの大部分を海外から輸入して，それを加工・製品化して輸出する加工貿易を得意として経済成長を遂げてきたが，日本の貿易構造はさまざまに変化し，今日にいたっている。

問10　日本の人口ピラミッドは，富士山型(1970年)→つぼ型(1990年)→つりがね型(2020年)と変化してきている。

問11　地形図の地図記号を中心に注意深く考察すると，松阪駅には，JR線と私鉄の両方が通っていることが確認できる。

3　(政治─政治のしくみと働き，国民生活と福祉，国際社会と平和，時事問題，その他)

問1　2023年5月にはG7広島サミットが開催された。世界の首脳が被爆地広島を訪れたことには意義があった。通常国会とは，憲法で年に一回，召集が定められている国会のことで，毎年1月下旬に召集され，150日間の会期で6月まで行われる。

問2　環境の保全，整備，公害の防止等を担当するのは環境省であるので，エは誤りとなる。

問3　自衛隊についての政府見解は，軍事力ではなく「必要最小限の防衛力」であるので，エは誤りである。

重要　問4　(1)　簡易裁判所は，日常生活において発生する軽微な民事事件・刑事事件を迅速・簡易に処理するための裁判所である。　(2)　裁判員は，刑事裁判の審理で証拠を聞き出し，裁判官と対等に論議して，被告人が有罪か無罪かを判断する。有罪の場合には，さらに，法律に定められた範囲内で，どのような刑罰を宣告するかを決める。原則として，裁判員6名と裁判官3人が，ひとつの事件を担当する。

問5　国連本部はニューヨーク市にあり，三つの地域事務所がそれぞれジュネーブ，ウィーン，ナイロビに置かれている。国連総会での議決は，出席して投票した加盟国の過半数の賛否によって決定されるが，重要案件に関しては，3分の2以上の多数が必要となるので，イは「すべて議案」というところが誤りとなる。ウは7カ国が5か国の誤り，エはユネスコ(UNSCO)が世界保健機構(WHO)の誤りとなる。

問6　アは年金保険が社会保険の誤り，イは雇用保険が公的扶助(生活保護)の誤り，エは公的扶助が公衆衛生の誤りとなる。

問7　グラフを考察すると，子どもの数は1982年から連続して減少しているのが確認できる。そして，2020年4月はわずかであるが1500万人を上回っていることも確認できる。したがって，エが正解となる。

★ワンポイントアドバイス★

1問9　古事記は推古天皇の時代まで，日本書紀は持統天皇の時代まで，約70年ほど『日本書紀』の方が新しい時代まで記録されている。3問1　この広島サミットの2日目にはウクライナのゼレンスキー大統領も参加している。

＜国語解答＞

一　問一　①　玉条　②　治める[収める]　③　不孝　④　業績　問二　①　並行　②　公演　③　収支　④　降下

二　問一　1　ア　2　エ　3　ウ　4　イ　問二　エ　問三　イ　問四　ウ　問五　反[反復]　問六　しつけ　問七　エ　問八　ア　問九　(例)　A　(「自分探し」というのは)個性を自分の中にある不変のものだと考え，それを見つけようとすること　B　(であるのに対し，「自分を創る」というのは,)身体を個性ととらえ，型を身につけて新しい自分に変化させていくこと(である。)

三　問一　A　エ　B　ア　C　ウ　D　イ　問二　(例)　まっ黒になった自分の姿を見て苦しくなってしまったから。　問三　ウ　問四　イ　問五　エ　問六　ウ→イ→エ→ア　問七　(例)　Ⅰ　黒を見殺しにしてしまったこと　Ⅱ　臆病さ　Ⅲ　自分の弱さを乗り越えたいと思っていた　問八　C[Cさん]

○配点○

一　各2点×8　二　問一・問五・問六　各2点×6　問九　各5点×2　他　各4点×5

三　問一　各2点×4　問七Ⅱ・問八　各3点×2　他　各4点×7(問六完答)　計100点

＜国語解説＞

一　(漢字の書き取り)

基本　問一　①の「金科玉条」は絶対に守ろうとする大切な考え方などのこと。②は政治に関する内政のことなので「治める」，あるいは物事を終わらせるという意味で「収める」と書く。税金などを「納める」，学問などを「修める」と区別する。③の「孝」を「考」などと間違えないこと。④の「績」の部首は「糸(いとへん)」であることに注意。

重要　問二　①はCの意味から「並行」。Bの同音異義語で交わらないという意味の「平行」と区別する。②はB・Cの意味から「公演」。Aの意味は「講演」。③はBの話から前の漢字の部首は「又(また)」，A・Cの意味から「収支」。同音異義語で始めから終わりまでという意味の「終始」と区別する。④はBの話から前の漢字の部首は「阝(こざとへん)」，A・Cの意味から「降下」。

二　(論説文－要旨・細部・段落構成の読み取り，接続語，空欄補充，漢字の読み書き，記述力)

問一　1は言うまでもなく，という意味でア，2は直前の内容を理由とした内容が続いているのでエ，3は直前の内容とは反対の内容が続いているのでウ，4は直後で具体的な内容が続いているのでイがそれぞれ入る。

重要 問二 ——部①から続く4段落で，カフカが小説で「意識は私は私だと主張する」通りになったのは，「人間自体が情報にな」り，「変わらない私とは，情報としての私で」あるという，現代の情報化社会であること，「じゃあ……」から続く3段落で，「個性」とは他人と区別する「身体」であることを述べているので，これらの内容をふまえたエが適切。他の選択肢はいずれも「カフカ」の小説と「情報化社会」の説明が不適切。

問三 ぬけている文は【Ⅱ】直前の「教育が何をすることなのか，わからなくなってしまった」ことの理由になっており，「変わらない自分」に関する内容が直後で続いているので，Ⅱであるイが適切。

問四 ——部②前後で，「他人と間違え」ないのは「顔が違う……つまり身体が違うからで」あり，「武道」の「身体表現の完成した形」である「型」のように，「身体」によって「個性がわかるようになる」ことを述べているのでウが適切。「身体」が「個性」を表すことを説明していない他の選択肢は不適切。

基本 問五 「個性とは……」で始まる段落の「半(復)」は，正しくは「反(反復)」である。

問六 Cくんの「『教育』と同じようなこと」，Dくんの「解釈」の話などから，——部③は「しつけ」と読む。

問七 ——部④前後で，「型は動かないから，情報ではないのか。そう思う人もいるかもしれ」ないが，「型には動きがあり，動くのは身体で……この型を極めた先に，ようやく個性がわかるようになる」と述べているのでエが適切。④前後の内容をふまえていない他の選択肢は不適切。

問八 「『やらなきゃ……』……」で始まる段落～最後までで，「型が身につく」ことの例である⑤は「何の意味もない」が，「走ったあげくの果てに，本人が変わり……『自分を創る』」ということを述べているのでアが適切。これらの段落内容をふまえていない他の選択肢は不適切。

やや難 問九 冒頭の段落で「『自分探し』と言うような人は……変わらない自分を発見することが大切だ。そう思い込んでいる」と述べていることから，Aは「個性を自分の中にある不変のものだと考え，それを見つけようとすること」というような内容で説明する。「自分を創る」ことの説明として「『やらなきゃ……』……」で始まる段落で「身体が個性な」のだから「型が身に……ついたら，自分は変わ」ることを述べているので，Bは「身体を個性ととらえ，型を身につけて新しい自分に変化させていくこと」というような内容で説明する。

三 **(物語文－心情・情景・文章構成・細部の読み取り，空欄補充，記述力)**

基本 問一 Aは明らかで確かなさまという意味でエ，Bは気持ちが引きしまっている様子を表すア，Cは遠く離れた所から来たという意味でウ，Dは急に気づいた様子を表すイがそれぞれ入る。

問二 「理髪店の鏡」や「水たまり」などに，まっ黒になった自分の姿が映されると「苦しそうに唸っ」て，白は——部①のようにして，姿を映すものがない公園に駆けこんだので，「まっ黒になった自分の姿を見て苦しくなってしまったから」というような内容で①の理由を指定字数以内で説明する。

問三 ——部②前で，子犬のナポ公が，黒いのに白という名前を不思議がることに「白は胸が一ぱいにな」ったのは，「白」という名前や黒くなってしまったこれまでのことを思い返しているからであり，名前に対するさまざまな思いで②のように返事しているので，ナポ公に対する心情を説明しているウはふさわしくない。

問四 ——部③後の場面で，「『黒君を見殺しにし』」たことで「『黒い体を見ると，臆病を恥じる気が起こ』」り，「『黒いわたしを殺したさに，……火の中へ飛びこんだり，……狼と戦ったりし』」たということを「お月様」に語りかけているが，イは描かれていないのでふさわしくない。

問五　――部④直前の「あの時の悲しさ」は，④直前の描写や冒頭の説明にあるように，まっ黒になって逃げ帰ってきたことでお嬢さんや坊ちゃんに気づいてもらえず，家を追い出されてしまったことなのでエが適切。「あの時の悲しさ」をふまえていない他の選択肢は不適切。

問六　空らんX前後をふくめて整理すると，お嬢さんが白の頸を押さえた→同時に白はお嬢さんの目へ自分の目を移した＝ウ→お嬢さんの目には犬小屋が映っている＝イ→犬小屋の様子＝エ→しかしその犬小屋には白い犬が一匹坐っている＝ア→犬の姿の様子，という流れになる。

やや難　問七　「白は思わず……」で始まる段落で，「『助けてくれえ！』」という子犬の「この声は自分の心の中へ，あの恐ろしい黒の最後をもう一度はっきり浮かばせた」という白の心情が描かれているので，Ⅰには「黒を見殺しにしてしまったこと」といった内容が入る。Ⅱは═══部の「『臆病ものになるな！』」や「『お月様！……』」で始まる白の独り語から「臆病さ」といった言葉が入る。「『臆病ものになるな！』」には，逃げ出さずに立ち向かおうとしている白の心情が読み取れるので，「自分の弱さを乗り越えたいと思っていた」といった内容が入る。

重要　問八　子犬との場面の「三日月」は時間の経過，「白い月」は「寂しい月」と描かれているように，お嬢さんや坊ちゃんに会えない寂しさを表しているので，「白が成長したことをうまく表現している」と述べているCさんの意見は誤っている。他の生徒の意見はいずれも正しい。

★ワンポイントアドバイス★

論説文では，具体例を用いてどのような意見を述べようとしているのかを読み取ろう。

2023年度

★★★★★★★★★★★★★★★★★★★★★★★★

入　試　問　題

2023年度

芝浦工業大学柏中学校入試問題（第１回）

【算　数】（45分）　　＜満点：100点＞

1　次の各問いに答えなさい。

(1)　次の□にあてはまる数を答えなさい。

$$1\frac{7}{12}\div 4.75-\left(\frac{1}{25}+0.96\right)\div 3+2\times(\square+1)=5$$

(2)　AB＝AC，角BAC＝40°の二等辺三角形ABCと，正三角形DEFを図のように重ねたところ，角EGB＝42°となりました。このとき，角DHIは何度ですか。

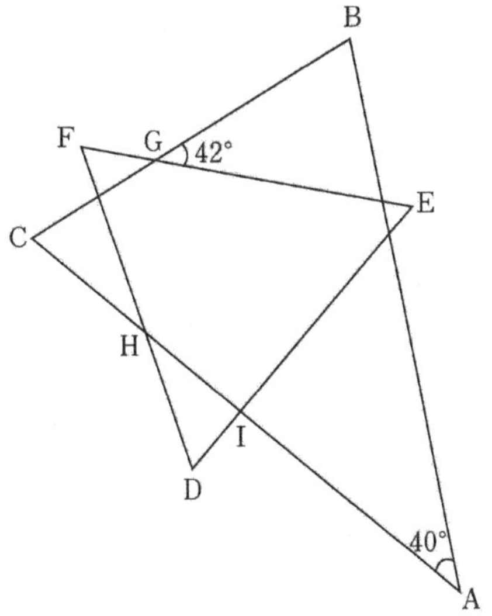

2　生徒400人に問題Ａと問題Ｂの２題のテストを行いました。問題Ａを正解した生徒は生徒全体の80％で，問題Ｂを正解した生徒は２題とも正解した生徒の２倍でした。また，２題とも不正解の生徒は２題とも正解した生徒の$\frac{1}{3}$でした。

(1)　２題とも正解した生徒は何人ですか。

(2)　問題Ｂを正解した生徒は生徒全体の何％ですか。

3　Ａさん，Ｂさん，Ｃさんの３人がお菓子を買いにお店へ行きました。はじめ，３人の所持金は合わせて3600円あり，ＡさんはＢさんの15倍のお金を持っていました。お店ではＡさん，Ｂさん，Ｃさんそれぞれの持っているお金の$\frac{1}{9}$，$\frac{1}{6}$，$\frac{1}{8}$だけ使いました。お店を出て残金を確認すると３人の残金の合計は3165円でした。

(1)　「ＡさんとＢさんの持っていたお金の合計」と「ＡさんとＢさんが使ったお金の合計」の比を最も簡単な整数の比で答えなさい。

⑵　Ｃさんがお店を出たときに持っていたお金はいくらですか。

4　立方体を次のような手順で切断することを考えます。

（手順１）　図１のように，頂点Ａに集まる３つの辺AB，AC，ADの真ん中の点をそれぞれＥ，Ｆ，Ｇとします。
点Ｅ，Ｆ，Ｇを通る平面でこの立方体を切り，頂点Ａを含む部分を取り除きます。

（手順２）　図２のように，立方体の全ての頂点で（手順１）を行います。

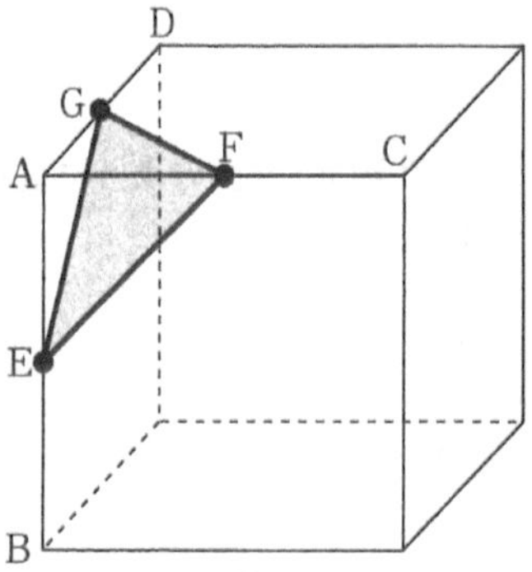

図１

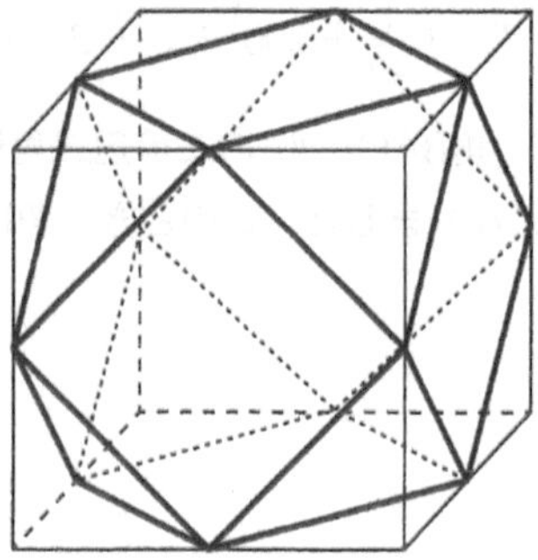
図２

図２の太線で囲まれた立体を立体Ｓとします。

⑴　切断する前の立方体の体積と立体Ｓの体積の比を最も簡単な整数の比で答えなさい。

⑵　立体Ｓの展開図として最も適切なものを（ア）～（オ）から１つ選びなさい。

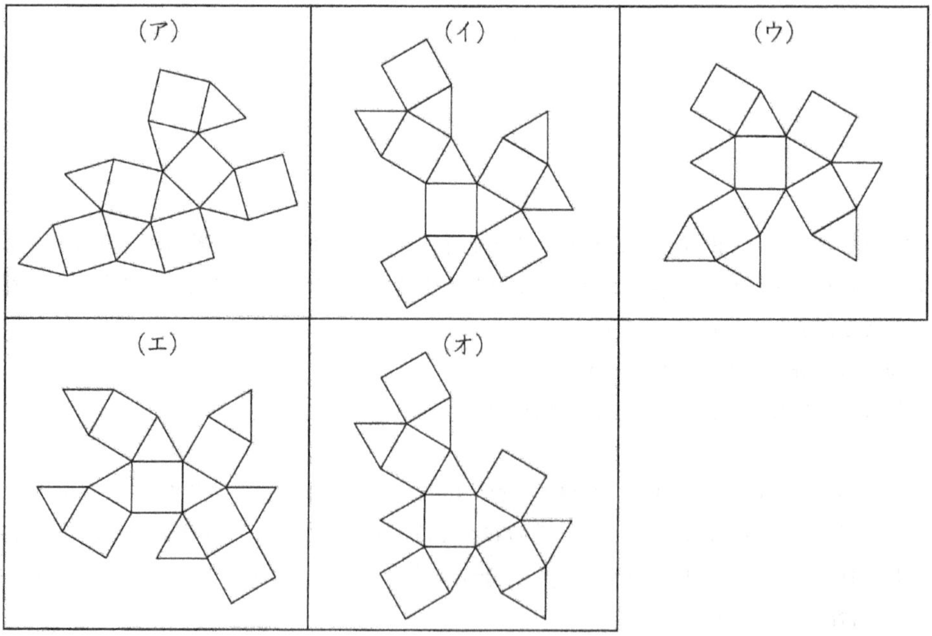

5 次のようなデジタルのタイマーとストップウォッチがあります。

タイマーＡは分と秒をボタンで設定してスタートさせると，１秒刻みで時間が減っていきます。また，ストップウォッチＢはスタートさせると，１秒刻みで時間が増えていきます。例えば，タイマーＡに時間を１分00秒と設定し，タイマーＡとストップウォッチＢを同時にスタートすると，開始30秒後にタイマーＡとストップウォッチＢに表示される時間が同じになります。

(1) タイマーＡに設定する時間によっては，上の例と同じことをしても，**表示される時間が一度も同じにならない場合**があります。それらの場合に共通する事柄を答えなさい。また，その理由も説明しなさい。

ストップウォッチＣはスタートさせると，本来の時間の２倍の速さで，１秒後に２秒，２秒後に４秒，……と時間が増えていきます。

(2) タイマーＡに10分00秒と設定し，Ａ，Ｂ，Ｃを同時にスタートしました。
タイマーＡとストップウォッチＣに表示される時間が同じになってから，タイマーＡとストップウォッチＢに表示される時間が同じになるまでに，何分何秒かかりますか。

(3) タイマーＡにある時間を設定し，Ａ，Ｂ，Ｃを同時にスタートしました。
ＡとＣに表示される時間が同じになってから３分後，ＡとＢに表示される時間の比が２：３になりました。初めにタイマーＡには何分何秒と設定しましたか。

6 １から６までの目があるサイコロを使って下のような双六をします。

［スタート］→［1］→［2］→［3］→［4］→［5］→［ゴール］

コマは最初スタートの位置にあり，１回サイコロを振るたびに出た目の数だけコマを進め，ゴールにちょうどついたとき【あがり】とします。
ただし，コマがゴールにちょうど止まれずに超えてしまうときは，その振った回は考えずに振り直しをすることにします。
例えば，

　１回目５の目　⇒　［5］に進む
　２回目　３の目　⇒　振り直し
　再度２回目　１の目　⇒　［ゴール］

この場合のサイコロの目の出方は，１回目に５の目，２回目に１の目が出て【あがり】と考えます。

(1) サイコロを何回か振ったところ，コマが［4］のマスに止まりました。このようなサイコロの目の出方は何通りありますか。ただし，［4］のマスに止まって以降のことは考えないこととします。

(2) サイコロを何回か振ったところ，【あがり】となりました。このようなサイコロの目の出方は何通りありますか。

⑶　双六を下のように，4のマスを 4. スタートに戻る(初めて止まったときのみ) と作り変えました。

スタート → 1 → 2 → 3 → 4. スタートに戻る（初めて止まったときのみ） → 5 → ゴール

このとき，【あがり】までのサイコロの目の出方は何通りありますか。

7　**（注意：この問題の⑵⑶は，解き方を式や言葉などを使って書きなさい。）**

図１のように半径６㎝の円を地点Ａから地点Ｂまですべることなく転がしました。また，円周率は3.14とします。ただし，図中の印（-o-）がついている部分の長さはすべて６㎝です。

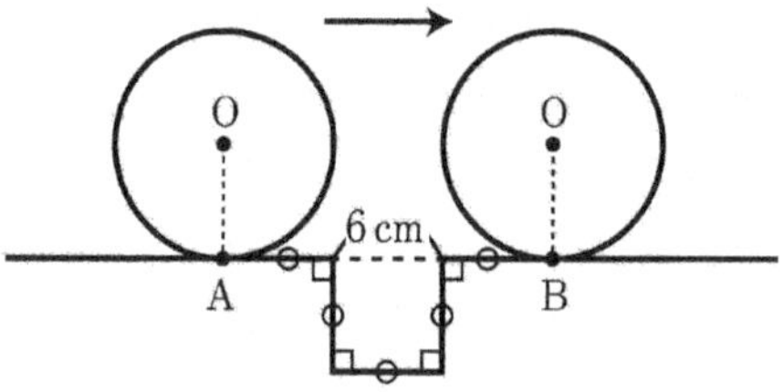

図１

⑴　円の中心Ｏが動いてできる線として，最も適切なものを次の（ア）～（エ）から１つ選びなさい。

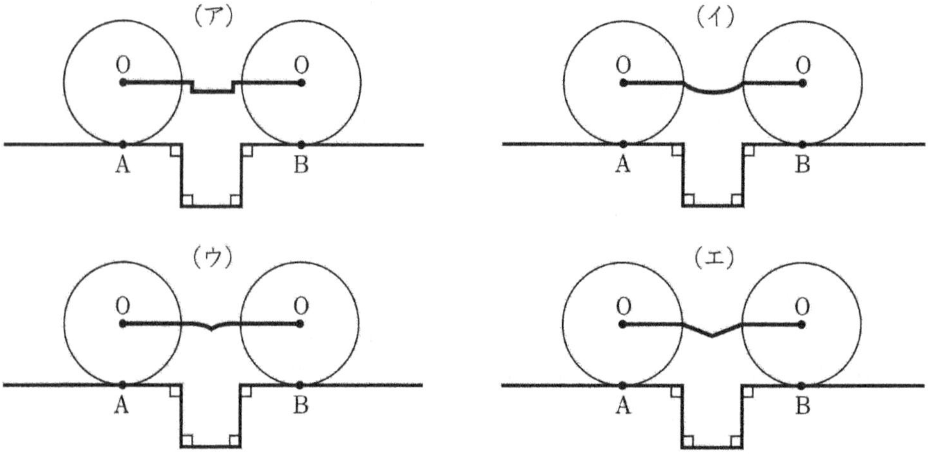

⑵　円の中心Ｏが動いてできる線の長さは何㎝ですか。

⑶　図２のように半径６㎝の円を地点Ｃから地点Ｄまですべることなく転がしました。円の中心Ｏが動いてできる線と地点Ｃから地点Ｄまで印（-o-）のついた折れ線と下図の点線OC，ODで囲まれる部分の面積は何㎠ですか。ただし，必要であれば図３の三角形の辺の比を用いて良い。

（図２，図３は次のページにあります。）

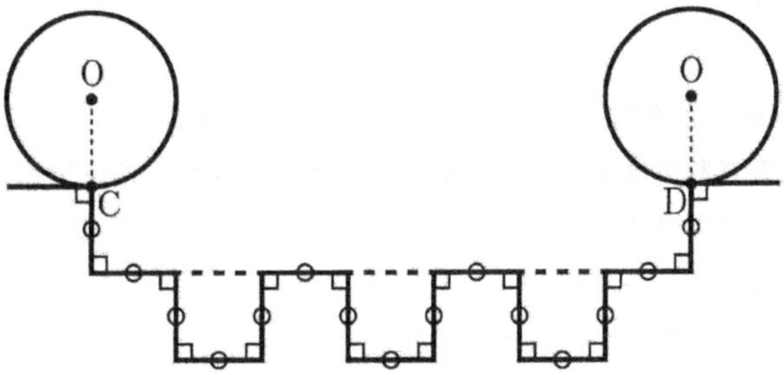

図２

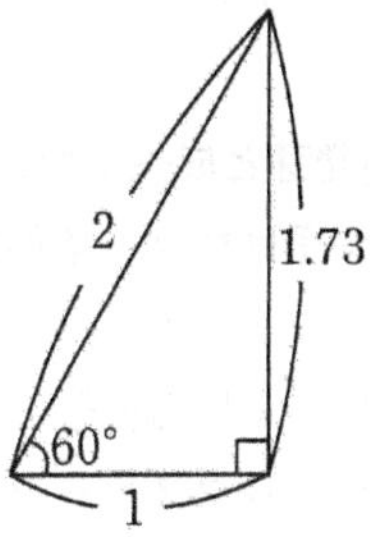

図３

【理　科】（40分）　＜満点：75点＞

1　植物の発芽と成長について次の文章を参考にして以下の問いに答えなさい。

植物の種子は様々な条件に左右されて発芽します。例えばオーストラリアに自生するユーカリの種子は，山火事による高温によって発芽することが知られています。また，高温だけでなく山火事によって生じる煙（けむり）も種子の発芽を促（うなが）すことがわかり，その原因物質の特定が現在でも進められています。他にもレタスやシロイヌナズナのように，土中の種子に光が当たるようになってはじめて発芽する光発芽種子も存在します。発芽した種子は，土中や種子に含（ふく）まれている栄養分を利用して葉を広げます。広げた葉で光合成をおこなって植物は成長していきます。成長に必要な光の強さや土中の栄養分・水分量なども植物の種類によって異なります。

(1)　次の４つの種子・果実のうち，イロハモミジの種子・果実として適当なものをア～エの中から１つ選んで，記号で答えなさい。ただし，４つの種子・果実はヒマワリ，タンポポ，アサガオ，イロハモミジの４つのいずれかであり，それぞれの種子・果実の縮尺は異なります。

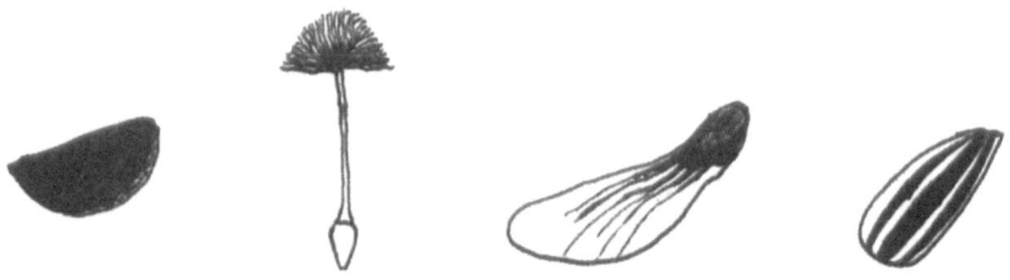

ア　　イ　　ウ　　エ

(2)　レモンとイロハモミジ，イチゴの種子を用いて発芽条件を調べる次の実験を行いました。続く問いに答えなさい。

実験１

それぞれの植物の種子を50個ずつ次の表１に示す条件で発芽率を調べました。表１の温度と光の条件以外は，適度に湿らせただっし綿の上，空気に触（ふ）れる状態としました。また，発芽率とは種子をまいた数に対する発芽した種子の数の割合を表します。ただし，実験の途中（とちゅう）に枯（か）れてしまったものでも，発芽していた場合は発芽した種子に含めます。

表１．レモン、イロハモミジ、イチゴ種子の発芽条件と発芽率

発芽条件（置いた日数）		レモン	イロハモミジ	イチゴ
25℃（30日）	光あり	90％	0％	70％
25℃（30日）	光なし	90％	0％	0％
5℃（30日）	光あり	5％	0％	5％
5℃（30日）	光なし	5％	0％	0％
25℃（30日）→5℃（30日）	光あり	90％	0％	70％
25℃（30日）→5℃（30日）	光なし	90％	0％	0％
5℃（30日）→25℃（30日）	光あり	90％	60％	75％
5℃（30日）→25℃（30日）	光なし	90％	60％	0％

① 実験１の結果から，レモンの発芽条件についてわかることを温度と光の２つの条件それぞれについて答えなさい。

② 実験１の結果から，イロハモミジは５℃（30日）→25℃（30日）の条件の時のみ発芽していることがわかります。日本にはこのような種子が多く存在します。この条件が自然界での何を再現しているか答えなさい。

③ 実験１の結果から，イチゴの種子が光発芽種子であることがわかります。光発芽種子についてさらに詳しく調べるために，次の実験２を行いました。次の実験結果から，光発芽種子の発芽条件を20字以内で答えなさい。

実験２

イチゴの種子にＡ：光合成に利用できる光，Ｂ：光合成に利用できない光，を30分ずつ次の条件で当てた後，暗い箱の中，25℃，適度に湿らせただっし綿の上，空気に触れる状態でしばらく放置して発芽の有無を観察しました。その結果を次の表２に示します。

表２．光条件と発芽の有無

光条件（光を当てた時間）	発芽の有無
Ａ（30 分）	○
Ｂ（30 分）	×
Ａ（30 分）→Ｂ（30 分）	×
Ｂ（30 分）→Ａ（30 分）	○
Ａ（30 分）→Ｂ（30 分）→Ａ（30 分）	○
Ａ（30 分）→Ｂ（30 分）→Ｂ（30 分）	×
Ａ（30 分）→Ａ（30 分）→Ｂ（30 分）	×
Ｂ（30 分）→Ａ（30 分）→Ａ（30 分）	○
Ｂ（30 分）→Ａ（30 分）→Ｂ（30 分）	×
Ｂ（30 分）→Ｂ（30 分）→Ａ（30 分）	○

（○：発芽した　×：発芽していないことを示す。）

④ 光発芽種子の性質として適当なものをア～エの中から２つ選んで，記号で答えなさい。

ア．地上部に別の植物が存在した場合にも発芽することができる。

イ．地上部に別の植物が存在した場合には発芽しない。

ウ．種子の大ささは小さいことが多い。

エ．種子の大きさは大きいことが多い。

⑤ 光によって葉で栄養分がつくられます。その栄養分を確認するために用いられる薬品を答えなさい。

(3) アサガオの種子は硬実（こうじつ）種子と呼ばれ，自然界では発芽率が非常に低いことが知られています。育てていた５本のアサガオから採れた種子を同時にまいたとき，発芽した種子の個数は９個でした。このときアサガオの種子の発芽率を求めなさい。ただしアサガオ１本あたり種子は30個できるものとします。

(4) 硬実種子は発芽しにくいため，子孫を増やす上では効率が悪いようにも思えます。硬実種子にはどのような利点があるか，適当でないものを次のページのア～エの中から１つ選んで，記号で答えなさい。

ア．乾燥しづらく，種子が長期間発芽可能となる。

イ．発芽のタイミングをずらすことができる。

ウ．動物によって消化されづらくなる。

エ．栄養分を外部から吸収しやすくなる。

(5) 植物の成長に必要な光の強さを調べるために，草たけが10㎝のコーヒー幼木を用いて４つの光条件で15日間育てました。光条件はＡ：光なし，Ｂ：日陰（弱光），Ｃ：半日陰，Ｄ：日向（強光）の４つとしました。その結果，葉の面積は15日間でそれぞれＡが５cm^2，Ｂが15cm^2，Ｃが18cm^2，Ｄが10cm^2増加していました。また経過日数ごとの草たけの成長(㎝)を下のグラフ１に示します。これらの結果から，最も成長の良かった条件をＡ～Ｄの中から１つ選んで，記号で答えなさい。ただし成長の比較は葉の面積の増加量と草たけの増加量の積で行うものとします。

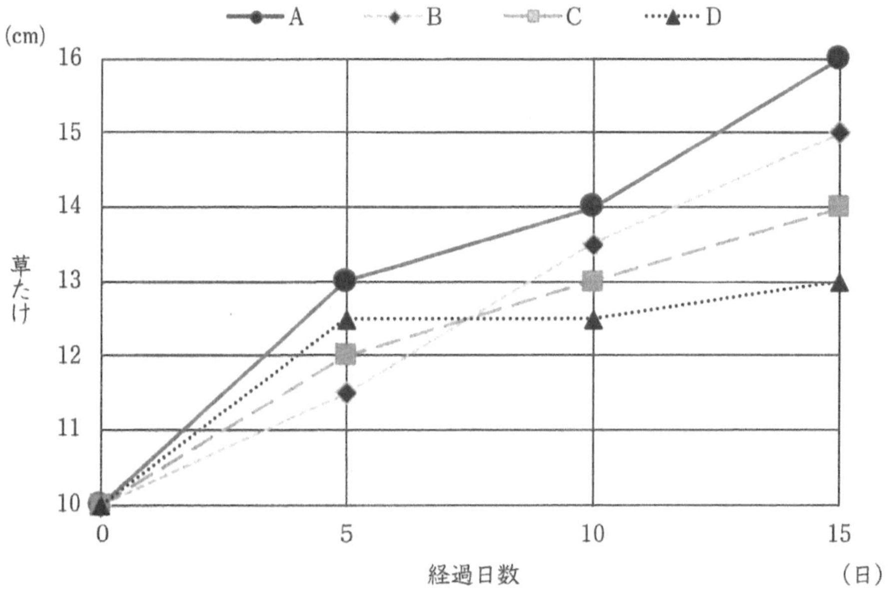

グラフ１．各光条件における経過日数ごとの草たけ

2 2022年７月，Ａ君は夜にさそり座の１等星（　　X　　）が南中するのを観察しました。同じ日の同じ時間に別の場所に住む親戚のＢさんに連絡したところ，Ｂさんの住む場所では（　　X　　）は南中していないと話してくれました。

星の見える位置が時間や観察場所によって違うことに興味を持ったＡ君は，調べてみたところ，どうやら地球の運動と関係していることがわかってきました。

これを読んで，あとの問いに答えなさい。　（図１は次のページにあります。）

(1) 文章中の空欄（X）に当てはまる１等星の名前を答えなさい。

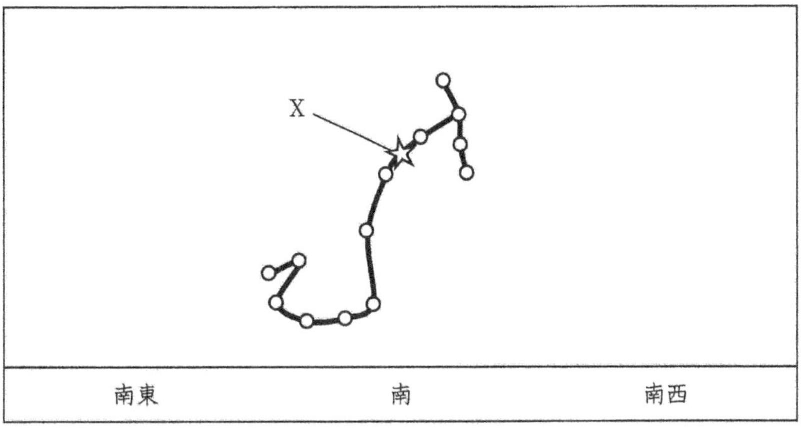

図１　A君が観察したさそり座のスケッチ

⑵　A君が調べたところ，星の見える位置が時間や観察場所によって違うことは，地球が次のような運動をしているためだとわかりました。このことについてまとめた次の文章中の空欄に当てはまる語句を，（ａ）と（ｃ）は適切なものを選び，（ｂ）には適する語句を答えなさい。

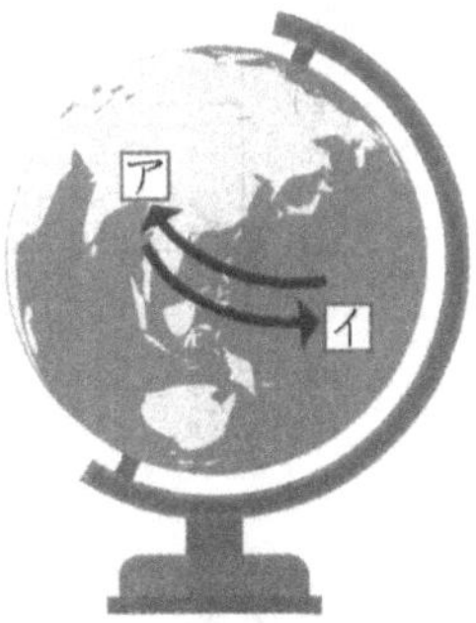

図２

『地球上では，住んでいる地域の東側の方が（　ａ：　早く，または，遅く　）日の出を迎え，翌日ほぼ同じ時刻に再び日の出を迎える。このように太陽は地球の周りを１日に１回転しているように見える。このような太陽の動きを太陽の（　　ｂ　　）運動という。実際は動いているのは地球の方であり，その回転方向は，図２の地球儀を参考にすると，図２の（　ｃ：ア，または，イ　）の向きである。』

⑶　A君が観察した（X）が南中した時刻は午後８時で，南中高度は28度でした。同じ日にBさんに（X）を観察してもらったところ，午後８時８分に南中し，南中高度は29度でした。このとき，Bさんが観察した場所として最も適当なものを次のページの図３のア～コの中から１つ選んで，記号で答えなさい。

なお，A君が観察した場所の北緯を36度，東経を140度とします。

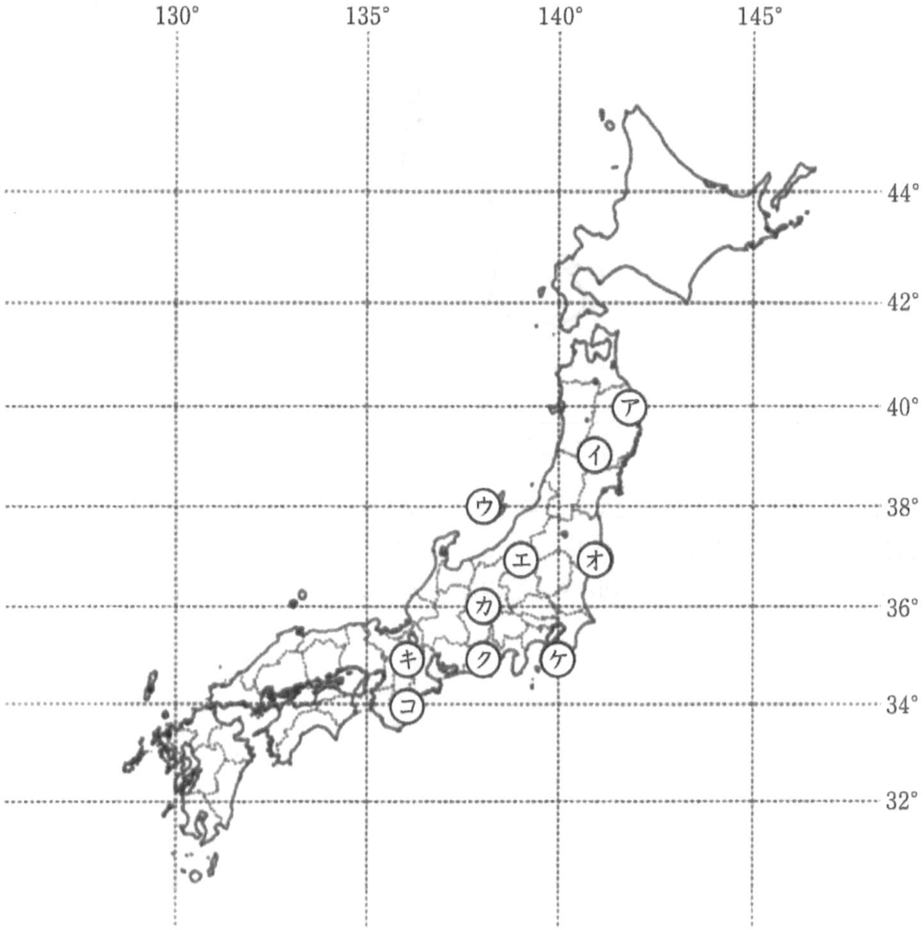

図３

Ａ君は次に太陽について調べてみました。図４のように天体望遠鏡に太陽投影（とうえい）板を取り付け，太陽の像を記録用紙に映るようにし，太陽の表面に見られる黒点の位置と形を素早くスケッチしました。図５はそのときのスケッチです。　（図４，図５は次のページにあります。）

⑷　スケッチをするときは，素早く行わないと太陽の像が記録用紙からずれてしまうことがあります。この理由を説明した文章として最も適当なものを，ア～エの中から１つ選んで，記号で答えなさい。

ア．太陽が自転しているから。

イ．太陽が公転しているから。

ウ．地球が自転しているから。

エ．地球が公転しているから。

⑸　黒点が黒く見える理由を，15字以内で説明しなさい。

⑹　図５の太陽の像の直径は10㎝，中心付近にある黒点Ｋはほぼ円形をしており，直径は４㎜でした。太陽の直径を140万㎞とすると，黒点Ｋの実際の直径は何㎞でしょうか。

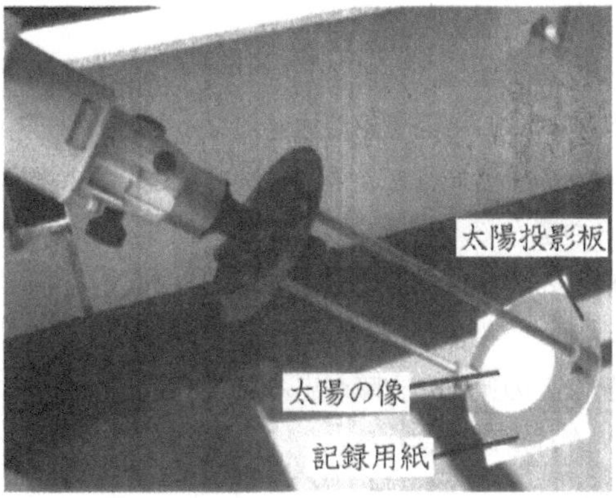

図４

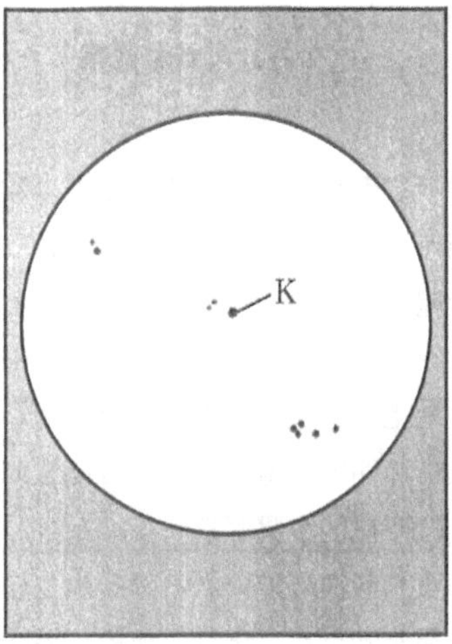

図５

Ａ君は太陽の黒点について興味を持ち，国立天文台太陽観測科学プロジェクトのホームページを参考にして，1951年から2021年までの太陽の黒点の数を次の表のようにまとめてみました。上の段が西暦（れき），下の段が黒点の数を示しています。

1951	1952	1953	1954	1955	1956	1957	1958	1959	1960	1961	1962	1963	1964	1965	1966	1967	1968	1969	1970
62	29	13	5	37	125	162	172	147	110	51	32	23	9	14	43	95	100	101	120
1971	1972	1973	1974	1975	1976	1977	1978	1979	1980	1981	1982	1983	1984	1985	1986	1987	1988	1989	1990
84	82	45	37	18	14	31	108	172	161	168	140	82	58	19	11	26	92	155	160
1991	1992	1993	1994	1995	1996	1997	1998	1999	2000	2001	2002	2003	2004	2005	2006	2007	2008	2009	2010
172	100	55	30	16	8	17	59	90	111	102	108	66	45	32	17	10	4	4	21
2011	2012	2013	2014	2015	2016	2017	2018	2019	2020	2021									
63	67	78	93	58	33	17	5	4	7	27									

表のままでは，黒点の数の変化が読み取りにくいので，グラフにしてみました。

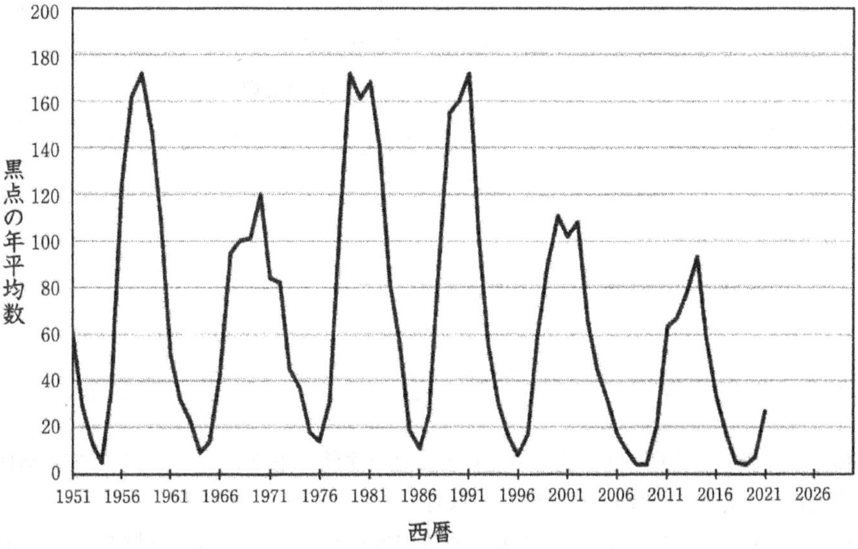

このようにグラフにすると，その変化の特徴がわかりやすくなります。

⑺　グラフにおいて，黒点の数はどのように変化していますか。その特徴を25字以内で答えなさい。

⑻　グラフから，2025年頃に黒点の数が多くなると予想されます。
黒点が多い年は，太陽フレアという，太陽表面での爆発現象が活発になると言われています。この太陽フレアが大規模に発生したとき，我々の生活にはどのような影響が起こると考えられていますか。適当なものを，ア～カの中から３つ選んで，記号で答えなさい。

ア．地上に届く紫外線の量が急増し，皮膚がんのリスクが増加する。
イ．広範囲で停電が起こる可能性がある。
ウ．GPS機能が繋がりにくくなり，航空機などの運航に支障が出る。
エ．より酸性の強い雨が降るようになり，森林が破壊される。
オ．温室効果が高まり，急激に温暖化が進む。
カ．普段は観測できないような場所でオーロラが見えることがある。

3　**次の５種類の気体Ａ～Ｅがある。これについて，以下の問いに答えなさい。**

Ａ．太古の大気には含まれていなかったが，約27億年前に光合成を行う生物が誕生し，その後，大気中に増加していった。
Ｂ．空気中に最も多く含まれる。食品の酸化を防ぎ，長持ちさせるために充てんされる。
Ｃ．呼吸で吸う空気よりはく息の中に多く含まれる。カーボンニュートラル実現のために排出量の削減が求められている。
Ｄ．虫さされの薬に含まれる。気体Ｅと混ぜると中和反応をして白い煙を生じ，気体の体積が減少する。
Ｅ．この気体が溶けた水溶液に金属のマグネシウムを入れると溶ける。

⑴　気体Ａ～Ｅは次のア～カのうちのいずれかである。それぞれ当てはまるものをア～カの中から選んで，記号で答えなさい。
ア．ちっ素　　イ．水素　　ウ．酸素　　エ．二酸化炭素　　オ．アンモニア　　カ．塩化水素

⑵　気体Ａを発生させるのに必要な薬品を，ア～オの中から２つ選んで，記号で答えなさい。
ア．石灰石　　イ．二酸化マンガン　　ウ．塩酸　　エ．過酸化水素水　　オ．鉄

⑶　気体Ｂを集める方法として最も適当なものを，ア～オの中から１つ選んで，記号で答えなさい。

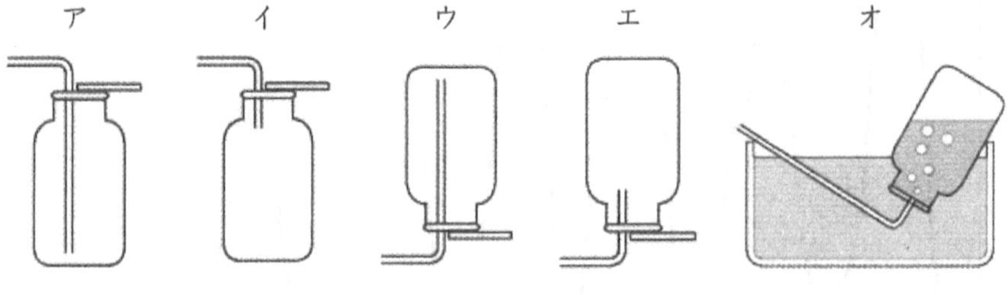

⑷　気体Ｃが呼吸ではく息の中に含まれていることを実験で確認したいと思います。気体Ｃを検出する方法とその結果を25字以内で書きなさい。

⑸　気体Ｄに，水でぬらしたリトマス試験紙を近づけたときの，リトマス試験紙の色を書きなさい。

⑹　十分な量の気体Ｅの水溶液にマグネシウム1.0ｇを溶かすと水素1.0Ｌが発生しました。また，アルミニウム1.0ｇを溶かすと，水素1.3Ｌが発生しました。
今，マグネシウムとアルミニウムの合金2.0ｇを溶かしたところ，水素2.4Ｌが発生しました。この合金に含まれるアルミニウムは何％ですか。四捨五入して整数で答えなさい。

⑺　図の①～⑤の注射器にそれぞれＡ～Ｅの気体が入っています。どの気体が入っているかを調べるために，以下の方法を考え，実験を行いました。

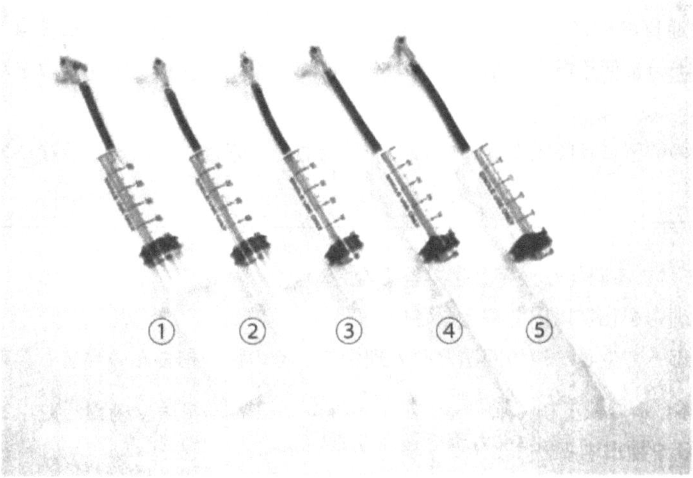

実験１

方法：(　　　　　) 液の中に注射器から気体を通じる。

結果：①と③は同じ色を示しました。②と④も同じ色を示しました。⑤はいずれとも異なる色を示し，３色の異なる結果が得られました。

実験２

方法：［　　　　　　　　　　　　　　］

結果：②と④の体積は変わりませんでした。③と⑤はほぼすべての気体が吸収されました。①はやや体積が減少し，３通りの異なる結果が得られました。

ｉ）実験１の方法の（　　）にあてはまる語句を書きなさい。

ⅱ）実験２の方法の［　　］にあてはまる実験操作を，20字以内で書きなさい。

実験１，２により，①，③，⑤の気体を判別することができました。

ⅲ）残る②と④を見分けるにはどのような実験を行えばよいですか。25字以内で書きなさい。

４　会話文を読んで，次のページの問いに答えなさい。

芝浦君（しばうら）：最近夏になると節電を呼びかけることが多くなったよね。暑い日が増えたから冷房（れいぼう）を使う割合が増えたからかな。

柏さん（かしわ）：太陽光発電などの（　①　）可能エネルギーの発電割合が増えたことも影響（えいきょう）しているみたいよ。特に②夕方になると太陽光発電の発電量が落ちるから電力が足りなくなるらしいの。
芝浦君：その時だけ火力発電とかで補うことはできないの？
柏さん：その時だけ動かすというのはとても効率が悪いから簡単な話じゃないみたいよ。
芝浦君：だったら③火力発電所をずっと動かしておいて余裕(よゆう)をもって発電していれば効率もいいし電力不足にもならないから安心だね。
柏さん：えーっと，そもそも太陽光発電の割合が増えた理由わかって発言してる？
芝浦君：あっ…，うん，そうだよね，ゴメンゴメン。ちょっと海外の話題に変わるんだけど，仮想通貨の中には取引を記録するために沢山(たくさん)の（　④　）が必要なものがあって，（　④　）に使う電力が増えすぎて実際に電力不足になった国が制限をかけているらしいよ。
柏さん：人間の欲望には際限がないのね…，私たちの未来はいったいどうなってしまうのかしら。

(1)　（①）にあてはまる語句を漢字２字で答えなさい。
(2)　下線部②の理由を15字以内で答えなさい。
(3)　下線部③によって生じる環境(かんきょう)問題とその理由を，その後の柏さんの発言も参考にして30字以内で答えなさい。
(4)　（④）にあてはまる語句をカタカナで答えなさい。

芝浦君と柏さんは電気のことをもっと知りたいと思い，先生に質問することにしました。

芝浦君：先生！　電気のことを教えてください！
先　生：はーい，電気の何が知りたいの？
芝浦君：えーっと，電気のことです！
先　生：困りましたね…。とりあえず今日は回路の仕組みについて学びましょう。柏さん，電流と抵抗(ていこう)はわかりますね。電圧は大丈夫(だいじょうぶ)ですか？
柏さん：電圧はたしか，電気を流す力みたいなものでボルト［V］という単位を使うんでしたよね。
先　生：そうです。確認ですが，⑤電流は流れる電気の量のことで単位は［A］，抵抗は電気の流れにくさのことですね。⑥では実験してみましょう。
芝浦君：先生，回路の仕組みがわかってきました。
先　生：では続けて実験をしましょう。⑦次のいくつかの回路を見て，最も明るく光る電球を選んでください。

(5)　下線部⑤について，電流の単位の読み方をカタカナ４字で答えなさい。
(6)　下線部⑥において，先生は（ア）～（カ）の回路を作りました。あとの問いに答えなさい。ただし，電池，電球はすべて同じものとし，導線の抵抗は考えないものとします。
(a)　（ア）の回路の電球に流れる電流を調べたい。電流計（Ⓐ）を組み込(こ)んだ（ア）の回路を作図しなさい。
(b)　抵抗の大きさと，回路に流れる電流の関係を調べるにはどの回路を比較(ひかく)すればよいですか。

（ア）～（カ）の中から<u>すべて選んで</u>，記号で答えなさい。

(c) 回路に流れる電流と，電圧の大きさの関係を調べるにはどの回路を比較すればよいですか。（ア）～（カ）の中から<u>すべて選んで</u>，記号で答えなさい。

(d) （ア）の回路に流れる電流を1，電圧を１とした時，回路に流れる電流と電圧の大きさの関係を(c)の結果をふまえてグラフに正確に表しなさい。

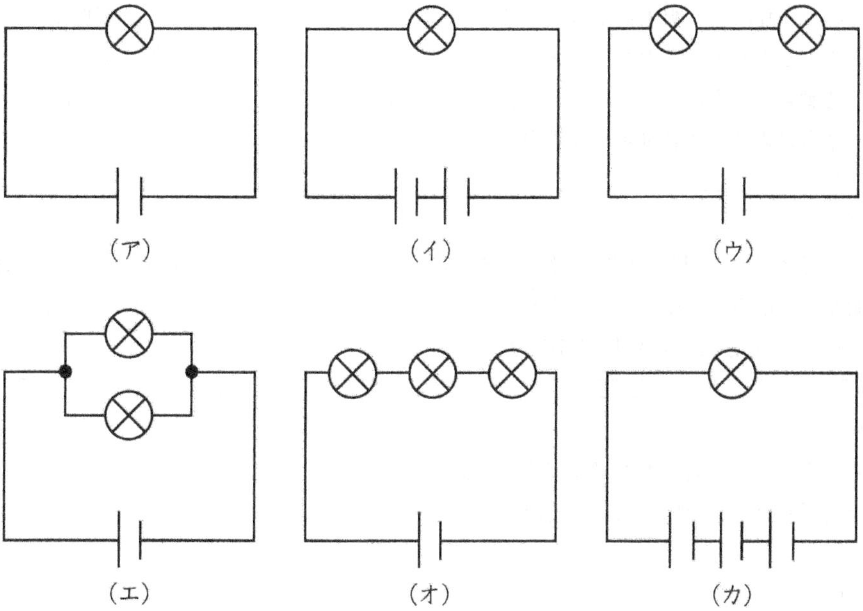

(7) 下線部⑦について，以下の回路で最も明るく光る電球を（ア）～（ク）の中から<u>すべて選んで</u>，記号で答えなさい。ただし，電池，電球はすべて同じものとし，導線の抵抗は考えないものとします。

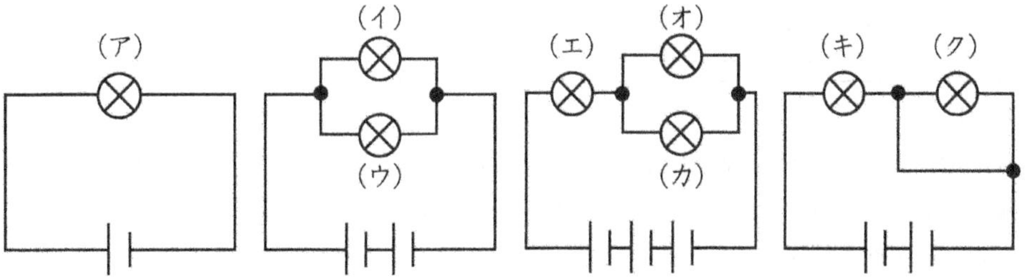

【社　会】（40分）　＜満点：75点＞

1　しほさんは「歴史」をテーマに調べ学習を行い，カードを作成しました。これらのカードを読み，以下の問題に答えなさい。

〈あ〉時代
中国での①戦乱により明(みん)王朝が滅びたころ，「万世一系」の天皇の存在などを根拠に，中国よりも日本の方が優れているとする考えが示されるようになった。こうした関心から，日本の歴史を調べる動きが盛んになり，水戸藩主徳川光圀(みつくに)が編さんさせた『大日本史』や，徳川家光らに仕えた学者による『本朝通鑑(ほんちょうつがん)』が著された。

〈い〉時代
長い間途絶(とだ)えていた国史（国家による正式な歴史書）の編さんを再開するため，天皇は政府内部に新たな②組織をつくり，③三条実美(さねとみ)を長官に命じた。同じ時期，新政府は④法律により，天皇家の行事を意識した祝祭日も制定した。

〈う〉時代
⑤足利義政に仕えた瑞渓周鳳(ずいけいしゅうほう)（臨済宗の僧侶）は，これまでの日本外交の歴史をまとめたうえで，当時行われていた中国との⑥貿易のありかたを批判した。

〈え〉時代
ワカタケルは中国への上表文において，「日本が中国に遣(つか)いを送ろうとすると，高句麗(こうくり)が邪魔をします。これは30年近く続いています。」と述べ，高句麗を攻撃するための許可を願い出ている。しかし，実際の高句麗による⑦外交妨害は，上表文の２年前からしか確認できない。これは，高句麗との戦争を中国に認めてもらうため，ヤマト政権が都合よく過去を改変したものと考えられている。

〈お〉時代
軍部の力が強くなったこの時代には，「皇国史観」が正統な歴史としてもてはやされた。代表的な論者である平泉澄(きよし)は大学教授として多数の学生を教えたが，終戦時に陸軍内の⑧クーデタを企てた宮城(きゅうじょう)事件の首謀者(しゅぼうしゃ)らも，彼の教え子であった。

〈か〉時代
肥前藩主の松浦静山(まつらせいざん)がのこした『甲子夜話(かっしやわ)』には，田沼政治の悪いうわさが多く載(の)せられていた。このほか，『続三王外記(さんのうがいき)』や『伊達家文書(もんじょ)』などにも同様の記録があり，のちの⑨田沼政治のイメージを形づくった。

問１〈あ〉時代から〈か〉時代のカードを年代の古い順に並び替えたとき，**４番目**にあたるカードとして正しいものを，あとのアからカより１つ選び，記号で答えなさい。
ア）〈あ〉時代　　イ）〈い〉時代　　ウ）〈う〉時代

エ）〈え〉時代　　オ）〈お〉時代　　カ）〈か〉時代

問２　下線部①について述べた次の文のうち，正しいものを**すべて選び**，記号をアイウエオ順に並べて答えなさい。なお，正しい文が１つもない場合には，解答らんに「×」を記入しなさい。

ア）新羅が滅亡した際，日本は朝鮮半島へ出兵したが，唐・百済連合軍に敗れた。

イ）平清盛と源義朝の間の対立が激しくなったことなどにより，平治の乱が起こった。

ウ）木曽出身の源義経が壇ノ浦の戦いで勝利し，京都から平氏を追い出した。

エ）応仁の乱の際，地方へ下った足軽らによって京の公家文化が地方へと広まった。

オ）北京郊外で発生した甲午農民戦争がきっかけとなり，日清戦争が起こった。

カ）日英同盟を結んだ日本は，ロシアに対して宣戦布告を行った。

キ）関東軍は，南満州鉄道の線路爆破が中国軍の仕業だとして，日中戦争を始めた。

問３　下線部②に関連して，次の幕府組織に関する文Ａ・Ｂについて，Ａ・Ｂともに正しい場合はア，Ａは正しいがＢが誤っている場合はイ，Ａは誤っているがＢが正しい場合はウ，Ａ・Ｂともに誤っている場合はエを答えなさい。

Ａ．室町幕府では，将軍の政治を補佐するために管領が設置された。

Ｂ．江戸幕府の最高職の大老は，必要なときにだけ置かれた。

問４　下線部③について，次の年表は三条実美の生涯をまとめたものです。表中の空らんにあてはまる語句の組み合わせとして適切なものを以下のアからエより１つ選び，記号で答えなさい。

〈年表〉

西暦年	年齢	出来事
1837年	1歳	京の公家に四男として生まれる。
1854年	18歳	兄の死や教育係の学者の推せんにより、四男でありながら三条家のあとつぎとなる。
1858年	22歳	攘夷派であった父が幕府に迫害され、隠居させられる（［　X　］）。
1862年	26歳	関白の適任者について意見するなど、攘夷派の公家として活発な政治活動を始める。
1863年	27歳	［　Y　］藩や会津藩によるクーデタにより、京から追放される。
1866年	30歳	薩長同盟（薩長盟約）が成立する。
1868年	32歳	新政府が成立すると、副総裁に任命されて活躍する。
1885年	49歳	内閣制度の開始とともに、内大臣に任命される。
1891年	55歳	病気により死去し、国葬が行われる。

［X］　Ⅰ：安政の大獄　　Ⅱ：桜田門外の変

［Y］　Ａ：薩摩　　Ｂ：長州

ア）Ⅰ・Ａ　　イ）Ⅰ・Ｂ　　ウ）Ⅱ・Ａ　　エ）Ⅱ・Ｂ

問５　下線部④に関するあとの文のうちに正しいものが２つあります。正しい文を**すべて選び**，記号をアイウエオ順に並べて答えなさい。

ア）明治時代になると，政府は刀の携帯を禁止する刀狩令を出した。

イ）1886年に学校教育法が制定され，小学校の４年間を義務教育とした。

ウ）大正時代，社会主義運動や労働運動をとりしまる治安維持法が成立した。

エ）太平洋戦争の局面が激しくなるなか，政府は国家総動員法を制定した。

オ）GHOによる戦後改革の中で，労働組合法や労働基準法が制定された。

カ）高度経済成長期には環境基本法が制定され，環境保護の政策がとられた。

キ）PKO協力法の成立により，発展途上国への政府開発援助（ODA）が可能になった。

問６　下線部⑤が政治をしていたころに栄えた文化の名称と，その文化における代表的な作品をそれぞれ１つずつ選び，記号で答えなさい。

【名称】　Ⅰ：天平文化　Ⅱ：元禄文化　Ⅲ：桃山文化　Ⅳ：室町文化

【代表的な作品】

A

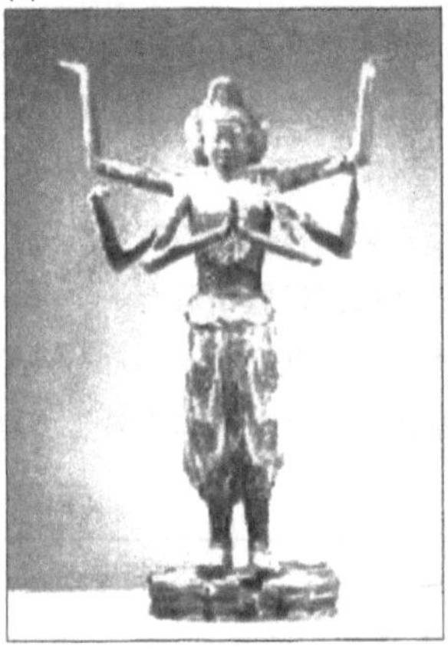

B

C

D

問７　下線部⑥に関する説明として，正しいものを次の文のうちから１つ選び，記号で答えなさい。

ア）平安時代の終わりには，日本から貨幣や刀剣が輸出され，中国で使用された。

イ）南蛮貿易がはじまると，ポルトガルやスペインから鉄砲などを輸入した。

ウ）世界恐慌の後，アメリカからの輸入に頼る日本経済は深刻な打撃を受けた。

エ）1980年代になると，日本と中国との間に貿易摩擦が生じた。

問８　下線部⑦について，次のページのＡからＣの文を時代が古いものから順に並べた場合，どのような並び方になりますか。正しいものを以下のアからカより１つ選び，記号で答えなさい。

A．鳩山一郎首相はソ連との国交を回復するために，日ソ共同宣言に調印した。

B．日本は朝鮮に勢力を伸ばそうとして，日朝修好条規を結んだ。

C．外務大臣の陸奥宗光が主導して，日英通商航海条約を結んだ。

ア）A⇒B⇒C　　イ）A⇒C⇒B　　ウ）B⇒A⇒C

エ）B⇒C⇒A　　オ）C⇒A⇒B　　カ）C⇒B⇒A

問９　下線部⑧について，以下の各資料は五・一五事件に関する一連の記録です。資料を読み，あとに続く問いに答えなさい。

資料１：被告による襲撃当時の証言

　首相は両手を挙げ制止し，「マアー待て，話をすれば分かるだろう」といい，首相自ら私の方に近寄ってきました。その途中「話をすれば分かる」と一，二回おっしゃり，「あっちへ行こう」と付け加えて部屋の外に出ようとしました。首相はまことに落ち着いた態度で，かつ親しみを覚えさせるような口ぶりでした。

「靴くらいぬいだらどうじゃ」と首相がおっしゃいました。――しばらく間があり，私たちは「我々が何のために来たかは分かるだろう。この際なにか言い残すことはないか」と述べました。首相はうなずきながら，やや身体を前方に乗り出し，両手を机において何かを語ろうとしました。

　そのとき，「問答無用，撃て」どの声があがり…

資料２：法廷での被告の様子

　被告は言葉がつまり，声は涙まじりとなった。語り終わってハンカチを出し，流れ出る汗をぬぐった。傍聴人はただ茫然としていた。

　法務官と被告のやり取りが続く。「目的を達したと思ったか」「思いました」「首相の死はどこで知ったか」「刑務所で知りました」。

「首相に個人的な恨みはない。ただ現在の邪悪な政治に反対し，首相の死を昭和維新に活かさねばならない」との被告の主張が，どこまで理解されたかは分からない。だが，被告らの主張に同意し，感情を揺さぶられた傍聴人や記者らはたしかにあり，それは新聞での報道に影響した。

資料３：被告の減刑を願う動き

　この間までは，総理大臣を暗殺した軍人たちに対して，わたくしどもは非常に反感をもっておりましたが，今回，新聞やラジオのニュースで暗殺せねばならなかった事情とか，軍人の皆さんの社会に対する立派なお考え，とくに皇室に対するお気持ちをおうかがいしまして，涙ぐましくなりました。東北地方の凶作地へのお心やりなどは，わたくしのような凶作地出身の不幸な女にどんなにか嬉しく感じた事でしょう。

資料４：事件後に成立した新内閣

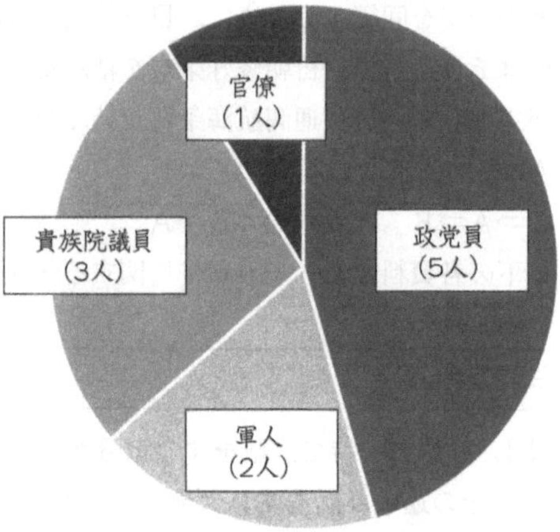

⑴　資料中の「首相」・「総理大臣」とは，誰のことか。適切な人名を**漢字**で答えなさい。

⑵　各資料から読み取れるものとして，正しいものを次の文のうちから１つ選び，記号で答えなさい。

ア）襲撃当時，首相は言い残すことは無いとして，堂々とこれを受け止めた。

イ）報道に触れ，被告の首相個人に対する強い恨(うら)みに同情する人が増えていった。

ウ）国民の期待に寄りそわない悪政を一新することが，犯行の動機であった。

エ）この事件によって政党政治は終了し，新たに軍部独裁政権が成立した。

問10　下線部⑨について，以下の２人の【会話文】を読み，植崎が田沼の悪いうわさを流した目的を考え，**20字から40字**で書きなさい。なお，**句読点は字数に含みます。**

【会話文】

しんじ　「田沼意次って，どんなイメージ？」

ひろこ　「小学校の授業で，ワイロをもらって特定の人を優遇した悪い政治家だって習ったわ。違うの？」

しんじ　「ボクもそう思っていたんだけど，どうやらそうじゃない評価もあるみたいなんだ。これを見て。」

資料文Ａ

> 松平定信は老中就任に際し，庶民から役人に至るまで広く意見を求めた。そこで，小普請(こぶしん)組で働いていた植崎九八郎(うえさきくはちろう)は，田沼の悪いうわさをまとめた報告書を松平定信に提出した。

ひろこ　「小普請組って何？」

しんじ　「幕府の役人の中で，仕事がつとまらないような大病にかかった人とか，仕事を処理する能力が低くて役職をもらえなかった人とかが配属された部署らしいよ。」

ひろこ　「植崎さんは病気だったの？」

しんじ　「いや，元気に働いていたよ。もう一つ，こんな資料もあるよ。」

資料文Ｂ

> 松平定信が将軍家斉(いえなり)によって老中を辞めさせられると，植崎は家斉に意見書を送り，「松平

定信は思ったよりも器量が小さく，そのうえに利欲にがめつく，民をしぼりとることは意次以上です」と定信をこき下ろした。

ひろこ 「今度は松平のことを批判しているの？いそがしい人ね。きっと，松平政権でも役職をもらえなかったんでしょ。」
しんじ 「ずいぶん辛口なコメントだね・・・。」

2 日本の地理に関する問題に答えなさい。

〈地図〉

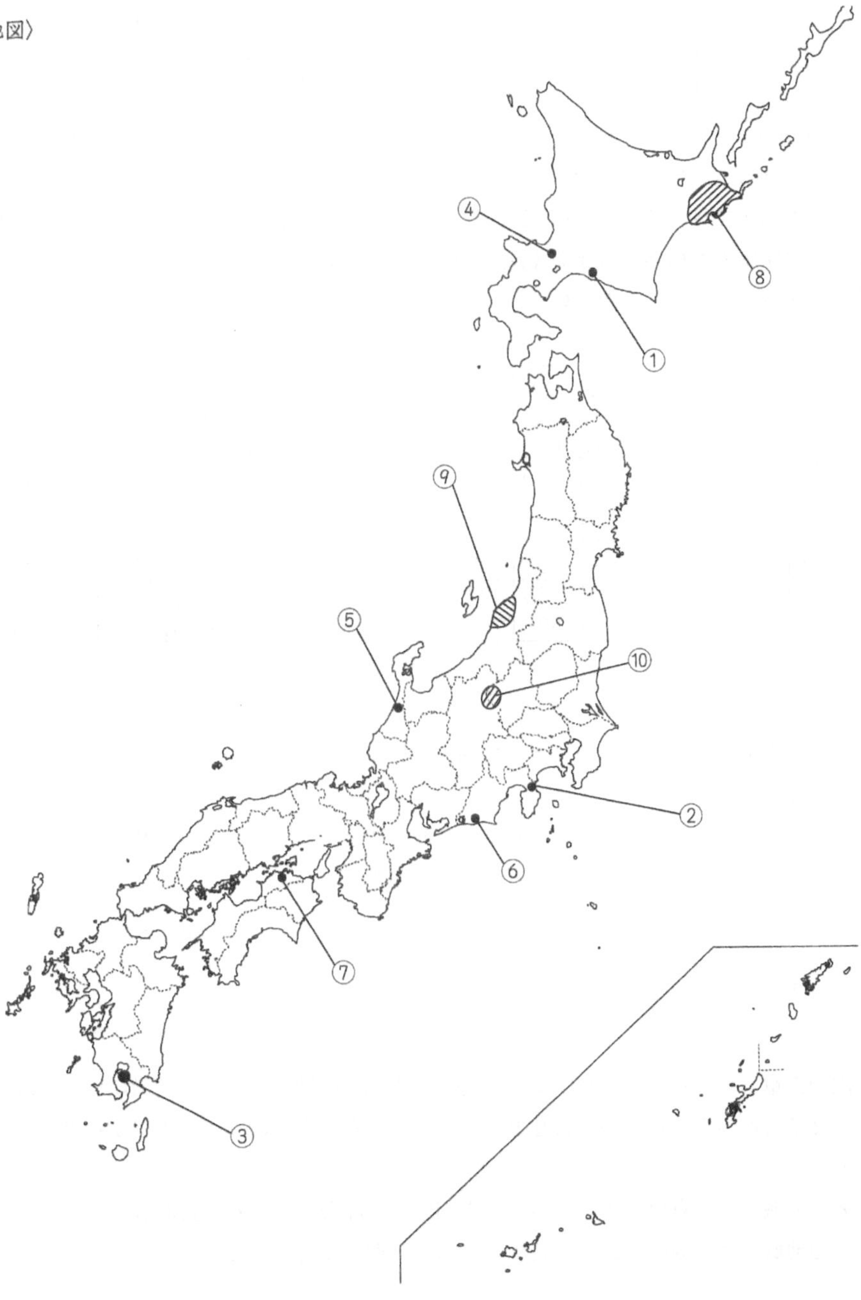

問１　次の文章ＡからＣは，地図中①から③のいずれかの地域で起こった自然災害について説明したものです。文章ＡからＣと地図中の①から③との組合せとして，正しいものを以下のアからカより１つ選び，記号で答えなさい。

Ａ　2018年９月に，この地を震源とする大地震が発生し，ブラックアウトと呼ばれる大規模な停電が起こった。

Ｂ　2021年７月の水害によって，大規模な土砂災害が発生した。

Ｃ　2022年７月の噴火において，噴火警戒レベルが最も高いレベル５に引き上げられた。

	ア	イ	ウ	エ	オ	カ
A	①	①	②	②	③	③
B	②	③	①	③	①	②
C	③	②	③	①	②	①

問２　次の〈表〉におけるＡからＤは，〈地図〉中の都市④から⑦のいずれかの月別平均気温と降水量を示したものです。また〈文〉のＥとＦは，ある地域の気候や生活の特徴について述べたものです。〈地図〉中の⑤にあてはまる〈表〉と〈文〉との組合せとして，正しいものを以下のアからクより１つ選び，記号で答えなさい。

〈表〉　上段…月平均気温（℃）、下段…月降水量（mm）

	1月	2月	3月	4月	5月	6月	7月	8月	9月	10月	11月	12月	全年
A	5.5	5.9	8.9	14.4	19.1	23.0	27.0	28.1	24.3	18.4	12.8	7.9	16.3
	38.2	47.7	82.5	76.4	107.7	150.6	144.1	85.8	147.6	104.2	60.3	37.3	1 082.3
B	-3.6	-3.1	0.6	7.1	12.4	16.7	20.5	22.3	18.1	11.8	4.9	-0.9	8.9
	113.6	94.0	77.8	56.8	53.1	46.8	81.0	123.8	135.2	108.7	104.1	111.7	1 106.5
C	3.8	3.9	6.9	12.5	17.1	21.2	25.3	27.0	22.7	17.1	11.5	6.7	14.6
	269.6	171.9	159.2	136.9	155.2	185.1	231.9	139.2	225.5	177.4	264.9	282.1	2 398.9
D	6.0	6.5	9.9	14.6	18.7	22.1	25.8	27.5	24.2	18.9	13.7	8.5	16.4
	57.0	78.3	149.4	167.5	190.5	241.3	190.0	150.8	248.9	164.5	118.8	52.3	1 809.1

（『2022年版　地理統計plus』帝国書院より作成）

〈文〉

Ｅ　夏の季節風や台風の影響によって雨が多いため，洪水を防ぐために高い堤防で囲まれた集落が見られる。

Ｆ　冬は北西からの季節風が海をわたって吹くことにより雪が多いため，地下水を利用して雪をとかす消雪パイプを設けるなどの対策がとられている。

	ア	イ	ウ	エ	オ	カ	キ	ク
表	A	A	B	B	C	C	D	D
文	E	F	E	F	E	F	E	F

問３　次の文章ＡからＣは，地図中⑧から⑩のいずれかの地域の農業の特徴について説明したものです。文章ＡからＣの正誤の組合せとして，正しいものを次のページのアからクより１つ選び，記号で答えなさい。

Ａ　⑧の地域では，夏でもすずしい気候を利用して酪農がさかんに行われる。

Ｂ　⑨の地域では，温暖な気候を利用して米の二期作が行われる。

C　⑩の地域では，すずしい気候を利用して野菜の出荷時期をおくらせる抑制栽培が行われる。

	ア	イ	ウ	エ	オ	カ	キ	ク
A	正	正	正	正	誤	誤	誤	誤
B	正	正	誤	誤	正	正	誤	誤
C	正	誤	正	誤	正	誤	正	誤

問４　次の〈図〉は，日本と世界のおもな河川の特徴を示したものです。また以下の〈文章〉は日本の地形や河川の特徴について述べたものです。これについて以下の問いに答えなさい。

〈図〉

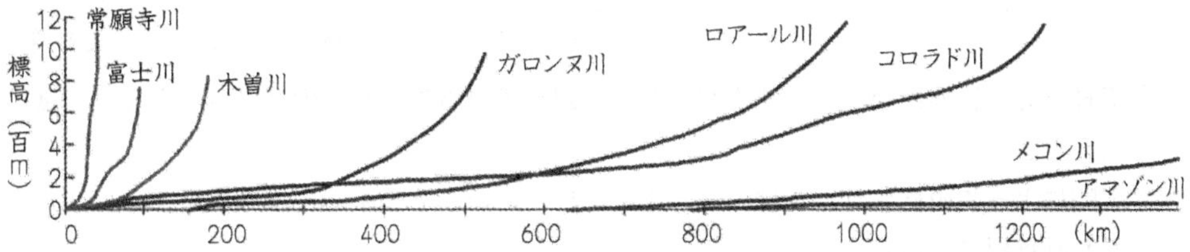

（『2022年版　地理統計plus』帝国書院より）

〈文章〉

日本の河川は他国の河川と比べて，河口からの距離が（　あ　）く，流れが（　い　）であるという特徴がみられます。

上流部からの土砂が運ばれることにより，山地から平地に出るところには（　う　），河口付近には（　え　）とよばれる地形が形成されます。（　う　）には水はけのよい地形があり，果樹の栽培が行われることが多く，（　え　）では稲作が行われることが多いです。

⑴　図を参考にして，文章中の空らん（あ）と（い）にあてはまる語句の組合せとして，正しいものを以下のアからエより１つ選び，記号で答えなさい。

	ア	イ	ウ	エ
（　あ　）	長	長	短	短
（　い　）	ゆるやか	急	ゆるやか	急

⑵　文章中の（う）と（え）にあてはまる語句を**漢字**で答えなさい。

問５　次のページの〈表〉は1960年から2018年における日本の食料自給率の推移を示したものです。この〈表〉についての説明として，正しいものを以下の文のうちから１つ選び，記号で答えなさい。

ア）肉類，鶏卵，牛乳・乳製品の自給率は，どの年も総合食料自給率を上回っている。

イ）すべての年において，最も自給率が低いのは小麦である。

ウ）2000年の果実の自給率は，1980年の半分以下になった。

エ）1960年から2010年までの間，自給率が80％以下にならなかった品目は４つある。

〈表〉　（単位：%）

年度	総合食料自給率	米	小麦	豆類	野菜	果実	肉類	鶏卵	牛乳・乳製品
1960	79	102	39	44	100	100	93	101	89
1970	60	106	9	13	99	84	89	97	89
1980	53	100	10	7	97	81	80	98	82
1990	48	100	15	8	91	63	70	98	78
2000	40	95	11	7	81	44	52	95	68
2010	39	97	9	8	81	38	56	96	67
2018	37	97	12	7	77	38	51	96	59

（『2022年版　地理統計plus』帝国書院より作成）

問６　森林資源や森林保全に関する説明として，**誤っているもの**を次の文のうちから１つ選び，記号で答えなさい。

ア）人間によって植林された森林のことを人工林といい，その中心となっているのは建築用材に適した針葉樹である。

イ）日本は世界一の木材輸入国であり，カナダ，ロシア，中国などから多くの木材を輸入している。

ウ）森林には水をたくわえる「緑のダム」として水資源を守る役割のほか，土砂くずれや洪水などの災害を防ぐ働きがある。

エ）寄付金などを集めて森などの土地を買い取ることで，豊かな自然を開発から守ることをナショナルトラスト運動という。

問７　次の〈表〉中のＡからＣは，東京都・愛知県・大阪府のいずれかの工業における事業所数（2019年）・従業員数（2019年）・製造品出荷額（2018年）を示したものです。また，〈グラフ〉ＤからＦは東京都・愛知県・大阪府いずれかにおける製造品出荷額の割合（2018年）を示したものです。大阪府にあてはまる〈表〉と〈グラフ〉の組合せとして，正しいものを次のページのアからケより１つ選び，記号で答えなさい。

〈表〉

	事業所数	従業員数（人）	製造品出荷額（億円）
A	30 971	481 724	179 052
B	27 560	887 771	489 829
C	26 479	279 557	78 495

（『データでみる県勢2021』より作成）

〈グラフ〉

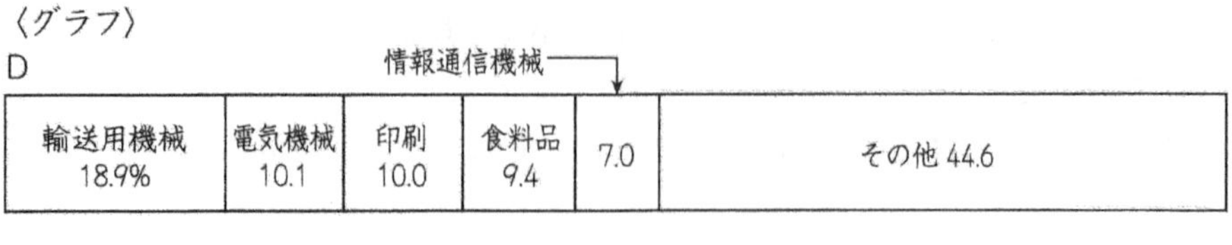

E

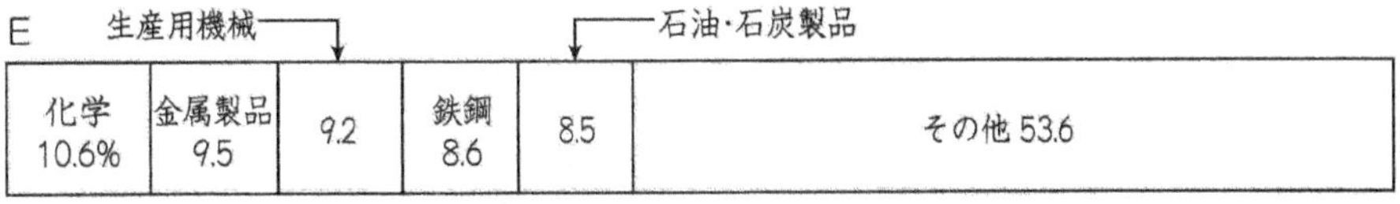

F

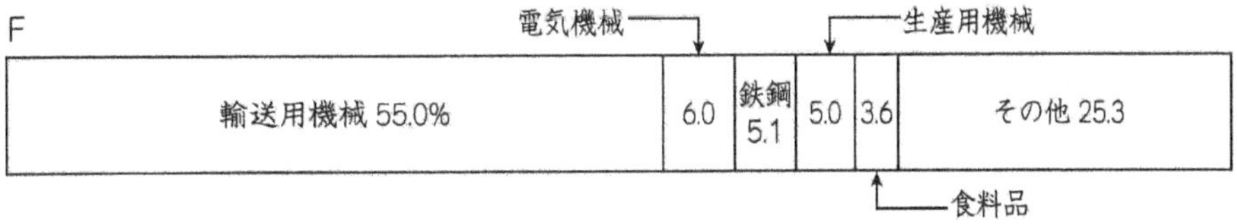

（『データでみる県勢2021』より作成）

	ア	イ	ウ	エ	オ	カ	キ	ク	ケ
表	A	A	A	B	B	B	C	C	C
グラフ	D	E	F	D	E	F	D	E	F

問８　次の〈グラフ１〉中のＡとＢは，日本と中国，日本とアメリカとのいずれかの貿易総額の推移を示したものです。また〈グラフ２〉のＣとＤは，2019年における日本と中国，日本とアメリカのいずれかの主要な貿易品とその割合を示したものです。日本とアメリカとの貿易総額の推移をＡかＢより，日本と中国との主要な貿易品とその割合をＣかＤより，それぞれ選んだ組合せとして，正しいものを次のページのアからエより１つ選び，記号で答えなさい。

〈グラフ１〉

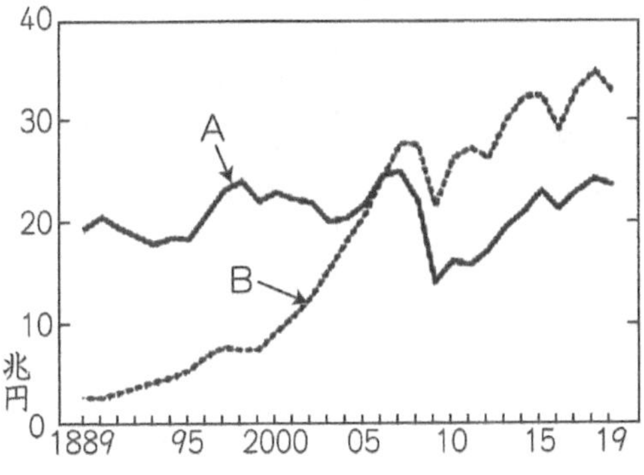

〈グラフ２〉

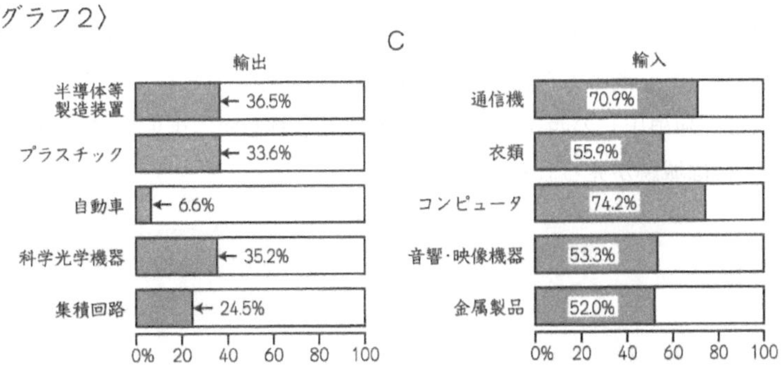

D

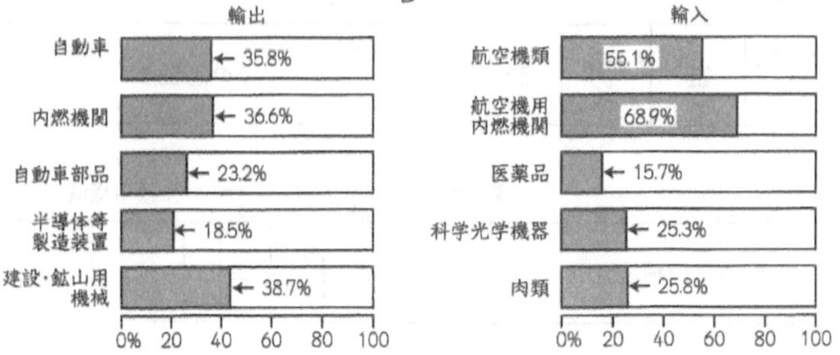

（『日本国勢図会2020/2021』より作成）

	ア	イ	ウ	エ
日本とアメリカとの貿易総額の推移	A	A	B	B
日本と中国との主要な貿易品に占める割合	C	D	C	D

問9　次の〈表〉中のアからエは，海水浴場，温泉地，スキー場，ゴルフ場のいずれかの施設数を示したものです。温泉地にあてはまるものを１つ選び，記号で答えなさい。

〈表〉

ア（2016年）		イ（2016年）		ウ（2014年）		エ（2016年）	
県名	施設数	県名	施設数	県名	施設数	県名	施設数
全国	330	全国	1 111	全国	3 088	全国	2 264
長野	79	長崎	66	北海道	246	兵庫	159
新潟	60	千葉	65	長野	221	千葉	158
北海道	30	新潟	61	新潟	151	北海道	153
群馬	22	福井	57	福島	134	栃木	132
岐阜	18	山口	56	青森	132	茨城	119

（『2022年版　地理統計plus』帝国書院より作成）

問10　次のページの地形図から読み取れる内容として，正しいものを以下の文のうちから１つ選び，記号で答えなさい。

ア）「利根川」にかかる橋のうち，自動車で渡ることのできる橋はこの地図中に２つある。

イ）「沼田駅」から見て北西の方角に市役所・図書館がある。

ウ）老人ホームは「利根川」の西岸と東岸の両方に見られるが，郵便局は東岸にのみ見られる。

エ）「沼田公園」には城跡が見られる。

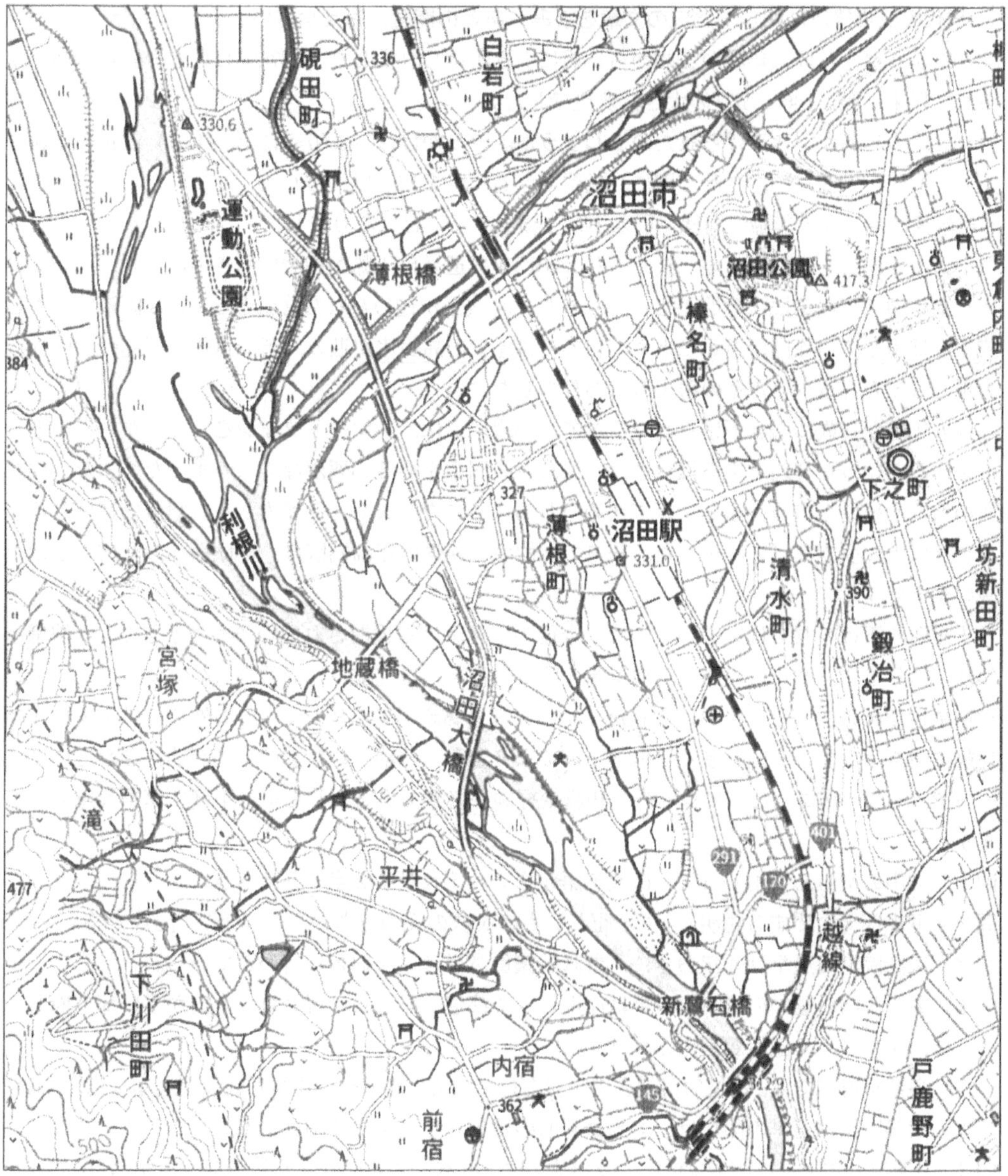

問11　自然災害や防災について調べる方法として，**誤っているもの**を次の文のうちから１つ選び，記号で答えなさい。

ア）ハザードマップを使って，昔その土地がどのように利用されていたかについての情報を得る。

イ）地形図で土地の標高，河川や海の分布とその周囲の地形を調べ，災害に強い地域・弱い地域はどこか考える。

ウ）その地域に昔から住んでいるお年寄りにインタビューをし，昔起こった災害についての話を聞く。

エ）インターネットや本を使って，これまでにその地域で起こった災害やその歴史について調べる。

3　現代の政治経済に関して，次の文章を読み，あとの問題に答えなさい。

2022年４月から成人年齢が20歳から18歳に引き下げられました。1876年に成人年齢が20歳と定められて以来，実に146年ぶりの大きな変更でした。

なぜ成人年齢が引き下げられたのでしょうか。きっかけは，2007年に（　①　）改正の手続さを定めた国民投票法が制定された際に，投票できる年齢を18歳以上としたことでした。このときに，②選挙権年齢や成人年齢も同様に引き下げを検討することになりました。

その後，国会を中心に議論が進められ，2015年に選挙権年齢が18歳に引き下げられ，2018年に成人年齢を引き下げる民法の改正も行われました。改正が進められた背景として，③国際的にも18歳成人を採用している国が多いことや，日本では④少子高齢化が進み，若い世代に早く社会的な役割を果たしてもらうべきだとの考え方もありました。

成人年齢が18歳に引き下げられたことで，18歳以上は，スマートフォンを買う，クレジットカードを作るといった契約をする場合には，保護者の同意を得る必要がなくなりました。また，住む場所の選択や結婚も自分の意志だけで決められるようになりました。また，⑤裁判員に選ばれる年齢も18歳以上に引き下げられました。一方で，飲酒や喫煙の年齢制限は，健康面への配慮などから20歳のままです。

まだ引き下げられてはいないものの，今後の引き下げが検討されているものとして，⑥被選挙権年齢があります。昨年の参議院議員選挙の際にも複数の（　⑦　）が政権公約（マニフェスト）で被選挙権年齢の引き下げを掲げました。イギリスやフランスをはじめ，⑧海外では被選挙権年齢を18歳に引き下げている国も多く，引き下げにより若者の政治への参加の促進が期待されています。一方で，⑨国会議員になるには十分な知識や経験が必要であるとして引き下げに慎重な意見もあります。

問１　文中の空らん（①）・（⑦）に入る語句をそれぞれ**漢字２字**で答えなさい。

問２　下線部②に関する説明として，正しいものを次の文のうちから１つ選び，記号で答えなさい。

ア）衆議院議員選挙は４年おきに，参議院議員選挙は３年おきに行われている。

イ）参議院議員選挙の選挙区選挙は原則として都道府県ごとに行われ，人口が多い都道府県からは，より多くの議員が選出される。

ウ）各都道府県では，都道府県議会の議員だけでなく，知事や副知事も住民が選挙で選んでいる。

エ）衆議院議員選挙の際には，最高裁判所の裁判官を選出する国民審査も行われる。

問３　下線部③に関して，次のページの〈表〉は，日本，アメリカ，イギリス，中国，韓国の５か国の17～19歳の若者に対するアンケートの結果をまとめたものです。〈表〉中の数字は，それぞれの質問項目について「はい」と答えた割合を示したものです。あとの〈会話文〉は，この〈表〉に関して３人の生徒が話したものです。〈会話文〉の中の下線部（ア）～（エ）のうち，〈表〉の読み取りとして**誤っているもの**を１つ選び，記号で答えなさい。

〈表〉

	自分は大人だと思う	自分は責任がある社会の一員だと思う	自分の行動で、国や社会を変えられると思う
日本	27%	48%	27%
アメリカ	86%	77%	59%
イギリス	86%	80%	51%
中国	71%	77%	71%
韓国	46%	66%	62%

（出典：日本財団「18歳意識調査」）

〈会話文〉

たかし：(ア)日本の若者は，３つの質問項目の全てで他の４か国の若者よりも数値が低いね。「自分は大人だと思う」の割合が少ないということは，日本の若者は他の国の若者に比べて子供っぽいということかな。

ゆかり：そうかもしれないけど，どういう状態を大人と考えるかが国によって違っていることが，アンケートの答えに影響している可能性もあるよ。

ひろみ：たしかに，欧米の国々と東アジアの国々で答えの傾向が違うね。(イ)欧米の２か国は「自分は大人だと思う」の方が「自分は責任がある社会の一員だと思う」よりも数値が高いのに対して，東アジアの３か国は「自分は大人だと思う」の方が「自分は責任がある社会の一員だと思う」よりも数値が低いよ。欧米と東アジアの間で，「大人」という言葉と「社会の一員」という言葉が持つ意味の重さが違っていそうね。

たかし：日本の若者が「自分の行動で，国や社会を変えられると思う」の数値が低いのは，「自分は大人だと思う」が低いことと関係しているのかな。

ゆかり：それよりも，「自分は責任がある社会の一員だと思う」の方が，「自分の行動で，国や社会を変えられると思う」に影響しているんじゃないかな。(ウ)５か国の数値を見比べると，「自分は責任がある社会の一員だと思う」の数値が高ければ高いほど，「自分の行動で，国や社会を変えられると思う」の数値も高いことが分かるよ。

ひろみ：(エ)東アジアの３か国は「自分の行動で，国や社会を変えられると思う」の数値が「自分は大人だど思う」の数値と同じか，それよりも高いのに対して，欧米の２か国では「自分の行動で，国や社会を変えられると思う」の数値が「自分は大人だと思う」の数値よりも小さいことも興味深いね。「大人」とは何か，改めてよく考えてみたくなるね。

問４　下線部④に関する説明として，**誤っているもの**をあとの文のうちから１つ選び，記号で答えなさい。

ア）少子化対策を推し進めるため，来年度から「子ども家庭庁」が新たに設けられることになった。

イ）現在日本の人口に占める65歳以上の割合は25％を超えており，この割合は今後も増加する見込みである。

ウ）子育てをする女性が会社を休みやすくなるように，男性が育児休業をとることが禁止された。

エ）高齢者でも，若いうちに保険料を納めていなかった場合には，年金がもらえないことがある。

問５　下線部⑤に関する説明として，正しいものを次の文のうちから１つ選び，記号で答えなさい。

ア）裁判員になることは，国民の義務として憲法に明記されている。

イ）裁判員が判決や刑罰を考える際には，かならず裁判官の判断に従わなくてはならない。

ウ）裁判員を務めた人は，判決を下すまでに裁判に関して知り得たことを，マスコミに証言しなくてはならない。

エ）裁判員が参加する裁判は，すべて地方裁判所で行われる。

問６　下線部⑥に関して，次の文中の空らん（Ｘ）と（Ｙ）に入る数字をそれぞれ答えなさい。

現在の衆議院議員の被選挙権年齢は（　Ｘ　）歳以上，参議院議員の被選挙権年齢は（　Ｙ　）歳以上である。

問７　下線部⑧に関して，昨年起きた世界の出来事の説明として，正しいものを次の文のうちから１つ選び，記号で答えなさい。

ア）ウクライナと戦争をしているロシアを支援するために，アメリカやヨーロッパの各国がロシアに武器を送った。

イ）戦争や円高の影響をうけて，日本では食料品や燃料の値段が上昇した。

ウ）イギリスでは，初の女性首相が誕生した。

エ）国際連合では，安全保障理事会の非常任理事国に日本が選ばれた。

問８　下線部⑨に関して，あなたは国会議員になる人にはどのような知識や経験が必要だと思いますか。解答らんＸに国会議員の具体的な仕事を**15字から20字**で書いたうえで，解答らんＹにその仕事に必要だと思う知識や経験を**15字から20字**で書いて答えなさい。なお，**句読点は字数に含みます。**

〈下書き用〉

（A）
□□□□□□□□□□□□□□□□□□□□□□□□（20字目に「。」）

（B）
平太の手紙の内容を□□□□□□□□□□（10）、逃げた平太のことを□□□□□□□□□□（10）。

※ 下書きはしなくてもかまいません。答えは、必ず解答用紙に記入して下さい。
字数の決まりを守らないものは採点しません。

(C) **平太が帰ってきた時**

説明としてもっともふさわしいものを次の中から選び記号で答えなさい。

ア 平太はきっと遊んでいると思っていたのに、お金持ちになって帰ってきたことが意外で、疑ったことを反省している。

イ 母親の病気の見舞いに来るだけなのに、平太が大きなトランクの中にみんなへのお土産をつめてきたと思い、とまどっている。

ウ 自分が平太のことを見捨てていたのに、立派に仕事をしてみんなから尊敬される様子を見て感動している。

エ たいした仕事をしていないことはわかっているのに、見栄をはって大きなトランクを持ってきた平太にあきれている。

つは、平太が設計した建物の廊下がなかったり、階段がなかったりすることが「めったにない」って言っているよね。確かに、こんな建物ができることはめったにないし、そんな失敗をすることもめったにないから、たぶん、「こんな失敗をすることは」「こんな建物ができることは」「めったにない」ということじゃないかな。

D：そうか。そうすると僕は［　］と［　］も同じ意味になっていると思うな。この二つは、たぶんすごくラッキーだ、運がいいっていう意味で「めったにない」と言っているね。

E：おもしろいな。確かにそれぞれの意味が違うね。じゃあ、残った二つはどういう意味なんだろう。残った二つはこれまでのものとも違う意味のような気がする。

F：ぼくは残ったうちのひとつの意味がなんとなくわかる。たぶんこっちは「こういう不思議なことはめったに起きない」ということだと思う。平太は人間としては悪くないから、こういう不思議なことは理由なく起きない、というようなことだね。

G：じゃあ、最後に残った「まれです」の意味はどういうことだろう？

(A)　［　］に入る表現を二つ、a～fの中から選び記号で答えなさい。

(B)　生徒Gの発言に出てくる「最後に残った『まれです』」について、

(1)　その最後に残ったものをa～fの記号で答えなさい。

(2)　平太がどうすることで、どんな風に思われたいことが「まれ」だと言っているのですか。空欄に当てはまるように指定字数以内で説明しなさい。

平太が、［30字以内］で、［15字以内］と思われたいことがめったにないことだと言っている。

〈下書き用〉

(2)

平太が、［　　　　　　　　　　　　　　　　　　30］で、［　　　　　　　　15］と思われたいことがめったにないことだと言っている。

※下書きはしなくてもかまいません。答えは、必ず解答用紙に記入して下さい。字数の決まりを守らないものは採点しません。

問七　この作品で平太の父は、平太のことをどう思っていますか。次の(A)～(C)の３つの段階に分けて考え、それぞれ指示に合うように記入しなさい。なお、記述は指定字数以内で説明しなさい。

(A)　平太が設計するまで

［20字以内］

(B)　平太が手紙をよこした時

平太の手紙の内容を［10字以内］、逃げた平太のことを［10字以内］。

の建物にエスカレータやエレベータをつけるための研究をしており、また現場監督の仕事をして周りの信頼を得てお金持ちになったと嘘をついて見栄をはることで、両親に自分が成功しているようにみせたいから。

ウ　平太は大工さんの嫌がらせで使えない建物を作られてしまったが、東京ではその建物をなんとか使えるようにエスカレータやエレベータの研究をしており、その仕事も順調で尊敬してくれる仲間もできたため、ゆくゆくはその仲間と建物を作り替える気だということを両親に伝えたいから。

エ　平太は使い物にならない建物を設計した責任を感じて東京に行ったが、東京では思うように設計の仕事ができないので建物を直すこともできず申し訳なく感じて父親に謝り、また自分が違う仕事に就いたので、建て替える費用を用意できるまでもう少し待ってほしいと父に伝えたいから。

問五　――部④「何ともいえず悲しい寂しい気がしてあぶなく泣こうとしました」とありますが、なぜこのような気持ちになったのですか。その理由としてもっともふさわしいものを次の中から選び記号で答えなさい。

ア　二十円も出して立派な革トランクを買ったと思ったのに、あまりよくない牛のひざの革を使った部分があることを子供に指摘され、本当は立派でない自分のことまで見抜かれたような気がしたから。

イ　子供たちはトランクの中身やそこからわかるはずの自分の職業には関心がなく、ただトランクが何でできているかなど、人間の中身とは関係のない、外見のことばかり気にして自分を認めてくれないから。

ウ　自分はどういう仕事をしているかをきちんと伝えるためにあえて安物のトランクを買ってきたのに、子供たちはそのトランクがよくない革であることを指摘し、それによって仕事の内容までも否定してくるような気がしたから。

エ　自分にとっては病気の母に会いに来たことが大事で、母に少しでも立派になったことを見せるために大きなトランクを買ったのに、子供たちはトランクばかりに興味を示し、病気の母がいることに気づこうとしないから。

問六　〰〰部ａ～ｆに「（こんなことは実にまれです）」「（こんなことはごくまれです）」という表現がありますが、それについて生徒たちが議論しています。その議論を読んであとのⒶ・Ⓑの問いに答えなさい。

先生：このお話では、少しお話が進むと（こんなことは実にまれです）というようなフレーズが繰り返されますね。「こんなことはめったにないことだ」というようなことですが、それぞれの場所で、何が「めったにないこと」かしっかり見ないといけません。そうすると、「めったにない」という言葉の意味合いも変わるのはわかりますか。

Ａ：先生は今、「意味合いが変わる」って言ったけど、どんな使われ方をしているのかな。見てみようよ。

Ｂ：同じ表現なのに、何がめったにないかをちゃんと見ると、いい意味でめったになかったり、悪い意味でめったになかったりするね。

Ｃ：僕はｄとｅが同じような使われ方をしていると思うな。この二が待っていました。

舟は岸に着きました。

二人の中の一人が飛んで来ました。

「お待ぢ申しておりあんした。お荷物は。」

それは平太の家の下男でした。平太はだまって眼をパチパチさせながらトランクを渡しました。下男はまるでひどく気が立ってその大きな革トランクをしょいました。

それから二人はうちの方へ蚊（か）のくんくん鳴く桑畑の中を歩きました。

二人が大きな道に出て少し行ったとき、村長さんも丁度（ちょうど）役場から帰った処でうしろの方から来ましたがその大トランクを見てにが笑いをしました。

（宮沢賢治「革トランク」による）

問一　[A]～[C]に入る語句としてもっともふさわしいものを次の中からそれぞれ選び記号で答えなさい。

ア　仕方なく　　イ　いそがしく　　ウ　首尾よく

問二　[X]には次のア～カが入ります。文の意味が通じるように正しい順番に並べ替えなさい。ただし、３番目には次のアが入ります。

ア　区役所がそれを引きとりました。

イ　巡査（じゅんさ）がそれに水をかけました。

ウ　そこで区役所では撒水夫（さんすいふ）に雇（やと）いました。

エ　するとすっかり元気になりました。

オ　それからご飯をやりました。

カ　それでもどこでも断わられとうとう楢岡工学校の卒業生の斉藤平太は卒倒（そっとう）しました。

※倒れること

問三　――部①「どの大工さんも変な顔をして下ばかり向いて働いてなるべく物を言わないようにしたのです」について、なぜどの大工さんもこういう態度をとるのですか。その理由としてもっともふさわしいものを次の中から選び記号で答えなさい。

ア　どんなにちゃんとした設計であっても金持ちだけが使えるような立派な建物を作りたくはなく、そんな考え方をした平太のことがきらいだから。

イ　一生懸命に働いてもお金があまりもらえないことが不満なので、わざと変な建物を作って平太を困らせようと相談しているから。

ウ　平太を人間として好きでも、まだ一人前とはいえない平太の下で働くのは長年の経験がある大工さんたちは納得がいかないから。

エ　廊下や階段がないめちゃくちゃな建物を作らされているけれど、設計をしたのが村長さんの息子で偉（えら）い人なので口に出して指摘するのがこわいから。

問四　――部②「斉藤平太はうちへ葉書を出しました」、――部③「ですから斉藤平太はうちへこう葉書を書いたのです」について、どうして平太はそうしたのですか。その説明としてもっともふさわしいものを次の中から選び記号で答えなさい。

ア　平太は大工さんから嫌われていてこんなところでは仕事ができないと東京へ来たが、東京でもいい仕事があるわけではなく、それよりも今はすごい研究をしていてみんなが自分を尊敬していると伝えることで、自分を嫌っていた人たちを見返したい気持ちがあるから。

イ　平太は変な建物を作って怒られるのがこわくて東京へ来たが、そお父さんの村長さんは返事も何もさせませんでした。

ところが平太のお母さんが少し病気になりました。毎日平太のことばかり言います。

そこで仕方なく村長さんも電報を打ちました。

「ハハビョウキ、スグカエレ。」

平太はこの時月給をとったばかりでしたから三十円ほど余っていました。

平太はいろいろ考えた末二十円の大きな大きな革のトランクを買いました。けれどももちろん平太には一張羅の着ている麻服があるばかり他に入れるようなものは何もありませんでしたから親方に頼んで板の上に引いた要らない絵図を三十枚ばかり貰ってぎっしりそれに詰めました。

（ｆこんなことはごくまれです。）

斉藤平太は故郷の停車場に着きました。

それからトランクといっしょに車に乗って町を通り国道の松並木まで来ましたが平太の村へ行くみちはそこからわかれて急にでこぼこになるのを見て車夫はあとは行けないと断って賃銭をとって帰って行ってしまいました。

斉藤平太はそこで［　Ｃ　］自分でその大トランクをかついで歩きました。ひのきの垣根の横を行き麻畑の間を通り桑の畑のへりを通りそして船場までやって来ました。

渡し場は針金の綱を張ってあって滑車の仕掛けで舟が半分以上ひとりで動くようになっていました。

もう夕方でしたが雲がしまをつくってしずかに東の方へ流れ、白と黒とのぶちになったせきれいが水銀のような水とすれすれに飛びました。

そのはりがねの綱は大きく水に垂れ舟はいま六七人の村人を乗せてやっと向うへ着くところでした。向うの岸には月見草も咲いていました。舟がまたこっちへ戻るまで斉藤平太は大トランクを草におろし自分もどっかり腰かけて汗をふきました。白の麻服のせなかも汗でぐちゃぐちゃ、草にはけむりのような穂が出ていました。

いつの間にか子供らが麻ばたけの中や岸の砂原やあちこちから七八人集って来ました。全く平太の大トランクがめずらしかったのです。みんなはだんだん近づきました。

「おお、みんな革だんぞ。」

「牛の革だんぞ。」

「あそごの曲ったところぁ牛の膝かぶの皮だな。」

なるほど平太の大トランクの締金のところには少しまがった膝の形の革きれもついていました。平太は子供らのいうのを聞いて④何ともいえず悲しい寂しい気がしてあぶなく泣こうとしました。

舟がだんだん近よりました。

船頭は平太のうしろの入日の雲の白びかりを手でさけるようにしながらじっと平太を見ていましたがだんだん近くになっていよいよその白い洋服を着た紳士が平太だとわかると高く叫びました。

「おお平太さん。待ぢでだあんす。」

平太はあぶなく泣こうとしました。そしてトランクを運んで舟にのりました。舟はたちまち岸をはなれ岸の子供らはまだトランクのことばかりいい船頭もしきりにそのトランクを見ながら船を滑らせました。波がぴたぴたいい針金の綱はしんしんと鳴りました。それから西の雲の向うに日が落ちたらしく波がにわかに暗くなりました。向うの岸に二人の人いましたのにどうした訳かおかしな顔をするのです。

（ｃこんなことは実にまれです。）

中略　平太が分教場にいくと大工さんたちは同じフロアを移動するのを嫌がっています。消防小屋では一階から二階へ移動するのを大工さんが嫌がっています。平太はおかしいなと思います。

終りましたら大工さんたちはいよいよ変な顔をしてため息をついて黙って下ばかり見ておりました。

斉藤平太は分教場の玄関から教員室へ入ろうとしましたがどうしても行けませんでした。それは廊下がなかったからです。

（ｄこんなことは実にまれです。）

斉藤平太はひどくがっかりして今度は急いで消防小屋に行きました。

そして下の方をすっかり検分（※調べて）し今度は二階の相談所を見ようとしましたがどうしても二階にのぼれませんでした。それははしご（※階段）がなかったからです。

（ｅこんなことは実にまれです。）

そこで斉藤平太はすっかり気分を悪くしてそっと財布を開いて見ました。

そしたら三円入っていましたのですぐその乗馬ズボンのまま渡しを越えて町へ行きました。

それから汽車に乗りました。

そして東京へ逃げました。

東京へ来たらお金が六銭残りました。斉藤平太はその六銭で二度ほど豆腐を食べました。

それから仕事をさがしました。けれども言葉がはっきりしないのでどの家でも工場でも頭ごなしに追いました（※追い帰した、追い出した）。

斉藤平太はすっかり困って口の中もカサカサしながら三日仕事をさがしました。

X

②斉藤平太はうちへ葉書を出しました。

「エレベータとエスカレータの研究の為急に東京に参り候、御不便ながら研究すむうちあの請負の建物はそのままお使い願い候」

お父さんの村長さんは返事も出させませんでした。

平太は夏は脚気にかかり冬は流行寒冒です。そして二年は経ちました。

それでもだんだん東京の事にもなれて来ましたのでついには昔の専門の建築の方の仕事に入りました。すなわち平沢組の監督です。

大工たちに憎まれて見回り中に高い所から木片を投げつけられたり天井に上っているのを知らないふりして板を打ちつけられたりしましたがそれでもなかなか愉快でした。

③ですから斉藤平太はうちへこう葉書を書いたのです。

「近頃立身（※出世）致し候。紙幣は障子を張る程有之諸君も尊敬仕候。研究も今一足故暫時（※しばらく）不便を御辛抱願候。」

②　「人それぞれ」

イ　①　「みんなちがって、みんないい。」と「人それぞれ」

②　「多様性」

ウ　①　「多様性」と「人それぞれ」

②　「みんなちがって、みんないい。」

エ　①　「みんなちがって、みんないい。」

②　「多様性」と「人それぞれ」

オ　①　「多様性」

②　「みんなちがって、みんないい。」と「人それぞれ」

カ　①　「人それぞれ」

②　「みんなちがって、みんないい。」と「多様性」

(2)　筆者の考える社会を実現するためには、人とのつながりを作るうえで何を大切にすべきでしょうか。本文および詩の内容をふまえて、50字以上70字以内で答えなさい。

〈下書き用〉

※下書きはしなくてもかまいません。答えは、必ず解答用紙に記入して下さい。
字数の決まりを守らないものは採点しません。

三　次の文章を読んで、あとの問に答えなさい。

斉藤平太（さいとうへいた）は、その春、楢岡（ならおか）の町に出て、中学校と農学校、工学校の入学試験を受けました。三つともだめだと思っていましたら、どうしたわけか、まぐれあたりのように工学校だけ及第（きゅうだい）※合格しました。一年と二年とはどうやら無事で、そろばんの下手な担任教師が斉藤平太の通信簿（ぼ）の点数の勘定（かんじょう）を間違ったために［　A　］卒業いたしました。

（ａこんなことは実にまれです。）

卒業するとすぐ家へ戻されました。家は農業でお父さんは村長でしたが平太はお父さんの賛成によって、家の門の処に「建築図案設計工事請負（うけおい）」という看板をかけました。

すぐに二つの仕事が来ました。一つは村の消防小屋と相談所とをかねた二階建、も一つは村の分教場です。

（ｂこんなことは実にまれです。）

斉藤平太は四日かかって両方の設計図を引いてしまいました。

それからあちこちの村の大工たちをたのんでいよいよ仕事にかかりました。

斉藤平太は茶いろの乗馬ズボンをはき赤ネクタイを首に結んであっちへ行ったりこっちへ来たり［　B　］両方を監督しました。

工作小屋のまん中にあの設計図がかけてあります。

ところがどうもおかしいことはどういうわけか平太が行くと①どの大工さんも変な顔をして下ばかり向いて働いてなるべく物を言わないようにしたのです。

大工さんたちはみんな平太を好きでしたし賃銭（ちんせん）だってたくさん払って

ないものを次の中から二つ選び記号で答えなさい。

ア　個々人がつながりの最適化を望み、期待値を上げている社会。
イ　期待にそぐわないことがあってもともにすごしてゆける社会。
ウ　人を「コスト」として容易に切り捨てない社会。
エ　「一人」になる自由を得て、名目上でもつき合う相手を選べるようになった社会。
オ　気の遠くなるほどの年月をかけて築いてきた対面中心の社会。

問六　[　　]で囲まれた段落の本文における役割はどのようなものですか。その説明としてもっともふさわしいものを次の中から選び記号で答えなさい。

ア　「異質な人」とは仲良くできないという、現代社会を生きる私たちの抱える問題点を具体的に説明することで、筆者の主張の重要性を強調している。
イ　他者とのかかわり方という視点から本文をあらためてとらえ直すことで、次の段落から始まる「居心地のよさ」という話題への導入の役割を果たしている。
ウ　前の段落で述べている「原点に立ち返る」という話をわかりやすく言い換えることで、実際にどのように行動したらよいのかを読み手が理解しやすいようにしている。
エ　「身の回りの人間関係は、プラスの面をもつ人のみで最適化できる」という前提に対し具体例を挙げながら反論することで、筆者の主張を支えている。

問七　あるクラスではこの文章を読んだあとで、次の詩を読みました。

「私と小鳥と鈴と」　金子みすゞ

私が両手をひろげても、
お空はちっとも飛べないが
飛べる小鳥は私のように、
地面を速くは走れない。
私がからだをゆすっても、
きれいな音は出ないけど、
あの鳴る鈴は私のように
たくさんな唄は知らないよ。
鈴と、小鳥と、それから私、
みんなちがって、みんないい。

先生：この詩の＝＝部「みんなちがって、みんないい」と、本文＝＝部の「人それぞれ」、「多様性」という言葉について考えてみましょう。

(1)　**次の[①]・[②]に入る語の組み合わせとして、もっともふさわしいものをあとのア～カから選び記号で答えなさい。**

Aくん：[　①　]には、それぞれの違いを尊重するような雰囲気があるよ。
Bさん：だけど、[　②　]という言葉には、それ以外の意味合いがあるようにも思えるわ。一見相手に受け容れられているようでいて、距離をおかれているような複雑な語感があるのね。

ア　①「みんなちがって、みんないい。」と「多様性」

このようなつながりは、おたがいが相手のもつ異質さを受け容れることによって初めて得られるものです。

私たちは豊かになったからこそ、「一人」になるだけでなく、相手の前にあえてとどまり、「ただつき合う」ということをもっと意識したほうがよい。そこから得られる多様性もあるのではないかと私は考えています。

（石田光規『「人それぞれ」がさみしい』による）

※注１　コスパ……コストパフォーマンスの略語。コストとは費用、パフォーマンスとは効果・価値のことで、費用に対する効果をさす。コストパフォーマンスが高いとは、かけた費用に対して想定以上の効果が得られたということ。

※注２　二元的な発想……すべての物事は、二つの異なる原理や要素から構成されているという考え方。ここでは、どちらか一方の考え方しか認めない、という極端な発想のこと。

問一　本文中の「X」の部分には使い方を誤った同音または同訓の漢字が一字あります。解答欄に正しい漢字を書きなさい。

問二　A ～ D に入る言葉としてもっともふさわしいものを次の中からそれぞれ選び記号で答えなさい。ただし、同じ記号を二度使ってはいけません。

ア　しかし　イ　そもそも　ウ　では　エ　したがって

問三　次の文は本文中の【Ⅰ】・【Ⅱ】・【Ⅲ】・【Ⅳ】のいずれかの箇所に入ります。もっともふさわしい箇所を選びア～エの記号で答えなさい。

それは確かに素晴らしいことで、否定するつもりはありません。

ア【Ⅰ】　イ【Ⅱ】　ウ【Ⅲ】　エ【Ⅳ】

問四　――部①「『身の回りの人間関係は、プラスの面をもつ人のみで最適化できる』という過度な理想」とありますが、

⑴　人間関係を最適化するとは、どういうことですか。その説明としてもっともふさわしいものを次の中から選び記号で答えなさい。

ア　選べるだけの選択肢から、自分に合う一人だけを選んでつき合うこと。

イ　自分と考えが合わない人に対し、同じ考えをもってもらうように説得すること。

ウ　様々な個性をもった人たちが集まるなかで、人づきあいの仕方を学ぶこと。

エ　自分にとって得にならない人とはつきあわないなど、利益のみを考えて友人を選ぶこと。

⑵　この「過度な理想」が進んでいくと、どのような現象が起きると考えられますか。その例としてふさわしくないものを次の中から一つ選び記号で答えなさい。

ア　マイナス面をもつ人を排除していった結果、自分も他の人から排除されることになり、居場所をなくしてしまう。

イ　SNSを通じて同質の意見を持つ人が集まりやすくなり、反対意見を持つ人たちとの議論がさかんに行われる。

ウ　つながりから外されている人がいたとしても、自分の得にならなければかかわることを避け、不平等を見過ごしてしまう。

エ　愚痴や不満を言うと身近な人たちから嫌われてしまうため、インターネット上にストレスを発散する場が生まれる。

問五　――部②「このような社会」のあらわす内容として、ふさわしく

ンス」（プラス面）の両方が混在するという当たり前の事実を見落としてしまいます。というのも、「コスパ」の論理は、「①身の回りの人間関係は、プラスの面をもつ人のみで最適化できる」という過度な理想をもとに成り立っているからです。

（中　略）

異質な他者を取り込むには、さまざまな研究者が指摘したように、相手との深い対話が必要です。［　B　］、個々人がつながりの最適化を望み、期待値を上げている状況では、とてもではないが、そういった深い対話はできないでしょう。

［　C　］、私たちが深い対話を取り戻すためには、最適化願望をいったん脇におき、つながりへの期待値を切り下げ、人はプラスの面もマイナスの面もあるというごく当たり前の事実に立ち返る必要があります。

［　D　］、人がもつマイナスの部分をなくして、人間関係を最適化することなどできるのでしょうか。私はできるとは思いません。私は、期待どおりにいくこと、期待にそぐわないこともふくめてともにすごしてゆく、というのが人づきあいの規本であり、本質だと思っています。

②このような社会は集団的で息苦しいように感じられます。しかし、必ずしもそうとは言い切れません。【Ⅰ】

期待にそぐわないことがあってもともにすごしてゆける社会は、「コスパ」の論理が徹底された場とは反対に、人を「コスト」として容易に切り捨てない社会と言い換えることもできるからです。つながる相手を選び最適化できると考える「人それぞれの社会」では、その発想があまりにも欠けています。【Ⅱ】

私たちは、長い年月をかけて、ようやく「一人」になる自由を手に入れました。「一人」になる自由を手に入れたことで、私たちは理不尽な要求や搾取から逃れられるようになりました。【Ⅲ】

しかし、現在の社会状況をみると、私たちは「一人」になる自由をもてあましているように見えます。「一人」になる自由を得て、名目上でもつき合う相手を選べるようになった社会では、人づきあいに対する期待値が上がります。【Ⅳ】

それと同時に、異質な他者はつながりの不協和音として視線の外に追いやられてゆきます。今や誰かとつき合うには、つき合うに足るだけの理由が求められるのです。「一人」になる自由を得る前、私たちは、気の遠くなるほどの年月をかけて対面中心の社会を築いてきました。顔を合わせて集団で過ごしていけるというのは、霊長類学の知見にもあるように、人類の比類なき（※比べられないほどよい）財産です。私は、現代社会を生きる人びとは、ほんの少しでも、その原点に立ち返るべきではないかと考えています。

具体的には、相手が自らにとってマイナスになるかプラスになるかにとらわれずに、目の前の他者と腰を据えてつき合うことを、もっと積極的に意識してもよいのではないかと考えています。人にプラスの面があろうと、マイナスの面があろうとつき合ってみる。そうすることで、人の弱さに思いをはせられるようになり、また、異質な人とも仲良くしないまでも、うまくやっていけるすべ（※方法）を身につけられるようになります。

迷惑をかけないよう、あるいは、場の空気を乱さないよう自らを律することのできる人は、たしかに立派です。しかし、それと同時に、おたがいに迷惑をかけつつも、それを笑って受け容れられるつながりも同じくらい大事だと思いますし、私は、後者のほうに居心地のよさを感じます。

【国　語】（四五分）〈満点：一〇〇点〉

一　次の問に答えなさい。

問一　次の①～⑤の――部のカタカナを漢字に直しなさい。⑤は送りがなも正しく答えなさい。

① 長く争っていた国同士がワカイした。

② この作家はセンレンされた文章を書く。

③ 都市開発により高層ビルがリンリツする。

④ この海岸の景色は白砂セイショウと呼ぶにふさわしい。

⑤ 入試問題集を解いて、実戦力をヤシナウ。

問二　曜日を表す漢字【日・月・火・水・木・金・土】に漢字をつけ加えて、別の漢字をつくります。

たとえば【日】と【水】に、それぞれ「共通する漢字」をつけ加えると、「ケイ」という音を持つ漢字と、「リョウ」という音を持つ漢字ができます。この例の場合、「共通する漢字」は『京』で、新しくできた漢字は「景」と「涼」です。

解答は、つけ加えた共通する漢字を書きなさい。この例の場合は、『京』と答えます。

なお、【水】には「氵(さんずい)」を含みます。

① 【水】と【木】に、共通する漢字をつけ加えると、「カイ」という音を持つ漢字と、「バイ」という音を持つ漢字ができます。共通する漢字を書きなさい。

② 【水】と【土】に、共通する漢字をつけ加えると、それぞれ「チ」という音を持つ漢字ができます。共通する漢字を書きなさい。

③ 【日】と【金】に、共通する漢字をつけ加えると、「ソウ」という音を持つ漢字と、「シン」という音を持つ漢字ができます。共通する漢字を書きなさい。

二　次の文章を読んで、あとの問に答えなさい。

最後に、異なる他者を取り込むにあたり、個々人はどのようなことを意識すればよいのか考えてみましょう。

再三述べたように、「人それぞれ」に物事を選べるようになるには、選べるだけの選択肢を用意しなければなりません。その点は人間関係も同じです。

私たちは、「一人」になることもふくめ、どのようなつき合いをするか、あるていど選べるようになりました。［A］、かりに、皆さんがつき合う相手を選べるようになったとしたら、どのような人と関係を結ぶでしょうか。

おそらく、自らにとってなんらかの面でプラスになる人とつながりの輪をつくるでしょう。第三章では、人間関係が「コスパ」※注1化している現状を説明しました。しかし、「コスパ」の論理は、自らにも跳ね返り、かえって自分の居場所を削る可能性がある、とも指摘しました。自身が相手にとっての「コスト」となってしまうかもしれないからです。

「コスパ」の論理は、自らの居場所を削るばかりでなく、もうひとつの重大かつ単純な事実を見えづらくしてしまいます。「人にはプラスの面もマイナスの面もある」というごく当たり前の事実です。

コストとパフォーマンスという二元的※注2な発想でつき合いを振り分けよ

X

うとすると、ひとりの人には「コスト」（マイナス面）と「パフォーマ

MEMO

大切なことはメモしておこうネ！

2023年度

芝浦工業大学柏中学校入試問題（第２回）

【算　数】（45分）　＜満点：100点＞

1　次の各問いに答えなさい。

(1)　次の計算をしなさい。

$$\left(\frac{1}{605}+0.2\right)\times2.5-\left(\frac{1}{3}-\frac{3}{121}\right)\div\frac{2}{3}+\frac{1}{242}$$

(2)　濃度が７％である食塩水が300ｇあります。この食塩水に水を加えて濃度を６％にするとき，何ｇの水を加えればよいですか。

2　太郎君は家から駅まで一定の速さで歩きます。家を出て４分後に全体の距離の$\frac{1}{9}$だけ進みました。

さらに，残りの距離の$\frac{3}{4}$を進んだところ，郵便局に着きました。郵便局から駅までの距離は656ｍです。

(1)　家から駅までの距離は何ｍですか。

(2)　郵便局から駅まで歩くと何分かかりますか。

3　あるレストランには，①主食，②主菜，③飲み物，④デザートをそれぞれ下の表のメニューから選んで注文できるセットメニューがあります。

①主食	②主菜	③飲み物	④デザート
ライス	ハンバーグ	コーヒー	ショートケーキ
パン	からあげ	紅茶	ソフトクリーム
	エビフライ	オレンジジュース	

(1)　①～④を１つずつ選んでセットメニューを作ります。④の種類を増やすことで，セットメニューの選び方を３倍にしたいと考えました。④をあと何種類増やせばよいですか。

(2)　②を１つまたは２つ，①，③，④を１つずつ選ぶとき，セットメニューの選び方は何通りありますか。

4　１辺が２㎝の正八角形の各頂点から２本の対角線を図のように引きました。

（図１，図２は次のページにあります。）

(1)　図１の□部分の面積は何㎠ですか。

(2)　図２の□部分の面積は何㎠ですか。

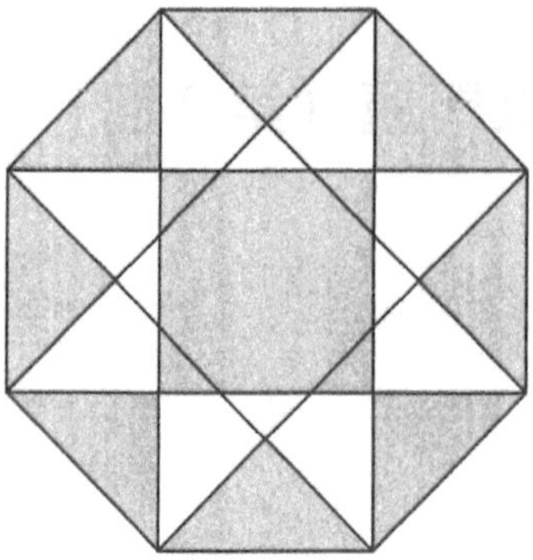

図１

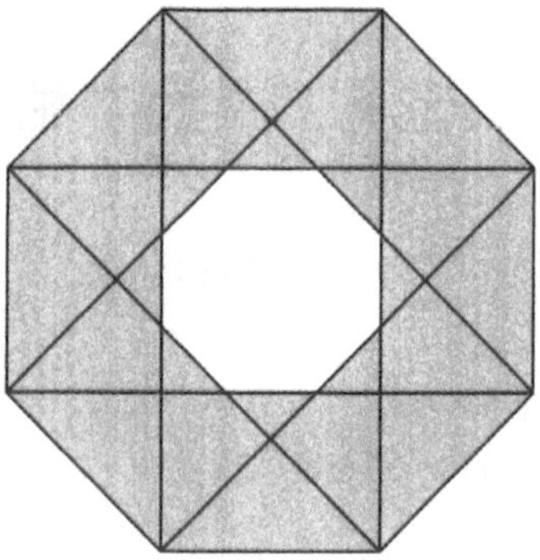

図２

5 １本100円の赤のボールペンと１本80円の黒のボールペンを合計金額が6600円になるように買います。

ただし，黒のボールペンは１本以上は買うものとします。

(1) 購入（こうにゅう）する２色のボールペンの合計本数を最も少なくするとき，ボールペンは合わせて何本買えますか。

(2) 購入する２色のボールペンの合計本数を最も多くするとき，ボールペンは合わせて何本買えますか。

(3) ６人の生徒に赤のボールペンを同じ本数ずつ，黒のボールペンを同じ本数ずつ分けられるように買います。

このとき，黒のボールペンは □ 本買うことができます。□ に当てはまる数をすべて答えなさい。

6 イチローくんとジローくんは誕生日について話しています。

イチローくん：僕の誕生日は１月14日で，14の約数の個数は，1，2，7，14の４個だね。
ジローくん：僕の誕生日は２月22日で，22の約数の個数も，1，2，11，22の４個だ。
イチローくん：もしかすると，約数が４個になる整数って，１とその数以外に約数が２個存在して，その２つの数の積は元の数になるのかな？
ジローくん：確かに22は，１と22以外に約数として２，11の２個が存在して，その２つの積は22になるね。

(1) 約数が４個になる整数を小さい方から順に並べると22は何番目ですか。

会話は続き，

イチローくん：さっきの考え方を使うと，約数が３個になる整数って，どんな特徴があるのかな？
ジローくん：約数が３個になる整数は，
イチローくん：確かにそう説明できるね。面白いね～。

⑵　ジローくんは，約数が３個になる整数の特徴をイチローくんの下線部の発言を踏まえてどのように説明したでしょう。「約数が３個になる整数は」という言葉から始めて，説明しなさい。

⑶　約数が３個になる整数を小さい方から順に並べたとき，５番目の数はいくつですか。

7　（注意：この問題の⑵⑶は，解き方を式や言葉などを使って書きなさい。）

三角形をある直線を軸として$\frac{1}{2}$回転してできる立体を考えます。ただし円周率は3.14とします。

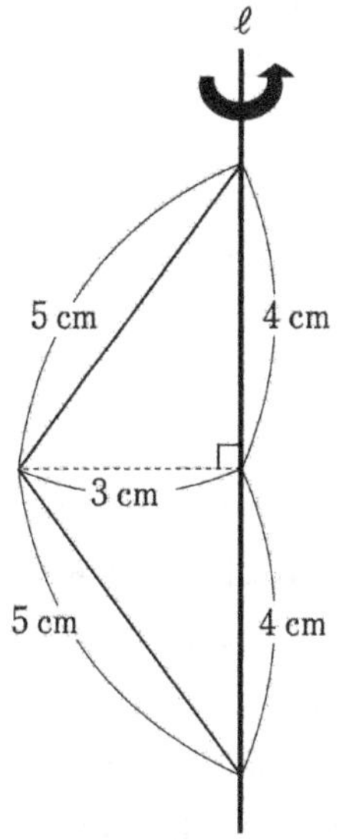

図１

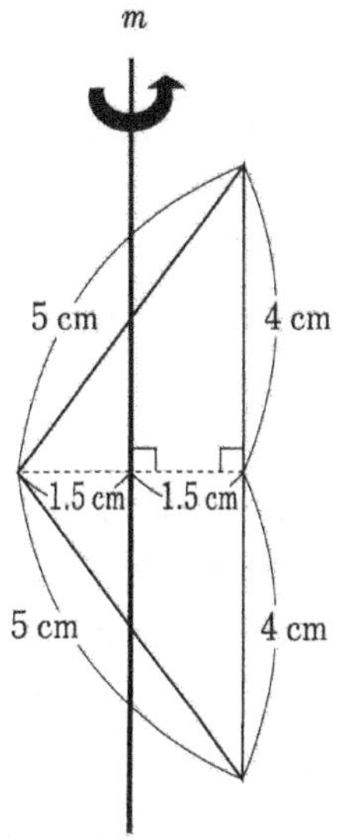

図２

⑴　図１のように直線ℓを軸として$\frac{1}{2}$回転してできる立体の体積は何cm³ですか。

⑵　図１のように直線ℓを軸として$\frac{1}{2}$回転してできる立体の表面積は何cm²ですか。

⑶　図２のように直線mを軸として$\frac{1}{2}$回転してできる立体の体積は何cm³ですか。

【理　科】（40分）　＜満点：75点＞

1　**カビやキノコのなかまは菌類と呼ばれ，動物でも植物でもない生物のなかまです。名前は似ていますが，細菌類ともちがう生物です。この菌類について以下の問いに答えなさい。**

菌類の本体は菌糸という無色から白色の細い糸状のもので，ヒトの眼には見えるか見えないかぐらいの大きさです。ただ子孫を作って風や動物の力で拡がるときに，カビのさまざまな色があらわれたり，キノコの姿になったりして私たちの目にとまるのです。

(1)　子孫を作って風や動物の力で拡がる，とありますが，菌類の子孫はどのような形で拡がるのですか。ア～オの中から１つ選んで，記号で答えなさい。

ア．種子　　イ．花粉　　ウ．胞子　　エ．果実　　オ．球根

(2)　菌類が自然界の物質じゅんかんではたしている役割は何と呼ばれていますか。ア～エの中から１つ選んで，記号で答えなさい。

ア．生産者　　イ．消費者　　ウ．仲介者　　エ．分解者

秋の味覚の王者マツタケは，アカマツの林だけに発生することが昔から知られています。東日本ではアカマツの林をそれほど見ることはありませんが，西日本にはたくさんあります。きのこ（木の子）ということばが示すように，マツタケはマツの木の副産物のように長い間とらえられてきましたが，実はアカマツとマツタケ菌はたがいに支え合う，持ちつ持たれつの関係なのです。

以前は人々がアカマツの林にしばしば入り，枯れ枝や落ち葉を集めて肥料や燃料に利用していました。そのころはマツタケもたくさん採れたのです。しかし人々があまり林に入ることがなくなるとともに，マツタケは次第に採れなくなり貴重品となりました。現在，環境省のレッドリストで準絶滅危惧種です。

(3)　アカマツとマツタケ菌のような持ちつ持たれつの関係を何といいますか。ア～エの中から１つ選んで，記号で答えなさい。

ア．寄生　　イ．共生　　ウ．菌生　　エ．再生

(4)　マツタケがあまり採れなくなったのは，人々がマツ林に入らなくなったことと関係しているようですが，なぜ人々は林に入らなくなったのでしょう。ア～オの中から適切と思うものを２つ選んで，記号で答えなさい。

ア．みんな町にはたらきに行くようになったから

イ．化学肥料をみんなが使うようになったから

ウ．化石燃料（石炭・石油・天然ガス）をみんなが使うようになったから

エ．食生活が洋風になったから

オ．虫にさされて伝染病にかかるのをおそれたから

マツタケ菌の本体は先ほども述べたように，菌糸という白い糸状のもので，これがアカマツの根をおおい，その周囲にのびています。アカマツは植物ですから自分で栄養（糖）を作り出すことができます。この栄養（糖）をマツタケ菌にも分けてあげます。一方マツタケ菌は，アカマツの根よりはるかに広い範囲にのびていき，土の中のさまざまな養分を集めてアカマツに提供しているのです。

⑸　植物が自分で栄養（糖）を作り出すはたらきのことを何といいますか。

⑹　土の中のさまざまな養分の中で，特に植物にとって大切なものは何でしょうか。ア～オの中から正しい組み合わせを１つ選んで，記号で答えなさい。

ア．酸素と水素　イ．炭素と硫黄（いおう）　ウ．塩素とナトリウム

エ．窒素（ちっそ）とリン　オ．カルシウムと鉄

実は樹木と菌類の関係は，アカマツとマツタケ菌に限ったことではありません。研究の結果，樹木の大半が同じような持ちつ持たれつの関係を，何らかの菌類と持っていることがわかっています。東日本に多いクロマツも同じで，ショウロ（松露と書きます）というキノコのなかまと同じような関係にあります。有名な三保（みほ）の松原のようにマツ林は海岸に多く見られますが，考えてみれば海岸の砂地は樹木にとって決して良い環境とは言えません。このような水分も栄養もきびしい環境で（海水のように塩分が多いと，水を吸収するのも難しくなります）マツの木が生えられるのは，このショウロ菌がマツの生育を助けているからと考えられています。

⑺　2011年の東日本大震災（しんさい）の津波（つなみ）によって，東北地方の海岸では多くのマツ林が流されてしまいました。砂の流出や海風を防ぐためにもマツ林の復活が必要です。ところがマツの木をただ植えても多くが枯（か）れてしまうことがわかってきました。海岸のマツ林を復活させるためにはどのような工夫が必要だとあなたは思いますか。20字以内で答えなさい。

これまで樹木と菌類の関係を見てきましたが，実は草についても同じような関係が広く見られることがわかってきました。おそらく大昔，最初の植物が陸上に上がった時にも，菌類の助けが必要だったのではないかと最近では考えられています。

⑻　最初の植物が陸上に上がったのはいつごろのことですか。ア～オの中から１つ選んで，記号で答えなさい。

ア．先カンブリア時代　イ．古生代　ウ．中生代

エ．第三紀　オ．第四紀

フランス料理の三大珍味（ちんみ）は，フォアグラ・トリュフ・キャビアといわれますが，このうちトリュフとは土の中（深さ10～40㎝）にできるキノコの一種です。（チョコレートのトリュフはこの形をまねたものです。）独特の香（かお）りが珍味とされる理由ですが，この香りは一体何のためにあるのでしょう。そもそも土の中にキノコができたのでは，だれが子孫を拡げてくれるのでしょうか。

⑼　自然界でトリュフの子孫を拡げてくれるものとして考えられるものは何ですか。ア～キの中から１つ選んで，記号で答えなさい。

ア．風　イ．ミツバチ　ウ．カラス

エ．ヤギ　オ．イノシシ　カ．セミの幼虫

キ．地下水

2　**気象の観測や天気の変化に関する次のページの問いに答えなさい。**

次のページの図１～３はそれぞれ2021年，または2022年のある日の天気図です。ただし，天気図中のHは高気圧，Lは低気圧を表すものとします。

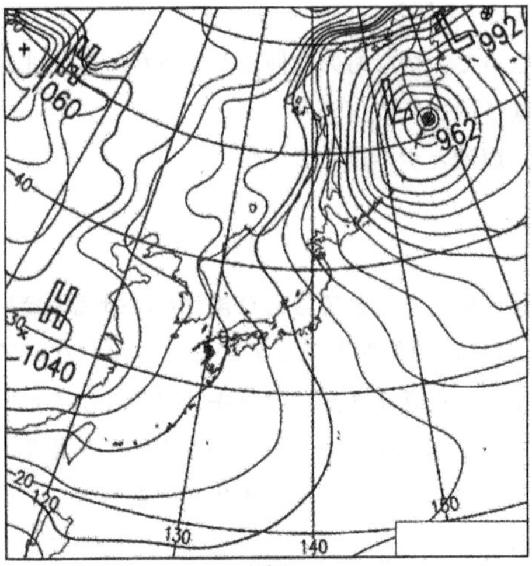

図１

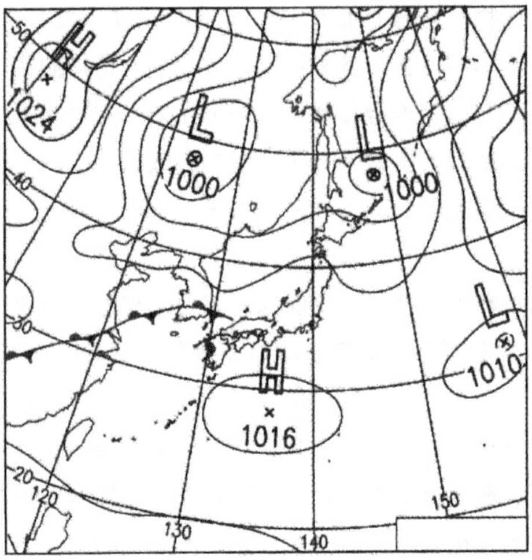

図２

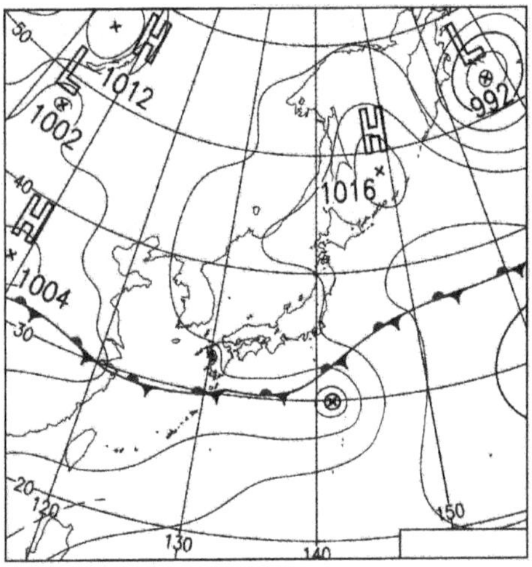

図３

（気象庁のホームページより）

⑴　図１の日本付近の天気図を見ると，非常に特徴のある気圧配置になっています。この気圧配置を漢字４字で答えなさい。

⑵　図１の時期に発達し高気圧を形成する気団を答えなさい。

⑶　図１と同じ日の衛星の雲画像を見ると，日本海の上空に積雲や積乱雲が筋状に並んでいるのが観測されました。大陸からの風が下層のみ温められ空気の対流が起こり，上昇して雲ができる部分と下降して雲ができない部分が交互に並ぶためです。大陸からの風が下層のみ温められる理由を15字以内で説明しなさい。

⑷　図２の天気図を見ると，東北地方以南は発達した大きな気団におおわれています。その気団を答えなさい。

⑸　日本はユーラシア大陸と太平洋のはざまに位置しており，図１の時期には大陸側から風が吹き，図２の時期には海洋側から風が吹きます。このような風のことを何と言いますか。

⑹　図３の天気図を見ると，日本の南の海上に停滞（ていたい）前線が形成されています。その成因となっている気団を２つ答えなさい。また，この停滞前線はこの後ゆっくり北上し，やがて消滅（しょうめつ）しました。図３の時期のことを何と言いますか。

⑺　図４のア～エは2021年10月1，2，3，4日の日本付近の天気図を無作為（むさくい）に並べたものです。これらを日付順になるように，ア～エの記号で並べなさい。ただし，天気図中のTDは熱帯低気圧を表すものとします。

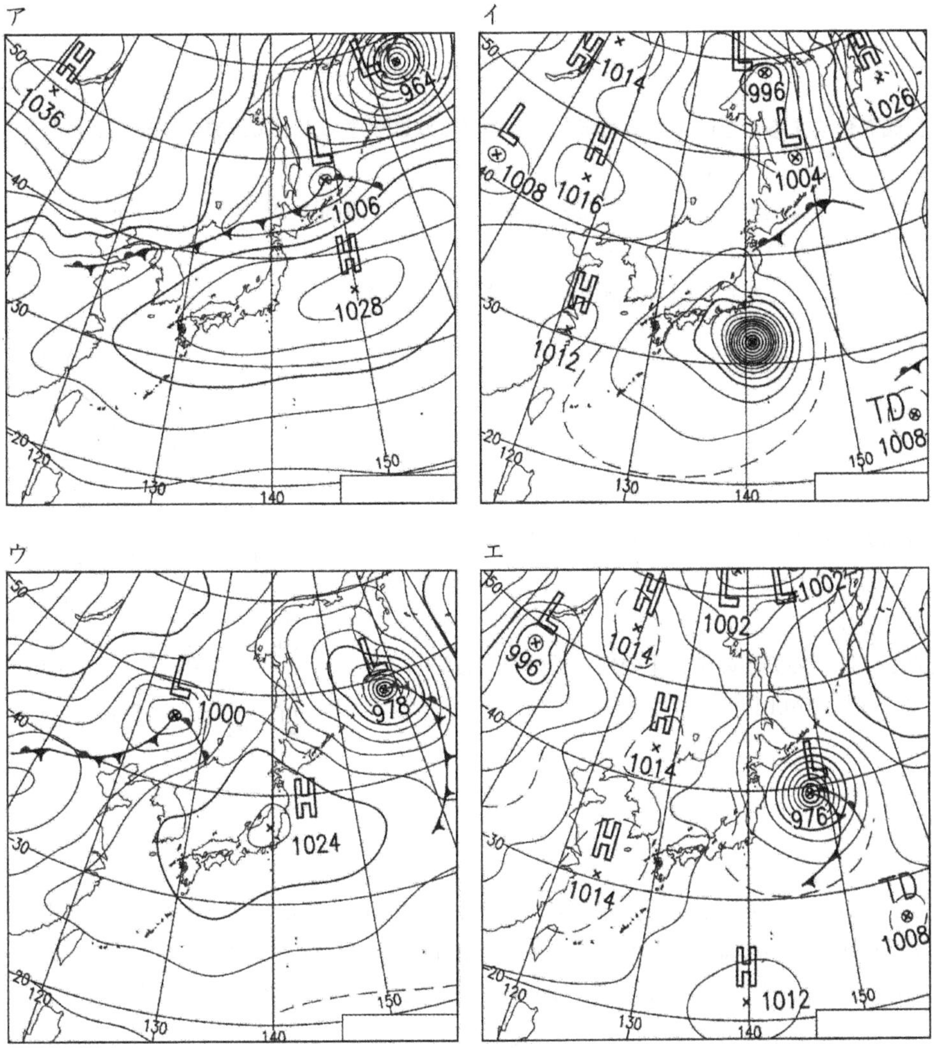

図４

（気象庁のホームページより）

⑻　次のページの図５は図４のイの一部を拡大したものです。
低気圧の中心から少し外れたＡ地点での風の吹き方の特徴を風の強さと向きに着目し，20字以内で答えなさい。

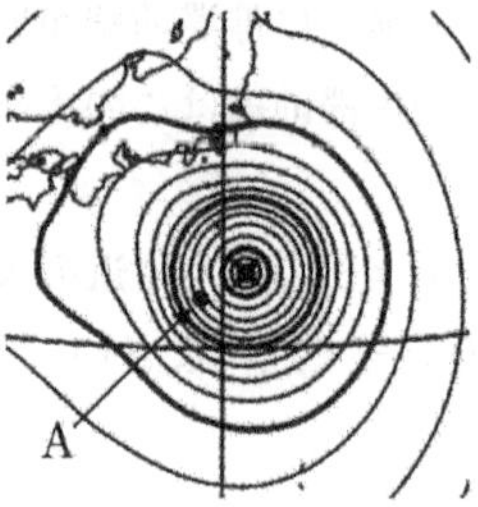

図５

天気図を作成するときは，気象通報を聞きながら放送順序に沿って天気図用紙に記録していきます。

⑼　各地の天気の内容を記入したところ，ある地点の天気図記号が図６のようになりました。この地点の風向，風力，天気をそれぞれ答えなさい。ただし，図６は気温と気圧は省略しています。

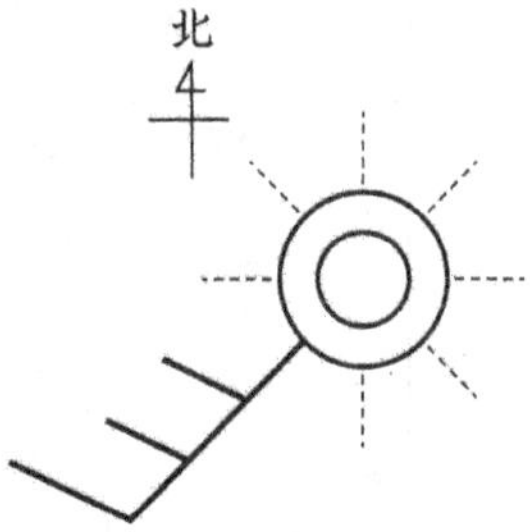

図６

⑽　各地の気圧を天気図に記入したところ，図７のようになりました。1012hPa，1020hPaの等圧線を図７に書き入れなさい。
ただし，図７の気圧の値は千の位と百の位を省略しています。（例．1020hPa→20）

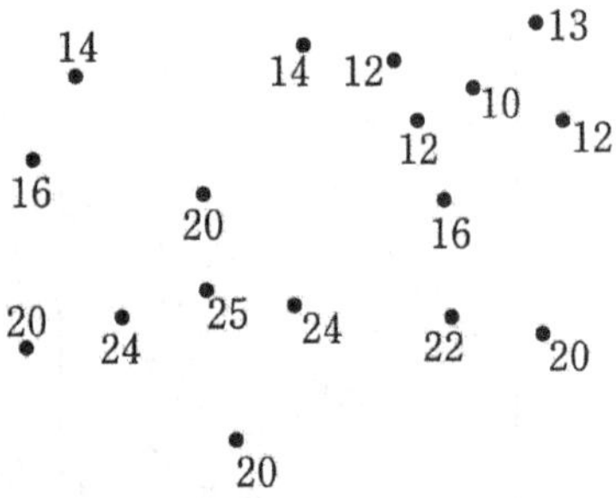

図７

⑾　気象通報で示される気圧は高度０ｍ（海面）における値に修正して放送されています。ある程度の高度までは10m高くなるごとに気圧が1.1hPa減少することが知られています。

高度180mの地点で観測した気圧の値が990hPaであるとき，気象通報で示す気圧の値は何hPaになりますか。小数第１位を四捨五入して整数で答えなさい。

3　近年，コロナウイルスの感染拡大にともない，私たちの生活において，消毒用アルコールがひんぱんに使用されるようになりました。消毒用のアルコールとして使われているものの多くは，エタノールという物質をうすめた水溶液（すいようえき）です。消毒用アルコールとしては，濃度（のうど）70％以上95％以下のものが有効であるとされています。そこで，エタノールと水を使って，消毒用アルコールを作成することにしました。

⑴　消毒用アルコールのエタノール水溶液を300ｇ作成したい。消毒が十分される濃度の条件を満

たすためには，少なくともエタノールは何ｇ用意すればよいですか。整数で答えなさい。

⑵　エタノールに水を加えてうすめていくのに，メスシリンダーを使って水を量り取りました。このときにメスシリンダーの目盛と液面を適切に表現しているものをア～エの中から１つ選んで，記号で答えなさい。

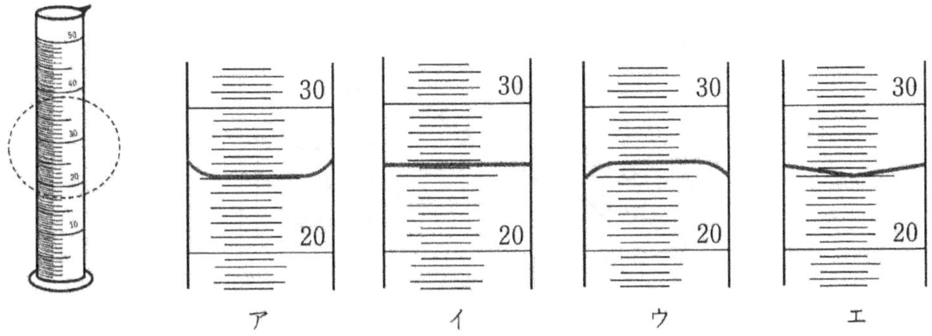

ここからは，物質が水に溶(と)ける現象について考えてみます。物質を水に溶かした液体を水溶液といいますが，さきほどのエタノール水溶液のように液体が水に溶ける以外にも，気体や固体が水に溶けていても溶けた全体の液体を水溶液といいます。また，色がついていても透明(とうめい)であれば水溶液です。

⑶　ザラメ糖（茶色の砂糖）を溶かすために，ビーカーの水に溶け切らない量のザラメ糖を加えて，１時間ほど静かに置きました。このとき，溶け切らなかったザラメ糖の粒子(りゅうし)は，液中にどのように存在しますか。ア～エの中から１つ選んで，記号で答えなさい。

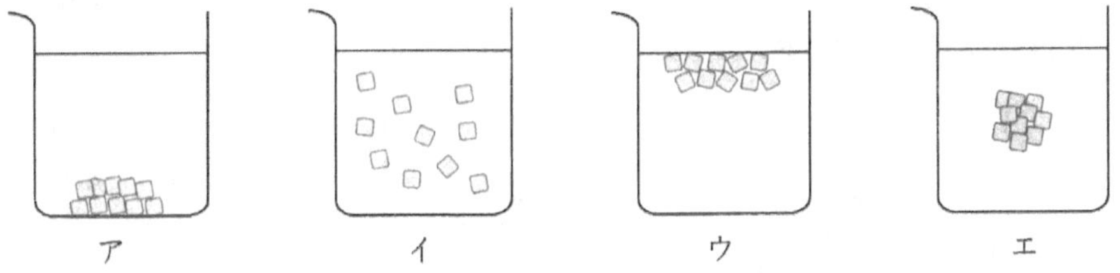

水に物質が溶けていくときに，溶かすことができる物質の量には限度があります。100ｇの水に溶ける最大量を溶解度といい，この値は物質ごとに異なります。物質Ａ，Ｂ，Ｃについての温度ごとの溶解度をグラフで示します。物質Ａ，Ｂ，Ｃはそれぞれ，表の食塩，ミョウバン，重そうのいずれかです。（図，表は次のページにあります。）

⑷　物質Ｂに当てはまる物質名を答えなさい。

⑸　溶解度が温度によって大きく変化する物質は，温かい水に多量に物質を溶かした水溶液を冷やすことで再結晶(けっしょう)させることができます。次の①，②に答えなさい。ただし，必要であれば四捨五入して，小数第１位で答えなさい。

①　物質Ｃを60℃の水50ｇに溶かしました。何ｇまで溶けますか。

②　①で作成した水溶液を20℃まで冷却(れいきゃく)しました。何ｇの物質Ｃが得られますか。

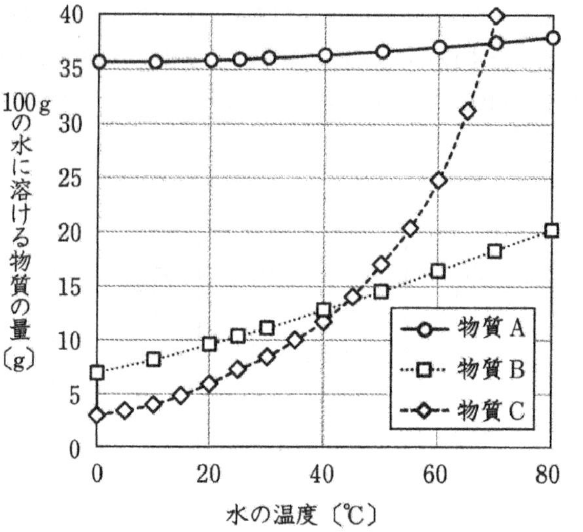

図．各物質の温度と溶解度の関係

表．各物質の温度と溶解度の関係

水の温度〔℃〕	0	10	20	30	40	50	60	70	80
食塩	35.7	35.7	35.8	36.1	36.3	36.7	37.1	37.5	38.0
ミョウバン	3.0	4.0	5.9	8.4	11.7	17.0	24.8	40.0	71.0
重そう	6.9	8.1	9.6	11.1	12.7	14.5	16.4	18.3	20.2

(6)　得られた結晶をろ過する方法として正しいものは次のうちどれですか。最も適切なものをア～エの中から１つ選んで，記号で答えなさい。

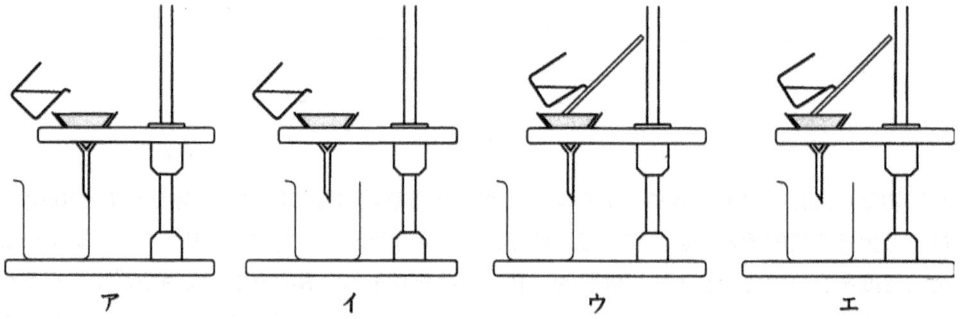

(7)　物質Aは温度を変えても溶ける量が大きく変化しないため，水溶液をガスバーナーで加熱し続けることで結晶を取り出しました。

①　熱を加えると結晶が得られたのはなぜですか。理由を20字以内で説明しなさい。

②　ガスバーナーの加熱では急激に結晶が生じるので，あまり形のはっきりした結晶が得られません。物質Aをうまく結晶にすると，はっきりした形状で得られますが，どのような形状になりますか。次のページのア～エの顕微鏡（けんびきょう）写真の中から１つ選んで，記号で答えなさい。

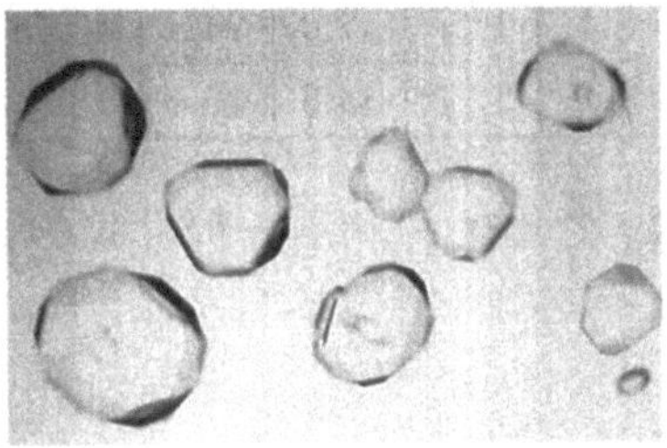

ア

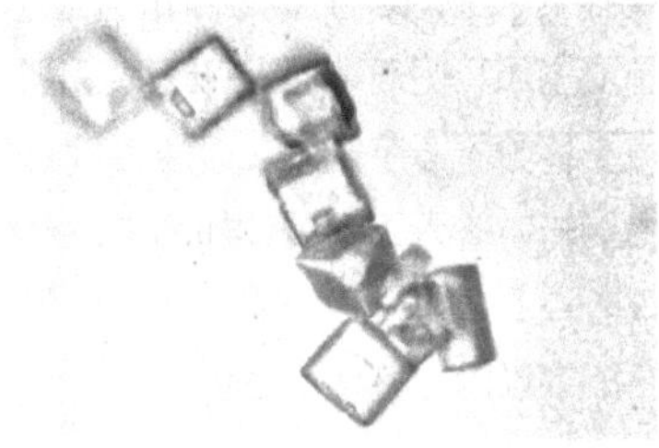

イ

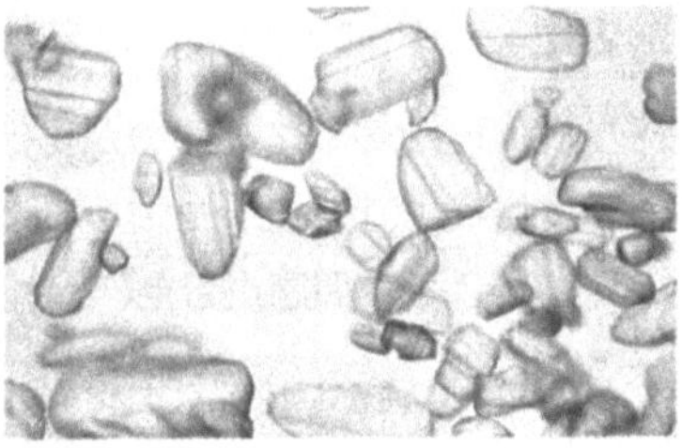

ウ

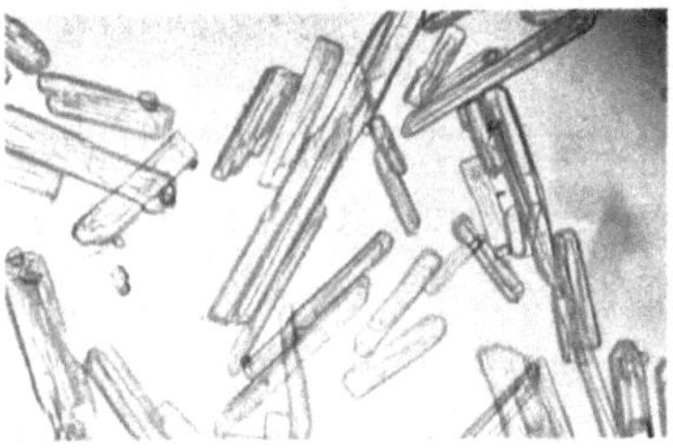

エ

⑻　食塩水と同様に，砂糖水を加熱していくと，食塩水の場合と異なり最終的にこげたかたまりが残りました。なぜ，砂糖水では黒くこげてしまったのですか。15字以内で答えなさい。

4　**以下の問いに答えなさい。**

2021年５月，中国のロケットの残骸が地上に落下する恐れがあるというニュースが流れ，騒然となりました。宇宙空間には宇宙ゴミ（スペースデブリ）と呼ばれる人工衛星やロケットの残骸が無数に飛び回っていて，この件は氷山の一角にすぎません。先進７カ国首脳会議でも持続可能な宇宙環境の構築が宣言に盛り込まれたように，宇宙ゴミは人類共通の課題です。

⑴　地球から遠く離れた宇宙空間に浮いている宇宙ゴミの１つが完全に静止しているとします。この時，空間に浮いているわけですが，宇宙ゴミにはたらく力の記述として最も適切なものはどれですか。ア～エの中から１つ選んで，記号で答えなさい。

ア．重力と浮力の両方がはたらきつり合っている。

イ．重力だけがはたらいている。

ウ．浮力だけがはたらいている。

エ．力ははたらいていない。

実際の宇宙ゴミは，地表から300～450㎞の低い高さの軌道では毎秒７～８㎞という非常に速い速さで地球の周りを回っているのに対して，地表から36000㎞の静止軌道と呼ばれる高い軌道ではこれよりは遅い速さで地球の周りを回っています。この速さを求めてみましょう。

⑵　静止軌道と呼ばれる理由は，この高さを回っている宇宙ゴミは地球の周りを地球の自転周期（＝地球が地軸を中心に１回転する時間）と同じ時間で回っているため，もしこの宇宙ゴミが地上から見えたとすると静止しているように見えるからです。地球の自転周期として最も適切なものはどれですか。ア～エの中から１つ選んで，記号で答えなさい。

ア．　29.5日　　イ．　365.24日　　ウ．１日　　エ．0.041日

⑶　地球の半径を6400㎞とすると静止軌道を回る宇宙ゴミが地球の周りを１周するのに移動する距離は何㎞ですか。円周率を3.1として計算しなさい。

⑷　静止軌道を移動する宇宙ゴミの速さは毎秒何㎞ですか。小数第１位で答えなさい。

⑸　現在稼働している人工衛星に加えて，今後も膨大な数の人工衛星が打ち上げられるといわれています。このことによって残骸が地上に落下してくる以外に今後どのような危険があると考えられますか。30字以内で答えなさい。

環境省の調べによると，毎年海に流出するプラスチックゴミのうち２～６万トンが日本から発生したものだと推計されています。

⑹　海洋ゴミにもさまざまな種類がありますが，もっとも問題とされているのがプラスチックゴミです。プラスチックゴミは以下の表のように海洋ゴミの半分以上の割合を占めるほど個数が多いことも問題ですが，プラスチックゴミの問題点として次のような問題点も上げられます。（　）に当てはまる文章を15字以内で答えなさい。

プラスチックの（　　　　　　　　）という性質のため，プラスチックゴミは自然物と比較して海洋に漂う期間がはるかに長い。

表　海洋ゴミ種類別の割合〔%〕（個数）

紙	布	木材	自然物	プラスチック	金属	ガラス・陶器	その他人工物
0.3	0.8	7.3	15.9	65.8	4.0	2.8	3.1

出典：環境省「海洋ごみをめぐる最近の動向」

⑺　上記の表は実際には個数の割合を示したものですが，簡単のため１つ１つのゴミの重さを同じ重さと仮定します。日本から年間６万トンのプラスチックゴミが発生したとすると海洋ゴミは年間何万トン発生したと考えることができますか。小数第１位で答えなさい。

※実際には１つ１つの海洋ゴミの重さはバラバラで，例えば木材などの海洋ゴミ１つはプラスチックゴミ１つより遥かに重く海洋ゴミ全体の重さは⑺で求めた値より重いことが知られています。

特に細かく砕けた直径５㎜以下のマイクロプラスチックと呼ばれるものは，回収するのが困難で，海洋生物の生態系を壊してしまう可能性もあります。海洋を漂っているマイクロプラスチックについて考えてみましょう。

⑻　図のように海面に浮いている１粒のマイクロプラスチックＡにはたらいている力の記述として最も適切なものはどれですか。ア～エの中から１つ選んで，記号で答えなさい。

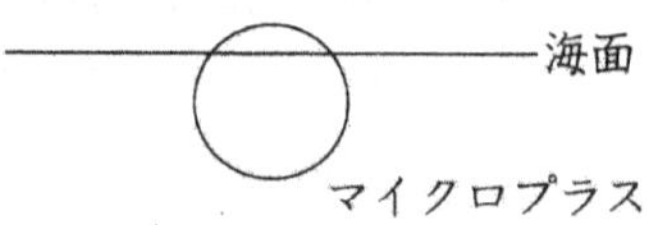

ア．重力と浮力の両方がはたらきつり合っている。

イ．重力だけがはたらいている。

ウ．浮力だけがはたらいている。

エ．力ははたらいていない。

⑼　⑻のマイクロプラスチックＡとは体積が全く同じで素材が違う別のマイクロプラスチックＢの粒は海底に沈んでいました。以下の文章の（①），（②）に当てはまる正しいものをア～エの中からそれぞれ１つずつ選んで，記号で答えなさい。

Ｂの密度は（　　①　　）く，Ｂにはたらく浮力の大きさは（　　②　　）い。

ア．Ａより大き　　イ．Ａより小さ

ウ．Ａと等し　　　エ．浮力ははたらいていないのでわからな

⑻や⑼のようなマイクロプラスチックは海の食物連鎖によって，魚などの小さな生き物が食べ，それより大きな生き物に食べられることによって体内に取り込まれます。つまり海で獲れた魚などを食べる人間もマイクロプラスチックを食べることになります。プラスチックは食べても消化されず胃や腸を通って排出されますが，プラスチックに含まれたり表面についたりした有害物質は体内に取り込まれ，吸収されることもあるといわれています。

⑽　実際には海に生息する生物がどれくらいの割合でマイクロプラスチックを体内に取り込んでいるのかは判っていませんが，仮定としての計算をしてみましょう。仮に日本から年間６万トンのプラスチックが海洋ゴミとして流出し，そのうち10％がマイクロプラスチックとなり，そのうち５％が海洋生物の体内に取り込まれ，そのうち４％が日本人の体内に取り込まれたとします。日本人の人口を１億２千万人だとすると１年間に日本人１人あたりが体内に取り込むマイクロプラスチックの量は何ｇと考えることができますか。

【社　会】（40分）　＜満点：75点＞

1　小学校６年生の楓（かえで）さんは，祖母が住む高知県に帰省しました。次の文章は，楓さんがその時に書いた記録の一部です。この文章を読み，以下の設問に答えなさい。

私は，夏休みに両親とともにおばあちゃんのいる高知県を訪ねました。高知県の空港は，高知龍馬空港といい，坂本龍馬の名前がつけられています。空港には，おばさんが，車で迎えに来ていました。おばあちゃんの家は，空港から車で30分程度の南国市内，JR①土佐長岡駅の北側にあります。おばあちゃんとは，３年ぶりの再会だったので，とてもうれしく思いました。おばあちゃんとの話のなかで，おばあちゃんが②日本が国際連合に加盟した年に生まれたことを初めて知りました。

高知は関東よりも南に位置しているので，日差しが強く，日中は暑かったのですが，夕方になって涼しくなったので，おばさんと母と散歩に出掛けました。少し歩くと，国分寺というお寺がありました。③このお寺は奈良時代に行基というお坊さんによって造られ，後に空海も訪れたと伝えられており，四国八十八か所の29番目のお寺だそうです。このお寺には平安時代末期と④鎌倉時代の二体の薬師如来像が安置されているそうですが，これは見ることができませんでした。お寺のはずれには，紀貫之が国司をつとめていた時の屋敷跡もありました。国分寺の近くには，⑤律令国家の時代に設置された国の役所である国衙（こくが）の跡もありました。今まで訪れた時には気づきませんでしたが，おばあちゃんの家の近くは，今は農村ですが，昔は先進的で文化的な場所だったんだなと思いました。おばさんの話によると，さらに西に行くと，戦国大名長宗我部（ちょうそかべ）元親の居城であった岡豊城（おこうじょう）があるそうです。

２日目はおばさんの運転で，おばあちゃんと両親と一緒に観光に出掛けました。まずは，桂浜に向かいました。ここで有名なのは，坂本龍馬の像です。この像は坂本龍馬の志を示すように，太平洋を向いているそうです。方角から考えると，⑥アメリカかなと思いました。次に高知城に向かいました。⑦江戸時代の土佐藩主の居城です。土佐藩を治めていた大名は山内（やまのうち）氏だそうです。幕末に活躍した山内豊信は，第15代将軍（　⑧　）に大政奉還を進言したことでも知られています。江戸時代には，⑨幕府や多くの藩は財政が厳しくなりました。土佐藩も同様でしたが，幕末には，若手の藩士などを登用して藩の政治を立て直したそうです。高知城と隣あって，高知県庁がありました。お父さんの話では，1991年より高知県知事を橋本大二郎さんが４期連続でつとめていた期間のなかで，1996年より２年ほどお兄さんの橋本龍太郎さんが⑩総理大臣をつとめるということがあったそうです。高知県出身者は，明治初期でも⑪自由民権運動を広めた板垣退助や⑫三菱の創業者である岩崎弥太郎など，活躍した人が多数いました。

この後，おばさんの案内で高知市内を歩きました。そのなかで興味を持ったのが，土佐和紙です。⑬この和紙は，楮（こうぞ）という木を原料に作るそうです。同じ原料から作る和紙といっても，ゴワゴワしたものから薄く透き通るものまでたくさんの種類があり驚きました。次に土佐の魚料理を楽しみました。魚は新鮮でとてもおいしく感じました。この後，お土産を買って，おばあちゃんの家に戻りました。

問１　下線部①は，古代以来用いられてきた旧国名です。現在でも越後平野・紀伊半島のように，旧国名が使われることがあります。旧国名のうち，「石見」のおおよその場所として正しいものを次のページの地図中のアからエより１つ選び，記号で答えなさい。なお，地図の境界は現在の都道府県の境を示しています。

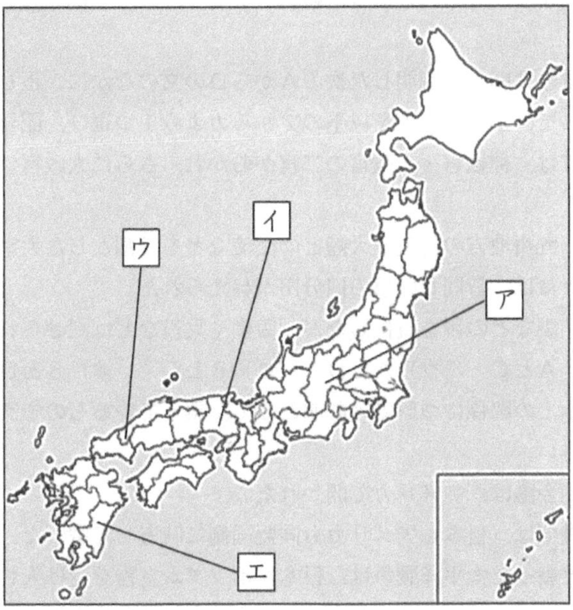

問２　下線部②は第二次世界大戦後の日本における大きな出来事の１つです。これに関連して，第二次世界大戦後に起きた出来事についての説明として，正しいものを次の文のうちから１つ選び，記号で答えなさい。

ア）日本が国際連合に加盟した後に，日ソ共同宣言によりソ連との国交が回復した。

イ）朝鮮戦争が起こった年に，日本国内では自衛隊が組織された。

ウ）ブッシュ大統領とゴルバチョフ書記長との間で冷戦終結が宣言されて以降，世界中のどの地域でも戦争は起こっていない。

エ）バブル経済崩壊後には長期間の不景気が続き，平成不況といわれた。

問３　下線部③に関連して，仏教や寺院について説明した次のＡからＤの文のなかに，正しい文が２つあります。その文の組合せとして，正しいものを以下のアからカより１つ選び，記号で答えなさい。

Ａ．聖徳太子（厩戸皇子）により造られた法隆寺には，釈迦三尊像がおさめられている。

Ｂ．藤原道長から信頼された空海は，平等院鳳凰堂の建設などにも関わった。

Ｃ．鎌倉時代には，親鸞により浄土真宗が開かれるなど，わかりやすい教えにより民衆にも信仰が広まった。

Ｄ．足利義政が建てた金閣の一部は，書院造で建てられている。

ア）ＡとＢ　　イ）ＡとＣ　　ウ）ＡとＤ　　エ）ＢとＣ　　オ）ＢとＤ　　カ）ＣとＤ

問４　下線部④の出来事や様子についての説明として，正しいものをあとの文のうちから１つ選び，記号で答えなさい。

ア）北条義時は，後鳥羽上皇が起こした戦乱を鎮圧した後に，御成敗式目を制定した。

イ）二毛作の実施や草木灰などの肥料の利用により，農業生産力が高まった。

ウ）九州北部や瀬戸内海で生活する人々のなかには，朝鮮・中国に出向き，倭寇と呼ばれる海賊行為をするものも現れた。

エ）永仁の徳政令により，御家人の借金が帳消しとなったので，御家人と幕府との結束はより強まった。

問５　下線部⑤のきまりに関して説明した次のＡからＤの文のなかに，正しい文が２つあります。その文の組合せとして，正しいものを以下のアからカより１つ選び，記号で答えなさい。

Ａ．中央政府としては，神祇官・太政官の二官がおかれ，さらに太政官の下には八省が設置されていた。

Ｂ．九州北部には，九州地方の行政や大陸との交流などを役割とした大宰府がおかれた。

Ｃ．６歳以上の人々には，皆同じ面積の口分田が与えられた。

Ｄ．民衆は租・庸・調などの税を負担したが，労働や兵役などは課せられなかった。

ア）ＡとＢ　イ）ＡとＣ　ウ）ＡとＤ　エ）ＢとＣ　オ）ＢとＤ　カ）ＣとＤ

問６　下線部⑥と日本との関係についての説明として，**誤っているもの**を次の文のうちから１つ選び，記号で答えなさい。

ア）日露戦争の講和会議は，アメリカで開かれた。

イ）第一次世界大戦では，日本もアメリカも同盟国側に味方して戦った。

ウ）アメリカなどと戦った太平洋戦争は，日本がポツダム宣言を受け入れたことで終了した。

エ）サンフランシスコ平和条約が結ばれると，日米安全保障条約も結ばれ，アメリカ軍は引き続き日本に駐留した。

問７　下線部⑦に関して説明した次のＡからＤの文のなかに，正しい文が２つあります。その文の組合せとして，正しいものを以下のアからカより１つ選び，記号で答えなさい。

Ａ．江戸幕府では，通常時には老中が幕府の政治を担当し，その上位に臨時に大老がおかれることもあった。

Ｂ．徳川家康は外国との貿易を保護し，また国内の商人らによる朱印船貿易も認めていた。

Ｃ．村をおさめた名主などの村役人は，幕府や藩から各村に派遣されていた。

Ｄ．町人が文化の担い手となり，絵画では喜多川歌麿や尾形光琳により浮世絵が描かれた。

ア）ＡとＢ　イ）ＡとＣ　ウ）ＡとＤ　エ）ＢとＣ　オ）ＢとＤ　カ）ＣとＤ

問８　空らん（⑧）に入る適切な人名を，**漢字**で答えなさい。

問９　下線部⑨について，幕府も財政が悪化したため，いろいろな対策がとられました。このうち５代将軍徳川綱吉がとった対策と，それが社会に与えた影響について，**30字から50字**で説明しなさい。なお，**句読点は字数に含みます**。

問10　下線部⑩に関連して，総理大臣・内閣についての説明として，**誤っているもの**を次の文のうちから１つ選び，記号で答えなさい。

ア）内閣制度が組織されて最初の総理大臣に就任したのは，伊藤博文である。

イ）原敬首相は，日本初の本格的政党内閣を組織した。

ウ）加藤高明内閣により，満25歳以上のすべての男性に選挙権を与える普通選挙法が制定された。

エ）犬養毅首相が二・二六事件で暗殺されたことにより，戦前の政党内閣は終わりをむかえた。

問11　下線部⑪は，政府から弾圧を受けました。次のページのＡからＤのなかに，その様子を描いた絵や風刺画が２つあります。その組合せとして，正しいものを次のページのアからカより１つ選び，記号で答えなさい。

A

B

C

D

ア）ＡとＢ　　イ）ＡとＣ　　ウ）ＡとＤ　　エ）ＢとＣ　　オ）ＢとＤ　　カ）ＣとＤ

問12　下線部⑫に関連して，近現代の日本の経済・産業についての説明として，正しいものを次の文のうちから**３つ選び**，記号をアイウエオ順に並べて答えなさい。

ア）幕末の輸入開始によりイギリスから大量の綿織物が輸入されたため，国内の綿糸・綿織物業は衰退し，以後生産を伸ばすことはなかった。

イ）明治初期には，群馬県の富岡製糸場をはじめとして官営工場が造られた。

ウ）日露戦争で獲得した賠償金を基に，北九州に八幡製鉄所を開設した。

エ）第一次世界大戦による大戦景気は，戦争終了後も10年以上にわたり好景気が続いた。

オ）栃木県の足尾銅山からの廃液によって，神通川流域に公害の被害が出た。

カ）第二次世界大戦後は経済的に苦しい状況が続いたが，朝鮮戦争にともなう「特需景気」により経済は復興した。

キ）高度経済成長の時期には，テレビや電気冷蔵庫などの電化製品が普及した。

問13　下線部⑬に関連して，原料と製品に関する次の文Ａ・Ｂについて，Ａ・Ｂともに正しい場合はア，Ａは正しいがＢが誤っている場合はイ，Ａは誤っているがＢが正しい場合はウ，Ａ・Ｂともに誤っている場合はエを答えなさい。

Ａ．紅花（べにばな）・藍（あい）は，染料として使用されている。

Ｂ．油の原料の１つとして，菜種（なたね）がある。

2　日本の地理に関する問題に答えなさい。

問１　東北地方に関する以下の問いにそれぞれ答えなさい。

〈地図〉

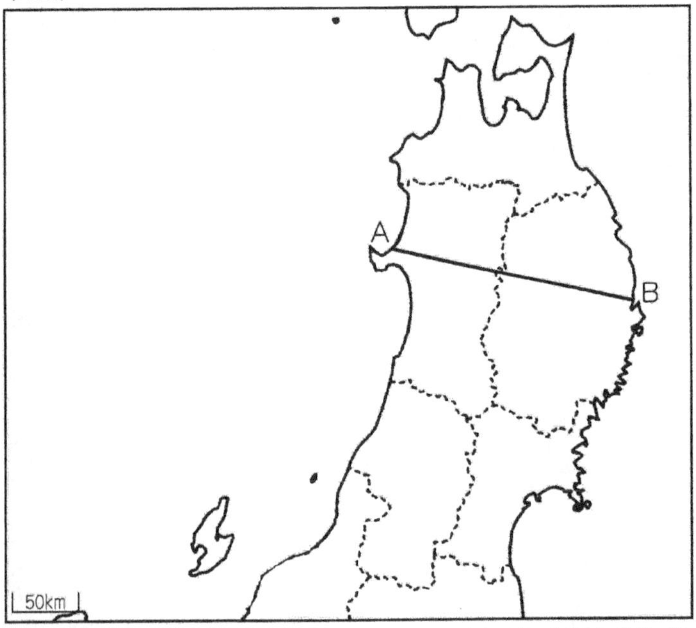

（地理院地図より作成）

⑴　〈地図〉のＡ―Ｂ間の地形をＡからＢへ順に並べた時，正しいものを次のアからカより１つ選び，記号で答えなさい。

ア）奥羽山脈－白神山地－北上高地
イ）奥羽山脈－出羽山地－阿武隈高地
ウ）白神山地－奥羽山脈－北上高地
エ）白神山地－出羽山地－阿武隈高地
オ）出羽山地－奥羽山脈－北上高地
カ）出羽山地－白神山地－阿武隈高地

⑵　Ａ地点の緯度に１番近いものを次のうちから１つ選び，記号で答えなさい。

ア）北緯35度　　イ）北緯40度　　ウ）北緯45度　　エ）北緯50度

⑶　Ｂ地点の養殖漁業についての説明として，正しいものを次の文のうちから１つ選び，記号で答えなさい。

ア）淡水と海水が混じり合う湖でのウナギの養殖が有名である。
イ）リアス海岸の地形を活かした真珠（しんじゅ）の養殖は有名で，生産量は国内最大である。
ウ）江戸時代から続く，ニシキゴイの養殖漁業が伝統である。
エ）沿岸近くの波がおだやかなところでカキやワカメの養殖を行っている。

⑷　次のページの〈グラフ〉アからエは北海道地方，東北地方，北陸地方，四国地方のいずれかの農業産出額の割合を示したものです。東北地方にあてはまるものを次のうちから１つ選び，記号で答えなさい。

〈グラフ〉

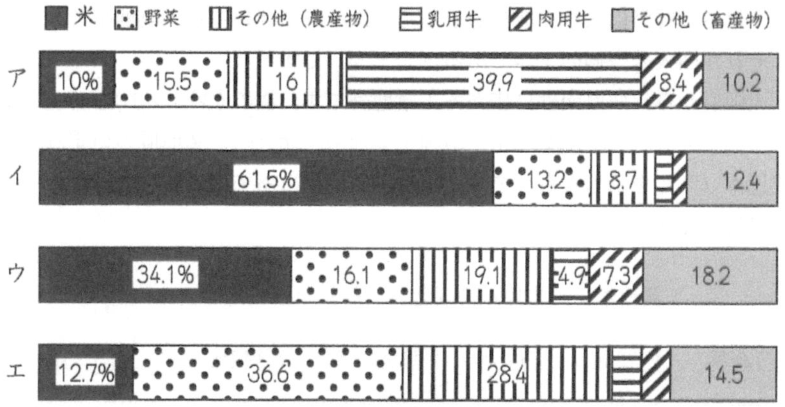

（『日本国勢図会（2021/2022）』より作成）

⑸　次の〈雨温図〉はそれぞれ潮岬（和歌山県）・仙台（宮城県）・高田（新潟県）・松本（長野県）のいずれかの気候の特徴を示したものです。仙台にあてはまる雨温図を次のうちから１つ選び，記号で答えなさい。

〈雨温図〉

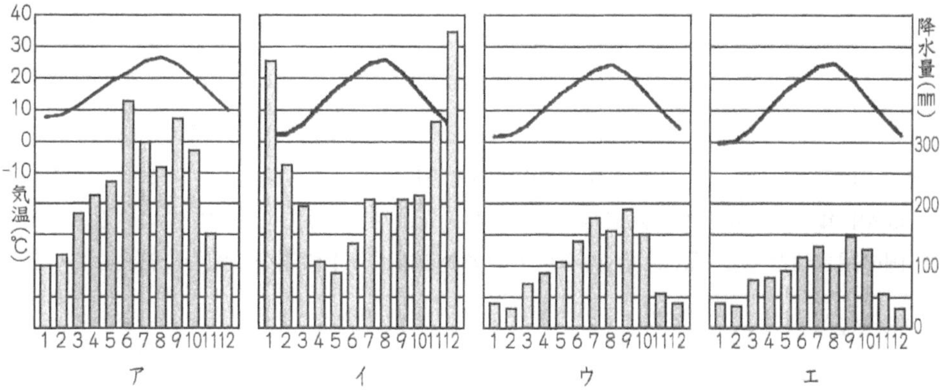

（『日本国勢図会（2021/2022）』より作成）

⑹　東北地方の自然環境に関する次の文Ａ・Ｂについて，Ａ・Ｂともに正しい場合はア，Ａは正しいがＢが誤っている場合はイ，Ａは誤っているがＢが正しい場合はウ，Ａ・Ｂともに誤っている場合はエを答えなさい。

Ａ．初夏に日本海側から吹くやませという冷たい風が冷害をもたらす。

Ｂ．夏は南西，冬は北東から季節風が吹くため，県によって気候が異なる。

問２　次の文章は，日本の工業や資源，環境問題について述べたものです。これに関して，以下の問いにそれぞれ答えなさい。

日本の三大工業地帯は京浜工業地帯，中京工業地帯，①阪神工業地帯であり，その中でも中京工業地帯は自動車産業が有名です。その自動車を生産するためには鉄鋼が必要となりますが，日本では鉄鋼の原料となる②鉄鉱石と石炭の多くを外国から輸入しています。しかし，鉄鋼を生産するために必要なもう１つの資源は日本でも自給ができます。それが③セメントの主原料になる（　Ｘ　）です。

また，日本では輸入した原料を加工し，製品を輸出することで工業を発展させてきました。工業の発展によって日本の経済は大きく成長しましたが，それに伴い中京工業地帯で大きな公害が発生しました。それが四大公害病の１つである（　Ｙ　）です。

(1)　下線部①は大阪府から兵庫県南部に広がる工業地帯です。次の〈グラフ１〉アからエは，2018年における京葉工業地域，中京工業地帯，阪神工業地帯，北九州工業地域のいずれかの製造品出荷額の構成比率（％）を示したものです。阪神工業地帯にあてはまるものを次のうちから１つ選び，記号で答えなさい。

〈グラフ１〉

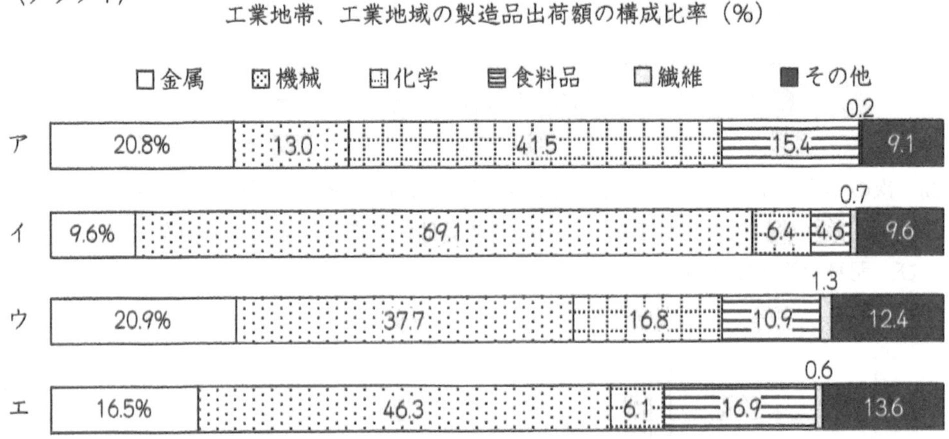

（『日本国勢図会（2021/2022）』より作成）

(2)　下線部②に関して，日本は多くの鉄鉱石と石炭を外国から輸入しています。次の〈グラフ２〉は2019年における日本の鉄鉱石と石炭の輸入先と割合を示したものです。ＡとＢにあてはまる国の組合せとして，正しいものを以下のアからエより１つ選び，記号で答えなさい。

〈グラフ２〉

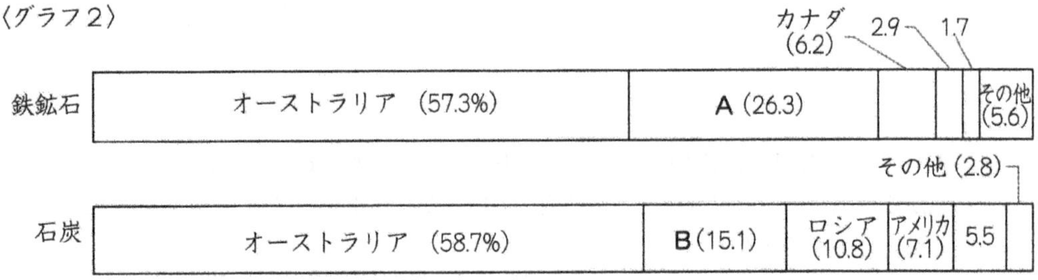

（『2021vol.33 データブックオブザワールド』より作成）

	ア	イ	ウ	エ
A	インドネシア	ブラジル	ブラジル	中国
B	ブラジル	インドネシア	中国	インドネシア

(3)　下線部③はコンクリートやモルタルの材料になるものです。次のページの〈地図〉は自動車工場，製紙・パルプ工場，セメント工場，半導体工場の分布を表したものです。セメント工場にあてはまる〈地図〉をアからエより１つ選び，記号で答えなさい。

〈地図〉

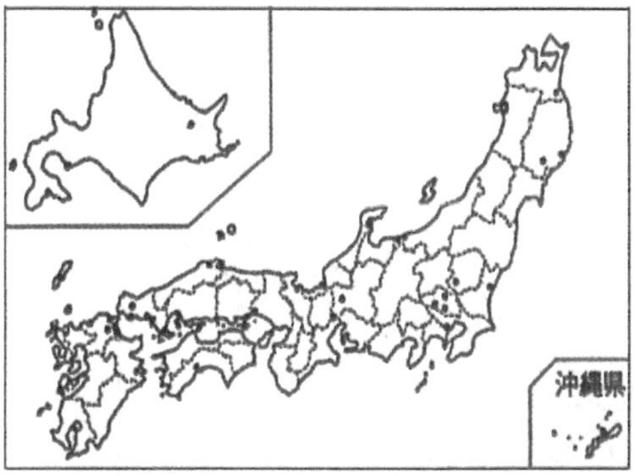

ア

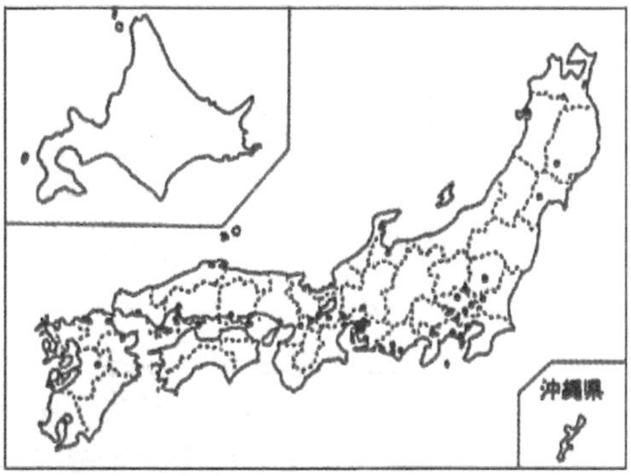

イ

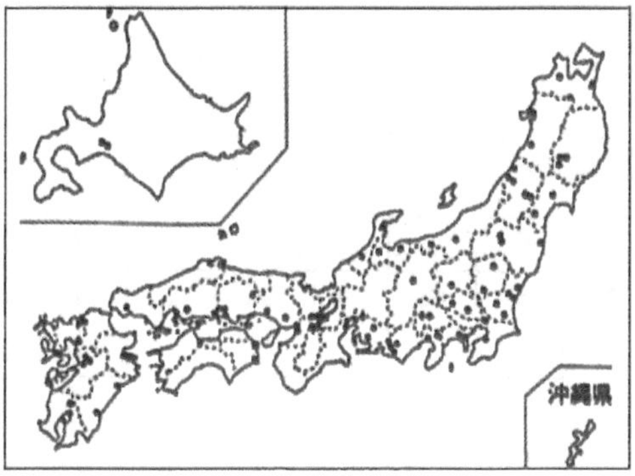

ウ

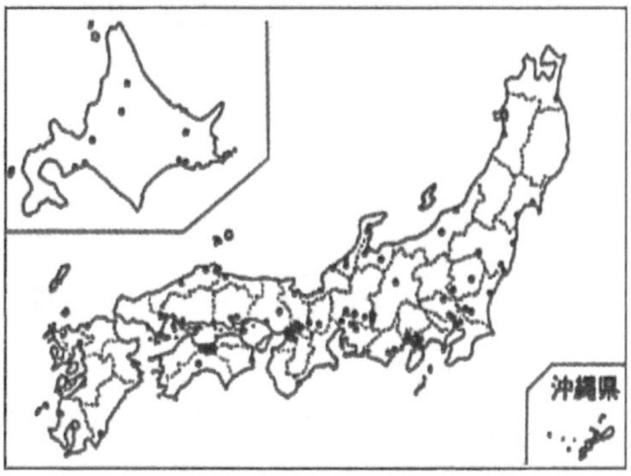

エ

（『日本国勢図会（2021/2022）』より作成）

⑷　文章中の（Ｘ）に入る語句を**漢字**で答えなさい。

⑸　文章中の（Ｙ）に入る語句を，**漢字を使って**答えなさい。

問３　次の〈表〉は日本における年別の発電量（百万kWh）を発電方法別（水力，火力，原子力，風力）に表したものです。Ａ・Ｂにはそれぞれ「火力」「水力」のいずれかがあてはまります。また，①から④にはそれぞれ2005年，2010年，2015年，2019年のいずれかの年があてはまります。2019年の発電量を示した数字を①～④，Ａの発電所の分布を示した記号を次のページの〈地図〉の●・▲から１つずつ選び，その組合せとして，正しいものを次のページのアからクより１つ選び，記号で答えなさい。

〈表〉　（単位：百万kWh）

	A	原子力	B	風力
①	771 306	288 230	91 383	4 016
②	792 810	61 035	86 314	6 906
③	908 779	9 437	90 681	5 161
④	761 841	304 755	86 350	1 751

（『日本国勢図会（2021/2022）』より作成）

〈地図〉

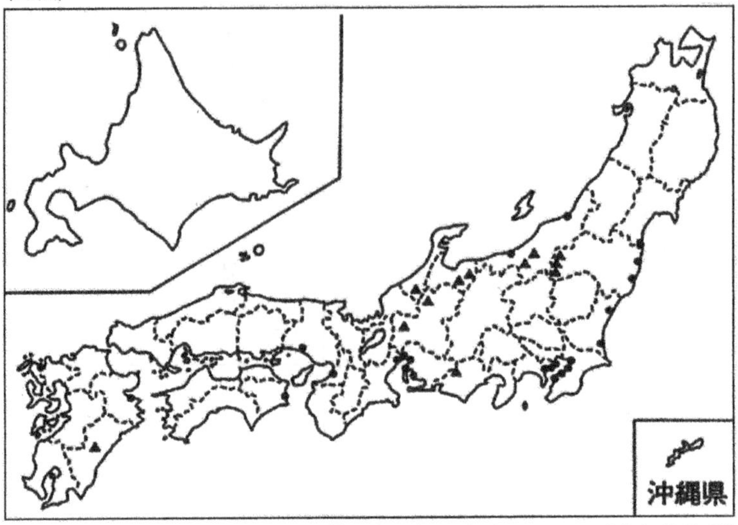

（『日本国勢図会（2021/2022）』より作成）

	ア	イ	ウ	エ	オ	カ	キ	ク
Ａの発電所の分布	●	●	●	●	▲	▲	▲	▲
2019年の発電量	①	②	③	④	①	②	③	④

問４　次のページの地形図を参考にして，あとの問いに答えなさい。

(1)　地形図中のＡ―Ｂの断面図として，正しいものを次のアからエより１つ選び，記号で答えなさい。

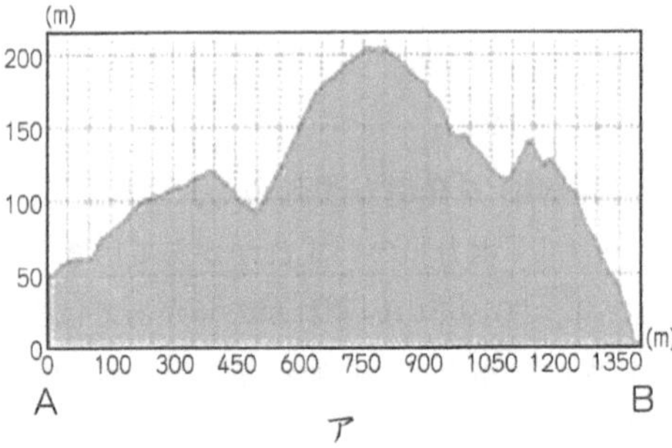

ア

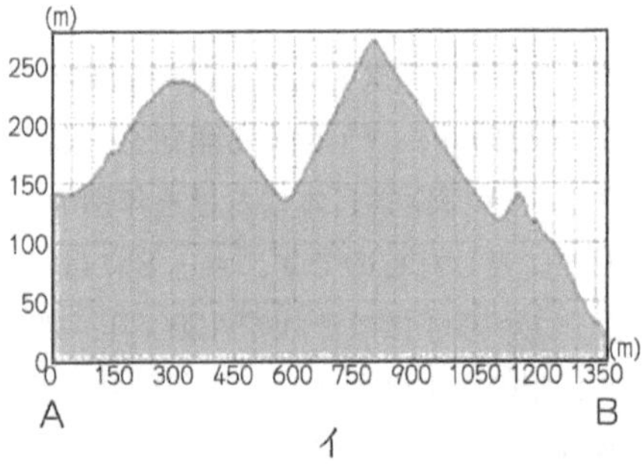

イ

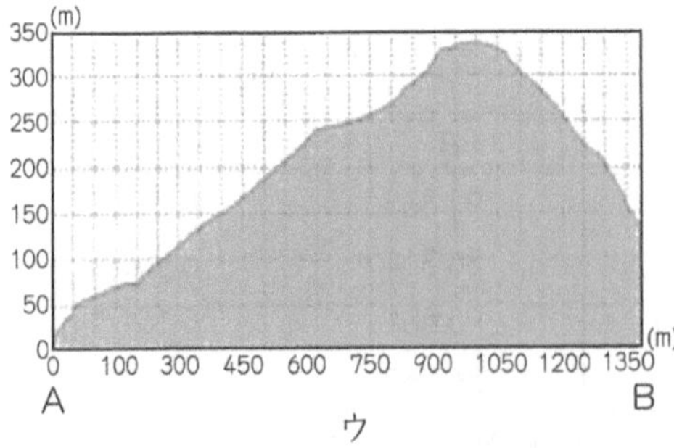

ウ

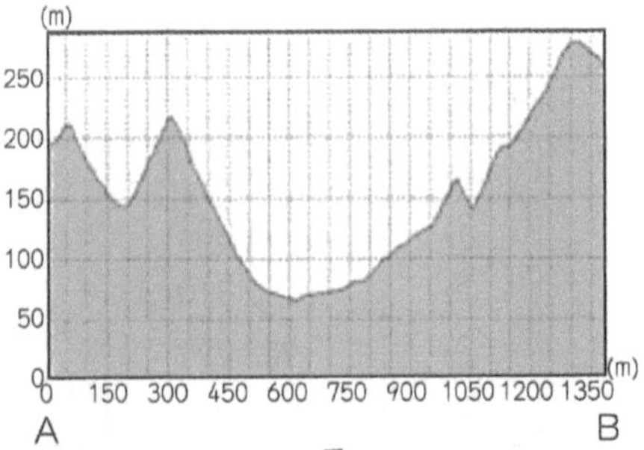

エ

（『地理院地図』より作成）

⑵　地形図から読み取れる内容として，正しいものを次のアからエより１つ選び，記号で答えなさい。

ア）「函館公園」の東側には警察署がある。

イ）「函館公園」の西側には図書館がある。

ウ）Ｙ地点はＸ地点よりも標高が高い。

エ）「函館山」の南側には広葉樹林よりも針葉樹林が多く分布している。

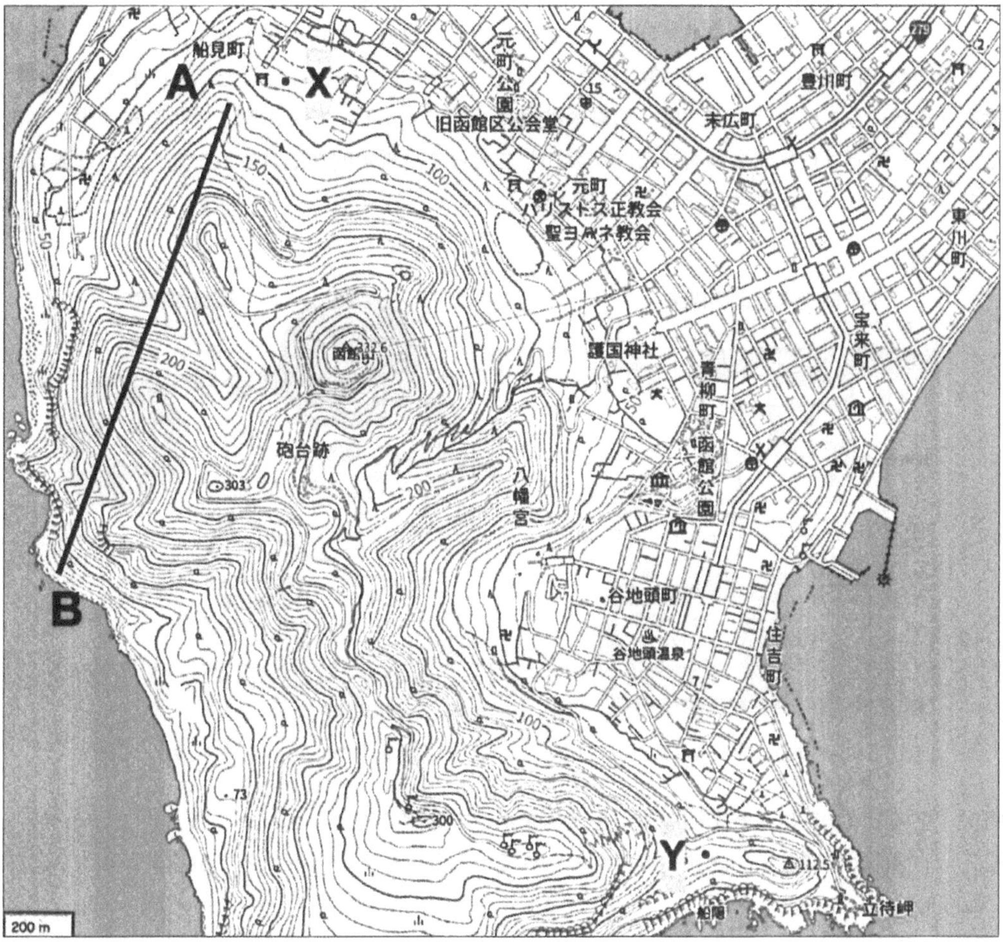

（『地理院地図』より作成）

3　**現代の政治経済に関して，次の文章と資料１，２を参考にして，以下の問題に答えなさい。**

2022年８月，岸田文雄首相が，ＮＰＴ（核拡散防止条約）の再検討会議で演説したことがニュースで取り上げられました。再検討会議は５年に１回開かれてきましたが，（　①　）の感染拡大の影響で今回は７年ぶりの開催となりました。

岸田首相は，②国連本部で始まったＮＰＴの再検討会議に日本の総理大臣として初めて出席し，英語でスピーチをしました。

冒頭，岸田首相は「ロシアによる（　③　）侵略の中で核による威嚇（いかく）が行われ，核兵器の惨禍（さんか）が再び繰り返されるのではないかと，世界が深刻に懸念している。『核兵器のない世界』への道のりは，いっそう厳しくなっている」と述べ，核軍縮をめぐる現状が厳しさを増しているという認識を示しました。

その上で「ＮＰＴは，軍縮・不拡散体制の礎石（そせき）として国際社会の平和と安全の維持をもたらしてきた。会議が意義ある成果を収めるため，協力しようではないか。④わが国は，ここにいる皆さまとともにＮＰＴをしっかり守り抜いていく」と述べ，ＮＰＴ体制の維持・強化に向けて各国に建設的な対応を呼びかけました。

一方で，核兵器の開発や保有，使用などを禁じる核兵器禁止条約の初の締約国会議が，ＮＰＴの再検討会議が開催される２か月前の６月に，オーストリアで開かれました。⑤日本はこの条約を批准（ひじゅん）（締結）していませんが，唯一の戦争被爆国としてオブザーバー出席を求める声が出ていました。しかし政府は核兵器を保有する国が参加しておらず，現実的な取り組みを進めるのは難しいとして，オブザーバー出席はしませんでした。

資料１

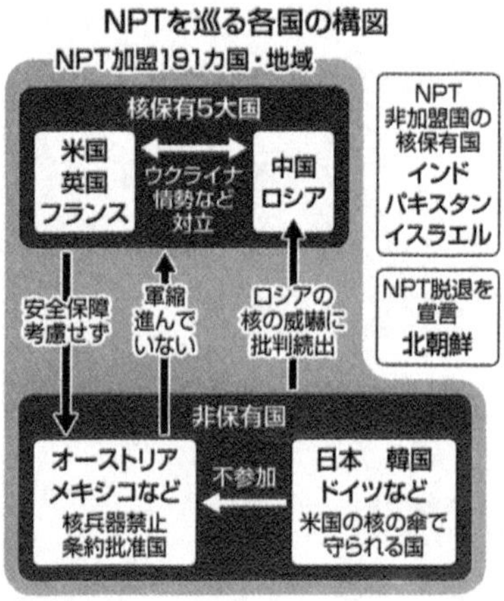

（東京新聞 TOKYO Web　2022年7月31日より）

資料２

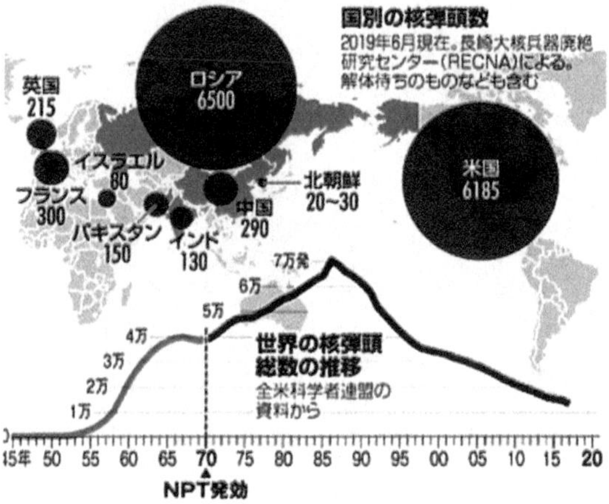

（朝日新聞DIGITAL　2020年3月4日より）

問１　空らん（①）に入る適切な語句を**漢字を用いて９字**で答えなさい。

問２　下線部②に関して，国連の本部がおかれている都市を次のページのアからエより１つ選び，記号で答えなさい。

問３　空らん（③）に入る適切な国名を答えなさい。

問４　下線部④について，日本の諸制度に関する以下の問いに答えなさい。

⑴　国会とその議員選挙についての説明として，正しいものを次の文のうちから１つ選び，記号で答えなさい。

ア）衆議院の優越により，衆議院の議決は参議院の議決より常に重視される。

イ）公職選挙法で定められている衆議院と参議院の選挙方式は，過去に変更されたことがある。

ウ）選挙で当選したのであれば，衆議院と参議院の両院で同時に議員をつとめることができる。

エ）選挙区の人口に大きな格差が生じたとしても，選挙区の議員定数を変えることはできない。

⑵　内閣の説明として，正しいものを次の文のうちから１つ選び，記号で答えなさい。

ア）国会議員以外でも，国務大臣をつとめることができる。

イ）日本は議院内閣制を採用しており，選挙に勝った政党が野党として内閣を組織し，国政を担当する。

ウ）衆議院で不信任案が可決された場合，30日以内に衆議院が解散されなければ，内閣は総辞職しなければならない。

エ）内閣総理大臣は，天皇により指名される。

⑶　財政や税金の説明として，**誤っているもの**をあとの文のうちから１つ選び，記号で答えなさい。

ア）外国人であっても，日本の国内に居住し利益を得た場合には，税金を納めなくてはならない。

イ）住民税やたばこ税は，地方公共団体が徴収するので，地方税と呼ばれる。

ウ）政府の次年度の予算案は，１月から開催される通常国会で審議がなされ，通常であれば３

月までに国会で予算が成立する。

エ）わが国の歳出のうち最も大きな割合を占めているのは防衛費であるが，その費用は年々減少している。

(4) 司法の説明として，**誤っているもの**を次の文のうちから１つ選び，記号で答えなさい。

ア）国会の弾劾裁判で，ふさわしくない行為をしたと判断された裁判官はやめさせられる。

イ）裁判は原則として公開の法廷で行われると日本国憲法に規定されており，だれでも傍聴（ぼうちょう）する権利がある。

ウ）最高裁判所の判決に不満がある場合，国会に申請して認められれば，再度裁判を受けることができる。

エ）裁判所は，内閣や国会など他の機関の意見などに左右されず，裁判を行わなければならない。

問５ 下線部⑤に関して，日本が核兵器禁止条約を批准しないのはなぜか。説明の文章および資料１を参考に，**30字から50字**で説明しなさい。なお，**句読点は字数に含みます。**

問６ 資料１，資料２に関して，これらの資料から読み取れる内容として，適切なものを次の文のうちから１つ選び，記号で答えなさい。

ア）世界の核弾頭総数はＮＰＴが発効された1970年以降，減少傾向にある。

イ）ＮＰＴに加盟しているドイツは，非核保有国の１つで，メキシコなどと同様に核兵器禁止条約も批准している。

ウ）核保有５大国のうち，2019年６月の時点では，中国・ロシアの保有核弾頭総数が，アメリカ・イギリス・フランスの総数を上回っていた。

エ）ＮＰＴが発効する以前，世界の核弾頭総数は常に増加傾向にあった。

を描くことで、当時の漁師町で生きる少年たちの様子をありありと表現することができているといえるよね。

Ｂさん　〰〰部イ「――それはもっとも大きな一尾であった、――」とあるけど、こんなふうに「――」を使ってタイミングよく補足説明をはさむことで、語りの流れを崩すことなく、読み手に情景を伝える効果が生まれるんだね。

Ｃくん　〰〰部ウ「やりきれない自己嫌悪とたたかいながら」とあるけど、この物語は「私」の心の内面を細やかに表現していると思うな。その反面、少年たちの心情に関しては、あくまで「私」の視点からとらえたものになっていると思うんだ。

Ｄさん　〰〰部エ「人は信用しないかもしれない」とあるけど、この表現って読者の存在をとても意識しているよね。読者に対して自分の考えは理解してもらえないだろうという「私」のあきらめをよくあらわしていると思うな。

問六 ＝＝部「そのとき私は『しまった』と思った。なにがどう『しまった』のか不明のまま、ひじょうな失策をした、ということを直感したのであった」についてあるクラスで討論をしています。本文から考えられる内容をふまえると、**誤った**意見を述べている生徒を一人、次の中から選び記号で答えなさい。ただし、くん・さんはつけなくてもかまいません。

Ａくん　少年たちは最初魚を捕ることをただ楽しんでいたんですよね。楽しんでいたところに、「私」から「鮒を売ってくれ」と声をかけられて、自分たちの手で捕った魚をお金に換えることができることに気づいてしまったのではないでしょうか。

Ｂさん　「私」は自分の食糧としてちょうどいいのではないか、という考えで「鮒を売ってくれないか」と少年たちに声をかけました。これが「ひじょうな失策」だったんですね。なぜなら、この発言をきっかけとして少年たちは「私」に鮒を売りつけることに夢中になってしまったわけですから。

Ｃくん　少年たちは「私」に鮒を売ろうとしてくれていたにもかかわらず、お金が足りなくなってしまったことによって、彼らの夢を奪うことになってしまいましたね。そもそも金銭的に余裕がない生活を送っていたのに、「鮒を売ってくれ」なんて声をかけてしまったのが「ひじょうな失策」だったんだと思います。

Ｄさん　「私」は「なにがどう「しまった」のか不明」と言っていたけれども、少年たちと実際に鮒を売り買いするやり取りを経（へ）ることで初めて、自分の過ちについてはっきりと理解することができたのだと思います。だから、最後に「自分の大きな過誤を恥じた」という表現があるんじゃないかな。

問七 本文のＹの部分で、少年たちは「私」に鮒をあげることにしました。なぜ少年たちは「私」に鮒をあげることにしたのですか。理由を**二つ**考えて、それぞれ20字以上40字以内で書きなさい。

〈下書き用〉

理由１

理由２

※下書きはしなくてもかまいません。答えは、必ず解答用紙に記入して下さい。
字数の決まりを守らないものは採点しません。

問八 この文章の表現について生徒たちが話し合いをしています。**誤った**意見を述べている生徒を一人、次の中から選び記号で答えなさい。ただし、くん・さんはつけなくてもかまいません。

Ａくん　〰〰部ア「こんなえっけえ金鮒はめったに捕れねえからな」とあるけど、この台詞（セリフ）のように、少年たちの訛（なま）りのある会話

イ　「私」は「蒸気河岸の先生」で自分たちよりお金を持っているので、お金をたくさんまきあげて自分たちの生活費の足しにしたいと考えている。

ウ　少年たちの中で誰が捕った鮒がいちばん高く売れるのかを競い合って、仲間の中でそれぞれが優位にたちたいと考えている。

エ　自分たちが捕った鮒がいかに上等なものであるかをしっかりと「私」にうったえて、なるべく高値で売りつけてやろうと思っている。

問三　X には次のア～エの文が入ります。意味の通るように正しい順番に並べ替えなさい。

ア　かんぷりとはその※木槌(さいづち)あたまに付けられた仇名(あだな)で、つまり「かぶり」というのが訛(なま)ったのだと思う。

イ　「鮒は十五いんだ」とかんぷりは云った、「幾(いく)らで買ってくれっかえ、先生」

ウ　その少年は※船宿「千本」の長(ちょう)の同級生で、背丈が小さく、軀(からだ)も瘦(や)せているが、頭だけが大きく、しかも鉢(※頭の横まわりが大きい)がひらいていた。

エ　これは私の想像にすぎない、本当の意味はべつにあるのかもしれないが、とにかく、かんぷりはなかまの輿望(よぼう)(※期待)をになって戦線の右翼(うよく)(※前線に)にたった(たった)、というふうにみえた。

※木槌あたま……頭の前と後ろがつき出ていて、木槌の頭部の形をしていること。

※船宿……入港舟の乗員のための宿屋。

問四　――部②「前者の怒りと後者の恥」とありますが、このときの「私」の心情の説明として、ふさわしくないものを次の中から一つ選び記号で答えなさい。

ア　少年たちが用水路で捕った魚と佃煮屋の売り物である魚とを比べて、自分たちが捕った魚の売値を吊(つ)り上げようとすることに対して、自分がばかにされていると感じている。

イ　少年たちが貧しく金銭的にとても苦しんでいることに配慮することなく、自分だけの都合で少年たちが捕った魚を買い付けようとしていることに気付き、申し訳ないと感じている。

ウ　商品として売られている鮒の値段からすると、少年が捕った魚を安く買おうとしている自分の行動には、少年たちのことを軽く見ている気持ちがあるのではないかと思い、恥ずかしく思っている。

エ　鮒の売値を交渉しようとする少年たちの言い分に腹を立ててはいるものの、言い分に対してまったく納得できないわけでもなく、割り切れない心情をかかえている。

問五　――部③「かれらを勝手口へ廻らせた」とありますが、このときの「私」の心情の説明として、もっともふさわしいものを次の中から選び記号で答えなさい。

ア　大人として少年たちをぜひとも喜ばせてあげたいと感じている。

イ　金銭的に余裕がなく必死になって魚を売ろうとしてくる少年たちを哀れに思っている。

ウ　捕った魚をすぐにでも売りたいほどの少年たちの熱意に圧倒されている。

エ　少年たちがまた自分に会いにきてくれたことに心をおどらせている。

け仕事があまりにたやすく、かつ確実であることに昂奮と情熱を感じたらしい。二三日するとまたやって来て、さもうれしそうにはしゃぎながら、窓の戸を叩いた。

「並べっってばな」と長の云うのが聞えた、「おんだらが先だぞ、押すな」

拒絶されようなどとは寸毫（※ほんの少し）も疑わず、確信そのもののような少年たちの顔を見て、それだけで私は自分の敗北を認めた。——ここまで読まれた方は、もはや小悪魔どもが私を放さないだろう、と想像されるにちがいない。私にしても、仮にふところがもっとあたたかであったら、容易にかれらの手から遁れがたかったろうと思う。人は黄白（※金銭）の前には、しばしば恥を忍んで屈しなければならないものだ。少年たちが四度めに襲撃をかけて来たとき、ふところの窮乏という現実に助けられて、私はきっぱりと鮒の買取りを拒絶した。するとそこに、まったく予想しない事が起こって、私をおどろかせた。

私に拒絶されて、少年たちは明らかに失望し、途方にくれた。かれらは顔を見交わし、先生が駆引しているのではないかと疑い、そうでないことを認めるともっと失望し、どうしたものかというふうに、それぞれの手にした器物の中の鮒を見まもった。

Y

「みんな」と長が急に云った、「それじゃあこれ先生にくんか」

くんかとは、贈呈しようか、というほどの意味である。途方にくれ、落胆していた少年たちの顔に突然、生気がよみがえった。それは囚われの縄を解かれたような、妄執（※執着すること）がおちたような、その他もろもろの羈絆（※足手まとい）になる身辺の物ごとを脱したような、すがすがしく濁りのない顔に返った。

「うん、くんべ」と少年の一人が云った、「なせ、これ先生にくんべや」

「くんべ、くんべ」

「先生、これ先生にくんよ」とかんぷりが云った、「みんな、勝手へいってあけんべや」

私は自分の大きな過誤（※あやまち）を恥じた。

（山本周五郎『青べか物語』による）

※注1　百万坪……この物語の舞台である町にある広大な荒地のこと

※注2　蒸気河岸…川蒸気船が寄港した河岸のこと。「私」は町の人たちから「蒸気河岸の先生」と呼ばれ、新聞や雑誌に小説を投稿しながら三年ほど細々とひとりで暮らしていた。

問一　——部Ａ・Ｂの語の本文中での意味として、もっともふさわしいものを次の中からそれぞれ選び記号で答えなさい。

Ａ　「きおいこんで」

ア　おくれて　イ　はりきって

ウ　うかれて　エ　あわてて

Ｂ　「いっぱし」

ア　仮に　イ　たがいに

ウ　一人前に　エ　ひたすらに

問二　——部①「かれらの眼は狡猾な光を放ち、その表情には闘争的な貪欲さがあらわれた」とありますが、このときの少年たちの心情の説明として、もっともふさわしいものを次の中から選び記号で答えなさい。

ア　鮒をとるのはとても大変なので、苦労してたくさんの鮒を捕った自分たちのがんばりを「私」にちゃんと認めてほしいと思っている。

したのだ。たしかに、そのくらい大きな鮒の甘露煮なら五ひゃく程度は取られるかもしれない。私は頭が熱くなるのを感じた。古ざるでしゃくったばかりの鮒と、いろいろ手数をかけ、調味料や燃料を使い、売り物としてきれいに注意ぶかく仕上げられた鮒とを、同一に比べるという法はないだろう。しかしまた、甘露煮にすれば一尾それだけの値になる物を、十五尾まとめて○三十で買うという根性も、相手を子供とみくびっているようでさもしい（※心根がいやしい）とも云える。②前者の怒りと後者の恥とで、私は頭がほてってくるのを感じ、その複合したやりきれない感じに耐えられなくなって、値段を○五十とつりあげた。少年たちはBいっぱし商売人のようにねばった。六人いるから○五十では分配がしにくい、もう一かん出してくれ。たった一かんくれえ惜しんでも倉が建つわけではあんめえし、と云った。——それはこの土地の通言（※特定の土地で使われている言葉）で、なにかというとよく使われた。ビールをもう一本飲もうとか、浦粕亭（寄席）へなにわぶし（※浪花節庶民に愛好された大衆演芸）を聞きにゆこうとか、煎餅でも買わないかなどという場合、相手が渋った顔でもみせるとすぐに、その言葉を投げつけるのであった。だが私は閉口（※言い負かされたり圧倒されたりすること）しなかった。それで不足ならやめにしよう、と云った。みずからおのれをけがすような、ウやりきれない自己嫌悪とたたかいながら。少年たちは相談をし、私の決心が変らないことを認めて、ようやくその取引は成立した。

　私はその鮒を味噌煮にした。骨まで柔らかにするためには、二日か三日くらい煮なければならない。もちろんガスなどはないので、火鉢に粉炭を入れ、味噌煮の鍋を掛けたりおろしたり、また煮つまると水を加えたりしながら、煮あがるのをたのしみに待つのであった。中二日おいて、三日めの午ごろ、私は寝ているところを呼び起こされた。窓の雨戸を叩きながら、先生起きせえま、と少年たちが呼んでいるのである。私は起きあがって窓をあけた。外には五人の少年たちが、洗面器やバケツや空缶などを持って立ってい、私を見ると一列縦隊に並んだ。先頭にいるのは「千本」の長で、かんぷりの顔も見え、みんな泥まみれのはだしであった。

「鮒とってきただよ」と長が云った、「買ってくれせえな、先生」

　私はかれらの期待に満ちた注目をあびて、自分に拒絶する勇気のないことを悟り、③かれらを勝手口へ廻らせた。そこでもかれらは一列に並び、ひとりひとりが私に向って自分の鮒に値を付けさせた。そのときになって初めて、寝起きのぼんやりした私の頭が、かれらの奸悪（※邪悪）な計略を理解した。つまり、まとめて売れば安くなるが、一尾ずつなら安い値踏みはできない、という狙いなのだ。

「ほれ、みせえま」とかれらはそれぞれの鮒を私に誇示（※得意になって見せびらかすこと）した、「こんなにえっけえだ、五寸くれえあるだえ、先生」

　そして「しょっから」へゆけばこれ一尾で一かんは取られる、と云って互いに頷き、肯定しあうのであった。私はそこでもまた自分が罠に落ち、縛りあげられたことを知った。私はかれらの誘導にしたがって、値段を付け、それらを買い取った。

「いいさ」と私はかれらの去ったあとで自分に云い聞かせた、「味噌煮にしておけば保つからな、当分おかずに困らないで済むわけだ」私はまえの味噌煮を丼へ移して、それらの鮒を新しく味噌煮にしかけた。

　エ人は信用しないかもしれない。私自身もこれを書きながら、たぶん人は事実だとは信じないのだろうと思うのであるが、少年たちはその儲ます。

　私が沖の※注1百万坪を歩いていると、三つ汊（※用水路のこと）の水路で少年たちが魚をしゃくっていた（※すくうように上げていた）。近よって覗いてみたところ、バケツの中に鮒が十二三尾もいた。ひらたという川蝦や、やなぎ鮠もいたが、鮒のほうが多く、それも三寸ぐらいの手ごろな、——というのは私が喰べるのに、という意味であるが、——形のものであった。私はちょっとふところを考えてから（※所持金を考えて）、おもむろに少年の一人に話しかけた。するとかれらは号令でもかけられたように、水の中でしゃくっていた者も、バケツの番をしていた者も、魚を追い出すために杭や藻の蔭を突ついていた者も、いちどきに私のほうへ振り返った。

「注2蒸気河岸の先生だ」と一人が他の者に囁き、それから洟を横撫でにして私を見あげた、「——なんてっただえ」

　その鮒を売ってもらえないか、という意味のことを私は繰返した。かれらの顔になにか共通のものがはしり、さっと緊張にとらえられるのが認められた。そのとき私は「しまった」と思った。なにがどう「しまった」のか不明のまま、ひじょうな失策をした、ということを直感したのであった。

　少年たちは顔を見交わした。

「売んか」と一人が他の者に云った、「蒸気河岸の先生だぞ、な、売んか」

　少年たちは唾をのみ、水洟を啜り、バケツのそばにいた一人は片足の拇指で片足のふくら脛を掻いた。「いやじゃねえけどよ」と一人はバケツへ手を入れて一尾の鮒をつかみあげ、金色に鱗の光るその獲物をさも惜しそうに、また自慢そうに、そして私の購買欲を唆るように、惚れ惚れと眺めながら云った、「アこんなえっけえ（※大きな）金鮒はめったに捕れねえからな」

「ンだ、みせえま」次の一人も一尾つかまえ、私のほうへ差出しながら云った、「鯉っこくれえあんべえがえ」

　うらに一人、さらにまた一人と、六人いる少年たちが全部、暗黙のうちに共同戦線を張って、私を懐柔（※うまく扱って自分の思い通りに従わせること）し、征服しようとした。①かれらの眼は狡猾（※ずるく悪がしこいこと）な光を放ち、その表情には闘争的な貪欲さがあらわれた。

（中略）

「売んか、な」と少年の一人がなかまに云った、「売んべや、な、かんぷり」

かんぷりと呼ばれた少年は洟を啜り、上わ眼づかいに私を見、またバケツの中の鮒たちを見た。

X

　私はふところを考えてから答えた。

「えっ」とかんぷりは眼をみはり、Aきおいこんでバケツの中から鮒をつかみあげ、イ——それはもっとも大きな一尾であった、——私のほうへと突き出しながら云った、「しょっからへいってみせえま、このくれえの鮒は一つで五ひゃくもすんだぞ、先生」

　このちび助のユダヤ人め、と私は心の中で罵った。「しょっから」とは堀南にある佃煮屋で、彼はその店で売っている鮒の甘露煮を引合いに出

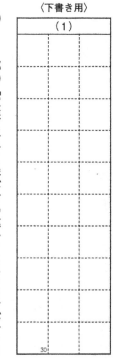

先　生　二人とも大正解。でも、Bさんが言うように、二人の日本語訳はちょっと違いますね。

Cさん　なるほど。「I」を「僕」「私」のどちらで訳しても良いんですね。男性でも「私」って使うときがあるし、(1)自分の性別によって使い分けているわけでもないのか。日本語っておもしろいなぁ。

Aくん　使う人の好みだけで使い分けているわけでもないよね。どういう風に使い分けているんだろう。

先　生　そうですね。普段意識していないだけで、日本語を使う人のものの考え方には、こういった使い分けが影響を及ぼしていると考えられます。

Aくん　先生、他にも日本語と英語の違いはありませんか？　もっと知りたくなってきました。

先　生　そうですね……。例えば、日本では兄弟・姉妹を分けて呼びますが、それも当たり前のことではありません。

Aくん　え、「兄」とか「弟」とか、英語では分けて呼ばないんですか？

Cさん　あっ。そういえば、英語では兄でも弟でも「brother」、姉でも妹でも「sister」と呼ぶって聞いたことがあるよ。

先　生　そうですね。日本では「兄」と「弟」は全く別の言葉ですが、英語では「brother」という同じ言葉をつかって表します。「姉」と「妹」も同様ですね。こうした(2)家族に対する呼び方の違いからも日本語と英語、それぞれの言語を使う人のものの考え方の違いが見られるんですね。

Bさん　英語と日本語を比べると、日本人が気づかない日本人らしさが見えてくるんですね。ただ呼び方が違うってだけで終わらせるにはもったいないと思いました。

(1)　――部(1)「自分の性別によって使い分けているわけでもない」とありますが、日本語では「僕」と「私」をどのように使い分けていると考えられますか。あなたの考えを30字以内で説明しなさい。

〈下書き用〉

（1）　30

(2)　――部(2)「家族に対する呼び方の違い」とありますが、どうして日本語と英語でこのような呼び方の違いが生まれると思いますか。あなたの考えを30字以内で説明しなさい。

〈下書き用〉

（2）　30

※下書きはしなくてもかまいません。答えは、必ず解答用紙に記入して下さい。
字数の決まりを守らないものは採点しません。

三　次の文章を読んで、あとの問に答えなさい。なお、本文には一部適切でない表現が含まれますが、作者の意図を尊重しそのまま載（の）せてい

問六　――部③「言葉によらず、数字で論証されたものは、絶対的に正しい」ということについて、生徒が話し合いをして意見を述べました。本文の内容をふまえたものとしてふさわしくない意見を次の中から一つ選び記号で答えなさい。

ア　数字って、どの言語でも同じ意味を持つから、日本語を英語に翻訳しても数字だけはそのまま使えるんだ。国を越えてもコミュニケーションに困らないなんて便利だよね。

イ　たくさんの国で数字が論証に用いられているけど、それって数字さえ使えば、どんな説明も正しくなるからだよね。数字って万能で便利な存在だなあ。

ウ　数字で解決できない問題にこそ、言葉を用いるべきだよ。「幸せとは何か」って聞かれても、数字では答えが出せないよね。言葉を用いるメリットを見逃しちゃダメだよ。

エ　数字では表せないことでも言葉なら表せると思うんだ。「ありがとう」という言葉一つとっても、感謝だけじゃなくて、皮肉も込められる。数字にはそれができないよね。

問七　――部④「もっと細かく言えば、人間が違えば、思考の枠組みは微妙に異なるかもしれない」とありますが、このことについて生徒が自身の体験をもとに考えたことを述べています。本文で述べられている「思考の枠組み」についての考え方をふまえたものとして、もっともふさわしいものを次の中から選び記号で答えなさい。

ア　このあいだインターネットでアニメの感想記事を読んでいたときに、同じアニメを見ても人によって感じ方や考え方が全然違うんだって気づいたな。「その解釈は間違っている」とか「感想としておかしい」とか、簡単に決めつけて否定せずに、アニメ鑑賞の楽しみ方にはいろんな形があるんだと認め合うことが大切だよね。

イ　担任の先生が退職するから、皆で寄せ書きを書いてプレゼントしたんだ。どのメッセージも感謝の気持ちを伝えていたんだけど、「ありがとうございます」以外にも、色々な表現があることにびっくりしたな。考えてみれば、伝えたい気持ちが同じだからって、同じ言葉が並んでいる寄せ書きなんてつまらないよね。

ウ　友だちに「おもしろいよ」と勧められた映画を見てみたら、自分はあまり「おもしろい」と思えなくて拍子抜けしたなぁ。もう一度話してみたら、「興味が引かれる」という意味での「おもしろい」という評価だったみたい。自分としては、「おもしろい」は「笑える」という意味だと思っていたから、そこでズレが起きていたんだね。

エ　教室のクーラーの温度を何℃にするかで、クラスの人ともめたんだ。自分は26℃という数字を見ると、「もっと低い温度にしたい」と思ってしまうんだけれども、クラスの人は「これぐらいでちょうどいいのに」と感じたみたいなんだよね。同じ数字だとしても、どの温度が心地よいかは人によって変わってくるんだね。

問八　＝＝部「そもそもなぜ、外国語を学ぶのだろう？」について、クラスで話し合いました。これを読んで、あとの⑴・⑵に答えなさい。

先生　今日は英語と日本語の違いについて学びましょう。「I like soccer.」を日本語に訳せるかな。

Aくん　「僕はサッカーが好きです。」で合っていますか？

Bさん　「私はサッカーが好きです。」と訳しました。Aくんとちょっとだけ違っているけど、大丈夫ですか？

言えば、人間が違えば、思考の枠組みは微妙に異なるかもしれない。だからこそ議論が生まれ、議論の積み重ねによって人びとの思考は発展していく。

外国語を学ぶと、こうした言語の相対性を、深く理解することができるのです。「数学で証明されないものは、絶対に正しいとは言えない」というふうに、頭が整理されていく。【Ⅳ】

そうなると、「自分の考えは絶対に正しい」などと、もう言えなくなりますね。人間にはみな、その人なりの考え方があるということに、考えが及ぶようになる。これも、外国語を学ぶメリットなのです。

（橋爪大三郎『人間にとって教養とはなにか』による）

問一　本文中の「X」の部分には使い方を誤った同音または同訓の漢字が一字あります。解答欄(らん)に正しい漢字を書きなさい。

問二　次の文は本文中の【Ⅰ】・【Ⅱ】・【Ⅲ】・【Ⅳ】のいずれかの箇所(か)に入ります。もっともふさわしい箇所を選びア～エの記号で答えなさい。

こうして、意識しなくても、母語の思考の枠組みができあがる。

ア【Ⅰ】　イ【Ⅱ】　ウ【Ⅲ】　エ【Ⅳ】

問三　[1]～[4]に入る言葉として、もっともふさわしいものを次の中からそれぞれ選び記号で答えなさい。ただし、同じ記号を二度使ってはいけません。

ア　では　イ　つまり　ウ　いっぽう　エ　まず

問四　――部①「母語とは違うもうひとつの思考の枠組みを頭の中に組み立てる」とはどういうことですか。その説明としてもっともふさわしいものを次の中から選び記号で答えなさい。

ア　外国語を用いたコミュニケーションを積極的に行うことで、母語以外の言語が操れるようになるということ。

イ　外国語を学ぶと、母語の特徴がより際だって分かるようになり、母語への新たな関心が芽生(めば)えるということ。

ウ　外国語を学ぶ環境にいると、母語の思考の枠組みが少しずつ上書きされて消えていってしまうということ。

エ　外国語を学ぶことで、その言語を用いる人たちがどのように世界を見ているかを知ることができるということ。

問五　――部②「思考の柔軟性が高まる」とはどういうことですか。その説明としてもっともふさわしいものを次の中から選び記号で答えなさい。

ア　外国語を学ぶことが、日本語を通したものの見方を客観的に捉(とら)え直すことにつながり、これまでとは少し違った考え方ができるようになるということ。

イ　外国語とは異なる日本語の特徴を学ぶことで、これまで無意識に使っていた日本語の素晴らしさに気づき、日本語を専門的に学びたいと考えるようになること。

ウ　外国語を学ぶ過程で、新しい言葉を覚えれば覚えるほど理解できる概念が増え、自由自在に外国語で思考できるようになってくるということ。

エ　外国語を学ぶ中で、日本語に存在しない概念がたくさんあることを知り、海外で語学を学んで柔軟な思考力を身につけていきたいと考えること。

こうして人間は、外国語を学ぶ負担からついに解放される。ＡＩ万歳、めでたし、めでたし。そういうことでいいんだろうか？

もう外国語を学ばなくていいんだ、やった！　と思った人もいるかもしれません。でも私は、反対です。

［ 1 ］、外国語を学ぶのは何も、外国の人びととコミュニケーションができるようになるため、ではない。少なくともそのためだけ、ではない。外国語を学ぶのは、母語による思考の枠組みから自由になり、自分の思考を相対化するためです。

先ほどのべたように、生まれたばかりの人間は、言葉を何も知りません。言語は生まれつきのものではなく、あとから身につけるもの。［ 2 ］後天的だ。英語の環境で育てば、英語を身につけるし、日本語の環境で育てば、日本語を身につける。スワヒリ語の環境で育てば、スワヒリ語を身につける。

さて、言葉が人間の思考の基礎であることは、国語辞典のところでのべたとおり。

英語を身につけたひとは英語でものを考えるし、日本語を身につけたひとは日本語でものを考える。スワヒリ語を身につけたひとはスワヒリ語でものを考える。【Ⅱ】

そこで、外国語を学ぶことのポイントは、①母語とは違うもうひとつの思考の枠組みを頭の中に組み立てる、ということなのです。

日本語しか知らなければ、日本語の思考の枠組みが絶対になってしまう。日本語の概念（※ことがらの意味）を組み合わせて、ものを考えるしかない。ところが少しでも外国語に触れると、その外国語の思考の枠組みを通して、母語の思考の枠組みを見直すことができる。英語にはこんな概念があるんだな、と知ることができる。日本語の概念は、こうなっているな、と考えることもできる。これがまさに、思考の相対化です。母語の思考の枠組みからちょっと解放されてものを考える、頭の自由度。②思考の柔軟性が高まる、と言ってもいい。

何も外国語をすらすら話せるようにならなくても、母語を相対化し、自分の思考を相対化することができれば、それが外国語を学ぶ大きなメリットなのです。

思考の枠組みは、それぞれの言語で異なります。どの言語が正しいか、という問題ではない。どの言語も相対的、つまり、さまざまな思考の枠組みのなかのひとつだ、ということに過ぎません。【Ⅲ】

［ 3 ］、人間にとって、「絶対的に正しい思考」は存在できないのだろうか？

言語は相対的だから、言語に縛られた思考は、絶対的とは言えない。でも、言語によらない思考があれば、それは絶対的かもしれない。

言語に縛られない思考の枠組みとは何か。それは、数学。数字（や図形）を使ってものを考える数学は、言葉によらない、すべての人びとに共通する「絶対に正しい思考」を組み立てることができる。

数学を使ってこの世界を説明する、物理学にも、数学のような性質がある。③言葉によらず、数字で論証されたものは、絶対的に正しい。

［ 4 ］、文学や法律や歴史は、言語の枠組みに縛られるので、絶対的な正しさを主張することができない。言語という、相対的な思考の枠組みのなかで、自らを深める学問なのですから。

言語ごとに、その言語で正しいとされる概念がある。④もっと細かく

【国　語】（四五分）〈満点：一〇〇点〉

一　次の問に答えなさい。

問一　次の①～⑤の――部のカタカナを漢字に直しなさい。⑤は送りがなも正しく答えなさい。

① 両国の関係改善に努めたが、トロウに終わった。

② この作家の小説とエッセイとは、ミッセツにかかわっている。

③ 都市には大規模な公園を建設するヨチは残っていない。

④ あなたに会う日を、一日センシュウの思いで待っています。

⑤ 息を吹いてお茶をサマス。

問二　曜日を表す漢字【日・月・火・水・木・金・土】に漢字をつけ加えて、別の漢字をつくります。

たとえば【日】と【水】に、それぞれ「共通する漢字」をつけ加えると、「ケイ」という音を持つ漢字と、「リョウ」という音を持つ漢字ができます。この例の場合、「共通する漢字」は『京』で、新しくできた漢字は「景」と「涼」です。

解答は、つけ加えた共通する漢字を書きなさい。この例の場合は、『京』と答えます。

なお、【水】には「氵（さんずい）」を含みます。

① 【水】と【木】に、共通する漢字をつけ加えると、それぞれ「チュウ」という音を持つ漢字ができます。共通する漢字を書きなさい。

② 【日】と【水】に、共通する漢字をつけ加えると、それぞれ「セイ」という音を持つ漢字ができます。共通する漢字を書きなさい。

③ 【日】と【木】に、共通する漢字をつけ加えると、「ボウ」という音を持つ漢字と、「ソウ」という音を持つ漢字ができます。共通する漢字を書きなさい。

二　次の文章を読んで、あとの問に答えなさい。

そもそもなぜ、外国語を学ぶのだろう？

日本では中学になると、英語を学びました。いまでは、小学校からになりました。なぜ義務教育に、英語が組み込まれているのか。

世界共通言語である英語を、最低限は読み書きできて、話せたほうがいいからか？　将来、国際的な人材を養成する基礎となるからか？

英語ができたほうが将来、職業選択の幅が広がるからか？　そもそも日本人が英語を学ぶのは、たまたま日本が「英語の非ネイティブ国」だからなのか？

もしもこうした理由だとすると、英語ネイティブの国の人びとは、外国語を学ぶのは無意味ということになってしまう。そういう話なら、英語は学ぶ必要がある、でもそのほかの外国語は学ばなくてもいい、ということになりそうだ。外国語を学ぶことの必然性は否定されてしまう。

【Ⅰ】

しかもいまは、ＡＩ技術の時代です。ものすごい勢いで発達しているテクノロジーによって、かなり精度の高い多言語翻訳（ほんやく）ＡＩが誕生するのも時間の問題でしょう。

となると、日本人が苦労して英語を学ぶ必要はなくなりそうだ。

外国語を学ぶのは、外国の人びととコミュニケーションをとるため、とだけ考えれば、それを肩代わりしてくれる機械が登場すれば、肩代わりしてもらえばよいのです。X

MEMO

大切なことはメモしておこうネ！

第1回

2023年度

解 答 と 解 説

《2023年度の配点は解答欄に掲載してあります。》

<算数解答>

1 (1) $1\frac{1}{2}$　(2) 32度　2 (1) 60人　(2) 30%

3 (1) 96：11　(2) 1890円　4 (1) 6：5　(2) (オ)

5 (1) (共通する事柄) 秒を奇数の時間に設定したとき　(理由) 解説参照

(2) 1分40秒　(3) 11分15秒

6 (1) 8通り　(2) 32通り　(3) 272通り

7 (1) (ウ)　(2) 18.28cm　(3) 411.75cm^2

○配点○

1 各5点×2　他 各6点×15　計100点

<算数解説>

基本 1 (四則計算，角度)

(1) $\frac{19}{12}\times\frac{4}{19}-(0.04+0.96)\times\frac{1}{3}+2\times(\square+1)=5$　$2\times(\square+1)=5$　$\square=\frac{5}{2}-1=1\frac{1}{2}$

(2) BCとFHの交点をJとする。三角形DEFは正三角形より角GFJ＝60°，角FGJ＝42°より角FJG＝180°－60°－42°＝78°＝角CJH　三角形ABCは二等辺三角形より角JCH＝(180°－40°)÷2＝70°　角JHC＝180°－78°－70°＝32°　したがって，角DHI＝角JHC＝32(度)

2 (割合と比)

重要 (1) 問題Aを正解した人数…400×80÷100＝320(人)　2題とも正解した人数を①とすると問題Bを正解した人数は②，2題とも不正解だった生徒は$\textcircled{\frac{1}{3}}$　問題Bのみ正解もしくは2題とも不正解だった生徒は①＋$\textcircled{\frac{1}{3}}$＝$\textcircled{1\frac{1}{3}}$であり，人数は400－320＝80(人)　したがって，①＝80÷$1\frac{1}{3}$＝60(人)であり，2題とも正解した人数は60(人)

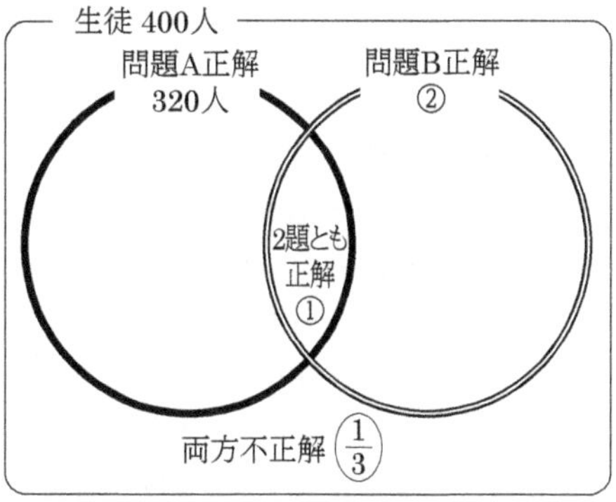

基本 (2) (1)より問題Bを正解した人数は60×2＝120(人)　したがって，問題Bを正解した生徒は生徒全体の120÷400＝30(%)

重要 3 (割合と比，消去算)

(1) Bさんがはじめに持っていたお金を①とすると，Aさんがはじめに持っていたお金は⑮であり，AさんとBさんの持っていたお金の合計は⑯　Aさんは持っているお金の$\frac{1}{9}$を使ったことから，使ったお金は⑮×$\frac{1}{9}$＝$\textcircled{1\frac{2}{3}}$　同様にBさんの使ったお金は①×$\frac{1}{6}$＝$\textcircled{\frac{1}{6}}$　AさんとBさんが使ったお金の合計は$\textcircled{1\frac{2}{3}}$＋$\textcircled{\frac{1}{6}}$＝$\textcircled{1\frac{5}{6}}$　したがって，「AさんとBさんの持っていたお金の合

計」と「AさんとBさんが使ったお金の合計」の比は16：$1\frac{5}{6}$＝96：11

(2)　Cさんがはじめに持っていたお金を$\triangle$1とするとAさんとBさんとCさんの最初の所持金の合計は⑯＋$\triangle$1＝3600(円)…(ア)　Cさんは持っているお金の$\frac{1}{8}$だけ使ったことから，AさんとBさんとCさんの使ったお金の合計は$(1\frac{5}{6})$＋$\triangle\frac{1}{8}$＝3600－3165＝435(円)…(イ)　(イ)式を8倍して$(\frac{44}{3})$＋$\triangle$1＝3480　(ア)式から引くことにより，$(\frac{4}{3})$＝120(円)　①＝120÷$\frac{4}{3}$＝90(円)　(ア)式より$\triangle$1＝3600－90×16＝2160(円)であり，Cさんがはじめに持っていたお金は2160円　したがって，Cさんがお店を出たときに持っていたお金は2160×$\left(1-\frac{1}{8}\right)$＝1890(円)

重要 4　(立体図形，展開図)

(1)　手順1で取り除く立体は三角すい　立方体の一辺の長さを2とするとき，取り除く三角すいの体積は(1×1÷2)×1×$\frac{1}{3}$＝$\frac{1}{6}$　手順2で同じ三角すいを8個あるすべての頂点から取り除くことより，取り除く三角すいの合計は$\frac{1}{6}$×8＝$1\frac{1}{3}$　立方体の体積は2×2×2＝8であり，切断後の立体の体積は8－$1\frac{1}{3}$＝$6\frac{2}{3}$　したがって，切断する前の立方体の体積と立体Sの体積の比は8：$6\frac{2}{3}$＝6：5

(2)　立体Sの展開図は正三角形が8個，正方形が6個，正方形は隣り合わない。(ア)と(エ)は正方形が隣り合い，(イ)は正三角形が7個，(ウ)は正方形が5個あることから展開図として不適切。したがって，展開図として適切なものは(オ)。

やや難 5　(数の性質，旅人算，比)

(1)　1秒ごとにタイマーAは1秒減り，ストップウォッチBは1秒増えるので，タイマーAとストップウォッチBの表示している時間の合計は常に一定になる。スタート時，タイマーAは設定した時間，ストップウォッチBは0分0秒を示しているので，表示している時間の合計はタイマーAを設定した時間である。タイマーAとストップウォッチBが同じ時間を表示するとき，表示している時間の合計はタイマーA(ストップウォッチB)が表示している時間の2倍であることから，タイマーAに設定する秒数は偶数である必要がある。したがって，タイマーAに設定する秒数が奇数である場合に表示される時間が一度も同じにならない。

(2)　10分00秒＝600(秒)　タイマーAとストップウォッチCが同じ時間を表示するまでにかかる時間…600÷3＝200(秒)　タイマーAとストップウォッチBが同じ時間を表示するまでにかかる時間…600÷2＝300(秒)　したがって，タイマーAとストップウォッチCが同じ時間を表示してからタイマーAとストップウォッチBが同じ時間を表示するまでにかかる時間…300－200＝100(秒)＝1(分)40(秒)

(3)　タイマーAとストップウォッチBに表示される時間の比が2：3になった時間のそれぞれの表示時間を②と③とする。(1)の通り，タイマーAとストップウォッチBの表示している時間の合計は常に一定であり，タイマーAを設定した時間であることから，最初にタイマーAに設定されていた時間は⑤　タイマーAとストップウォッチCが同じ時間を表示するまでの時間は⑤÷3＝$(\frac{5}{3})$，タイマーAとストップウォッチBに表示される時間の比が2：3になるまでの時間は③なので，③－$(\frac{5}{3})$＝$(\frac{4}{3})$＝3分＝180(秒)となり，①＝180÷$\frac{4}{3}$＝135(秒)　したがって，最初にタイマーAに設定した時間は135×5＝675(秒)＝11(分)15(秒)

6 (組み合わせ)

基本 (1) 4のマスに止まるためには出た目の合計が4になれば良い。合計が4になる組み合わせは，1回で4…(4)の1通り　2回で4…(1, 3)，(2, 2)，(3, 1)の3通り　3回で4…(1, 1, 2)，(1, 2, 1)，(2, 1, 1)の3通り　4回で4…(1, 1, 1, 1)の1通りであり，合計8通り

やや難 (2) 【あがり】となるためには出た目の合計が6になれば良い。合計が6になる組み合わせは，1回で6…(6)の1通り　2回で6…(1, 5)，(5, 1)，(2, 4)，(4, 2)，(3, 3)の5通り　3回で6…(1, 1, 4)，(1, 4, 1)，(4, 1, 1)，(1, 2, 3)，(1, 3, 2)，(2, 1, 3)，(2, 3, 1)，(3, 1, 2)，(3, 2, 1)，(2, 2, 2)の10通り　4回で6…(1, 1, 1, 3)，(1, 1, 3, 1)，(1, 3, 1, 1)，(3, 1, 1, 1)，(1, 1, 2, 2)，(1, 2, 2, 1)，(1, 2, 1, 2)，(2, 1, 1, 2)，(2, 1, 2, 1)，(2, 2, 1, 1)の10通り　5回で6…(1, 1, 1, 1, 2)，(1, 1, 1, 2, 1)，(1, 1, 2, 1, 1)，(1, 2, 1, 1, 1)，(2, 1, 1, 1, 1)の5通り　6回で6…(1, 1, 1, 1, 1, 1)の1通りであり，合計32通り

(3) 4に止まることなく【あがり】となるのは(2)のうち下線を付した16通り　4に一度止まり，その後【あがり】となるのは(1)，(2)より8×32＝256(通り)　したがって，【あがり】までのサイコロの目の出方は16＋256＝272(通り)

重要 7 (平面図形，中心の軌跡)

(1) 右図の通り。円がAからA′まで動くとき，円の中心Oの軌跡は直線。その後くぼみに完全にはまるまでA′を中心としておうぎ形を描き，くぼみに完全にはまった後はB′を中心としたおうぎ形を描く。くぼみを抜け出したB′からBまでは直線となるので，Oが動いてできる線として適切なものは(ウ)

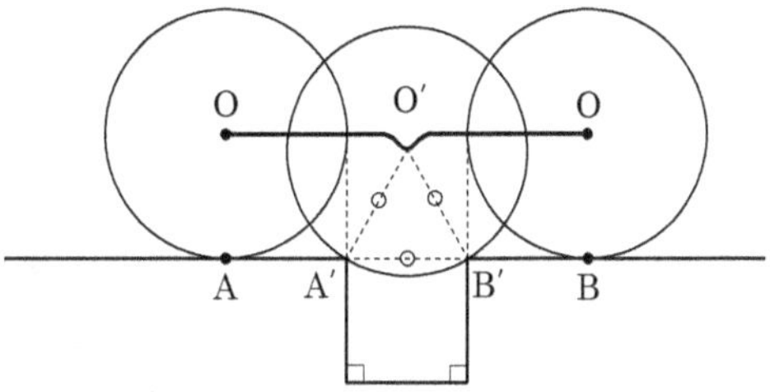

(2) AからA′まで…6(cm)　A′を中心としたおうぎ形(中心角は，三角形O′A′B′が正三角形であることより90°－60°＝30°)…$6\times2\times3.14\times\frac{1}{12}=3.14$(cm)　B′を中心としたおうぎ形…$6\times2\times3.14\times\frac{1}{12}=3.14$(cm)　B′からBまで…6(cm)　したがって，円の中心Oが動いてできる線の長さは6＋3.14＋3.14＋6＝18.28(cm)

(3) 求めたい部分は右図影付き部分　半径6cmの$\frac{1}{4}$円2個，1辺6cmの正方形7個，1辺6cmの正三角形3個，半径6cm中心角30°のおうぎ形6個の部分に分割することができる。

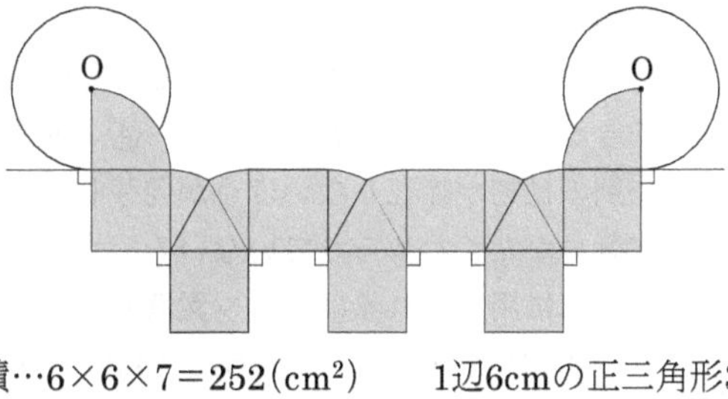

半径6cmの$\frac{1}{4}$円2個の面積…$6\times6\times3.14\times\frac{1}{4}\times2=56.52$(cm^2)　1辺6cmの正方形7個の面積…6×6×7＝252(cm^2)　1辺6cmの正三角形3個の面積…高さが1.73×3＝5.19(cm)となることより6×5.19÷2×3＝46.71(cm^2)　半径6cm中心角30°のおうぎ形6個の面積…$6\times6\times3.14\times\frac{1}{12}\times6=56.52$(cm^2)　したがって，求める面積は56.52＋252＋46.71＋56.52＝411.75(cm^2)

★ワンポイントアドバイス★

4(2)は展開図を頭の中で組み立てることでもちろん解答可能だが，複雑な形になると時間もかかる。でき上がる立体にどんな特徴があるのか，その特徴に合う展開図はどれか，よく観察してみよう。

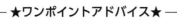

<理科解答>

1 (1) ウ (2) ① (温度)25℃，30日の条件をへること (光)光の有無は関係しない
② 冬から春への季節変化 ③ 最後に光合成に利用できる光をあてる ④ イ，ウ
⑤ ヨウ素液 (3) 6% (4) エ (5) B

2 (1) アンタレス (2) a 早く b 日周 c イ (3) ク (4) ウ
(5) 周りより温度が低いから (6) 56000km (7) およそ10年間かくで増減を繰り返している (8) イ，ウ，カ

3 (1) A ウ B ア C エ D オ E カ (2) イ，エ (3) オ
(4) 石灰水にストローで息をふきこむと白くにごる (5) 青 (6) 67%
(7) ｉ) BTB ⅱ) 注射器の中に少量の水を吸いこみ，ふる ⅲ) 気体を試験管に移し，火のついた線香を入れる

4 (1) 再生 (2) 日光の当たる量が減るから (3) 二酸化炭素の排出量が増えるので，地球温暖化が進む (4) コンピュータ (5) アンペア (6) (a) 解説参照
(b) ア，ウ，エ，オ (c) ア，イ，カ (d) 解説参照 (7) イ，ウ，エ，キ

○配点○

1 (1)，(2)④ 各1点×3 他 各2点×8
2 (2) 各1点×3 (8) 3点(完答) 他 各2点×6
3 (2)，(4)，(7)ⅱ)・ⅲ) 各2点×4((2)完答) (6) 3点 他 各1点×8
4 (6)(d) 1点 他 各2点×9((6)(b)・(c)，(7)各完答) 計75点

<理科解説>

1 (生物－植物)

基本 (1) アはアサガオ，イはタンポポ，ウがイロハモミジ，エはヒマワリである。

(2) ① 25℃で30日置いた場合に光の有無にかかわらず発芽している。 ② 気温の変化と多くの植物があてはまる開花の条件ということを考えると，冬から春の季節の変化を再現していると考えられる。 ③ Aの光を当てても最後にBの光を当てると開花しない。最後に光合成に利用できる光を当てる必要がある。 ④ 光発芽種子には光合成に利用できる光が必要なため地上部に別の植物が存在しないほうが発芽しやすく，早目に光合成することが必要ということは種子に栄養分がたくわえられていないので大きさは小さい。 ⑤ 光合成によってつくられるデンプンの確認に用いられるは「ヨウ素液」である。

(3) 5本のアサガオには1本あたり30個の種子ができる。9÷(30×5)×100＝6(%)である。

(4) 硬実種子は殻が固いので外界の影響を受けにくい。そのため発芽させるには，長時間水にひたしたり，殻に傷をつけるなどの処理が必要である。

やや難 (5) 葉の面積×草たけの高さはA：5×(16－10)＝30，B：15×(15－10)＝75，C：18×(14－10)＝72，D：10×(13－10)＝30となるので最も成長が良かった条件はBとなる。

2 (天体・気象・地形－星と星座)

基本 (1) さそり座の1等星はアンタレスである。

(2) 地球は1日1回，西から東に自転している。そのため，東側のほうが日が早くのぼる。

重要 (3) 地球は1時間に15度，4分で1度動いている。アンタレスの南中時刻が8分遅いということは東

経が1(度)×$\frac{8(分)}{4(分)}$＝2(度)小さいので140(度)－2(度)＝138(度)となる。南中高度が1度高いことから北緯は1度低く，36(度)－1(度)＝35(度)となりクの地点があてはまる。

基本 (4) 太陽の像がずれる原因は，地球の自転である。

基本 (5) 黒点の温度は約4000度で表面温度より約2000度低いため周りより黒く見える。

(6) 太陽の直径：黒点の直径＝10cm：0.4cm＝140万km：□kmより□＝56000(km)である。

(7) グラフから増減に周期があることがわかる。およそ10年周期で増減を繰り返している。

(8) 太陽フレアは地球の磁場や地球上空の電離層に影響し，GPS，電力網などに影響し，オーロラの活動も活発になるので，イ，ウ，カがあてはまる。

3 (物質と変化－気体の発生・性質)

基本 (1) A 光合成によって，放出される気体は酸素である。 B 空気中に最も多く含まれる気体は窒素で，食品の酸化を防ぐため容器内の空気を窒素と入れ替える。 C 吐く息の中に多く含まれ，排出量の削減が求められているのは二酸化炭素である。 D 虫さされの薬に含まれるのはアルカリ性のアンモニアで，塩酸と反応して塩化アンモニウムの白煙を生じる。 E 金属のマグネシウムをとかすのは塩酸なので，この気体は塩化水素である。

基本 (2) 酸素は過酸化水素水と二酸化マンガンで発生させることができる。

基本 (3) 気体Bの窒素は水に溶けにくいので水上置換で集める。

(4) 二酸化炭素を石灰水に通すと炭酸カルシウムができ，白くにごるので，はく息を石灰水に通して，白くにごると二酸化炭素が含まれていることがわかる。

(5) 気体Dはアンモニアで水に溶けたアンモニア水はアルカリ性なので，赤リトマス紙を青に変える。

やや難 (6) つるかめ算の考え方で，2.0gがすべてマグネシウムだとすると水素は2.0L発生する。水素は2.4L発生しているのでその差2.4－2.0＝0.4(L)となる。アルミニウムは1Lあたり1.3Lの水素を発生するので，0.4÷(1.3－1.0)＝$\frac{4}{3}$(g)がアルミニウムである。$\frac{4}{3}$÷2.0×100＝66.6…≒67(%)である。

(7) ⅰ) 5つの気体の水溶液について，窒素と酸素は水にほとんど溶けず，二酸化炭素と塩化水素は酸性を示し，アンモニアはアルカリ性を示すので，あてはまる溶液はBTB液と考えられる。 ⅱ) 気体が水に溶けることにより注射器内の体積は減少する。②と④は窒素か酸素，③と⑤はアンモニアか塩化水素，①は二酸化炭素と考えられるので，方法は「注射器の中に少量の水を吸いこみ，ふる」である。 ⅲ) 実験1・2より①が二酸化炭素，②が塩化水素，⑤はアンモニアとわかるので，窒素と酸素を判別する実験を行う。窒素は反応しにくいが，酸素は「試験管に移し，火のついた線香を入れる」と炎を出して燃えることで確認できる。

4 (電流－回路と電流)

図1

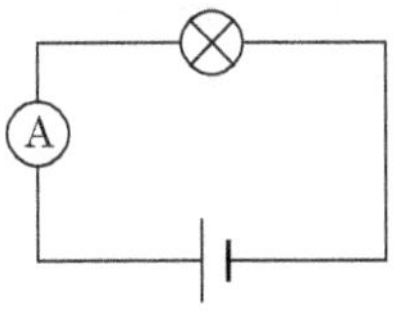

図2

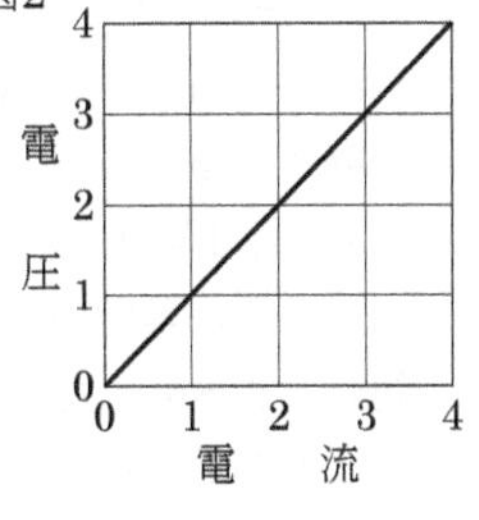

基本 (1) 太陽エネルギーなどいつまでも利用できるエネルギーを「再生可能エネルギー」という。

(2) 太陽エネルギーは日光の当たる量に影響されるので，夕方，日光の量が減少すると発電量も減少する。

(3) 火力発電には石炭を利用しているので，「二酸化炭素の排出量が増えるので，地球温暖化が進むという環境問題」が生じる

(4) 仮想通貨の取引はコンピューター上で世界中で行われるので電気の使用量が増加する。

基本 (5) 電流の単位Aはフランスの物理学者アンペールの名にちなみつけら

れ「アンペア」と読む。

(6) (a) 電流計は回路に直列につなぐので，前ページ図1のようにつなぐ。 (b) 電圧が同じ回路で比較する必要があるのでア，ウ，エ，オを調べる。 (c) 抵抗が同じで乾電池の数の異なるア，イ，カを比較する。 (d) 電流と電圧は比例するので，図2のようになる。

重要 (7) アの豆電球に流れる電流を1とするとイには2，ウには2，エには2，オには1，カには1流れ，キには2流れ，クには電流は流れない。

★ワンポイントアドバイス★

記述問題が多いので，実験や観察についての記述や現象の原理などを記述できるように練習しておこう。全体的に基本的な出題で初めて見るような問題はないので手際よく解いていこう。計算問題に関しては，類題をしっかり演習しておくことで正解を導ける。

＜社会解答＞

[1] 問1 カ　問2 イ，カ　問3 ア　問4 ア　問5 ウ，オ　問6 (名称) Ⅳ (作品) D　問7 イ　問8 エ　問9 (1) 犬養毅　(2) ウ　問10 自分の能力が評価されない政権に反感を持ち，新しい政権での出世を期待していたため。

[2] 問1 ア　問2 カ　問3 ウ　問4 (1) エ　(2) (う) 扇状地　(え) 三角州　問5 ア　問6 イ　問7 イ　問8 ア　問9 ウ　問10 エ　問11 ア

[3] 問1 ① 憲法　⑦ 政党　問2 イ　問3 ウ　問4 ウ　問5 エ　問6 (X) 25　(Y) 30　問7 エ　問8 X 法律を作ったり，予算を作ったりすること。　Y 社会の仕組みや法律，税金についての知識。

○配点○

[1] 問1・問3・問7・問9(1) 各2点×4　問6 各1点×2　他 各3点×6(問5完答)

[2] 問3・問5・問7・問10 各3点×4　問4(2) 各1点×2　他 各2点×7

[3] 問3・問8 各3点×2　問6 1点(完答)　他 各2点×6　計75点

＜社会解説＞

[1] (日本の歴史―古墳時代から昭和時代)

問1 え：古墳時代→う：室町時代→あ：江戸時代初期→か：江戸時代中期→い：明治時代→お：昭和時代。

問2 保元の乱の後，平氏の棟梁である平清盛と源氏の棟梁である源義朝が戦った乱が平治の乱である。日本は日露戦争が起きる前の1902年に日英同盟を結んでいる。したがって，イ，カが正解となる。

問3 室町幕府で，将軍の政治を補佐するための役職は管領であり，鎌倉幕府のそれは執権であった。江戸幕府の最高職は臨時職の大老で必要な時に置かれた。

問4 1858年，大老井伊直弼の独断で日米修好通商条約が結ばれたが，それに反対する人々を次々と処罰したのが安政の大獄である。1863年，薩摩・会津の両藩は長州藩と三条実美ら急進派の公家を京都から追放し，朝廷の実権を奪った。これを，八月十八日の政変という。

重要 問5 大正時代の1925年，普通選挙法が成立したのと同時に治安維持法も成立した。GHQの民主化政策の中で労働三法(労働基準法・労働組合法・労働関係調整法)が制定された。したがって，ウ，オが正解となる。

問6 足利義政の時代は室町文化である。その代表作は雪舟の水墨画「秋冬山水図」でDが正解となる。

問7 南蛮人と呼ばれたポルトガル・スペイン人との交易を南蛮貿易といい，おもな輸入品は鉄砲や火薬，生糸などであった。

問8 B：1875年日朝修好条規→C：1894年領事裁判権撤廃，日英通商航海条約→A：1956年日ソ共同宣言，国際連合加入。

問9 (1) これらは五・一五事件に関する資料であり，この事件で，首相の犬養毅が暗殺された。(2) 資料2の中の「首相に個人的恨みはない。ただ現在の邪悪な政治に反対し，首相の死を昭和維新に活かさなければならない」ということから，当時の政党内閣を倒すことが目的とわかる。したがって，ウが正解となる。

やや難 問10 植崎が老中田沼意次に，評価されていなかったことに反感を持ち，田沼の悪いうわさを流していたことが，資料文Aからわかる。さらに，松平定信が老中を辞めさせられるときにも，同じように定信の悪いうわさを流していたことが，資料文Bより理解できる。

2 (地理―地図の見方，日本の国土と自然，土地利用，農業，工業，運輸・通信・貿易，商業一般，環境問題)

問1 Aは，2018年9月の北海道胆振東部地震であり，場所は①に当たる。Bは，2021年7月1日から3日にかけて静岡県や神奈川県を中心とした大雨による水害であり，神奈川県の箱根市で72時間雨量が800ミリを超え，静岡県熱海市では土石流災害が発生た。場所は②に当たる。Cは，2022年7月24日の桜島の噴火であり，気象庁は，噴火警報を発表して噴火警戒レベルを最も高いレベル5の「避難」に引き上げた。場所は③に当たる。

問2 ⑤は石川県石川市であり，日本海側の気候に属する。日本海側の気候は，冬に，大陸から吹いてくる北西の季節風により，雪などによる降水量が多くなる。したがって，表はCに当たり，文はFが正解となる。

基本 問3 ⑨の越後平野は，米の単作地帯であり，二期作は行われていない。したがって，Bが誤りとなる。

問4 (1) 日本の河川は河口の距離が短く，流れが急なので，外国人は，よく，「川ではなく滝だ」という。

基本 (2) 扇状地は山地から平野にかけてできる地形である。一方，三角州は土砂が河口付近に堆積してできる地形である。つまり三角州は，川が平地から海につながるあたりにできる。

問5 表を注意深く考察すると，肉類，鶏卵，牛乳・乳製品の自給率は，どの都市も総合食料自給率を上回っていることが確認できる。

問6 日本は世界一の木材輸入国ではないので，イが誤りとなる。

問7 表のAは大阪府，Bは愛知県，Cは東京都である。グラフのDは東京都，Eは大阪府，Fは愛知県となる。

問8 グラフ1では，Aは日本とアメリカ，Bは日本と中国，それぞれの貿易総額の推移を示している。グラフ2では，Cは日本と中国，Dは日本とアメリカ，それぞれの主要な貿易品と割合を示している。

やや難 問9 アはスキー場，イは海水浴場，ウは温泉地，エはゴルフ場を示している。

問10　地形図を注意深く分析すると，田沼公園の中に2つの神社と城跡が確認できる。

問11　ハザードマップとは，自然災害による被害を予測し，その被害範囲を地図化したものであり，昔の土地利用を示したものではない。

3　(政治―政治のしくみと働き，国際社会と平和，時事問題，その他)

問1　2007年には，憲法改正時に行う国民投票を定めた国民投票法が制定された。2021年の参議院総選挙時に，複数の政党が，マニフェストで被選挙権年齢の引き下げを掲げた。

問2　参院選は，選挙区選挙と比例代表選挙に分かれる。選挙区選挙ではおおむね都道府県ごとの45選挙区からなっている。参議院は任期が6年で，3年ごとに議員の半数を改選するので，アは誤り。副知事は住民の直接選挙で選ぶのではないので，ウは誤り。衆議院議員選挙の際には，最高裁の裁判官の国民審査も同時に行われるので，エは「選出する」というところが誤りとなる。

問3　表を注意深く考察すると，「自分は責任がある社会の一員だと思う」の数値が高くても，必ずしも「自分の行動で，国や社会を変えられると思う」が高いとは限らないのがわかる。例えば，アメリカとイギリスを比べると前者が，アメリカ77%，イギリス80%でイギリスのほうが%が高いが，後者はアメリカ59%，イギリス51%で，逆に，アメリカの%が高いことが，確認できる。

問4　現在は，男性も育児休業をとることができるので，ウが誤りとなる。

重要　問5　裁判員裁判は，殺人や放火等重大な刑事事件の第一審のみで行われるので，第一審の地方裁判所で行われる。したがって，エが正解となる。

問6　現在の被選挙権は，衆議院議員では25歳，参議院議員では30歳である。

問7　2022年，日本は，国連安全保障理事会の非常任理事国に選ばれた。

問8　国会議員のもっとも重要な仕事は，法律をつくることである。それ以外に，国が使う予算を決めたり，外国との条約を審議して認めたり，内閣総理大臣を指名したり，政策を立案したりする仕事などがある。そのために，現代社会の仕組み，法律や税金などの知識が必要となる。

★ワンポイントアドバイス★

1問2　平治の乱は，源氏と平氏の棟梁同士の争いであったが，その前に，天皇方と上皇方が争った保元の乱がある。

＜国語解答＞

一　問一　①　和解　②　洗練　③　林立　④　青松　⑤　養う

問二　①　毎　②　也　③　十

二　問一　基[基本]　問二　A　ウ　B　ア　C　エ　D　イ　問三　ウ[Ⅲ]

問四　(1)　エ　(2)　イ　問五　ア・エ　問六　ウ　問七　(1)　ア

(2)　(例)　人にはプラスの面とマイナスの面があることを踏まえ，異質な他者との深い対話を通じて，おたがいを認めようとすること。

三　問一　A　ウ　B　イ　C　ア　問二　カ→イ→(ア)→オ→エ→ウ　問三　エ

問四　イ　問五　ア　問六　(A)　a・b　(B)　(1)　f　(2)　(平太が，)大金を払って大きな革のトランクを買い，中に絵画をつめこむこと(で，)東京で出世した立派な人間だ(と思われたいことがめったにないことだと言っている。) 問七 (A) (例) 設計の仕事をがんばって，成功してほしい (B) (例) (平太の手紙の内容を)嘘だと分かっており(，逃げた平太のことを)おこっている(。) (C) エ

○配点○

一 各2点×8 二 問一・問二・問五 各2点×7 問七(2) 8点 他 各4点×5

三 問一・問六(B)(1) 各2点×4 問六(A)・問七(A)・(C) 各3点×3(問六(A)完答)

問六(B)(2) 5点 他 各4点×5(問二完答) 計100点

＜国語解説＞

一 (漢字の書き取り，部首)

問一 ①は争いをやめて仲直りすること。②は練りきたえ，上品なものであること。③は林の木のように，背の高い物がいくつも並んで立つこと。④の「白砂(はくしゃ)青松」は白い砂と青々とした松のことで美しい海岸の風景のたとえ。⑤の音読みは「ヨウ」。熟語は「教養」など。

問二 ①の共通する漢字は「毎」で「カイ」は「海」，「バイ」は「梅」。②の共通する漢字は「也」で「チ」は「池」と「地」。③の共通する漢字は「十」で「ソウ」は「早」，「シン」は「針」。

二 (論説文・詩－要旨・細部・段落構成の読み取り，指示語，接続語，空欄補充，漢字の書き取り，記述力)

基本 問一 X部分最後の段落の「規本」は正しくは「基本」である。

問二 空らんAは直前の内容を踏まえて問いかけの内容が続いているので「では」，Bは直前の内容とは相反する内容が続いているので「しかし」，Cは直前の内容を根拠とした内容が続いているので「したがって」，Dは根本的，本質的な内容を補足する意味で「そもそも」がそれぞれ入る。

問三 ぬけている文の「それ」は「私たちは……」で始まる段落内容を指し，このことを認めているのでウ(Ⅲ)に入る。ぬけている文に「確かに」とあることから，「確かに○○だ。しかし◎◎だ」という形で「○○」を認めた上で「◎◎」を主張している文脈になっていることも参考にする。

重要 問四 (1) 「プラスの面をもつ人のみ」は直前までで述べているように，自分にとってなんらかの面でプラスになる，すなわち利益がある人とだけつきあうことなのでエが適切。「プラスの面」を踏まえ，損得を考えることを説明していない他の選択肢は不適切。

(2) 「プラスの面をもつ人のみ」の「人間関係」なので，「反対意見を持つ人たちとの議論がさかんに行われる」とあるイはふさわしくない。アは「おそらく……」で始まる段落，ウは「それと同時に……」で始まる段落，エは「迷惑を…」で始まる段落の内容をそれぞれ踏まえている。

問五 ——部②の説明として②前後の内容から，アはふさわしくないが，イ・ウはふさわしい。エは「しかし，……」で始まる段落で述べているように「現在の社会状況」なのでふさわしくない。「それと……」で始まる段落内容から，②の原点であるオもふさわしい。

問六 □では，直前の段落の「原点に立ち返るべきではないか」ということを具体的に説明し，どのように行動すべきかをわかりやすく述べているのでウが適切。「原点に立ち返る」ことを説明していない他の選択肢は不適切。

やや難 問七 (1) 空らん①は「それぞれの違いを尊重するような雰囲気」なので，「みんなちがって，みんないい」と，本文で「居心地のよさを感じ」る「つながり」から得られるものとして述べている「多様性」，②は「距離をおかれているような複雑な語感」なので，本文で「人を『コスト』として容易に切り捨てない社会」に欠けている発想として述べている「人それぞれ」が入る。

(2) (中略)直後の2段落の内容で「異質な他者を取り込むには，……相手との深い対話が必要

で」,「人はプラスの面もマイナスの面もあるという……事実に立ち返」って「ともにすごしてゆく，というのが人づきあい」であると述べていることとともに，詩の「みんなちがって，みんないい」の言葉もふまえて，人とのつながりを作るうえで大切にすべきことを指定字数以内でまとめる。

三 **(物語文－心情・情景・段落構成・細部の読み取り，空欄補充，記述力)**

基本 問一　空らんAは「うまいぐあいに」という意味のウ，Bは「あっちへ行ったりこっちへ来たり」している様子なのでイ，Cは「ほかによい方法がない」という意味でアがそれぞれ入る。

問二　空らんX前から整理すると，平太は三日仕事をさがした→カ＝それでも断られ，卒倒した→イ＝平太に巡査が水をかけた→ア→オ＝引きとった区役所が平太にご飯をやった→エ＝平太は元気になった→ウ＝区役所では平太を撒水夫に雇った，という流れになる。

問三　平太は村長の息子であり，(中略……)直後の場面で，平太が設計した建物の玄関から教員室への廊下や二階への階段がなかったことが描かれていることからエが適切。これらの内容を踏まえていない他の選択肢は不適切。

問四　——部②前後で，廊下や階段のない建物を作ってしまったことで逃げ出したのに，エレベーターとエスカレータの研究で東京に来たと「葉書」を書き，③でも建築の仕事で大工たちに憎まれているのに，出世したと「葉書」を書いていることからイが適切。嘘を書いて両親に見栄をはろうとしていることを説明していない他の選択肢は不適切。

問五　——部④前の「トランク」は，月給の余り三十円のうち二十円も出して買ったものだが，トランクの一部が大してよくない牛の膝の皮だったことを子供らに指摘され，見栄をはっている自分を指摘されたように感じて，平太は④のようになっているのでアが適切。子供たちの指摘に触れていないイ・エは不適切。ウの「きちんと伝えるため」「仕事の内容」も不適切。

重要 問六　(A)　空らんは「すごくラッキーだ，運がいい」という意味なので，教師が点数の勘定を間違ったために卒業できたことに対するaと，すぐに仕事が来たことに対するbが入る。

(B)　(1)　残りc・fのうち，生徒Fは「平太は人間としては悪くな」く「こういう不思議なことはめったに起きない」にあてはまるcのことを話しているので，生徒Gが話しているのはfである。

(2)　f直前の，平太が大金を払って大きな革のトランクを買い，中に絵画を詰めている描写からは，立派なトランクが買えるほど東京で出世した立派な人間だと思われたい，という平太の心情が読み取れるので，これらの内容を踏まえて，指定字数以内でまとめる。

やや難 問七　(A)　平太の父は村長で家は農業だが，工学校を卒業した平太のために，設計工事の看板をかけていることから，平太には「設計の仕事をがんばって，成功してほしい」というような心情が読み取れる。　(B)　平太からの手紙に父は2回とも返事もしていないことから，手紙の内容を嘘だと分かっており，逃げた平太に対して，おこっていることが読み取れる。　(C)　最後の場面で，平太の「大トランクを見てにが笑いをしました」と描かれていることからエが適切。あきれながらも仕方なく笑う「にが笑い」をふまえていない他の選択肢は不適切。

★ワンポイントアドバイス★

論説文では，対比させている事がらを明確にして，本文の流れをつかんでいこう。

第2回

2023年度

解　答　と　解　説

《2023年度の配点は解答欄に掲載してあります。》

＜算数解答＞

1 (1) $\frac{1}{22}$ (2) 50g 2 (1) 2952m (2) 8分
3 (1) 4種類 (2) 72通り 4 (1) $12cm^2$ (2) $16cm^2$
5 (1) 67本 (2) 82本 (3) 30, 60
6 (1) 7番目 (2) 1とその数以外にもう一つだけ約数が存在し，その約数を2回かけると元の数となる (3) 121
7 (1) $37.68cm^3$ (2) $71.1cm^2$ (3) $28.26cm^3$

○配点○

1 各5点×2 他 各6点×15 計100点

＜算数解説＞

基本 1 (四則計算，食塩水の濃度)

(1) $\left(\frac{1}{605}+\frac{1}{5}\right)\times\frac{5}{2}-\frac{112}{363}\times\frac{3}{2}+\frac{1}{242}=\frac{61}{121}-\frac{56}{121}+\frac{1}{242}=\frac{11}{242}=\frac{1}{22}$

(2) 食塩の重さ…300×7÷100＝21(g)　21÷6×100＝350(g)　したがって，加えた水の重さは350－300＝50(g)

基本 2 (割合と比)

(1) 家から郵便局までの距離の全体に対する割合…$\frac{1}{9}+\left(1-\frac{1}{9}\right)\times\frac{3}{4}=\frac{7}{9}$　郵便局から駅までの距離の全体に対する割合…$1-\frac{7}{9}=\frac{2}{9}$　したがって，家から駅までの距離は$656\div\frac{2}{9}=2952$(m)

(2) 全体の距離の$\frac{1}{9}$を歩くのに4分かかることから，全体の距離の$\frac{2}{9}$の割合である郵便局から駅までかかる時間は$4\times\left(\frac{2}{9}\div\frac{1}{9}\right)=8$(分)

基本 3 (組み合わせ)

(1) 元のセットメニューの選び方は①から2種類，②から3種類，③から3種類，④から2種類であることから，2×3×3×2＝36(通り)　これを3倍である36×3＝108(通り)にするためには④の種類を108÷2÷3÷3＝6(種類)にすればよい。したがって，④を6－2＝4(種類)増やせばよい。

(2) ②を1つ選ぶときの選び方…2×3×3×2＝36(通り)　3種類から2種類選ぶ選び方は3通り，であることから，②を2つ選ぶときの選び方…2×3×3×2＝36(通り)
したがって，36＋36＝72(通り)

重要 4 (平面図形，面積)

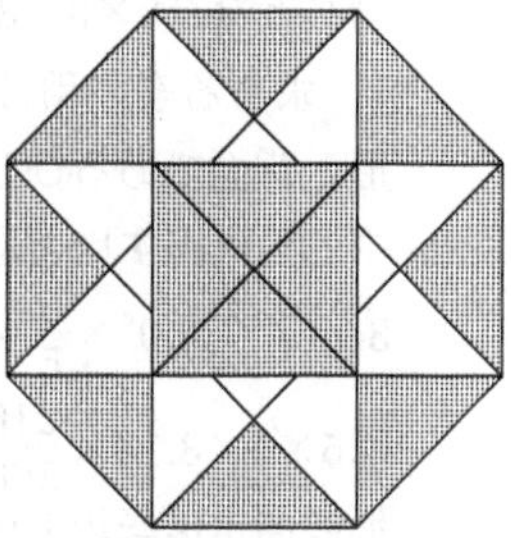

(1) 真ん中の正方形の面積は2×2＝4(cm^2)　右図の通り，周りの三角形1つの面積は真ん中の正方形の$\frac{1}{4}$であり，周りの三角形の面積の合計は$4\times\frac{1}{4}\times8=8$($cm^2$)　したがって，求める部分の面積は4＋

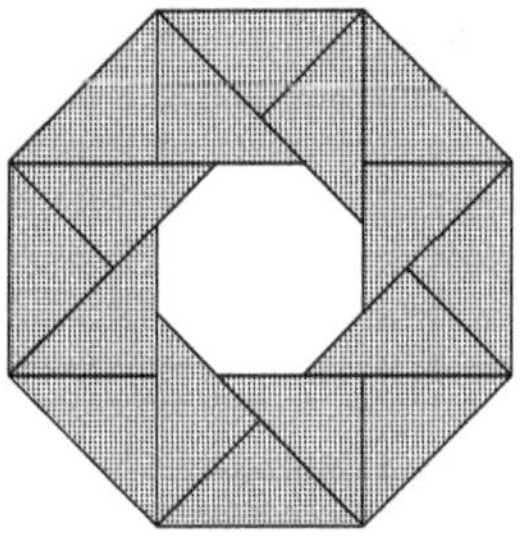

$8=12(\text{cm}^2)$

(2)　右図の通り，求める部分の面積は(1)の周りの三角形の16個分。したがって，求める部分の面積は$4\times\frac{1}{4}\times16=16(\text{cm}^2)$

重要 5　**(数の性質)**

(1)　ボールペンの合計本数を最も少なくするためには，値段の高い1本100円の赤のボールペンをできるだけ多く買い，値段の低い1本80円の黒のボールペンをできるだけ少なく買うこととなる。合計金額を6600円と100円単位の金額にするためには，80円の黒のボールペンを5の倍数本分買う必要がある。したがって，黒のボールペンをできるだけ少なく買う時，黒のボールペンは5本買い，赤のボールペンは$(6600-(80\times5))\div100=62$(本)買うこととなる。したがって，ボールペンの合計本数は$5+62=67$(本)

(2)　ボールペンの合計本数を最も多くするためには，値段の低い1本80円の黒のボールペンをできるだけ多く買い，値段の高い1本100円の赤のボールペンをできるだけ少なく買うこととなる。黒のボールペンを出来るだけ多く買う時，黒のボールペンは$6600\div80=82$あまり40より，82以下で最も大きい5の倍数である80本買い，赤のボールペンは$(6600-(80\times80))\div100=2$(本)買うこととなる。したがって，ボールペンの合計本数は$80+2=82$(本)

(3)　6人の生徒に赤のボールペン，黒のボールペンともに同じ本数ずつ分けられるようにするためには赤のボールペン，黒のボールペンともに6の倍数本分買う必要がある。同時に，黒のボールペンは5の倍数本分買う必要があるため，黒のボールペンは30の倍数本分買うことになる。黒のボールペンを30本買う時，赤のボールペンは$(6600-(80\times30))\div100=42$(本)買うこととなり，6の倍数。黒のボールペンを60本買う時，赤のボールペンは$(6600-(80\times60))\div100=18$(本)買うこととなり，6の倍数。黒のボールペンを90本以上買うと合計金額が6600円以上となる。したがって，買うことができる黒のボールペンは30本，もしくは60本。

重要 6　**(数の性質，約数)**

(1)　約数が4個になる整数は，6，8，10，14，15，21，22，…であり，22は7番目

(2)　約数が3個になる整数は，1とその数以外に1つだけ約数を持つ。その約数で元の数を割った商も元の数の約数になるはずであり，他に約数がないことから，割った商もその約数になっているはずである。したがって，約数が3個になる整数は，1とその数以外にもう一つだけ約数が存在し，その約数を2回かけると元の数となる数である。

(3)　(2)より，約数が3個になる整数は，4，9，25，49，121，…であり，5番目は121

やや難 7　**(立体図形)**

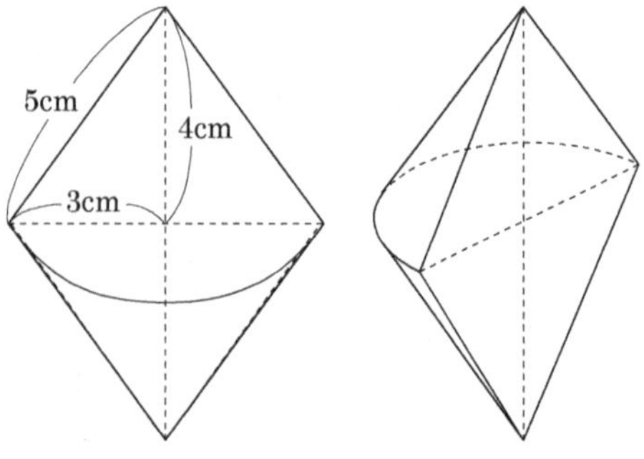

前から見た図　　側面から見た図

(1)　でき上がる立体は右図の通り。円すいをたてに半分に切って底面で貼り付けたものとなる。したがって，求める体積は半分に切る前の円すいと同じとなり$3\times3\times3.14\times4\times\frac{1}{3}=37.68(\text{cm}^3)$

(2)　求める表面積は，円すいの側面であるおうぎ形と背面であるひし形の合計である。おうぎ形の中心角は円すいの母線が5cm，底面の円の半径が3cmより$360^\circ\times\frac{3}{5}=216^\circ$であり，おうぎ形の面積は$5\times5\times3.14\times\frac{216}{360}=47.1(\text{cm}^2)$　背面のひし形の面積は底辺3cm，高さ4cmの三角形が4個あることから$3\times4\times\frac{1}{2}\times4=24(\text{cm}^2)$　したがっ

て，求める立体の表面積は47.1＋24＝71.1(cm^2)

(3)　右中央の図の斜線の三角形はいずれも面積が等しく，直線mを軸として$\frac{1}{2}$回転させたものはいずれも体積が等しいことから，求める立体の体積は一番右図の長方形を，直線mを軸として$\frac{1}{2}$回転させた立体の体積と等しい。したがって，求める立体の体積は，底面の円の半径が1.5cm，高さが8cmの円柱をたてに半分に切ったものと等しく，$1.5\times1.5\times3.14\times8\times\frac{1}{2}=28.26$(cm^3)　なお，回転して出来る立体は下図の通り。底面の円の半径が1.5cm，高さが8cmの円柱をたてに半分に切ったものから，底面の円の半径が1.5cm，高さが2cmの円すいをたてに半分に切ったものを上下からそれぞれ1個ずつ除いたものと，底面の円の半径が1.5cm，高さが2cmの円すいをたてに半分に切ったものを底面で貼り付けたものとを貼り合わせたものになる。

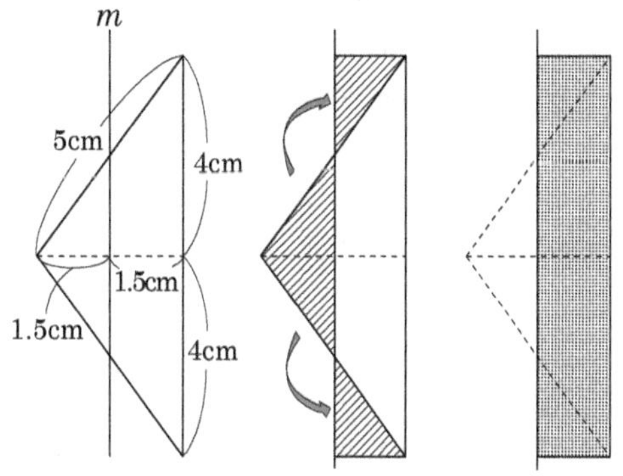

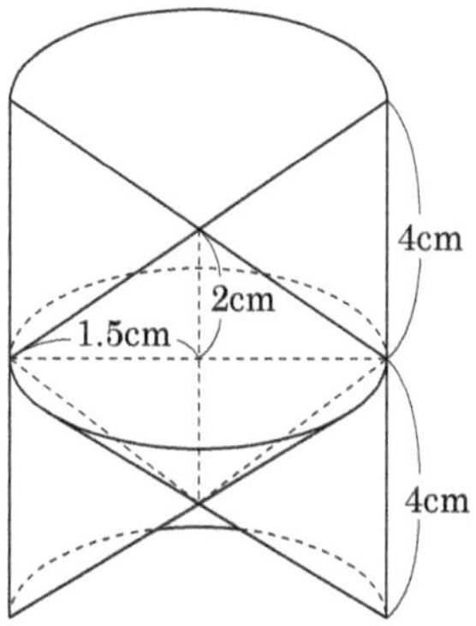

前から見た図

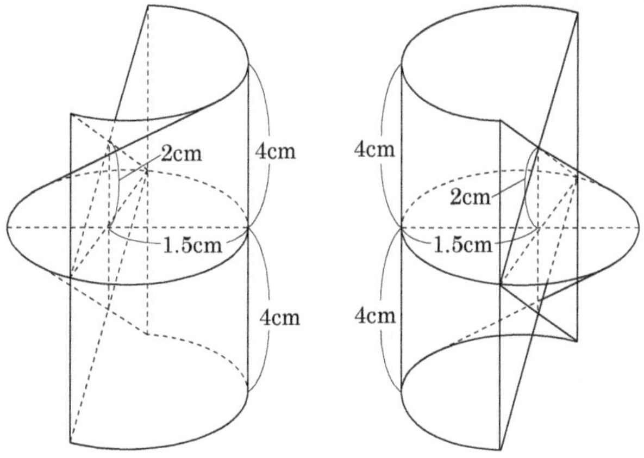

側面から見た図

★ワンポイントアドバイス★

6は単純な数え上げだが，落ち着いて数えよう。(3)では「同じ数を掛け算すればよい」と早合点して例えば4×4＝16も約数3個と解答しないように。7は回転した時に体積が同じとなるように元の図形を変形させることを考えよう。$\frac{1}{2}$回転であることに注意。

＜理科解答＞

1　(1)　ウ　(2)　エ　(3)　イ　(4)　イ，ウ　(5)　光合成　(6)　エ
(7)　マツの木とともにショウロ菌を植える。　(8)　イ　(9)　オ

2　(1)　西高東低　(2)　シベリア気団　(3)　日本海に暖流が流れるから。　(4)　小笠原気団　(5)　季節風　(6)　(気団)　小笠原気団，オホーツク海気団　(時期)　梅雨

(7) イ→エ→ウ→ア　(8) 西よりの強い風が中心に向かって吹く。　(9) (風向) 南西 (風力) 3　(天気) くもり　(10) 解説参照　(11) 1010hPa

3 (1) 210g　(2) ア　(3) ア　(4) 重そう　(5) ① 12.4g　② 9.5g
(6) ウ　(7) ① とかしている水だけが蒸発したから。　② イ
(8) 砂糖は炭素をふくんでいるから。

4 (1) エ　(2) ウ　(3) 262880km　(4) 3.0km　(5) 宇宙ゴミが増えて，人工衛星などとしょうとつする危険が増す。　(6) 自然物より分解されにくい。
(7) 9.1万トン　(8) ア　(9) ① ア　② ア　(10) 0.1g

○配点○

1 (4) 各1点×2　他 各2点×8
2 (1)・(2)・(4)～(6) 各1点×7　他 各2点×6((9)完答)
3 (2)・(3)・(6) 各1点×3　(5)②・(7)① 各3点×2　他 各2点×5
4 (3)・(4)・(6) 各1点×3　他 各2点×8　計75点

＜理科解説＞

1 (生物－植物)

基本 (1) 菌類は，カビやキノコ，酵母などで胞子や分裂・出芽で増える。

重要 (2) 菌類や細菌類は，自然界のつながりの中で有機物を無機物に変える分解者である。

(3) アカマツは光合成で得た養分をマツタケ菌に，マツタケ菌はミネラルや水分をアカマツに与えることにより共生している。

(4) マツタケがたくさん採れていたころには，アカマツ林の中の落ち葉を集めて，たい肥にしたり，枯れ枝や松かさを燃料にしていたため，人々は林に入っていた。

基本 (5) 植物が水と二酸化炭素を材料に光エネルギー使って，葉緑体で栄養をつくるはたらきは光合成である。

(6) 窒素は気体で吸収できないので根から吸収し，茎や葉を成長させる。リンは開花や実をつくることを促進するために必要である。

(7) ショウロ菌を散布して，松露を生育することでクロマツにとって必要な水や窒素・リンを吸収できるようにする。

重要 (8) 植物は約4億5千万年前の古生代にコケ植物のような生物として陸上に進出した。

(9) 今はトリュフを発見するために犬が使われているが当初メスの豚が使われていたので，あてはまるのは同じ仲間のイノシシである。

2 (天体・気象・地形－気象)

基本 (1) 図1では等圧線が南北にのび，西に高気圧があり東に低気圧がある「西高東低」の冬の気圧配置である。

基本 (2) シベリア地域に発達に発達する寒冷な「シベリア気団」である。

重要 (3) 日本海に流れる暖流の影響で寒冷なシベリア気団からの空気はあたためられる。

(4) 日本の南東の海洋に発達するのは「小笠原気団」である。

(5) 日本付近には冬には北西の風，夏には南東の風が吹く，これを「季節風」という。

(6) 日本付近にできる停滞前線は南の「小笠原気団」と北の「オホーツク海気団」がぶつかることによってできる停滞前線を「梅雨前線」といい，梅雨(つゆ)の時期である。

(7) イで関東地方の太平洋側の台風が温帯低気圧となり北上していくと考えられるのでイ→エ→

ウ→アの順となる。

重要 (8) 台風では反時計回りに風が吹き込むので，A地点では西よりの強い風が中心に向かって吹く。

(9) 矢羽根の示すのが風向で南西，線の数が風力で3．真中の天気記号より天気は，くもりである。

(10) 1012hPaと1020hPaの等圧線を結ぶと右図のようになる。

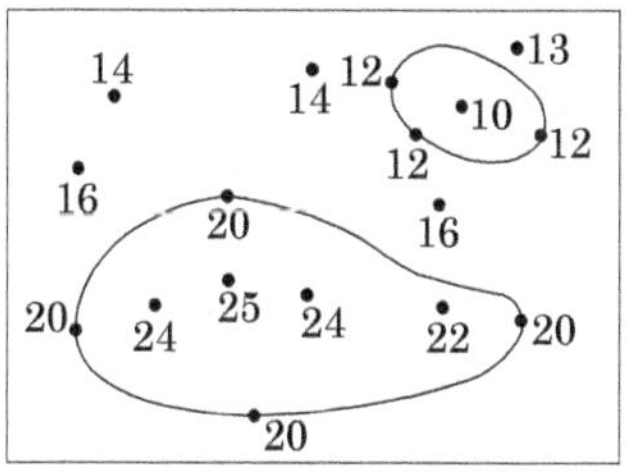

(11) $990+1.1\times\frac{180}{10}=1009.8$(hPa)より1010hPaとなる。

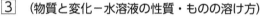

3 (物質と変化－水溶液の性質・ものの溶け方)

基本 (1) 最低の濃度は70％だから$300\times\frac{70}{100}=210$(g)である。

基本 (2) メスシリンダーの液面はメスシリンダーのかべ側の水面が上がった形になる。

(3) 溶け切れなかったザラメはビーカーの底にたまる。

(4) 表から80℃で約20gとけるのは重そうである。

(5) ① 物質Cはミョウバンであることがわかる。表より60℃の水100gに24.8gとけるので，50gの水には半分の12.4gとける。 ② 20℃の水100gには5.9gとけるので50gの水には半部の2.95gしかとけないから，12.4－2.95＝9.45(g)より9.5gとなる。

(6) ろ過するときには，ガラス棒を使い，ロートの先をビーカーのかべにつけるのでウである。

(7) ① 加熱することにより水が蒸発し量が減るので，とけることのできる物質Aの量が減少し，結晶ができる。 ② 物質Aはグラフと表から食塩とわかるので，結晶は立方体の形をしたイである。

重要 (8) 砂糖は炭素を含んでいるので，焦げて炭になる。

4 (力のはたらき－物体の運動)

基本 (1) 宇宙空間は無重力なので，力ははたらいていない。

(2) 地球は1日1回自転している。

(3) 半径は(36000＋6400)kmとなるので，(36000＋6400)×2×3.1＝262880(km)となる。

(4) 262880÷(24×60×60)＝3.04…より3.0kmである。

(5) 宇宙空間では，宇宙のごみが増えて，人工衛星としょうとつする危険が増すことが考えられる。

(6) 自然物より分解されにくいので，大きさが小さくなるが，マイクロプラスチックとなって漂い続ける。

(7) 日本から年間6万トンのプラスチックの海洋ごみが発生したとすると6÷0.658＝9.11…より9.1万トンの海洋ごみが発生したと考えられる。

(8) 海面に浮いている物体には重力と浮力がはたらいていて，つりあっている。

(9) Bのほうが1cm^3当たりの重さが重いので密度は大きく水中の体積が大きく浮力も大きい。

やや難 (10) $(60000\times1000\times1000)\times\frac{10}{100}\times\frac{5}{100}\times\frac{4}{100}\div$1億2千万＝0.1(g)となる。

★ワンポイントアドバイス★

小問の数が多く，短い時間なので，問題文を素早く読んで文中のヒントをつかんで解いていく必要がある。短文で解答する記述問題もあるので，現象の名前とともに仕組みを説明できるように，また選択問題も解答を自分で記述できるように練習しておこう。

<社会解答>

1 問1 ウ 問2 エ 問3 イ 問4 イ 問5 ア 問6 イ 問7 ア
問8 徳川慶喜 問9 貨幣の質を下げて発行量を増やしたため，貨幣への信頼が下がって物価が上がり，人々の生活は苦しくなった。 問10 エ 問11 ウ
問12 イ，カ，キ 問13 ア

2 問1 (1) オ (2) イ (3) エ (4) ウ (5) ウ (6) エ
問2 (1) ウ (2) イ (3) ア (4) 石灰石 (5) 四日市ぜんそく
問3 イ 問4 (1) イ (2) ウ

3 問1 新型コロナウイルス 問2 イ 問3 ウクライナ 問4 (1) イ (2) ア
(3) エ (4) ウ 問5 平和主義を規定する日本の安全は，アメリカの核により保障されており，核の使用を否定すると矛盾するため。 問6 ウ

○配点○

1 問8 1点 問9 4点 問12 3点 他 各2点×10
2 問2(4)・(5) 各1点×2 問3・問4(1) 各3点×2 他 各2点×10
3 問1 1点 問5・問6 各3点×2 他 各2点×6 計75点

<社会解説>

1 (歴史―奈良時代から昭和時代，その他)

問1 「石見」は，かつて石見銀山があった現在の島根県であり，ウに当たる。

問2 バブル経済崩壊後は，慢性的不況である平成不況が続いている。日ソ共同宣言の直後に日本の国連加盟が実現しているので，アは誤り。朝鮮戦争は1948年に勃発している。自衛隊は1954年に組織されたので，イは誤り。マルタ宣言の後も戦争は起きているので，ウは誤り。

問3 法隆寺に釈迦三尊像がある。親鸞の浄土真宗などの鎌倉仏教は，教えが簡単であるという特徴がある。平等院鳳凰堂を建てたのは藤原頼通であるので，Bは誤り。足利義政が建てたのは銀閣であるので，Dも誤りである。

問4 鎌倉時代に二毛作の実施などで農業生産力が向上している。御成敗式目は北条泰時によって制定されたので，アは誤り。倭寇は鎌倉時代ではないので，ウは誤り。永仁の徳政令によって，幕府の信頼はなくなったので，エも誤りとなる。

問5 律令下では2官8省が置かれ，北九州には大宰府が設置されていた。班田収受法で与えられた口分田は皆が同じものではなく，税負担以外に労働や兵役もあったので，C，Dは誤り。

問6 第一次世界大戦に際して，日本もアメリカも連合国の一員として戦ったので，イは「同盟国側」というところが誤りとなる。

問7 江戸幕府では，政治の中心は老中であり，その上位に臨時職・最高位として大老があった。家康は朱印状を発行し，貿易を奨励していた。名主などの村役人は，幕府や藩から派遣されたものではないので，Cは誤り。尾形光琳は装飾画を描いたので，Dも誤りとなる。

問8 江戸幕府の最後の第15代将軍は，徳川慶喜である。

重要 問9 綱吉は荻原重秀をもちいて，金の含有量を減らし貨幣の質を下げて発行量を増やした。その結果，物価が上昇し，人々の生活を苦しめることになった。

基本 問10 犬養毅が暗殺されたのは五・一五事件の時であるので，エは誤りとなる。

問11 政府は，自由民権運動を，保安条例や集会条例，新聞紙条例などを定めて弾圧した。Aは警

官が民権論をとなえる新聞人を取り締まっているところであり，Dは集会中に民権論者の演説を警官が妨害しているところである。

問12　明治政府は，富岡製糸場などの官営模範工場をつくり殖産興業をすすめた。朝鮮戦争に伴う特需景気は高度経済成長のさきがけとなった。高度経済成長期の白黒テレビ・電気洗濯機・電気冷蔵庫は「三種の神器」と呼ばれた。

問13　染物に使う染料の材料には，天然染料と化学染料の2種類があり，紅花・藍は天然染料に属する。油の原料は，たくさんあるが，その1つとして菜種が有名である。

2　**(地理一地図の見方，日本の国土と自然，土地利用，農業，水産業，工業，運輸・貿易・通信，商業一般，環境問題)**

問1　(1)　A一B間の日本海側は出羽山地，中央が奥羽山脈，太平洋側が北上高地となる。
(2)　A地点は男鹿半島周辺であり，選択肢の中では北緯40度が最も近い。　(3)　B地点は三陸海岸に属していて，カキやワカメの養殖が盛んである。　(4)　アは乳用牛が多いので北海道地方，イは米が多いので北陸地方，ウは米を中心に野菜などが多いので東北地方，エは野菜などが多いので四国地方とわかる。　(5)　アは太平洋側の気候で潮岬(和歌山県)，イは日本海側の気候で高田(新潟県)，ウは太平洋側の気候であるが，潮岬より気温が低いので仙台(宮城県)，エは内陸の気候で松本(長野県)である。　(6)　やませは太平洋側から吹くので，Aは誤り。東北地方の季節風は，夏は南東，冬は北西から吹いてくるので，Bも誤りとなる。

基本

問2　(1)　阪神工業地帯は，機械工業や金属工業などの製造品出荷額が多いのが特徴である。
(2)　日本の鉄鉱石の輸入先は，1位オーストラリア，2位ブラジル，3位カナダである。石炭では，1位オーストラリア，2位インドネシア，3位ロシアである。　(3)　アはセメント工場，イは自動車工場，ウは半導体工場，エは製紙・パルプ工場である。　(4)　セメントの主な原料は石灰石である。　(5)　四日市ぜんそくの主な原因は，工場から排出された亜硫酸ガスである。

やや難

問3　表の発電量から考えるとAは火力，B水力となる。地図中の●は沿岸地域に集中している火力発電である。▲は近くにダムがある水力発電である。①は2005年，②は2019年，③は2015年，④は2010年である。

問4　(1)　地形図を考察すると，断面図のなかに2つの山(高度が高いところ)がなくてはならない。したがって，イが正解となる。　(2)　地形図の等高線を考察すると，X地点は約80m前後，Y地点は約50m前後であることがわかる。したがって，ウが正解となる。

3　**(政治一政治のしくみと働き，国際社会と平和，時事問題，その他)**

問1　様々な国際会議も新型コロナウイルスの感染拡大の影響で，開催を見送るケースが増えている。NPT(核拡散防止条約)の再検討会議もその一つであった。

問2　国際連合本部はニューヨークにある。

問3　2023年2月で，ロシアがウクライナに侵攻して，1年になる。

重要

問4　(1)　衆議院と参議院の選挙方式は現在までに，何度か変更されているので，イが正解となる。　(2)　国務大臣は，半数が国会議員でなければならない。したがって，数は限られているが，民間人でも国務大臣になれる。　(3)　歳出のうちで，最も大きな割合を占めているのは社会保障関係費であるので，エは誤りとなる。　(4)　ウは，「国会に申請して認められれば」というところが誤りである。

やや難

問5　日本は平和主義を規定しているが，実際には，日米同盟により，日本の安全は，アメリカの助けを必要としている。そして，アメリカは核保有国であり核兵器禁止条約を批准していない。したがって，日本も批准できないということになる。

問6　資料2を分析すると，核弾頭数が，ロシア6500，中国290でこの2国の核弾頭総数6790。アメリカ6185，イギリス215，フランス300でこの3国の核弾頭総数が6700。したがって，前者の2国の総数が90上回っている。

★ワンポイントアドバイス★

1問6　第一次世界大戦に際して，日本は日英同盟を理由に連合国側に参戦した。アメリカは最初は中立を保っていたが，途中から，連合国側に参戦した。
問8　徳川慶喜は水戸家の出身である。

＜国語解答＞

一　問一　①　徒労　②　密接　③　余地　④　千秋　⑤　冷ます　問二　①　主　②　青　③　目

二　問一　担[負担]　問二　イ[Ⅱ]　問三　1　エ　2　イ　3　ア　4　ウ　問四　エ　問五　ア　問六　イ　問七　ウ　問八　(例)　(1)　話す相手との関係や，その場の状況に応じて使い分けている。　(2)　日本語と英語では上下関係に対する考え方が異なるから。

三　問一　A　イ　B　ウ　問二　エ　問三　ウ→ア→エ→イ　問四　イ　問五　ウ　問六　C(くん)　問七　(例)　(理由1)　先生にお金がないと知って，先生のことがかわいそうだと感じたから。　(理由2)　せっかく捕った鮒を持ち帰るぐらいであれば，あげたほうがよいと考えたから。　問八　D(さん)

○配点○

一　各2点×8　二　問一・問三　各2点×5　問八　各6点×2　他　各4点×5
三　問一　各3点×2　問七　12点　他　各4点×6(問三完答)　計100点

＜国語解説＞

基本　一　**(漢字の書き取り，部首)**

問一　①は苦労が報われないこと。②は関係が非常に深いこと。③はさらに行うことができるゆとり。④の「一日千秋」は一日が千年のように長く感じられて待ち遠しいこと。「秋」は「年」のこと。⑤の訓読みは他に「つめ(たい)」「ひ(える，やす)」。

問二　①の共通する漢字は「主」で「チュウ」は「注」，「柱」。②の共通する漢字は「青」で「セイ」は「晴」と「清」。③の共通する漢字は「目」で「ボウ」は「冒」，「ソウ」は「相」。

二　**(論説文－要旨・大意・論理展開・細部の読み取り，接続語，空欄補充，漢字の書き取り，記述力)**

基本　問一　「こうして……」で始まる段落の「負探」は，正しくは「負担」である。

問二　ぬけている文の内容から，「こうして」は「英語を身に……」で始まる段落で「英語」や「日本語」「スワヒリ語」などを例に，身につけた言語でものを考えることを指し，→ぬけている文→外国語を学ぶことのポイントは母語とは違う思考の枠組みを頭の中で組み立てること，と続くのでイ(Ⅱ)に入る。

問三　空らん1は「はじめに，最初に」という意味の「まず」，2は直前の内容を直後で言いかえているので「つまり」，3は直前の内容をふまえて新たに問いかけているので「では」，4は直前で述べた内容に対して対比させた内容が続いているので「いっぽう」がそれぞれ入る。

問四　——部①直後の段落で①の説明として，「外国語に触れると，その外国語の思考の枠組みを通して，」「英語」の「概念」を知ることができ，「日本語の概念」を考えることもできる，と述べているのでエが適切。①直後の段落内容をふまえていない他の選択肢は不適切。

重要　問五　——部②の段落で②の説明として，「外国語に触れると，その外国語の思考の枠組みを通して，」「英語」の「概念」を知ることができ，「日本語の概念」を考えることもできることで，「母語の思考の枠組みから……解放されてものを考える」ことができると述べているのでアが適切。②の段落内容をふまえていない他の選択肢は不適切。

問六　——部③の「数字で論証されたものは，絶対的に正しい」は，イの「数字さえ使えば，どんな説明も正しくなる」ことではなく，「万能」とも述べていないのでイはふさわしくない。「言葉に縛られない……」で始まる段落内容を踏まえているア，言葉の特徴を説明しているウ・エはふさわしい。

重要　問七　——部④は直前の内容を踏まえ，人によって思考の枠組みは微妙に異なり，正しいとされる言葉の概念も異なるということなので，「おもしろい」の意味のズレを説明しているウが適切。言葉の意味が人によって異なることを説明していない他の選択肢は不適切。

やや難　問八　(1)　「僕」は友だちや家族など私的な場合，「私」は先生や職場など公的な場合に使う場合が多いので，話す相手との関係や，その場の状況に応じて使い分けていることを説明する。

(2)　兄弟・姉妹を分けて呼ぶ日本語だと年令の上下がわかるが，兄妹も姉妹も同じ言葉を使う英語では年令の上下がわからないことから，解答例では，日本語と英語では上下関係に対する考え方が異なることを理由としている。本文を踏まえ，それぞれの言語にどのような思考の枠組みがあるかを考えて説明していこう。

三　(物語文－心情・情景・細部の読み取り，段落構成，空欄補充，ことばの意味，記述力)

基本　問一　——部Aはある物事に立ち向かおうとはりきること。Bは一人前，人並みという意味。

問二　——部①は「さも惜しそうに，また自慢そうに，そして私の購買欲を唆るように，惚れ惚れと眺めながら」自分たちが捕った鮒が上等であることを言い，「私を懐柔し，征服しようとした」少年たちの様子なのでエが適切。「私」に鮒を高値で売りつけようとしていることを説明していない他の選択肢は不適切。

問三　空欄X前後から整理すると，かんぷりと呼ばれた少年が「私」とバケツの中の鮒を見た→ウ＝その少年の説明→ア＝かんぷりという仇名の説明→エ＝かんぷりに対する「私」の印象→イ＝かんぷりが「私」に鮒の値段の相談をする→「私」はふところを考えて答えた，という流れになる。

重要　問四　——部②の「前者の怒り」は少年たちが佃煮屋の鮒の甘露煮の値段を引き合いに出して自分たちの鮒を高く売ろうとしていること，「後者の恥」はたしかに甘露煮にすれば高値になる鮒を，子供と見くびって安く買おうとしている自分に対するものなので，これらを踏まえていないイはふさわしくない。

問五　鮒を持って来た少年たちに対し「自分の拒絶する勇気のないことを悟」っている「私」の心情が描かれているのでウが適切。——部③直前の「私」の心情を踏まえていない他の選択肢は不適切。

問六　「私」に鮒を売ってもらえないかと声をかけられたことで，ただ捕ることを楽しんでいた鮒が売れることに少年たちが気づいたことを「私」は「失策」と感じているので，このことを踏まえていないCくんは誤り。

やや難 問七　少年たちが鮒を売ろうと四度目に来たとき,「私」のふところがあたたかくなかったため鮒の買い取りを拒絶され,駆引きもしていないことがわかって失望している様子が描かれている。これらの描写から,少年たちが「私」に鮒をあげることにした理由として,お金がない先生のことをかわいそうだと感じたこと,せっかく捕った鮒なので持ち帰るよりそのまま先生にあげたほうがよいと考えたこと,を二つの理由として説明する。

重要 問八　——部エは,少年たちが鮒を「私」に売る「儲け仕事があまりにたやすく,かつ確実であることに昂奮と情熱を感じたらしい」ことに対するものなので,「自分の考えは理解してもらえないだろうという『私』のあきらめをよくあらわしている」と述べているDさんは誤り。

★ワンポイントアドバイス★

論説文では,くり返し用いている語句を筆者がどのような意味でとらえているかを読み取っていこう。

データ対応

収録から外れてしまった年度の
問題・解答解説・解答用紙を弊社ホームページで公開しております。
巻頭ページ＜収録内容＞下方のＱＲコードからアクセス可。

※都合によりホームページでの公開ができない内容については，
次ページ以降に収録しております。

ア　自分が面倒を見ていた八っちゃんの命を危険にさらした責任を感じて、いち早く水を取りに行かなければと思ったから。

イ　八っちゃんをしばしば泣かせている「僕」が、また悪だくみをして嫌がらせしようとしているのではないかと思ったから。

ウ　お母さんに頼まれてあわてて水を運ぼうとする「僕」のことが心配で、なにかしら「僕」の助けになりたいと思ったから。

エ　水を持ってくる仕事をお母さんに命じられなかったことが悔しかったので、「僕」を出し抜いて見返してやりたいと思ったから。

問七　――部⑤「今までくやしがっていた僕は急に悲しくなった」とありますが、このときの「僕」の気持ちの変化について、空欄に合うように指定字数以内で説明しなさい。

僕は、［35字以内］ことがくやしかったが、［20字以内］を見て［10字以内］と思い、急に悲しくなってしまった。

〈下書き用〉

僕は、［　　　　　　　　　　　　　　　　　　　35］ことがくやしかったが、［　　　　　　　　　　20］を見て［　　　　　10］と思い、急に悲しくなってしまった。

※下書きはしなくてもかまいません。答えは、必ず解答用紙に記入して下さい。
字数の決まりを守らないものは採点しません。

問八　〰〰部ア～エの表現に関して、生徒たちが意見を述べています。本文から考えられる内容として、誤った意見を述べている生徒をA～Dの中から一人選び記号で答えなさい。

ア　おおおかわいそうにどこを

A　「おおおお」と同じ言葉を繰り返しているけど、この表現はちょっとわざとらしい気もするよね。婆やがそれだけ八っちゃんを心配しているのは事実だとして、「僕」に対する扱いの違いが目立っているね。

イ　お母さんは僕を押しのけて、婆やの側に来てこうおっしゃった

B　「おっしゃった」とあるけれど、私たちはお母さんに対して「おっしゃった」なんて敬語を使うことはないよね。この表現からは、時代の違いも感じることができるよ。

ウ　お母さんは僕に水を……

C　「……」があるから、本当はもっと言いたいことがあったのかな。でも、八っちゃんの苦しむ様子を見て驚いて言葉を失ってしまったんだね。

エ　「僕だい僕だい水は僕が持って行くんだい」

D　句読点を使わずに「～だい」という語尾を繰り返しているのは、「僕」の感情の高まりを表しているんじゃないかな。きっと弟のために何かをしたくて必死だったんだよ。

イ　八っちゃんより年は上であっても、自分だってもっと碁石で遊びたいのだということを、婆やに強くうったえたいと思っている。

ウ　自らのあやまちに気づいていながらも、どう婆やに弁明したら良いか分からず、表情からそのことを感じ取ってほしいと考えている。

エ　お母さんにいいつけると婆やに言われたが、大好きなお母さんにがっかりされたくないので、黙っていてほしいと思っている。

問三　――部②「口をきくのが変になった」とありますが、なぜ「僕」はそのように感じたのですか。その説明としてもっともふさわしいものを次の中から選び記号で答えなさい。

ア　亀は出来ていて、兎まで完璧（ぺき）に作る必要はないので、けんかしたばかりの八っちゃんにわざわざ話しかけることもないと思ったから。

イ　自分の碁石で楽しそうに遊んでいる八っちゃんを見て、せっかく楽しそうなところをじゃましてはいけないと思ったから。

ウ　婆やのもとで楽しそうに遊んでいる八っちゃんを見ると、怒りがこみあげてきて口をきくどころではなくなってしまったから。

エ　けんかした後なのに碁石をもらおうと八っちゃんに話しかけることは、こちらから歩み寄っているようできまりが悪かったから。

問四　X には次のア～エの文が入ります。意味の通るように正しい順番に並べ替えなさい。

ア　僕は始め※1清正公様（せいしょうこう）にいるかったい※2の乞食（こじき）がお金をねだる真似をしているのかと思った。

イ　おまけに見ていると、両手を口のところにもって行って、無理に口の中に入れようとしたりした。

ウ　それでもあのおしゃべりの八っちゃんが口をきかないのが変だった。

エ　そうしたら八っちゃんは婆やのお尻の所で遊んでいたが真赤な顔になって、眼に一杯涙をためて、口を大きく開いて、手と足とを一生懸命にばたばたと動かしていた。

※1　現在の東京にある寺にまつられている加藤清正（きよまさ）のこと。
※2　ハンセン病

問五　――部③「そしていきなり婆やからひったくるように八っちゃんを抱き取って、自分が苦しくってたまらないような顔をしながら、ばたばた手足を動かしている八っちゃんをよく見ていらしった」とありますが、このときの「お母さん」の心情を説明したものとしてふさわしくないものを次の中から一つ選び記号で答えなさい。

ア　一刻を争う状況なので、婆やのようにのんきに構えてはいられないと焦（あせ）っている。

イ　八っちゃんの苦しさを自分のことのように感じ取り、早く楽にしてあげたいと思っている。

ウ　碁石を呑んだことに気づいていながら、何もしなかった「僕」にあきれかえっている。

エ　婆やに任せていた八っちゃんの子守りが、不十分であったことに怒っている。

問六　――部④「婆やはそれを聞くと立上った」とありますが、婆やはなぜこのような行動をとったのですか。その説明としてもっともふさわしいものを次の中から選び記号で答えなさい。

て婆やにかぶりついた。

「水は僕が持ってくんだい。ウお母さんは僕に水を……」

「それどころじゃありませんよ」

と婆やは怒ったような声を出して、僕がかかって行くのを茶碗を持っていない方の手で振りはらって、八っちゃんの方にいってしまった。僕は婆やがあんなに力があるとは思わなかった。僕は、

エ「僕だい僕だい水は僕が持って行くんだい」

と泣きそうに怒って追っかけたけれども、婆やがそれをお母さんの手に渡すまで婆やに追いつくことが出来なかった。僕は婆やが水をこぼさないでそれほど早く駈けられるとは思わなかった。

お母さんは婆やから茶碗を受取ると八っちゃんの口の所にもって行った。半分ほど襟頸※5に水がこぼれたけれども、それでも八っちゃんは水が飲めた。八っちゃんはむせて、苦しがって、両手で胸の所を引っかくようにした。懐ろの所に僕がたたんでやった「だまかし船※6」が半分顔を出していた。僕は八っちゃんが本当にかわいそうでたまらなくなった。あんなに苦しめばきっと死ぬにちがいないと思った。死んじゃいけないけれどもきっと死ぬにちがいないと思った。

⑤今までくやしがっていた僕は急に悲しくなった。お母さんの顔が真蒼で、手がぶるぶる震えて、八っちゃんの顔が真紅で、ちっとも八っちゃんの顔みたいでないのを見たら、一人ぼっちになってしまったようで、我慢のしようもなく涙が出た。

お母さんは僕がべそをかき始めたのに気もつかないで、夢中になって八っちゃんの世話をしていなさった。婆やは膝をついたなりで覗きこむように、お母さんと八っちゃんの顔とのくっつき合っているのを見おろしていた。

その中に八っちゃんが胸にあてがっていた手を放して驚いたような顔をしたと思ったら、いきなりいつもの通りな大きな声を出してわーっと泣き出した。お母さんは夢中になって八っちゃんをだきすくめた。婆やはせきこんで、

「通りましたね、まあよかったこと」

といった。きっと碁石がお腹の中にはいってしまったのだろう。お母さんも少し安心なさったようだった。僕は泣きながらも、お母さんを見たら、その眼に涙が一杯たまっていた。

（有島武郎「碁石を呑んだ八っちゃん」による）

※1　年上　※2　おうえん　※3　大切にかわいがっている子

※4　象牙のお箸……魚の骨がのどに刺さったときに、象牙の箸でなでると良いという言い伝えが信じられていた。

※5　首の後ろの部分　※6　折り紙で作った船

問一　A ～ D に入る言葉としてもっともふさわしいものを次の中からそれぞれ選び記号で答えなさい。ただし、同じ記号を二度使ってはいけません。

ア　そっと　イ　うんと　ウ　どんと　エ　ふっと

問二　――部①「僕は黙ったままで婆やを睨みつけてやった」とありますが、このときの「僕」の心情の説明として、もっともふさわしいものを次の中から選び記号で答えなさい。

ア　けんかになってしまった原因は八っちゃんが碁石を取ったことなのに、自分の方から謝らせようとする婆やに対して、怒りを感じている。

いつけてあげますからね、もう泣くんじゃありませんよ、いい子ね。八っちゃんは婆やの※3御秘蔵っ子。兄さんと遊ばずに婆やのそばにいらっしゃい。いやな兄さんだこと」

　といって僕が大急ぎで一かたまりに集めた碁石の所に手を出して一掴み掴もうとした。僕は大急ぎで両手で蓋をしたけれども、婆やはかまわずに少しばかり石を拾って婆やの坐っている所に持っていってしまった。

（中略）

　僕はその時、白い石で兎を、黒い石で亀を作ろうとした。亀の方は出来たけれども、兎の方はあんまり大きく作ったので、片方の耳のさきが足りなかった。もう十ほどあればうまく出来上るんだけれども、八っちゃんが持っていってしまったんだから仕方がない。

「八っちゃん十だけ白い石くれない？」

　といおうとして［　C　］八っちゃんの方に顔を向けたが、縁側の方を向いて碁石をおもちゃにしている八っちゃんを見たら、②口をきくのが変になった。今喧嘩したばかりだから、僕から何かいい出してはいけなかった。だから仕方なしに僕は兎をくずしてしまって、もう少し小さく作りなおそうとした。でもそうすると亀の方が大きくなり過ぎて、兎が居眠りしないでも亀の方が駈っこに勝ちそうだった。だから困っちゃった。

　僕はどうしても八っちゃんに足らない碁石をくれろといいたくなった。八っちゃんはまだ三つですぐ忘れるから、そういったらさっきのように丸い握拳だけ［　D　］手を延ばしてくれるかもしれないと思った。

「八っちゃん」

　といおうとして僕はその方を見た。

［　X　］

なんだかふざけているのではなく、本気の本気らしくなって来た。しまいには眼を白くしたり黒くしたりして、げえげえと吐きはじめた。

（中略）

「婆や……どうしたの」

イお母さんは僕を押しのけて、婆やの側に来てこうおっしゃった。

「八っちゃんがあなた……碁石でもお呑みになったんでしょうか……」

「お呑みになったんでしょうかもないもんじゃないか」

　お母さんの声は怒った時の声だった。③そしていきなり婆やからひったくるように八っちゃんを抱き取って、自分が苦しくってたまらないような顔をしながら、ばたばた手足を動かしている八っちゃんをよく見ていらしった。

「※4象牙のお箸を持って参りましょうか……それで喉を撫でますと……」

婆やがそういうかいわぬに、

「刺がささったんじゃあるまいし……兄さんあなた早く行って水を持っていらっしゃい」

　と僕の方を御覧になった。④婆やはそれを聞くと立上ったが、僕は婆やが八っちゃんをそんなにしたように思ったし、用は僕がいいつかったのだから、婆やの走るのをつき抜けて台所に駈けつけた。けれども茶碗を探してそれに水を入れるのは婆やの方が早かった。僕はくやしくなっ

〈下書き用〉

三　次の文章を読んで、あとの問に答えなさい。なお、本文には一部適切でない表現が含まれますが、作者の意図を尊重してそのまま載せています。

八っちゃんが黒い石も白い石もみんなひとりで両手でとって、股の下に入れてしまおうとするから、僕は怒ってやったんだ。

「八っちゃんそれは僕んだよ」

といっても、八っちゃんは眼ばかりくりくりさせて、僕の石までひったくりつづけるから、僕は構わずに取りかえしてやった。そうしたら八っちゃんが生意気に僕の頬ぺたをひっかいた。お母さんがいくら八っちゃんは弟だから可愛がるんだとおっしゃったって、八っちゃんが頬ぺたをひっかけば僕だってくやしいから僕も力まかせに八っちゃんの小っぽけな鼻の所をひっかいてやった。指のさきが眼にさわった時には、ひっかきながらもちょっと心配だった。ひっかいたらすぐ泣くだろうと思った。そうしたらいい気持ちだろうと思ってひっかいてやった。八っちゃんは泣かないで僕にかかって来た。投げ出していた足を折りまげて尻を浮かして、両手をひっかく形にして、黙ったままでかかって来たから、僕はすきをねらってもう一度八っちゃんの団子鼻の所をひっかいてやった。そうしたら八っちゃんは暫く顔じゅうを変ちくりんにしていたが、いきなり尻を［　A　］ついて僕の胸の所がどきんとするような大きな声で泣き出した。

僕はいい気味で、もう一つ八っちゃんの頬ぺたをなぐりつけておいて、八っちゃんの足許にころげている碁石を大急ぎでひったくってやった。そうしたら部屋のむこうに日なたぼっこしながら衣物を縫っていた婆やが、眼鏡をかけた顔をこちらに向けて、上眼で睨みつけながら、

「また泣かせて、兄さん悪いじゃありませんか年かさ※1のくせに」

といったが、八っちゃんが足をばたばたやって死にそうに泣くものだから、いきなり立って来て八っちゃんを抱き上げた。婆やは八っちゃんにお乳を飲ませているものだから、いつでも八っちゃんの加勢※2をするんだ。そして、

「アおおおおかわいそうにどこを。本当に悪い兄さんですね。あらこんなに眼の下をみみずばれにして兄さん、ごめんなさいとおっしゃいまし。おっしゃらないとお母さんにいいつけますよ。さ」

誰が八っちゃんなんかにごめんなさいするもんか。始めっていえば八っちゃんが悪いんだ。①僕は黙ったままで婆やを睨みつけてやった。

婆やはわあわあ泣く八っちゃんの背中を、抱いたまま平手で［　B　］たたきながら、八っちゃんをなだめたり、僕になんだか小言をいい続けていたが僕がどうしても詫ってやらなかったら、とうとう

「それじゃようございます。八っちゃんあとで婆やがお母さんにみんない

違いを説明したものとしてもっともふさわしいものを次の中から選び、記号で答えなさい。

ア　「空気が読めない」は、その場の状況を察することができないという意味であるのに対して、「私たちのもっている共通の価値観にのってこない」は、その場の状況を察することはできるものの、人間が持っている一般的な常識から外れようとしているということ。

イ　「空気が読めない」は、その場の流れをつかんで行動することができないという意味であるのに対して、「私たちのもっている共通の価値観にのってこない」は、その場の流れをつかむことはできるが、共通の価値観そのものを理解できないということ。

ウ　「空気が読めない」は、その場の雰囲気を感じとることができないという意味であるのに対して、「私たちのもっている共通の価値観にのってこない」は、その場の雰囲気を感じとったうえで、その雰囲気の中に取り込まれることを意識的に避けているということ。

エ　「空気が読めない」は、その場で要求されていることを把握しながらも、それをあえて実行しないという意味であるのに対して、「私たちのもっている共通の価値観にのってこない」は、その場でどのようなことが要求されているのかを理解できないということ。

問八　――線部「文学作品を読む。空気を読む。さて、この二つの『読む』は関連しているでしょうか」について、本文を読み終えた生徒たちが話し合いをしています。本文の趣旨を正しく理解していない生徒を一人、次の中から選びなさい。ただし、くん・さんはつけなくてもかまいません。

Aくん　筆者の考えによると、とにかくたくさんの文学作品を読めば、空気を読む力が養われていくようだから、文学作品と空気の二つの「読む」は関係していることがわかるよ。

Bさん　文学研究では、さまざまな人間を対象として考えるよね。その人間はさまざまな人間関係に取り巻かれているわけだから、文学を読み解くことは、人間を読み解くことだと言ってもいいんじゃないかな。

Cくん　物語や詩を通して、私たちはいろいろな場面で人間がどう振るまい、考え、感じるのかを知ることができるよね。読書を通じて、ぼくたちは間接的に経験しているんだ。

Dさん　文学作品と空気の共通点が人間に関することだとすると、人間関係における想像力を、読書を通じて働かせていくことは、人が生きていくうえで大切なことだと言えそうね。

問九　本文中の空欄 Z で、筆者は文学を学ぶことによって得られる力について述べています。本文全体の内容を踏まえて、空欄に合うように指定字数以内で説明しなさい。

あらゆる種類の「文学」について、

50字以上70字以内

を、私は文学部で学んでいます。

※下書きはしなくてもかまいません。答えは、必ず解答用紙に記入して下さい。

字数の決まりを守らないものは採点しません。

問五　――部①「自分と相手が置かれている状況・コンテクスト（文脈）を十分に理解し、踏まえていなければ、［B］空気を読めていなければできない」をふまえ、次の四コママンガについてクラスで話し合いをしています。本文の趣旨を正しく理解している生徒を一人、次の中から選びなさい。ただし、くん・さんはつけなくてもかまいません。

「ののちゃん」いしいひさいち作（朝日新聞、２００８・１１・９）

©いしいひさいち

先生　この四コママンガでは、なぜ笑いが起こるのでしょうか。笑いが成立するために作者が前提としている状況や文脈について説明してください。

Aさん　伝統的な常識として、お父さんはどこの家庭でも頼りにならないというものがあります。ここでもお父さんは問題に答えることができずに、頼りにならないことが最後のコマで証明されているところが面白いのです。

Bくん　お父さんに宿題を聞いているののちゃんの真剣な表情が、あきれた表情へと変わり、さらにがっくりとうなだれるお父さんの姿を見て、悲しい表情に変わっています。こうした表情の変化が笑いにつながっています。

Cさん　笑いの前提になるのは、小学生の理科の問題は大人にわかるはずがないということです。それなのに家族みんなで相談して一生懸命に考えている様子が面白く、笑いが起こるのです。

Dくん　頼りにされていると思っていたお父さんが実は三番手で、いちおう聞いてみるだけの存在だったということに気づいて落ちこむ姿がオチになって、読者の笑いを誘っていることがわかります。

問六　［　］で囲まれた段落の本文における役割はどのようなものですか。その説明としてもっともふさわしいものを次の中から選び、記号で答えなさい。

ア　筆者の意見に対して反論が生じる可能性について触れ、この反論をふまえて、これまでとは異なる「プレゼンテーション能力」を新たに提唱している。

イ　「発信」力に関する筆者の主張を繰り返すことで、その前の段落で取り上げられていた「選び取る」力よりも「発信」力の方が重要であることを強調している。

ウ　筆者がこれまで述べてきた「発信」の効用という意見を否定し、文学によって得られる感動・共感・知識についてもう一度注目し直すきっかけとしている。

エ　筆者がこれまで述べてきた文学の効用について、「発信」に関する補足をし、新たな視点を加えることで、その意見の根拠をより確かなものにしている。

問七　――部②「単純に『空気が読めない』だけでなく、『私たちのもっている共通の価値観にのってこない』という意味も含まれている」とありますが、その二つの意味の違いとはどのようなものですか。その

（なんだか、ものすごく役に立ちそうな雰囲気になってきました。

[　C　]、冒頭の、「文学を研究することって役に立つのでしょうか？」に対する、佐藤裕子の模範解答を公開したいと思います。文学部で文学を学んだ学びが役に立たないとおっしゃいますが、私は読むことのプロであると自負※4しています。ここでいう「文学」とは、必ずしも文字で書かれたもの、文字化されたものだけではありません。詩や小説や物語などの文学作品はもとより、マンガ、アニメ、絵画、映画、映像、地図、広告（ＣＭ）、あらゆる説明書、その場の雰囲気、人の顔色など、読み解くことのできるものは、山ほどあるのです。

[　Z　]

ほとんど泣き出しそうな様子で私の研究室を訪れた学生たちも、たいていは自信を取り戻して、笑顔で就職活動の現場に戻っていきます。

ちなみにＫＹと文学の関係ですが、文学作品を読み込むことが、実際の場面でも役に立つ（少なくとも私はそう考えている）ことは前述のとおりです。ただし、いま流行っている「ＫＹ」ということばは、実は②単純に「空気が読めない」だけでなく、「私たちのもっている共通の価値観にのってこない」という意味も含まれているように思います。「ノリを合わせられない」人はＫＹということで、そこにはやや排他的※5な傾向があるのではないでしょうか。だとすると、空気が読めないのではなく、空気は読めているけれどノリを合わせる気にはなれない人も、ときにＫＹにされてしまうことがありそうです。

[　D　]、読んで考えて自分のことばをもったそのときには、そのノリが自分にとって必要なものかどうか、必要ならどんなことばでつきあったらよいかも、みえるようになっているかもしれませんね。

（佐藤裕子『主人公はいない　文学って何だろう』による）

※１　演習授業　※２　調査、研究　※３　能力　※４　自信をもって

※５　排他的……自分以外、また自分の仲間以外を受け入れない姿勢のこと。

問一　本文中の「Ｘ」の部分には使い方を誤った同音または同訓の漢字が一字あります。解答欄に正しい漢字を書きなさい。

問二　次の文は本文中の【Ⅰ】・【Ⅱ】・【Ⅲ】・【Ⅳ】のいずれかの箇所に入ります。もっともふさわしい箇所を選び、ア～エの記号で答えなさい。

> そのなかから、必要な情報を選び出し、ほかの情報や知識と関連づける力は、しっかりと自分の足で立ち、歩いていくために、大きな助けになります。

ア　【Ⅰ】　イ　【Ⅱ】　ウ　【Ⅲ】　エ　【Ⅳ】

問三　[Ｙ]には、同じ意味の組み合わせの四字熟語が入ります。空欄に入れるのにもっとも適切な語句を次の中から選び記号で答えなさい。

ア　本末転倒・多種多様　イ　一期一会・前代未聞

ウ　千変万化・日進月歩　エ　玉石混交・種々雑多

問四　[Ａ]～[Ｄ]に入る言葉としてもっともふさわしいものを次の中からそれぞれ選び記号で答えなさい。ただし、同じ記号を二度使ってはいけません。

ア　というわけで　イ　つまり　ウ　さらに　エ　でも

X

などという面接担当者の（失礼な）質問を、いやというほど受けるのです。

文学といえば、「読む」ことから始まります。自分の好きな作品を読んで、教授と学生が解釈やテクニックをめぐって、「あーでもない」「こーでもない」と、政治や社会の状況に関係なくお気楽に議論しているイメージが、文学部にはあるようです。

一方で、最近、若い人たちから「ＫＹ」ということばが出てきました。「空気が読めない人」のことですね。まわりに思い当たる状況があったのか、大人たちにまで大流行しました。

文学作品を読む。空気を読む。さて、この二つの「読む」は関連しているでしょうか。

そして、文学や文学研究は役に立つものでしょうか。役に立たない、ただ個人が楽しむためのものでしょうか。それとも、役に立つとか立たないとか、そういう基準の外にあるものなのでしょうか（それは「文学って役に立つの？」と聞く人にとっては「役に立たない」ということになりますが）。

（中略）

文学作品はもとより、地図・絵画・映画・映像・マンガ・場の雰囲気・相手のしぐさや表情・顔色など、読み解くことができるものは山ほどあります。そして読み解き、考え、理解する経験を積み重ねることで、「読みの達人」への道が開けます。【Ⅰ】

その過程で感動・共感・知識などのほかに、得られるものがあります。「選び取る」力です。おもしろいものとおもしろくないもの、自分のためになるものとならないもの、「あ！　これは前に読んだ（見た）

X

あれとつながっている」など、ことばをはじめとする作品や情報の価値、ものごとのつながりがあらたにみえてきます。【Ⅱ】

現代社会にあって、私たちのまわりでは膨大（ぼうだい）な情報が行き交っています。インターネットの時代を迎え、私たちは、まさに［　Y　］な情報の渦（うず）のなかにいます。【Ⅲ】最近よく使われることばでいえば、「リサーチ※2・スキル※3」ということになるでしょう。

［　A　］そのさきには、「発信」がつながっています。こちらは「コミュニケーション・スキル」といえるでしょうか。

自分の頭で考えながら読むことで、私たちの頭のなかには「自分のことば」が増えていきます。それはいわゆる「表現する力」だけではありません。自分が話をしている相手がすでにどういう知識をもっていて何に関心があるのかということを踏（ふ）まえて、自分の伝えたい内容を的格に手渡すことです。【Ⅳ】これはまさに、①自分と相手が置かれている状況・コンテクスト（文脈）を十分に理解し、踏まえていなければ、［　B　］空気を読めていなければできないことです。

自分のことばを発信することは、必然的にまわりの人々とのかかわりをつくり出します。そのとき、人は、すでに「つくり手」になっているといってもいいかもしれません。共感もあれば反論も、そして思わぬ指摘（してき）による新発見もあるでしょう。発信によるそうしたさまざまな反応が、ほかの人々とともに考え、ともに行動することにつながるのです。それはいわば「プレゼンテーション」です。プレゼンテーション能力とは、論理的な思考力・分析（ぶんせき）力・文章力を備えた総合的な表現能力のことです。

【国　語】（四五分）〈満点：一〇〇点〉

一　次の問に答えなさい。

問一　次の①～④の――部のカタカナを漢字に直しなさい。

①　ユウキ栽培について研究する。
②　インフルエンザの予防セッシュをした。
③　趣味はスポーツカンセンです。
④　散らかった部屋をトトノえる。

問二　形声文字と呼ばれる漢字は、意味をあらわす部首と音をあらわす部分でできています。この音をあらわす部分を音記号と呼ぶことにします。

先生が生徒にいくつかの音記号を示しました。生徒達は、その音記号のうちいずれかを使ったある漢字について考えています。その漢字を理解するために、音記号に様々な部首を付けてみました。部首の意味をふまえて、それぞれの生徒の説明を読みながら、生徒Ａ～Ｃが考えているある漢字を答えなさい。また、Ｄの問に答えなさい。

例：音記号「成」

「この漢字は食べ物をきれいによそうという意味だから、『うつわ』をあらわす部首がついているんだね。」

答え：盛

音記号　「交」「音」「早」「里」

Ａ「この漢字は習ったことないけど、部首を見たら『けもの』を表していることがわかったよ。音記号は、読み方だけでなく、この『けもの』が生活している場所を指しているんだろうな。」

Ｂ「僕はこの漢字が表している場所が大好きだよ。最近はあまり見ないけど、きっと昔は木で作られたものが多かったんだろうね。」

Ｃ「この漢字の意味って、ほとんど部首に込められているよね。音記号と部首の役割がとてもわかりやすい漢字だなあ。」

Ｄ　生徒たちが次のような話し合いをしています。

「『飴』という漢字は訓読みだと『あめ』と読むけど、音読みだとなんて読むのかな。」

「音記号が『台』だから『ダイ』と読みそうだな。あれ、辞書には『シ』と読むって書いてあったよ。」

「そうなんだ。そういえば、同じ音記号のこの漢字は『シ』と読むね。この漢字が表す動作って、女性が担（にな）っていたのかな？」

生徒達が話しているこの漢字を含む熟語を、自分で考えて書きない。

二　次の文章を読んで、あとの問に答えなさい。なお設問の都合で本文の一部を改めた箇（か）所があります。

就職活動が本格化しはじめてまもなく、よくゼミ[※1]の四年生がやってきて、

「文学を研究することって役に立つのでしょうか？」

と質問します。彼女たちは、就職活動のなかで、

「ふーん、夏目漱石（そうせき）を勉強して、卒業論文を書いて、社会に出て何か役に立つの？」

「宮崎駿（はやお）って、アニメだよね。それって文学なの？　社会で何の役に立つの？」

大人が必死になってこっけいな作戦を考えるなんて印象的なことだからね。

Dさん　役人たちにとって大事なのは偉い人のために環境を整えることで、子どもはその道具にすぎなかったのかな。大人は毎日のようにこんなことをしてるから思い出せないのかもね。

Eくん　役人たちにとっては子どもたちはどうでもよかったってことか。子どもの視点からすると許せないね。そういう子どもを無視しているような態度が恐怖を生んでいるんだと思うよ。

Fさん　役人たちも偉い人にしたがうしかないし、子どもたちも役人にしたがうしかない。そういう理不尽な上下関係に対する嘆き（なげ）がこの作品から読み取れるね。作者は平等な社会をのぞんでいたんだね。

〈下書き用〉

30

※下書きはしなくてもかまいません。答えは、必ず解答用紙に記入して下さい。
字数の決まりを守らないものは採点しません。

問六　——部④「ほんとうにばかなことをしたと私どもは思いました」とありますが、どんなところが「ばかなこと」なのですか。もっともふさわしいものを次の中から選び記号で答えなさい。

ア　入ってはいけないと書いてあったにも関わらずそれを無視して入り込んだことで、捕まろうとしていること。

イ　逃げ出せたとしても、きのこをたくさん採ってしまったことはどうしてもごまかしようがないこと。

ウ　二人が自分たちを捕まえないので、自分たちから二人に近寄り役人の罠（わな）にはまってしまったこと。

エ　自分たちを捕まえに来たのではないと知って逃げ出したことで、かえって気づかれてしまったこと。

問七　——部⑤「きのこの方はやっぱりだめだ。もし知れたら大へんだ。」とありますが、誰に、何を、知られたら大変なのですか。解答欄に合うように説明しなさい。

〈下書き用〉

に

を知られては大変だ。

※下書きはしなくてもかまいません。答えは、必ず解答用紙に記入して下さい。

問八　——部⑥「私たちはちゃんとおぼえていたのです。けれども向うではいつも、どうも見たことのある子供だが思い出せないというような顔をするのでした」という部分について、クラスで話し合いをしています。正しい説明をしている生徒を二人、次の中から選び記号で答えなさい。ただし、くん・さんはつけなくてもかまいません。

Aくん　子どもたちにとっては、役人に見つかって殺されそうになるという怖い体験なのに、当の大人は、自分たちの発言や行動を忘れてしまうんだね。作者の大人に対する批判が読み取れるよ。

Bさん　子どもたちが覚えているのは、役人たちがみっともない行動をしていたからだよ。それに対して、役人たちは自分の行動をなんとも思わないから忘れてしまう。子どもたちは、大きくなってもきっとこんな行動をしないと思うな。

Cくん　子どもたちにとっては、怖かったと同時に偉い人のためにあれこれ考えるおもしろい話だから、忘れられないんだよ。

問二　――部①「私どもはそのはんのきの中にかくれていようと思ったのです」とありますが、なぜそう思ったのですか。その理由として、もっともふさわしいものを次の中から選び記号で答えなさい。

ア　東北庁の人たちがこの場所を勝手に使うと宣言しても、自分たちは神様に直接許可を得ているわけなので東北庁に文句を言う必要があると思ったから。

イ　この場所に入ってきのこをとるのはしてはいけないことなので、うかつに動いて警察に見つかるよりかくれてやり過ごした方がいいから。

ウ　偉い人がくることはわかっていたが、きのこをとりたい気持ちを抑えられないので、見つからないようにこの場にとどまろうと考えたから。

エ　この林は警察や東北庁のものではなく、みんなの場所であるはずだし、この場所を独り占めしようとする偉い人がどんな人か見てみたかったから。

問三　[X]には次のア～オが入ります。意味の通るように正しい順番に並べ替えなさい。

ア　そこでみちからはなれてはんのきの中にかくれました。

イ　いつものようにたくさん見つかりましたから私はいつか長官のことも忘れてしきりにとっておりました。

ウ　あんまり苦しくて息がつけなくなるととまって空を向いてあるきまたうしろを見てはかけ出し、走って走ってとうとう寺林についたのです。

エ　けれども虫がしんしん鳴き時々鳥が百ぴきも一かたまりになってざあと通るばかり、一向人も来ないようでしたからだんだん私たちは恐くなくなってはんのきの下の萓をがさがさわけて初茸をさがしはじめました。

オ　私どもはそこでまるで一目散にその野原の一本みちを走りました。

問四　――部②「さあ、もう私たちはきっと殺されるにちがいないと思いました」とありますが、なぜそう思ったのですか。その理由として、ふさわしくないものを次の中から一つ選び記号で答えなさい。

ア　自分たちが役人たちの悪事を目撃してしまった以上、彼らが自分たちを生かしておくはずがないから。

イ　役人が「たしかにこれだ」「間違いない」などと言いながら近づいてきたので、ここにいるのがわかっているような気がしたから。

ウ　自分たちがはんのきの下できのこをとっていたので、それをいけないことだととがめられるのではないかと思ったから。

エ　何か理由があって入ってはいけないと禁じられているのに、それを破った以上許されるはずがないから。

問五　――部③「たしかに何かまいたのです」について、以下のA・Bに答えなさい。

A　何をまいたのですか。もっともふさわしいものを次の中から選び記号で答えなさい。

ア　メリケン粉　　イ　きのこ

ウ　栗　　　　　　エ　うその証拠

B　なぜそれをまいたのですか。その理由を30字以内で簡単に説明しなさい。

た。

「まだあるだろうな。どこかここらで、たくさんある所をさがしてくれないか。ごほうびをあげるから。」

私たちはすっかり面白くなりました。

「まだたくさんありますよ。さがしてあげましょう。」私が言いましたら紺服の役人があわてて手をふって叫びました。

「いやいや、とってしまっちゃいけない、ただある場所をさがして教えてさえくれればいいんだ。さがしてごらん。」

私と慶次郎とはまるで電気にかかったように萱をわけてあるきました。そして私はすぐ初蕈の三つならんでる所を見つけました。

「ありました。」叫んだのです。

「そうか。」役人たちは来てのぞきました。

「何だ、ただ三つじゃないか。長官は六人もご家族をつれていらっしゃるんだ。三つじゃ仕方ない、お一人十ずつとしても六十無くちゃだめだ。」

「六十ぐらい大丈夫あります。」慶次郎が向うでそでで汗をふきながら言いました。

「いや、あちこちちらばったんじゃさがし出せない。二とこぐらいに集まってなくちゃ。」

「初蕈はそんなに集まってないんです。」私も勢いがついて言いました。

「ふうん、そんならかまわないからおまえたちのとったきのこをそこらへ立てて置こうかな。」

「それでいいさ。」黒服の方が薄いひげをひねりながら答えました。

（中略）

「だめだよ、⑤きのこの方はやっぱりだめだ。もし知れたら大へんだ。」

「うん、どうもあぶないと僕も思った。こっちはよそう。とってしまおう。その辺へかくして置いてあとで我われがとったということにしてお嬢さんにでも上げればいいじゃないか。その方が安全だよ。」というのがはっきり聞こえました。私たちはまた顔を見合せました。

そして思わずふき出してしまいました。

それから一目散に逃げました。

けれどももう役人は追って来ませんでした。その日の晩方おそく私たちはひどくまわりみちをしてうちへ帰りましたが東北長官はひるころ野原へ着いて夕方まで家族と一緒に大へん面白く遊んで帰ったということを聞きました。その次の年私どもは町の中学校に入りましたがあの二人の役人にも時々あいました。二人はステッキをふったり包みをかかえたりまた競馬などで酔って顔を赤くして叫んだりしていました。⑥私たちはちゃんとおぼえていたのです。けれども向うではいつも、どうも見たことのある子供だが思い出せないというような顔をするのでした。

（宮沢賢治「二人の役人」による）

※１　視察に訪れること
※２　天皇陛下
※３　竹で作ったカゴ

問一　～～部「にわかに」は本文中に三カ所あり、すべて同じ意味です。それはどのような意味ですか。もっともふさわしいものを次の中から選び記号で答えなさい。

ア　弱々しく　イ　突然　ウ　強引に　エ　激しく

のようなものを小わきにかかえてその口の結び目を立ったまま解いているのでした。

「この辺でよかろうな。」一人が言いました。

「うん、いいだろう。」も一人が答えたと思うとバラッバラッと音がしました。③たしかに何かまいたのです。私は何をまいたか見たくて命もいらないように思いました。こわいことはやっぱりこわかったのですけれども。

役人どもはだんだん向うの方へはんのきの間を歩きながらずいぶんしばらくまいていましたがにわかに一人が言いました。

「おい、失敗だよ。失敗だ。ひどくしくじった。君の袋にはまだたくさんあるか。」

「どうして？　林がちがったかい。」も一人が驚いてたずねました。

「だって君、これは何という木かしらんが栗の木じゃないぜ、途方もないとこに栗の実が落ちてちゃ、ばれるよ。」

も一人が落ちついた声で答えました。

「ふん、そんなことは心配ないよ、はじめから僕は気がついてるんだ。そんなことまで何のかんの言うもんか。どっから来たろうって言ったら風で飛ばされて参りましたでしょうて言やいいや。」

「そんなわけにも行くまいぜ。困ったな、どこか栗の木の下へまこう。あ、うまい、こいつはうまい。栗の木だ。こいつから落ちたということにすりゃいいな。ああ助かった。おい、ここへたくさんまいて置こう。」

「もちろんだよ。」

それからばらっばらっと栗の実が栗の木の幹にぶっつかったりはね落ちたりする音がしばらくしました。私どもは思わず顔を見合せました。もう大丈夫、役人どもは私たちを殺しに来たのでもなく、私どもの居ることさえも知らないことがわかったのです。まるで世界が明るくなったように思いました。

逃げるならいまのうちだと私たちは二人一緒に思ったのです。その証拠には私たちはちょっと眼を見合せましたらもう立ちあがっていました。それからそおっと萱をわけて林のうしろの方へ出ようとしました。すると早くも役人の一人が叫んだのです。

「誰か居るぞ。入るなって言ったのに。」

「誰だ。」も一人が叫びました。私たちはすっかりしくじってしまったのです。④ほんとうにばかなことをしたと私どもは思いました。

役人はもうがさがさと向うの萱の中から出て来ました。そのとき林の中は黄金いろの日光で点々になっていました。

「おい、誰だ、お前たちはどこから入って来た。」紺服の方の人が私どもに言いました。

私どもははじめまるで死んだようになっていましたがだんだん近くなって見ますとその役人の顔はまっ赤でまるで湯気が出るばかり殊に鼻からはぷつぷつ油汗が出ていましたので何だか急にこわくなくなりました。

（中略　入ってきた場所をごまかして、二人はなんとか事なきをえました。）

「おいおい。おまえたちはここでそのきのこをとったのか。」

又かと私はぎくっとしました。けれどもこの時もどうしても「いいえ。」と言えませんでした。慶次郎がかすれたような声で「はあ。」と答えたのです。すると役人は二人とも近くへ来てかごの中をのぞきまし

三　次の文章を読んで、あとの問に答えなさい。

「本日は東北長官一行の※1出遊につきこれより中には入るべからず。東北庁」

私はがっかりしてしまいました。慶次郎も顔を赤くして何べんも読み直していました。

「困ったねえ、えらい人が来るんだよ。叱られるといけないからもう帰ろうか。」私が言いましたら慶次郎は少し怒って答えました。

「構うもんか、入ろう、入ろう。ここは※2天子さんのとこでそんな警部や何かのとこじゃないんだい。ずうっと奥へ行こうよ。」

私もにわかに面白くなりました。

「おい、東北長官というものを見たいな。どんな顔だろう。」

「ひげもめがねもあるのさ。先頃来た大臣だってそうだ。」

「どこかにかくれて見てようか。」

「見てよう。寺林のとこはどうだい。」

寺林というのは今は練兵場の北のはじになっていますが野原の中でいちばんきれいな所でした。はんのきの林がぐるっと輪になっていて中にはみじかいやわらかな草がいちめん生えてまるで一つの公園地のようでした。

①私どもはそのはんのきの中にかくれていようと思ったのです。

「そうしよう。早く行かないと見つかるぜ。」

「さあ走ってこう。」

X

するとにわかに慶次郎が私のところにやって来てしがみつきました。まるで私の耳のそばでそっと言ったのです。

「来たよ。来たよ。とうとう来たよ。そらね。」

私は萱の間からすかすようにして私どもの来た方を見ました。向うから二人の役人が大急ぎで道をやって来るのです。それも何だかみちからそれて私どもの林へやって来るらしいのです。さあ、私どもはもう息もつまるように思いました。ずんずん近づいて来たのです。

「この林だろう。たしかにこれだな。」

一人の顔の赤い体格のいい紺の詰えりを着た方の役人が言いました。

「うん、そうだ。間違いないよ。」も一人の黒い服の役人が答えました。

②さあ、もう私たちはきっと殺されるにちがいないと思いました。まさかこんな林には気も付かずに通り過ぎるだろうと思っていたら二人の役人がどこかで番をして見ていたのです、万一殺されないにしてももう縄られると私どもは覚悟しました。慶次郎の顔を見ましたらやっぱりまっ青で唇まで乾いて白くなっていました。私は役人に縄られたときとったきのこを持たせられて町を歩きたくないと考えました。そこでそっと慶次郎に言いました。

「縄られるよ。きっと縄られる。きのこをすてよう。きのこをさ。」

慶次郎はなんにも言わないでだまってきのこを※3はきごのまま棄てました。私もかごのひもからそっと手をはなしました。ところが二人の役人はべつに私どもをつかまえに来たのでもないようでした。

うろうろ木の高いところを見ていましたしそれに林の前でぴたっと立ちどまったらしいのでした。そしてしばらく何かしていました。私は萱の葉の混んだ所から無理にのぞいて見ましたら二人ともメリケン粉の袋なってしまうよね。それよりも自分の好きなことだけに目を向け、それを思いっきりやるべきだと思うな。

Cさん　変化の激しい未来でも立派に生きていく必要があるよね。今のうちに将来の夢をしっかりと決めておいて、今やるべきことを逆算して考えなきゃいけないよ。

Dくん　ケガをしたことで大好きだったサッカーは続けられなくなった。悲しいことだけど、時間に余裕ができたから、ちょっと気になっていたギターでも始めてみようかな。

(2)　次の先生と生徒の会話文を読み、あとの問に答えなさい。

先生　文章の最後では「変化に開かれた姿勢」の中に「苦しみを乗り越えるためのヒント」があると説明されていましたね。これは、どういうことだと思いますか。

生徒　二つの線のことを考えるとわかりやすいと思います。「変化に開かれた姿勢」というのは、フリーハンドの曲線のような生き方を意識することですよね。直線の生き方みたいに、固定のゴールにとらわれていないところが良くて、それが「苦しみを乗り越えるためのヒント」になるんだと思います。

先生　なるほど。固定のゴールを準備する直線の生き方だけでは、何が問題になるのでしょうか。

生徒　直線の生き方だけでも、目標を達成できるときはいいかもしれません。頑張って目標を達成すれば満足感があるし、それを人にほめられれば誰でもうれしくなると思います。でも直線的な歩みだけだと、目標が達成できないことはただの「失敗」のようにみなされてしまいますよね。だけど、フリーハンドの曲線のような生き方も意識できれば、

Z

ということを、筆者は言いたいんだと思います。

問　会話文中の Z に入る文章を考え、以下の〔指示１〕・〔指示２〕にしたがって50字以上70字以内で書きなさい。

〔指示１〕　目標が達成できなかったことを、どう受け止めていけるのかを説明すること。

〔指示２〕　「喜び」という語句を必ず用いること。

〈下書き用〉

（２）

50

70

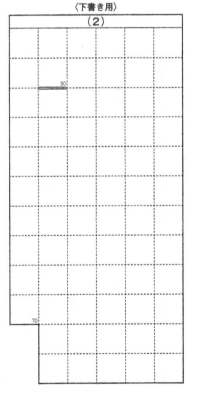

※下書きはしなくてもかまいません。答えは、必ず解答用紙に記入して下さい。

字数の決まりを守らないものは採点しません。

問五　「Ｙ」段落が本文において果たしている役割はどのようなものですか。その説明として、もっともふさわしいものを次の中から選び記号で答えなさい。

ア　共感しやすい具体例を用いることで、「よりよく生きる」ためのポイントをわかりやすく解説している。

イ　カタカナ語やかぎかっこを効果的に使うことで、直線的な歩みをしてしまうことの危険性を強調している。

ウ　他者という新たな視点から本文のテーマをとらえ直し、次の段落の話題転換につなげている。

エ　インゴルドの主張を誤解なく伝えるため、反対意見に気を配りながら本文のテーマを再確認している。

問六　――部②『『効率』だけを求める志向性を私たちはすでに内面化しています」とありますが、筆者がここで問題にしているのはどのようなことですか。もっともふさわしいものを次の中から選び記号で答えなさい。

ア　「効率」を最優先するあまり、自然環境への影響を考えずに技術発展を目指していること。

イ　自動化の影響で、どれが「効率」の良い方法なのかを自分の頭で考えなくなっていること。

ウ　「効率」ばかり気にして、なるべく努力せずに楽をしたいと考える若者が増えていること。

エ　便利な技術にかこまれて、「効率」を最優先する考え方に疑問を抱かなくなっていること。

問七　この文章を読んだ生徒がクラスで話し合いをしています。本文の内容を正しく理解していない生徒を一人、次の中から選びなさい。ただし、くん・さんはつけなくてもかまいません。

Ａさん　移動には車や電車を使った方が便利だと思っていたけれど、たまには歩いてみるのもいいかもしれないと思ったよ。普段は気が付かなかったような発見があるかもしれないよね。

Ｂくん　目標を達成しようと思ったときに「どうしたらそれができるか」だけでなく、「そもそもなぜ達成しようとしているのか」という問いを持つことも重要なんだね。

Ｃくん　今の社会は、子どもに直線的な生き方ばかりさせている気がするよ。フリーハンドの曲線のような生き方をしないと人生をよりよく生きることは無理なのだから、考え直していくべきだね。

Ｄさん　時代が進んで新しい技術に頼るほど、「効率」ばかりを追い求める世の中になってしまいそうね。たまには遠回りしたり、「効率」以外の視点を持ったりするのも大事だね。

問八　＝＝部「変化に開かれた姿勢」について、以下の⑴・⑵に答えなさい。

⑴　**「変化に開かれた姿勢」の具体例としてふさわしいことを述べている生徒を一人、次の中から選び記号で答えなさい。ただし、くん・さんはつけなくてもかまいません。**

Ａさん　新学年になって親友と別のクラスになっちゃった。でも休み時間や登下校は二人きりで過ごせるし、私たちの友情は変わらないと思えば不安になる必要はないよね。

Ｂくん　目標にむかって勉強ばかりしていても、つまらない人生に

Y つがあるのに、私たちは知らないうちに直線的な歩みをしてしまいがち。だからこそ二つの歩み方があることを自覚できるかどうか。それが「よりよく生きる」ことにとって意味がある。たぶんそう考えているのではないかと思います。

周囲の変化に身体を開き、その外側に広がる差異に満ちた世界と交わりながら、みずからが変化することを楽しむ。いきあたりばったりの歩みのなかで「わたし」に起きる変化を肯定的にとらえる。そういう姿勢は、まさにさまざまに異なる他者とともに生きる方法です。

［D］、それは変化がいっそう激しくなるこれからの時代にこそ必要とされるのだと思います。

すべてが自動化され、先進技術に頼らないと生きていけなくなる時代には、私たちの歩みは、最小限の努力で最大の効果をあげるようますます急かされるかもしれません。

そんな②「効率」だけを求める志向性を私たちはすでに内面化しています。ナビやスマホの経路検索で「ここに行くにはこれが最短ルートです」と示される。ネット書店では「いまのあなたにオススメの本はこれです」と提案される。その指示に従うのが最適解で、それ以外は不正解のように感じられる。【Ⅳ】

そのとき、ふらふらと町を歩きながらたまたますてきな店を発見したり、本屋さんの本棚を眺めているうちに人生を変える本と出会ったりする機会が失われる。人生は、往々に※5してそんな偶然の出会いから「喜び」が得られるにもかかわらず。

もちろん人生には困難な出会いもあります。それはどんな生き方をしていても避けられない。でも苦しみを乗り越えるためのヒントも、その変化に開かれた姿勢のなかにあるような気がします。

（松村圭一郎『はみだしの人類学　ともに生きる方法』による）

※1　イギリスの人類学者　※2　手で自由に書く
※3　困難や障害を突破すること　※4　無視　※5　よく

問一　本文中の「X」の部分には使い方を誤った同音または同訓の漢字が一字あります。解答欄に正しい漢字を書きなさい。

問二　次の文は本文中の【Ⅰ】・【Ⅱ】・【Ⅲ】・【Ⅳ】のいずれかの箇所に入ります。もっともふさわしい箇所を選び、ア～エの記号で答えなさい。

そうなると、その過程に起きるすべてが余計なことになります。

ア【Ⅰ】　イ【Ⅱ】　ウ【Ⅲ】　エ【Ⅳ】

問三　［A］～［D］に入る言葉としてもっともふさわしいものを次の中からそれぞれ選び記号で答えなさい。ただし、同じ記号を二度使ってはいけません。

ア　だから　イ　とはいえ　ウ　そして　エ　それに対して

問四　――部①「落とし穴」の具体的な内容としてふさわしいものを次の中からすべて選び記号で答えなさい。

ア　周囲の変化に目を向ける余裕がなくなってしまうこと。
イ　「目標を成し遂げるにはどうしたらいいか」という問いが無視されてしまうこと。
ウ　計画通りに物事が進まなくなってしまうこと。
エ　目標達成までのプロセスや予想外の出来事を邪魔なものだと感じてしまうこと。
オ　決められた目標以外のことを考えられなくなってしまうこと。

したらいいか。何があっても、その目標を効率的に達成したい。日々、そういう思いで生きている人は少なくないと思います。でもインゴルドに言わせれば、そこには①落とし穴がある。

X

　まず定められた目標以外のことを考えなくなる。ある種の思考停止に陥る危険性があります。何かを成し遂げるにはどうしたらいいか、という問いの立て方からは、なぜ私たちはそうしようとしているのか、というそもそもの問いが排序されています。でも、たとえ大学に合格できても、大学で何を学ぶのか、大学に行ったうえでどう生きていくのか、という大きな問いは残されたままです。【Ⅰ】

　ビジネスの現場でも、そもそも何のために働いているのか、なぜそれを売りたいのか、その原点を問うことが重要なブレークスルー※3をもたらすことがあります。でも、その大切な問いはスルー※4されてしまう。

　もうひとつの落とし穴は、目標に到達することだけを考えた場合、その過程でどのように動くかとか、どんな手段を使って目標を達成するのかなどが問われなくなる点です。できれば最小限の努力やコストで、最短の時間で目標を達成したい。【Ⅱ】

　インゴルドの言葉を借りれば、それは出発前からすでに決まった経路をたどるだけの旅のようなものです。旅のおもしろさは、予定どおり目的地にたどりつくことより、その過程でどんなおもしろい出来事と出会えるかにかかっているのに、直線の旅は、そのプロセスを全部、余計なものにしてしまう。

　［Ａ］、フリーハンドの曲線はどうでしょうか？　インゴルドは、それを徒歩旅行にたとえています。歩いている人は、進むにつれて変化し続ける眺望や、それと連動して動いていく道の行き先に注意を払う。その途中で起きることをちゃんと観察しながら進んでいる。［Ｂ］偶然の出来事に出会っても、それを楽しむ余裕がある。

　その道すがらに出会う予想外の出来事は、とりあえず時刻表どおりに電車に乗って、計画どおりの日程をこなすことばかり考えている人にとって、旅の邪魔だと感じられるでしょう。しかしインゴルドは、フリーハンドの線にこそ、人は生き生きとした生命の動きを感じられるはずだと言います。

　［Ｃ］、私たちは日々、時間に追われ、与えられた仕事や予定をこなすことで精一杯です。ひとつの仕事を片付けたら、また別の仕事にとりかかる。そのあいだに周りをじっくり観察しながら進む余裕はありません。インゴルドの言葉は、そんな慌ただしい日常を過ごす私たちにも大切なことを思い出させてくれます。

　私たちは小さいときから好きなことを我慢してがんばりなさい、そうすればよりよい人生が送れる。そう言われ続けて大きくなりました。でも目標を達成したらそこで人生が終わるわけではない。目標の達成は通過点でしかありません。またそこから歩み続けなければならない。

　大きな目標を達成することだけを目指して、それまでのあいだずっと周囲の変化や他者の姿に目をつぶって耳をふさぐ。そうやって「わたし」の変化を拒みながら足早に通り過ぎていくうちに、私たちは確実に「死」へと近づいています。【Ⅲ】

　インゴルドも、フリーハンドの曲線のような人生だけがよりよく生きることだと言っているわけではありません。線には直線と曲線の二

【国　語】（四五分）〈満点：一〇〇点〉

一　次の問に答えなさい。

問一　次の①～④の――部のカタカナを漢字に直しなさい。

① 彼はタイキ晩成型の人間だ。
② 太平洋をコウカイする。
③ 変化するジョウセイに適応する。
④ 宿題をタダちに提出しなさい。

問二　形声文字と呼ばれる漢字は、意味をあらわす部首と音をあらわす部分でできています。この音をあらわす部分を音記号と呼ぶことにします。

先生が生徒にいくつかの音記号を示しました。生徒達は、その音記号のうちいずれかを使ったある漢字について考えています。その漢字を理解するために、音記号に様々な部首を付けてみました。部首の意味をふまえて、それぞれの生徒の説明を読みながら、生徒A～Cが考えているある漢字を答えなさい。また、Dの問に答えなさい。

例：音記号「成」

「この漢字は食べ物をきれいによそうという意味だから、『うつわ』をあらわす部首がついているんだね。」

答え：盛

音記号　「寺」「文」「京」「区」

A「この漢字はまだ習っていないけど、この漢字が表す『むし』のことはよく知っているよ。音記号そのままの音を立てて飛んでいるよね。」

B「この漢字は太陽と関係があるみたい。この漢字が表すものを、昔は太陽の傾き具合で判断していたんだって。」

C「僕はこの漢字が表す動作が得意なんだ。人よりも『うま』のほうが得意な動作だから、この部首を使っているんだね。」

D　生徒達が次のような話し合いをしています。

Aさん「『エ』という漢字は音記号になるよ。〈糸〉を付けると色の名前になるよね。」

Bさん「〈穴〉をつけたのに穴がある場所とは真逆の場所を指す漢字になったよ。面白いな。」

Aさん「片方は『コウ』と読むけど、もう片方は『クウ』と読むね。」

生徒達の会話をふまえて、音記号『エ』を使って『コウ』と音読みする漢字を自分で考え、その漢字を含む熟語を書きなさい。ただし、この会話で話題にあがった漢字を使ってはいけません。

二　次の文章を読んで、あとの問に答えなさい。なお設問の都合で本文の一部を改めた箇所があります。

インゴルド[※1]は自著『ラインズ』のなかで、「線」には、あらかじめ決まった始点と終点とを定規で結ぶような直線と、どこに行くか定まっていないフリーハンド[※2]の曲線との二種類がある、と言っています。

最初の直線は、目的を決めて、それに向かってまっすぐ進むような生き方に重なります。おそらく結果を重視する受験勉強やビジネスの世界などにあてはまるでしょう。試験に受からないと意味がない。ものが売れなければ仕方がない。受かるためには、売れるためにはどう

その説明としてもっともふさわしいものを次の中から選び記号で答えなさい。

ア　会長さんさえも酔っ払ってしまい、このままでは会食がめちゃくちゃになってしまう以上、紹介されてもいないが、本来招かれたはずの自分がスピーチをして終わるのが会食の作法だと感じ、いやいやながらもなんとかしなければいけないという気持ち。

イ　自分から紫紺染について聞き出すことがこの会の目的であることを知っている山男は、このまま何も話さずに帰るのが申し訳なく、また話さないでいると皆と同じように後で会費などを請求されたら大変だと感じ、苦手なスピーチをなんとかこなそうという気持ち。

ウ　自分が放っておかれたまま会食が進んでいることに納得がいかず、さびしい気持ちでいたので、会長さんがよっぱらったチャンスを生かして、紫紺染について思い出したことを最後に少しでも説明すれば、もう一度皆に自分の話を聞いてもらえ主役で終われると考える気持ち。

エ　会食もそろそろ終わりだと感じ、自分が紫紺染について知らないと言っているのに、そのことにかまわず皆がそれぞれ楽しく飲んだり食べたりしたことが心地よく、会が終わる前に自分の思い出したことをなんとか説明し、恩にむくいなければいけないという気持ち。

問八　〰〰部ア～エの表現について、生徒がそれぞれ表現を選び、その表現方法について意見を述べています。それぞれの説明にあてはまる表現としてもっともふさわしいものを〰〰部ア～エからそれぞれ選び、記号で答えなさい。ただし、同じ記号を二度使ってはいけません。

A　この表現は、山男が実は作法など知らずに普段生活していることを暗に示しています。また、周りの人がそういう山男を受け入れていることを示す部分にもつながっていきます。

B　この表現は、山男が普通の人間とは違うことを表していると思います。周りの人から見ると山男は町で暮らす人間からかけ離れているように見えることが読み取れます。

C　この表現は、山男の外見が立派であることを描写しています。その意味では山男らしくない様子に皆が意外に感じている部分だと思います。

D　この表現はおそらく比喩（ゆ）だと思います。もちろん、山男が大きいことを示してもいると思いますが、今までの話ではそこまで大きいとは書かれていないと思いますから。

問九　――部⑧「こんな苦心」について、工芸学校の先生が古い記録を見つけたところから始まっています。古い記録を見つけた後、どのような苦心があったと考えられますか。本文に書かれていないことも含めて、「～こと。」という箇（か）条書きの形で４つ書きなさい。それぞれ20字以内とします。

ら膝かけを取りました。

オ　ちょうど、六時十五分前に一台の人力車がすうっと西洋軒の玄関にとまりました。

問四　——部③「旦那さん。百八十両やって下さい」とありますが、百八十両というのは車代としてはかなり高額です。どうして、このような料金を車屋は請求するのですか。その理由としてもっともふさわしいものを次の中から選び記号で答えなさい。

ア　山男が思った以上に紳士で、身なりもよく、金持ちのように見えたので、気をつかって接客してきたのだから、少しばかり多めに車代をもらうことができるのではないかと期待しているから。

イ　信じられないほど大きな体をした山男を乗せて車を引いてきたため、車も壊れそうだし、車屋もそのためにくたくたになってしまったので、割り増しの料金をもらわないとやりきれないから。

ウ　こんな会食に招かれる品のよい男性であるなら、貧しい自分の車を直し、また入院しなければならないあわれな境遇である自分に、何かしらの情けをかけてくれるに違いないと信じているから。

エ　西根山というとてつもなく遠いところから山男を連れてきたわけで、長い時間仕事をしてきた以上、決して法外な料金というわけではなく、時間に見合った料金だと考えているから。

問五　——部④「山男のむやみにしか爪らしいのを見て思わずにやりとしました」とありますが、この表現から本屋の主人のどのような心情が読み取れますか。その説明としてもっともふさわしいものを次の中から選び記号で答えなさい。

ア　立派な服装をした紳士風の姿をしている山男であるが、普段はもっと山男風の格好をしているのに、今日のために服装やマナーを勉強してつくろっていることを見抜いて、おもしろがる気持ち。

イ　どんなに立派な服装をしていたとしても、体が大きく獣のような山男の体つきはかくせるはずもなく、野蛮な山男を心のどこかで自分たちと違うと見下して、ばかにするような気持ち。

ウ　山男が先日、自分の本屋で本を買ってくれた人物であることに気づき、あらかじめ町の様子をうかがうだけでなく、自分の店でお金を使ってくれるなど、用意周到で気遣いができる山男を好ましく思う気持ち。

エ　山男が普段まじめに山の暮らしをしているのはみんな知っているのに、作法に関する本に書いてあることを信じて、紳士ぶって見栄をはった身なりや行いをする様子をばかにする気持ち。

問六　——部⑤〔以下原稿1枚？なし〕とありますが、その続きの部分も含めて文章をカットしています。ここには、会食の様子が書かれていると推測されますが、山男に対してどのような会話がされているでしょうか。このあとの——部⑥「へえ。ずいぶんなご卓見です。しかしあなたは紫紺のことはよくごぞんじでしょうな」をふまえて、「Ａ　どんな会話をして」山男を「Ｂ　どのようにする」会話か、空欄にあてはまるように字数を守って説明しなさい。なお「ご卓見」とは、「素晴らしいご意見」というような意味です。

［　Ａ（20字以内）　］、

山男を［　Ｂ（15字以内）　］会話。

問七　——部⑦「山男は面倒臭そうにふところから手を出して立ちあがりました」とありますが、山男はここではどんな気持ちでいますか。

さて紫紺染が東京大博覧会で二等賞をとるまでには⑧こんな苦心もあったというだけのおはなしであります。

（宮沢賢治『紫紺染めについて』による）

※候……手紙などの文でよく使われ、「です・ます・ございます」などに当たるていねいな雰囲気を作る言葉。

問一　――部①「こういういいこと」とありますが、「こういういいこと」とはどういうことですか。その説明としてもっともふさわしいものを次の中から選び記号で答えなさい。

ア　今は失われた紫紺染は昔から山男がたくさん作っていたことがわかり、山男の好物が酒であることも推測できたので、山男を呼び出して酒をあげれば代わりに紫紺染をもらえるのではないかということ。

イ　かつて山男が紫紺を生薬屋の主人に売っていたことがわかり、その生薬屋を訪ねれば、生薬屋が売っていたはずの紫紺染の職人にたどり着く可能性も出てきそうだということ。

ウ　職人もいなくなり、作り方がわからなくなった紫紺染で使う紫紺の根をかつて山男が売っていたということは、山男を探して聞いてみれば紫紺染の仕方の手がかりを得られるかもしれないこと。

エ　山男が紫紺を売って買おうとしたのが酒であり、その酒屋で山男におびえるというおもしろいエピソードをみつけたことで今後山男に会った時に何かの役に立つ可能性があるかもしれないこと。

問二　――部②「こうさえしてしまえば、あとはむこうへ届こうが届くまいが、郵便屋の責任だ」とありますが、ここから先生のどのような心情を読み取ることができますか。もっともふさわしいものを次の中から選び記号で答えなさい。

ア　山男が西根山に住んでいることは間違いないのだから、届くように住所を自分がしっかり書いた後は、郵便屋に確実に仕事をこなしてもらわないと、頑張って書いた手紙がむだになってしまうという気持ち。

イ　山男などという、いるかいないかわからないものに手紙を書くことは、自分でもばかばかしいことだと思っているのに、そんなことをして呼び出そうなどということは、まったくむだで意味のないことだという気持ち。

ウ　手紙を読んだとしても山男が自分たちに会いにくるとはとても考えられず、もし山男が来なかった時には、手紙を郵便屋が届けることができなかったことにして、自分の責任ではないようにしたいという気持ち。

エ　山男が今もそこにいるかさえわからないけれど、いるとしたら西根山のどこかである以上、自分にできることは届いたときに山男が来たくなる内容を書くことだけで、後は郵便屋に探してもらうしかないという気持ち。

問三　［Ｘ］には、次のア～オの文が入ります。意味の通るように正しい順番に並べ替えなさい。ただし、３番目にはアが入ります。

ア　みんなはそれ来たっと玄関にならんでむかえました。

イ　するとゆっくりと車から降りて来たのは黄金色目玉あかつらの西根山の山男でした。

ウ　ところが山男が、とうとうやって来ました。

エ　車屋はまるでまっかになって汗をたらしゆげをほうほうあげなが

もありました。そこで研究会の会長さんは元来おさむらいでしたから考えました。（これはどうもいかん。けしからん。こうみだれてしまっては仕方がない。一つひきしめてやろう。）くだものの出たのを合図に会長さんは立ちあがりました。けれども会長さんももうへろへろ酔っていたのです。

「ええちょっと一言ご挨拶申しあげます。今晩はお客様にはよくおいで下さいました。どうかおゆるりとおくつろぎ下さい。さて現今世界の大勢を見るに実にどうもこんらんして居る。ひとのものを横合からとる様なことが多い。実にふんがいにたえない。まだ世界は野蛮からぬけない。けしからん。くそっ。ちょっ。」

会長さんはまっかになってどなりました。みんなはびっくりしてぱくぱく会長さんの袖を引っぱって無理に座らせました。

⑦すると山男は面倒臭そうにふところから手を出して立ちあがりました。「ええ一寸一言ご挨拶を申し上げます。今晩はあついおもてなしにあずかりまして千万かたじけなく思います。どういうわけでこんなおもてなしにあずかるのか先刻からしきりに考えているのです。やはりどうもその先頃おたずねにあずかった紫紺についての様であります。そうして見ると私も本気で考え出さなければなりません。そう思って一生懸命思い出しました。ところが私は子供のとき母が乳がなくて濁り酒で育ててもらったためにひどいアルコール中毒なのであります。お酒を飲まないと物を忘れるのでちょうどみなさまの反対であります。そのためについビールも一本失礼いたしました。そしてそのお蔭でやっとおもいだしました。あれは現今西根山にはたくさんございます。私のおやじなどはしじゅうあれを掘って町へ来て売ってお酒にかえたというはなしであります。おやじがどうもちかごろ紫紺も買う人はなし困ったと言ってこぼしているのも聞いたことがあります。それからあれを染めるには何でも黒いしめった土をつかうというはなしもぼんやりおぼえています。紫紺についてわたくしの知っているのはこれだけであります。それで何かのご参考になればまことにしあわせです。さて考えて見ますとありがたいはなしでございます。私のおやじは紫紺の根を掘って来てお酒ととりかえましたが私は紫紺のはなしをちょっとすればこんなに酔うくらいまでお酒が飲めるのです。そらこんなに酔うくらいです。」

山男は赤くなった顔を一つ右手でしごいて席へ座りました。

みんなはざわざわしました。工芸学校の先生は「黒いしめった土を使うこと」と手帳へ書いてポケットにしまいました。

そこでみんなは青いりんごの皮をむきはじめました。山男もむいてたべました。ウそして実をすっかりたべてからこんどはかまど※をぱくりとたべました。それからちょっとそばをたべるような風にして皮もたべました。工芸学校の先生はちらっとそれを見ましたが知らないふりをして居りました。

さてだんだん夜も更けましたので会長さんが立って

「やあこれで解散だ。諸君めでたしめでたし。ワッハッハ。」とやって会は終わりました。

そこで山男は顔をまっかにして肩をゆすって一度にはしごだんを四つくらいずつ飛んで玄関へ降りて行きました。

みんなが見送ろうとあとをついて玄関まで行ったときは山男はもう居ませんでした。

エちょうど七つの森の一番はじめの森に片脚をかけた所だったのです。

※りんごの芯の部分

な、山男がほんとうにやって来るかどうかを、大へん心配していました。もし山男が来なかったら、仕方ないからみんなの懇親会ということにしようと、めいめい考えていました。

X

アせなかに大きな桔梗の紋のついた夜具をのっしりと着込んでねずみ色の袋のような袴をどふっとはいておりました。そして大きな青い縞の財布を出して

「くるまちんはいくら。」とききました。

車屋はもう疲れてよろよろ倒れそうになっていましたがやっとのことでこう言いました。

③「旦那さん。百八十両やって下さい。車はもうみしみしいっていますし私はこれから病院へはいります。」

すると山男は、

「うんもっともだ。さあこれだけやろう。つりは酒代だ。」と言いながらいくらだかわけのわからない大きな札を一枚出してすたすた玄関にのぼりました。みんなははあっとおじぎをしました。山男もしずかにおじぎを返しながら、

「いやこんにちは。お招きにあずかりまして大へん恐縮です。」と言いました。みんなは山男があんまり紳士風で立派なのですっかり驚いてしまいました。ただひとりその中に町はずれの本屋の主人が居ましたが④山男のむやみにしか爪らしいのを見て思わずにやりとしました。それは昨日の夕方顔のまっかな蓑を着た大きな男が来て「知って置くべき日常の作法。」という本を買って行ったのでしたが山男がその男にそっくりだったのです。

とにかくみんなは山男をすぐ食堂に案内しました。そして一緒にこしかけました。山男が腰かけた時椅子はがりがりっと鳴りました。山男は腰かけるとこんどは黄金色の目玉を据えてじっとパンや塩やバターを見つめ

⑤〔以下原稿一枚？なし〕（中略）

⑥「へえ。ずいぶんなご卓見です。しかしあなたは紫紺のことはよくごぞんじでしょうな。」

みんなはしいんとなりました。これが今夜の眼目だったのです。山男はお酒をがぶりと飲んで言いました。

「しこん、しこんと。はてな聞いたようなことだがどうもよくわかりません。やはり知らないのですな。」みんなはがっかりしてしまいました。なんだ紫紺のことも知らない山男など一向用はないこんなやつに酒を飲ませたりしてつまらないことをした。もうあとはおれたちの懇親会だ、と言うつもりでめいめい勝手にのんで勝手にたべました。ところが山男にはそれが大へんうれしかったようでした。しきりにかぶりかぶりとお酒をのみました。お魚が出ると丸ごとけろりとたべました。野菜が出ると手をふところに入れたまま舌だけ出してべろりとなめてしまいます。

イそして眼をまっかにして「へろれって、へろれって、けろれって、へろれって。」なんて途方もない声でほえはじめました。さあみんなはだんだん気味悪くなりました。おまけに給仕がテーブルのはじの方で新らしいお酒の瓶を抜いたときなどは山男は手を長くながくのばして横から取ってしまってラッパ飲みをはじめましたのでぶるぶるふるえ出した人

三　次の文章を読んで、あとの問に答えなさい。

盛岡の産物のなかに、紫紺染というものがあります。

これは、紫紺という桔梗によく似た草の根を、灰で煮出して染めるのです。

南部の紫紺染は、昔は大へん名高いものだったそうですが、明治になってからは、西洋からやすいアニリン色素がどんどんはいって来ましたので、一向はやらなくなってしまいました。それが、ごくちかごろ、またさわぎ出されました。けれどもなにぶん、しばらくすたれていたものですから、製法も染方も一向わかりませんでした。そこで県工業会の役員たちや、工芸学校の先生は、それについていろいろしらべました。そしてとうとう、すっかり昔のようないいものが出来るようになって、東京大博覧会へも出ましたし、二等賞も取りました。ここまでは、大てい誰でも知っています。新聞にも毎日出ていました。

ところがなかなか、お役人方の苦心は、新聞に出ているくらいのものではありませんでした。その研究中の一つのはなしです。

工芸学校の先生は、まず昔の古い記録に眼をつけたのでした。そして図書館の二階で、毎日黄いろに古びた写本をしらべているうちに、ついに①こういういいことを見つけました。

「一、山男紫紺を売りて酒を買い候事※、

山男、西根山にて紫紺の根を掘り取り、夕景に至りて、ひそかに御城下（盛岡）へ立ち出で候上、材木町生薬商人近江屋源八に一俵二十五文にて売り候。それより山男、酒屋半之助方へ参り、五合入程の瓢箪を差出し、この中に清酒一斗お入れなされたくと申し候。半之助方小僧、身ぶるえしつつ、酒一斗はとても入り兼ね候と返答致し候処、山男、まずは入れなさるべく候と押して申し候。半之助も顔色青ざめ委細承知※と早口に申し候。さて、小僧ますをとりて酒を入れ候に、酒は事もなく入り、遂に正味一斗と相成り候。山男大に笑いて二十五文を置き、瓢箪をさげて立ち去り候趣、材木町総代より御届け有之候。」

これを読んだとき、工芸学校の先生は、机を叩いてこうひとりごとを言いました。

「なるほど、紫紺の職人はみな死んでしまった。生薬屋のおやじも死んだと。そうして見るとさしあたり、紫紺についての先輩は、今では山男だけというわけだ。よしよし、一つ山男を呼び出して、聞いてみよう。」

そこで工芸学校の先生は、町の紫紺染研究会の人達と相談して、九月六日の午後六時から、内丸西洋軒で山男の招待会をすることにきめました。そこで工芸学校の先生は、山男へ宛てて上手な手紙を書きました。山男がその手紙さえ見れば、きっともう出掛けて来るようにうまく書いたのです。そして桃いろの封筒へ入れて、岩手郡西根山、山男殿と上書きをして、三銭の切手をはって、スポンと郵便箱へ投げ込みました。

「ふん。②こうさえしてしまえば、あとはむこうへ届こうが届くまいが、郵便屋の責任だ。」と先生はつぶやきました。

あっはっは。みなさん。とうとう九月六日になりました。夕方、紫紺染に熱心な人たちが、みんなで二十四人、内丸西洋軒に集まりました。

もう食堂のしたくはすっかり出来て、扇風機はぶうぶうまわり、白いテーブル掛けは波をたてます。テーブルの上には、緑や黒の植木の鉢が立派にならび、極上等のパンやバターももう置かれました。台所の方からは、いいにおいがぷんぷんします。みんなは、蚕種取締所設置の運動のことやなにか、いろいろ話し合いましたが、こころの中では誰もみんじてしまう、そんな「無用の用」としての科学である。世の中に役立とうというような野心を捨て、自然と戯れながら自然の偉大さを学んでいく科学で良いのではないだろうか。好奇心、探求心、美を求める心、想像する力、普遍性への憧れ、そのような人間の感性を最大限錬磨して、人間の可能性を拡大する営みのことである。

（『科学の限界』による）

(1) 社会における科学研究の四つの役立ち方について、筆者はどんな順位づけをしていると考えられますか。もっともふさわしいものを次の中から選び、記号で答えなさい。

ア　第一の役立ち方が一番重要である。
イ　第二の役立ち方が一番重要である。
ウ　第三、第四の役立ち方の両方が一番重要である。
エ　役立ち方に順位はつけられない。

(2) 二つの文章について、クラスで話し合いをしています。以下の指示に従って、[い]・[ろ]に入る説明を書きなさい。

（指示）
① [い]については、「無用」と「用」のそれぞれについてわかりやすく、50字以上70字以内で説明すること。
② [ろ]については、「時間」という語を必ず用いて、20字以上40字以内で答えること。

Aさん　では、二つの文章に共通するキーワードである「無用（役に立たない）の用（役に立つ）」について考えてみようか。
Bくん　筆者の言う「無用の用」としての科学・技術とは、[い]という意味で使われていることがわかったよ。また、後に読んだ文章では、「世の中に役立とうというような野心を捨て」とも言っているね。
Cさん　それに対して、「他方、多くの科学者は」と本文にあることから、筆者と多くの科学者とでは、科学・技術に対する考え方に違いがあるようね。
Dくん　多くの科学者は科学・技術に対して、[ろ]と考えて研究しているんだね。
Eさん　なるほど。そして周囲にそれを応援する姿勢を持ってほしいと筆者は述べているのね。

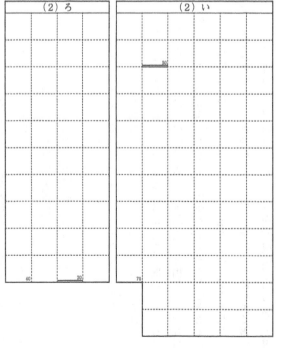

〈下書き用〉
（２）い

〈下書き用〉
（２）ろ

※下書きはしなくてもかまいません。答えは、必ず解答用紙に記入して下さい。
字数の決まりを守らないものは採点しません。

の努力を続けているから文化財として残っているんだ。

Ｃさん　画家のゴッホが死後に評価されたように、私の趣味の昆虫標本作りも、頑張って作れば、後々社会に認められて文化になるかもしれないわ。

Ｄくん　趣味と文化の違いは時間がかかるかどうかの問題のようだね。つまり、どんな趣味でも時間がたてば、文化になるということが言えそうだね。

問六　□で囲まれた段落の本文における役割はどのようなものですか。役割について説明したものとしてふさわしいものを次の中から選び、記号で答えなさい。

ア　これまで繰り返されてきた筆者の主張をわかりやすく言い換えることで、第三の役立ち方と第四の役立ち方の違いを明確にし、読者の理解を助けている。

イ　筆者の主張と異なる意見を取り上げ、批判を加えることで、筆者の主張に正当性をもたせた上で、次に展開される第四の役立ち方の話題につなげている。

ウ　それまでの段落で提示されていた視点にすべての役立ち方にかかわる新たな視点を加えて、地道な基礎研究が大切だという筆者の主張を支えている。

エ　ここまで述べてきた第三の役立ち方に関する論をいったん断ち切り、その問題点という新たな視点を示すことで、筆者の主張の方向性の転換を行っている。

問七　本文中の（中略①）（中略②）に入る具体例の組み合わせとして、もっともふさわしいものを次の中から選び、記号で答えなさい。

Ａ　開発段階ではほとんど成功の見込みがなかった半導体のＣＣＤだが、あきらめずに開発を続けることで、デジタル撮影が可能になり、携帯電話のカメラなどに使用されることになった。

Ｂ　量子力学は、最初は人間の生活とは縁がないと思われていたが、その後、さまざまな新物質を作り出すための基本法則として利用されるようになり、コンピューターや医療などの分野で応用された。

Ｃ　生物世界を根本的に変えてしまいかねない状況になっている遺伝子操作技術も、当初は遺伝の仕組みを考えるための便利なモデルを考える程度の研究だった。

Ｄ　日本が長く独占していた質量分析器の技術開発では、いずれ成功すると信じて基礎研究から試作と実験を繰り返したドイツが、十五年かけて完成させ、成功をおさめた。

ア　（中略①）…Ａ・Ｂ・Ｄ　（中略②）…Ｃ
イ　（中略①）…Ａ・Ｂ・Ｃ　（中略②）…Ｄ
ウ　（中略①）…Ｂ・Ｃ　（中略②）…Ａ・Ｄ
エ　（中略①）…Ｃ・Ｄ　（中略②）…Ａ・Ｂ
オ　（中略①）…Ａ　（中略②）…Ｂ・Ｃ・Ｄ
カ　（中略①）…Ｄ　（中略②）…Ａ・Ｂ・Ｃ

問八　次の文章は同じ筆者の別の文章です。本文とこの文章の内容をふまえて、以下の⑴・⑵に答えなさい。

私は、科学が再び文化のみに寄与する営みを取り戻すべきと考えている。壁に飾られたピカソの絵のように、なければないで済ませられるが、そこにあれば楽しい、なければ何か心の空白を感であることを忘れてはなりません。科学・技術を通常の企業活動と同じとみなし、投資を集中すれば成果が上がるとする考えでは、本当のイノベーションに結びつかないでしょう。根本から問題を見直し、長い目で見てじっくり育てていくという姿勢こそが、科学・技術の育成に求められているのです。

（池内了『なぜ科学を学ぶのか』による）

※１　発祥……物事がおこり現れること。
※２　蒐集……色々なものを取り集めること。
※３　浄財……寺院、慈善などのために寄付する金銭。
※４　近視眼的……物の見方が目先のことだけにとらわれているさま。

問一　本文中の「Ｘ」の部分には使い方を誤った同音または同訓の漢字が一字あります。解答欄に正しい漢字を書きなさい。

問二　［Ａ］～［Ｄ］に入る言葉としてもっともふさわしいものを次の中からそれぞれ選び記号で答えなさい。ただし、同じ記号を二度使ってはいけません。

ア　つまり　　イ　さらに　　ウ　だから　　エ　しかし

問三　次の文は本文中の【Ⅰ】・【Ⅱ】・【Ⅲ】・【Ⅳ】のいずれかの箇所に入ります。もっともふさわしい箇所を選び、ア～エの記号で答えなさい。

> ※先のニュートリノに対する質問も、ニュートリノが遠隔通信に使えるというようなことを期待したのだろうと思われますが、科学・技術の研究はこのように役立つことが当然と通常は考えられているわけです。

※注　二〇〇二年に小柴昌俊氏が宇宙を構成する重要な物質であるニュートリノに関する研究でノーベル賞を受賞した際に、記者が「ニュートリノは何の役に立つのですか」と質問した。

ア【Ⅰ】　イ【Ⅱ】　ウ【Ⅲ】　エ【Ⅳ】

問四　――部①「その意味では、科学は趣味に出自（生まれ故郷）を持つ個人の楽しみであったのです」とは、どういうことですか。その説明として、もっともふさわしいものを次の中から選び記号で答えなさい。

ア　科学とはその根源が趣味にあるので、人と共有するものではなく、あくまで個人的な活動にすぎないということ。
イ　個人の楽しみである趣味から科学が生まれ、それが分科することで様々な学問が発生していったということ。
ウ　科学は本来、個人の好奇心にもとづく活動であり、役に立つことを求められるものではなかったということ。
エ　現在の科学は個人で自由に楽しむべきものではないので、もともとの科学とは性質の異なるものであるということ。

問五　――部②「趣味と文化の決定的な違い」について、クラスで話し合いをしています。本文で説明されている「趣味と文化」について間違ってとらえている生徒を一人、次の中から選び記号で答えなさい。ただし、くん・さんはつけなくてもかまいません。

Ａさん　誰にも見せずに、ただ絵を描いているだけでは趣味だけれど、描いた絵を展覧会などに出展して社会で共有されていくと文化になるってことかな。
Ｂくん　受け入れる社会の側の努力も必要なんだよね。このまえ、好きな作家の住居跡を見学したんだけれど、社会が保存のため積と発展のための努力が個人及び社会の双方に求められるわけです。こう考えると、文化こそ社会に生きる人間的行為であると言えるでしょう。私が「文化としての科学」と言うとき、科学は商売や経済の手先になるのではなく、「文化としての科学こそ人間の証明」であるということを言いたいのです。

　他方、多くの科学者は、文化としての科学という抽象的な概念だけではなく、いつの日かそこから新しい技術が開発され、人々の生活に役立つようになると考えています。これが基礎研究の第三の「役立ち方」で、今はまだ何の役にも立たない純粋な基礎科学だけれど、そのうちに技術と結びついて、実際の物質に応用できるようになり、私たちの生活を豊かにするに違いない、と信じているのです。だから、焦らず長い目で見守って欲しい、と願っています。今確実に役に立つようになるとは言えないけれど、過去を振り返ってみれば何度もそんなことがあったのだから、またいつの日かそうなるだろう、という気持ちを持っています。

（中略①）

　このように、基礎科学として始まった分野であったけれど、広い範囲に応用分野が展開し、人間の生活に大きな影響を与えるようになったことが何度もありました。科学者は「いずれ役に立つから」と人々や政府に期待を持たせて、研究費を保証するよう求めているのです。

　これとは対照的に、日本の産業力の活性化のためだとして、政府や産業界は大学に基礎研究をすっ飛ばして、直ちにイノベーション（技術的革新）の種を提供するようしきりに要求しています。しかし、いくらイノベーションの掛け声をかけ研究費を投じても、最初からイノベーション狙いの研究は底が浅く、たいしたものはなかなか生まれません。遠回りのように見えるけれど、「いつか役に立つ」としか言えない基礎研究から始めた方がよいのです。「急がば回れ」という言葉があるように、近道をしようとすると、かえって道がわからなくなることが多く、基礎研究という遠回りに見える道を選ぶ方が得策なのです。

　その意味で、基礎研究の第四の「役立ち方」があります。最初は実験段階で企業化や商業化はとても無理だけれども、じっくり時間をかけて基礎的な実験を積み重ねて技術開発に繋げていくという方法です。この場合、取りかかった時点では困難な技術で簡単に応用できそうにはないけれど、「いずれ役に立つ」との信念の下で、慌てずに基礎研究に没頭する、というものです。

（中略②）

　以上のように、当面の効用が第一で科学・技術が直ちに役に立つことを追求するよりは、長い目で見て基礎的な研究からしっかり積み上げていく研究が重要であることがわかると思います。大学等の研究者はこのような信念を持っている人が多く、そのような科学者を大事にすることこそ、科学・技術を進めていく上での決定的なカギであるのです。ともすれば、※4近視眼的にすぐに「役立つ」ことを求めたがるのですが、それではかえって大きな成功を逃すことになるのではないでしょうか。

　また、科学の文化的な価値を大事にし、科学がもたらす新しい物質観や世界観を学び直し、より深く自然を理解することが科学の重要な役割

「三つの漢字全て『キ』と読めるね。調べてみたら、『己』という字も、『キ』と読めるみたいだよ。」

生徒たちはどの漢字について話しているでしょうか。生徒達が話しているこの漢字を使った熟語を、自分で考えて答えなさい。

二 次の文章を読んで、あとの問に答えなさい。

科学研究の社会に対する役立ち方を考えてみましょう。

一つは科学・技術の効能について先に述べたように、それによって人間の生活が便利で効率的になり、生産力が増大し、人々の暮らしが健康的で豊かになるということです。特に技術は人間の生活に密着した人工物を製作することが本来の目標ですから、技術の効能がより大きくなるためには人々の生活により役立たねばなりません。そして、当然、技術の発達による効能が経済的利得と結びつくことが求められます。要するに、儲かるための技術開発であることが、一般に受け取られている「社会の役に立つ」という意味になります。［Ⅰ］

［A］、「役立ち方」はそれだけではありません。もう一つは、ニュートリノの研究がそうであったように、純粋科学や文化の創造に寄与するという役割です。私は常々「科学は文化である」とか「文化としての科学」と言っていますが、金儲けや経済的利得は二の次で、人間の精神的活動としての文化の一つとして科学を考えています。モーツァルトの音楽もゴッホの絵画もロダンの彫刻もモリエールの演劇も、これらの芸術の成果は文化であり、「無用の用」と言えるでしょう。これらが無くなっても私たちは生きていけるのですが、これらがない世界は精神的に貧しくて空しく感じられるでしょう。「人間はパンのみにて生きるにあらず」で、物質世界から言えば「無用」ですが、精神世界には「用」なのです。［Ⅱ］

X

ここで「文化」というものが持つ意味を考えてみましょう。文化は人間の精神的活動の成果で、芸術のみならず芸能や学問や宗教や道徳などが含まれ、科学もその一つです。文化とは、「あることが大事で、無くなれば寂しい」というもので、基本的には個人の心を満たすためのかけがえのない先人の贈り物と言えるでしょう。［Ⅲ］

文化のための行為ですが、まったく個人のレベルに閉じているのが「趣味」です。切手集めや小石集めや貝殻集めなどの趣味は、通常は利易や見返りを求めず、自分が楽しければよいというものですね。それが文化の※1発祥であり、それはとても大事な人間の営みなのです。西洋では、珍しい植物や動物や鉱物を※2蒐集する趣味から、やがて蒐集物の共通する部分と異質な部分に着目して分類するという「博物学」になりました。［B］、その各々の分野が独立して植物学・動物学・鉱物学というふうに分科して「科学」へと発展しました。①その意味では、科学は趣味に出自（生まれ故郷）を持つ個人の楽しみであったのです。［Ⅳ］

②趣味と文化の決定的な違いは、趣味は個人だけの楽しみですが、文化は社会性があるということ、［C］文化は多くの人々の支持によって広く共有されるものだということです。［D］、文化は人々の支えによって維持できるもので、税金が使われたり、※3浄財で賄ったり、対価を求めたり、ボランティアの助けを得たり、というような形で社会と結び合うことになります。文化が健全に育ち社会に生き続けるためには、個人の努力と社会の受容が両輪とならねばならず、蓄

【国　語】（四五分）〈満点：一〇〇点〉

一　次の問に答えなさい。

問一　次の①～④の――部のカタカナを漢字に直しなさい。

①　努力を続けた友人にケイイを表する。

②　記録的ダントウで上着いらずだ。

③　鉄道と都市開発にキョウミを持つ。

④　巫女（みこ）として、神にツカえる。

問二　形成文字と呼ばれる漢字は、意味をあらわす部首と音をあらわす部分でできています。この音をあらわす部分を音記号と呼ぶことにします。

先生が生徒にいくつかの音記号を示しました。生徒達は、その音記号のうちのいずれかを使ったある漢字について考えています。その漢字を理解するために、音記号にさまざまな部首を付けてみました。部首の意味をふまえて、生徒たちの説明を読みながら、生徒Ａ～Ｃが考えているある漢字を答えなさい。また、Ｄの問に答えなさい。

例：音記号「主」

「この漢字は車に関係する字だから、〈馬〉を部首にしているよ。車が発明される前は馬に乗っていたからね。〈人〉をあらわす部首にすると、家の中で生活することを示す漢字になったよ。」

答え：駐

（参考までに、部首を〈人〉に変えた漢字は「住」ですが、答える必要はありません。）

音記号「之」「㑒」「朿」「成」「圣」

Ａ　この漢字には〈丘〉をあらわす部首がついているよ。訓読みをすると、丘や山の斜面の様子をあらわす言葉になるね。部首を〈刂（りっとう）〉に変えたら、刀をあらわす漢字になった。部首の意味がそのまま漢字に反映されているね。部首を〈木〉にすると何かを調べるときに使う漢字になったよ。昔は木で何かを調べていたのかなぁ。

Ｂ　この漢字はまだ習っていないけど、植物の一部をあらわす漢字だよね。この音記号には「まっすぐな線」という意味があるんだって。たしかに元気な植物はこの部位がまっすぐかもしれない。部首を〈糸〉にすると、織物のたて糸を示す漢字になった。社会科見学で見たけど、機織（はたお）りの時ってたて糸をまっすぐにピンと張るよね。

Ｃ　この漢字は食べものをきれいによそうという意味だから、〈器〉をあらわす部首がついているんだね。部首を〈土〉に変えると、立派な建物になったよ。〈ことば〉をあらわす部首に変えると、うそいつわりのない真実を示す字になったよ。僕もそういう姿勢を大事にしたいなぁ。

Ｄ　生徒達が次のような話し合いをしています。

「『己』という漢字は、音記号としても使われているね。〈ことば〉をあらわす部首がつくと、言葉を文字にして残すような意味の漢字になった。」

「部首を〈糸〉にすると、時の流れをあらわすような漢字になったよ。」

「この漢字は動作をあらわすからこの部首がついているのかな。この部首は〈しんにょう〉の仲間だね。」

この形式を使って書くと、

「三百円以内と決められた遠足のおやつは、お菓子を好きなだけ買えないために不便である。

そこで、それに関して［ウ（50字以上70字以内）］

という新しい価値を持つ。」

これらのテンプレートを使えば、不便益なものを考えられそうです。

〈下書き用〉

(2) ウ

※下書きはしなくてもかまいません。答えは、必ず解答用紙に記入して下さい。
字数の決まりを守らないものは採点しません。

だし、くん・さんはつけなくてもかまいません。

Ａさん　私はこれまで、なんでも便利なほうがいいに決まっていると思っていたけれど、この「決まっている」を疑ってみたほうがいいということね。

Ｂくん　ぼくは不便は悪いことだと常識のように思っていたけれど、ぼくの考え方とは違うものごとの見方があるということを知ったよ。

Ｃさん　新しい見方を身につけたということは、同じものごとでもいろいろな解釈ができるということだから、新しい気づきが生まれるかもしれないわ。

Ｄくん　ぼくはこれから、今までの便利な暮らしを捨て、新しいものを作るのをやめて、昔のような不便な暮らしをすることに決めたよ。

問八　═══部「第三の価値」について、以下の⑴・⑵に答えなさい。

⑴　**「第三の価値」を見出すことのできる具体例として、もっともふさわしいものを次の中から選び記号で答えなさい。**

ア　大好きな作家の直筆サイン入りの単行本

イ　乗っている人が操作をしなくても自動で運転をしてくれる自動車

ウ　意図的に長い廊下などを作って運動をさせる介護施設

エ　外出先でもインターネット経由でスマートフォンから操作できる家電

⑵　**次の先生と生徒の会話文の［ア］～［ウ］に入れるのにふさわしい文章を、それぞれ決められた字数で書きなさい。**

先　生　「第三の価値」を生み出せているかは、本文の冒頭に示されている〈テンプレート１〉〈テンプレート２〉を使って確かめられるのですね。では、実際に〈テンプレート１〉を使って、便利益を不便益に、〈テンプレート２〉を使って不便害を不便益に変えてみましょうか。

生徒Ａ　本文の最後に出ている『平らな園庭に対してデコボコな園庭が持つ価値は、園児を活き活きとさせる』というのは、〈テンプレート１〉にあてはめて考えると、

「平らな園庭は［ア（10字以内）］ために便利である。そこで、それに関してデコボコという不便さ（手間）を加えたデコボコな園庭は［イ（10字以上20字以内）］という新しい価値を持つ。」

ということですよね。

先　生　そうですね。次は〈テンプレート２〉でやってみましょう。不便害を不便益に変えるのでしたね。不便なことの例として、「三百円以内と決められた遠足のおやつ」はどうかしら。これを〈テンプレート２〉にあてはめてごらんなさい。「**使い方・制約・機能・社会的意義**」という部分は全部ではなく、その中の**必要な言葉を一つだけ**使いましょう。

生徒Ｂ　はい。〈テンプレート２〉は次のような形式でした。

> ○○は××のために不便である。そこで、それに関して△△という新たな**使い方・制約・機能・社会的意義**を加えた◎◎は、□□という新たな価値を持つ。

問二　[A]～[D]に入る言葉としてもっともふさわしいものを次の中からそれぞれ選び記号で答えなさい。ただし、同じ記号を二度使ってはいけません。

ア　たとえば　イ　ですから　ウ　しかし　エ　つまり

問三　次の文は本文中の【Ⅰ】・【Ⅱ】・【Ⅲ】・【Ⅳ】のいずれかの箇所に入ります。もっともふさわしい箇所を選び、ア～エの記号で答えなさい。

> このような関係は、便利追求の結果として形成されたものに思えます。

ア　【Ⅰ】　イ　【Ⅱ】　ウ　【Ⅲ】　エ　【Ⅳ】

問四　――部①「関係性と多様性を回復させる試み」の具体例としてふさわしいものを、本文中の～～線部ア～オの中からすべて選び記号で答えなさい。

ア　お湯が出る赤い印のついたハンドルと水が出る青い印のついたハンドルがついているデザイン

イ　温度を決めるハンドルと水量を決めるハンドルがついているデザイン

ウ　「関係」を学問する生態学（エコロジー）の名を冠（かん）するエコ住宅

エ　エネルギーを消費しながらの空調

オ　風向きに沿って両面の壁に窓を設けた熱帯地方の家屋

問五　――部②「ブラックボックス」とは、どのようなことをあらわしていますか。その説明として、もっともふさわしいものを次の中から選び記号で答えなさい。

ア　効率化や高機能化が進み世の中が便利になるにしたがって、水温を管理する理屈について人間が考えようとしない状態になっているということ。

イ　蛇口の中でどのような仕組みでお湯と水が混ぜられているのかが機械にまかされており、使用する人間には分からない状態になっているということ。

ウ　人間が温度調節を自らの手で行っていたけれども、手間をかけることを面倒に思うようになり、その手間を機械にまかせている状態になっているということ。

エ　自分の好みの温度に仕上げたいにもかかわらず、温度調節を機械に頼らざるを得ないようになっており、使用者の思い通りにならない状態になっているということ。

問六　「Y」段落が本文において果たしている役割はどのようなものですか。その説明として、もっともふさわしいものを次の中から選び記号で答えなさい。

ア　カタカナ語やかぎかっこを効果的に使うことで、主張の正しさを強調している。

イ　前の段落で展開されていた論を、反対意見をふまえて議論しなおそうとしている。

ウ　具体例を提示し、それまでに述べていた意見を読者により伝わりやすくしている。

エ　本文のテーマを改めてとらえ直し、別の視点から論を展開するきっかけを作っている。

問七　この文章を読んだ生徒がクラスで話し合いをしています。本文の内容を正しく理解していない生徒を一人、次の中から選びなさい。た

ザインは人とモノとの関係に限定せず、建物や計観などを対象として、自然環境との関係までが考慮（こうりょ）に入れられます。【Ⅲ】

　そこでは五つのデザイン原則が提案されています。その中には「答えは場所にある」「自然の仕組みに沿う」「自然を際立たせる」などがあります。これらは「断絶」という関係とは真逆を指向します。たとえば、オ熱帯地方の家屋でも高台にあるという地形を活かして風向きに沿って両面の壁に窓を設け、空気の通り道を作って涼しくする、というデザインです。自然環境との関係が重視され、そして個々の案件の個性、D 全体的な多様性が大切にされています。

　本節の最初で価値工学との関係を考えた時には、不便益は「いかに作るか」ではなく「何を作るか」を考えるものだと書きました。そのために、Y［不便益を研究する必要があります。もう少し正確に書くと、新しいモノを考え出したり新しいコトを編み出したりする時に依（よ）って立つ指針の一つを提供するために、不便益を考える必要があります。］

　従来、その指針としては使用価値を上げることか貴重価値を上げることが無意識的に採用されています。より早く、より軽く、より安全に、などの価値は、モノゴトを使用するときに感じる価値、つまり使用価値と呼ばれます。一方、より美しく、よりかわいく、など、ユーザー（※使用者）がそのモノ自体を所有することによって得られる満足感で判断される価値もあります。これは、貴重価値とか魅力（みりょく）価値と呼ばれます。【Ⅳ】

　効率化や高機能化は、使用価値を高めます。いわゆる「便利を追求することを是（ぜ）（※良い）とする」常識は、使用価値を高めてさえいれば良いという思い込みでした。ところが、「効率だけを求めていてはダメだ」と言われるようになっています。

効率化や自動化を最優先してまっしぐらに進むと「まずいぞ」と感じます。それならば、使用価値向上に代わる指針が必要です。それは、貴重価値向上でしょうか？

　確かに、機能は低くてもキレイであったりかわいかったりすれば、人を引きつけることはあります。ただ、これら以外の価値はないのでしょうか？

　あるはずです。今まで見てきたように、※注3ライン生産方式に対してセル生産方式が持つ価値は、人のモチベーション（※やる気）とスキル（※技能）を相乗効果的に向上させるものでした。これは、使用価値でも貴重価値でもありません。平らな園庭に対してデコボコな園庭が持つ価値は、園児を活（い）き活（い）きとさせることでした。これも使用価値でも貴重価値でもありません。不便益という視座は、第三の価値を追求する時に必要になっています。

（川上浩司『不便益のススメ　新しいデザインを求めて』による）

※注1　他のものにもあてはめて使えるように、あらかじめ作っておく型枠や文書のサンプル。ここでは、出てきたアイデアが「不便益」などになっているかを確認するための文章のこと。

※注2　人が機器を操作するときに、直接見たり触れたりする、画面やハンドルなどのこと。

※注3　工場でモノを作るときに、ベルトコンベアの上に部品を流し組み立てて一つの製品にする方式がライン生産方式。これに対してセル生産方式は、一人または少人数のグループが寄り集まってセルと呼ばれる一か所で部品を組み立てて一つの製品に仕上げる。

問一　本文中の「X」の部分には使い方を誤った同音または同訓の漢字が一字あります。解答欄（らん）に正しい漢字を書きなさい。

不便益の考え方では、「便利／不便」と「益／害」は独立していて、これらを軸として張られる二次元平面には、「便利益、不便益、便利害、不便害」の四象限（※左図を参照）ができます。テンプレートはこの象限を移すことに対応します。

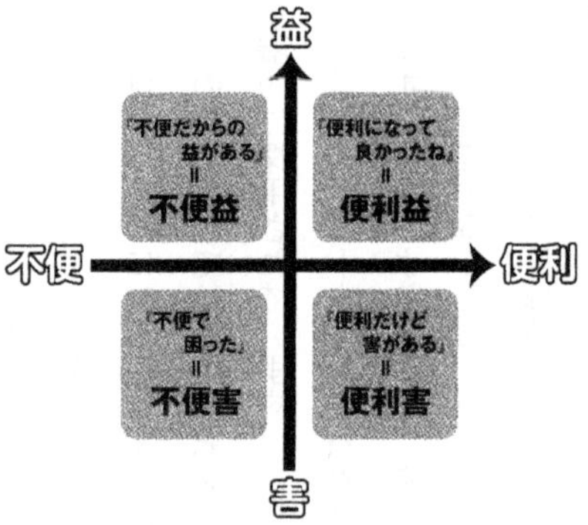
益
害
不便
便利
「不便だからの益がある」＝不便益
「便利になって良かったね」＝便利益
「不便で困った」＝不便害
「便利だけど害がある」＝便利害

図　二次元をさらにくわしく見る

一つめのテンプレートは、「便利益」から「不便益」に移します。便利で益もある、何も問題がないデザイン対象を、まずエイヤっと不便にしてみて、そこに新たな価値を見出す思考法です。

二つめのテンプレートは、「不便害」から「不便益」に移します。不便で害があるという最悪のデザイン対象を、使い方・制約・機能・社会的意義を変えてみて、そこに新たな価値を見出す思考法です。

不便益を研究することは、様々な大きさのスコープ（※視野）で①関係性と多様性を回復させる試みであるという側面があります。

［C］プロダクトデザイン（※製品）。水道の蛇口をデザインする場合を考えてみます。ア赤い印のついたハンドルと青い印のついたハンドルがあって、赤いハンドルを回すと回した角度に応じた量のお湯が出て、青いハンドルを回すと同様に水が出る、というデザインがあります。

X

一方で、イ温度を決めるハンドルと水量を決めるハンドルがついているデザインもあります。このデザインでは、蛇口の中で自動制御でお湯と水が混ぜられ、指示通りの湯温と湯量が得られるのでしょう。しかし、その理屈（りくつ）が使う人には②ブラックボックスです。これを、インタフェース（※注２）が人と物理との関係を断絶していると考えます。

不便益デザインとしては、前者を推します。望む温度と量のお湯にするためには調節に手間がかかろうとも、赤い印のついたハンドルを捻（ひね）ればお湯が出て、青い印のついたハンドルを捻れば冷たい水が出ることが、モノの理（ことわり）としてわかることを重視します。捻る角度と出てくるお湯の温度や量の関係が、大切にされているデザインです。

「関係」といえば一章で、「人と自然との関わりは断絶だけではない」と言いました。そこでは、ウ「関係」を学問する生態学（エコロジー）の名を冠（かん）するエコ住宅が高断熱で高気密（※密閉の度合いがより高いこと）なのは、人と自然環境の関係は「断絶」だと言ってるようなものだ、と皮肉ってみました。【Ⅰ】

多様性を受け入れて個別的に考えねばならないという不便をいやがり、いつでもどこでも誰でも同じであるという便利な方法として、エネルギーを消費しながらの空調があります。たいていのエアコンは、電気やガスのエネルギーを使います。これが大前提だから、高断熱・高気密という断絶が求められるのでしょう。「断絶」という関係から人と自然との良き関係を回復させるキーワードとして、不便益を考えることはできないでしょうか。【Ⅱ】（中略）

同じくエコを冠している考え方の一つに、エコロジカルデザインがあります。これは「関係」を重視したデザイン手法です。エコロジカルデ思いますか。「告別」の〰〰部㋐～㋔の中から、同じだと思う部分を一つ選び記号で答えなさい。

(2) 「マリヴロンと少女」の══部「すべてまことのひかりのなかに、いっしょにすんでいっしょにすすむ人人は、いつでもいっしょにいるのです」とありますが、「告別」の中で筆者は「いっしょにすすむ人人」のことを何と呼んでいますか。その言葉を抜き出しなさい。

(3) 「告別」の最後の※の部分「みんなが町で暮したり／一日あそんでいるときに／おまえはひとりであの石原の草を刈る／そのさびしさでおまえは音をつくるのだ／多くの侮辱や窮乏のそれらを噛んで歌うのだ／もし楽器がなかったら／いいかおまえはおれの弟子なのだ／ちからのかぎり／そらいっぱいの／光りでできたパイプオルガンを弾くがいい」はマリヴロンの気持ちと共通していると考えられます。※の部分をふまえるとマリヴロンはギルダにどのようなメッセージを書くと思いますか。あなたがマリヴロンになったつもりで、80字以内で書きなさい。ただし、以下の〈指示1〉～〈指示3〉にしたがうこと。

〈指示1〉 ※の部分と物語の表現をふまえていること。
〈指示2〉 物語や詩と矛盾がないこと。
〈指示3〉 気持ちや心構えだけでなく、何をすべきか具体的に書くこと。

〈下書き用〉

(3)

20 40 60 80

※下書きはしなくてもかまいません。答えは、必ず解答用紙に記入して下さい。
字数の決まりを守らないものは採点しません。

三

次の文章を読んで、あとの問に答えなさい。なお設問の都合で本文の一部を改めた箇所があります。

価値工学は、物事の価値を上げるための様々なメソッド（※方法）を提供してくれます。不便益の研究会でも、いくつかの不便益デザインのためのメソッドを開発中です。そのうちの一つが、以下のテンプレート※1です。

〈テンプレート1〉 便利益から不便益
○○は××のために便利である。そこで、それに関して△△という不便さ（手間）を加えた◎◎は、□□という新たな価値を持つ。

〈テンプレート2〉 不便害から不便益
○○は××のために不便である。そこで、それに関して△△という新たな使い方・制約・機能・社会的意義を加えた◎◎は、□□という新たな価値を持つ。

研究会では、不便益デザインの実践が何度か試みられました。［A］、もともとは使用価値を向上させるために機能を高めたりコストを下げたりするための研究分野です。研究会のメンバーは、ついつい「便利にする方向」に思考する癖がついています。［B］、不便益デザインをしているつもりが、いつのまにやら最後には便利なモノがデザインされてしまいます。これを防ぐため、メンバーの一人がテンプレートを考えつきました。アイデアが出れば、それがテンプレートのどれに当てはまるかを確認するのです。

ひめていること。

イ　音楽家である自分も、他の仕事をしているギルダも、誰にも認められてはいないこと。

ウ　多くの人と同じように、誰からも認められることなく、人生を終えていくこと。

エ　人々から賞賛され、あこがれられるような価値のある仕事をギルダもしていること。

問六　――部④『「先生。私をつれて行って下さい。どうか私を教えてください。」うつくしくけだかいマリヴロンはかすかにわらったようにも見えた。また当惑してかしらをふったようにも見えた』について、クラスで話し合いをしています。本文から読みとれる内容にふさわしい意見を述べている人を二人選び記号で答えなさい。ただし、さんはつけなくてもかまいません。

Aさん　「うつくしくけだかい」とわざわざ書いてあるように、虹のようなマリヴロンとギルダでは住む世界が違うよね。それもわからずに「つれて行ってください」というギルダの言葉にマリヴロンは困っていると思うな。

Bさん　住む世界が違うっていうけど、それは与えられた天分が違うというか、今、自分が与えられた役目をまっとうするべきだとマリヴロンが考えているだけだと思う。だから、与えられた役目は違うけど、同じことをしようとしているっていうメッセージじゃないかな。

Cさん　二人が同じっていうのはどうなんだろう。だって、マリヴロンは「かすかにわらった」って書いてあるよ。「当惑してかしらをふった」ともあるから、きっとわがままを言うギルダに困って馬鹿にしている気持ちがあるように感じるよ。

Dさん　そうなんだよ。結局、ギルダは、マリヴロンの言っている意味をまったくわかっていないよね。それがつまり、二人の差なんだよ。音楽でみんなをしあわせにできるけだかくうつくしいマリヴロンと、社会に対して貢献できずにどこにも行けないギルダ。マリヴロンが連れて行くわけがないよね。

Eさん　「わらった」っていうのは、マリヴロンがその気持ちを認めつつも、わかってもらえない気持ちじゃないかな。それぞれが進むべき道、与えられた仕事がある。音楽家だけが尊いわけじゃないけど、そのことに気づかないギルダ。でも、みんなのために生きたいっていう気持ちはあるわけでしょ？　それが、このシーンじゃないの？

Fさん　そういう意味では、二人は同じ方向に歩いているっていうことなのね。だったら、この「かしらをふった」っていうのは「イエス」というふうにも読めてくる。きっと、努力した先に、才能のないギルダにも音楽家としてのすてきな未来が待っているという、マリヴロンなりの励(はげ)ましだったっていう解釈もできるね。

問七　「マリヴロンと少女」と同じ作者の詩「告別」の内容が共通していることに気がつきました。二つを比べてメッセージを考えてみます。以下の⑴～⑶に答えなさい。

⑴　「マリヴロンと少女」の〰〰部「あなたこそそんなにお立派ではありませんか」について、「告別」のどの部分と共通する考え方だと

れぞれ選び記号で答えなさい。

ア　化石のように　　イ　一つずつ声をあげるように
ウ　びっくりしたように　　エ　ばらばらにしてふりまいたように

問二　X　には次のア～オの文が入ります。意味が通るように正しい順番に並べ替えなさい。ただし、三番目にはアが入ります。

ア　かすかなけはいがやぶのかげからのぼってくる。
イ　今夜市庁のホールでうたうマリヴロン女史がライラックいろのもすそをひいてみんなをのがれて来たのである。
ウ　めくらぶどうのやぶからはきれいな雫（しずく）がぽたぽた落ちる。
エ　いま、そのうしろ、東の灰色の山脈の上を、つめたい風がふっと通って、大きな虹が、明るい夢の橋のようにやさしく空にあらわれる。
オ　みんな一度に、銀のすすきの穂にとまる。

問三　――部①「私はもう死んでもいいのでございます」とありますが、なぜそういうことを言うのですか。その理由としてふさわしくないものを次の中から一つ選び記号で答えなさい。

ア　音楽で皆を幸せにするマリヴロンに比べ自分には価値がないと思っているから。
イ　アフリカで自分がするだろう仕事に自信が持てず、大事な役目であると思えないから。
ウ　マリヴロンの音楽を手伝うことのためには自分の命さえ惜しくないと思うから。
エ　マリヴロンが、自分が好意を持っているということを受け入れてくれないから。

問四　――部②「すべて草や花や鳥は、みなあなたをほめて歌います。わたくしは誰にも知られず巨きな森のなかで朽ちてしまうのです」とありますが、物語の描写をふまえると、ギルダがどのように考えているといえますか。それを説明したものとして、もっともふさわしいものを次の中から選び記号で答えなさい。

ア　ギルダは、マリヴロンの音楽がみんなに賞賛される虹のようなものだと考えていて、それに比べると自分は誰からもほめられないつまらない存在であり、一刻も早く森から抜け出して陽（ひ）のあたる世界でマリヴロン以上の音楽家になりたいという野心を燃やしている。
イ　ギルダは、マリヴロンが音楽を使って世界を正しい道に導く力を持つ虹のようなものだと考えていて、自分の持っている可能性を知らない彼女は、マリヴロンに比べると牧師の娘であるのに世界を森のような暗い場所から明るく変えることができないと考えている。
ウ　ギルダは、音楽をかなでるマリヴロンを美しく空にかかる虹のような存在だととらえており、誰にも見向きもされない自分は、虹とは遠いところにあるやぶの中のぶどうのように美しくない存在であり、虹にその身をささげるほうがよいと考えている。
エ　ギルダは、マリヴロンの音楽は美しいが、すぐに消えてしまう虹のようにはかないものだと考えており、このまま森の奥深くで生活してひっそりと自分が死んでしまうくらいなら、少しでもマリヴロンの音楽が長続きするように手伝っていきたいと考えている。

問五　――部③「それはあなたも同じです」とは、どういうことですか。もっともふさわしいものを次の中から選び記号で答えなさい。

ア　自分と同じようにみんながうっとりする音楽をかなでる可能性を

おまえは辛くてそしてかがやく天の仕事もするだろう
泰西（※西洋のこと）著名の楽人たちが
幼齢（※幼い頃から）弦や鍵器（※弦楽器や鍵盤の楽器）をとって
すでに一家をなしたがように（※大成したように）
おまえはそのころ
この国にある皮革の鼓器と（※太鼓などの打楽器）
竹でつくった管と（※尺八などの笛）をとった
㋒けれどもいまごろちょうどおまえの年ごろで
おまえの素質と力をもっているものは
町と村との一万人のなかになら
おそらく五人はあるだろう
それらのひとのどの人もまたどのひとも
五年のあいだにそれを大抵無くすのだ
生活のためにけずられたり
自分でそれをなくすのだ
㋓すべての才や力や材というものは
ひとにとどまるものでない
（ひとさえひとにとどまらぬ）
言わなかったが、
おれは四月はもう学校に居ないのだ
恐らく暗くけわしいみちをあるくだろう
㋔そのあとでおまえのいまのちからがにぶり
きれいな音の正しい調子とその明るさを失って
ふたたび回復できないならば
おれはおまえをもうもう見ない
なぜならおれは
すこしぐらいの仕事ができて
そいつに腰をかけてるような
そんな多数をいちばんいやにおもうのだ
もしもおまえが
よくきいてくれ
ひとりのやさしい娘をおもうようになるそのとき
おまえに無数の影と光りの像があらわれる
おまえはそれを音にするのだ

※
みんなが町で暮したり
一日あそんでいるときに
おまえはひとりであの石原の草を刈る
そのさびしさでおまえは音をつくるのだ
多くの侮辱（ぶじょく）や窮乏（きゅうぼう）（※貧乏に苦しむこと）の
それらを噛んで歌うのだ
もし楽器がなかったら
いいかおまえはおれの弟子なのだ
ちからのかぎり
そらいっぱいの
光りでできたパイプオルガンを弾くがいい

問一 [A] ～ [D] に入る言葉としてふさわしいものを次の中からそ

す。」

「あなたこそそんなにお立派ではありませんか。あなたは、立派なおしごとをあちらへ行ってなさるでしょう。それはわたくしなどよりははるかに高いしごとです。私などはそれはまことにたよりないのです。ほんの十分か十五分か声のひびきのあるうちのいのちです。」

「いいえ、ちがいます。ちがいます。先生はここの世界やみんなをもっときれいに立派になさるお方でございます。」

マリヴロンは思わずわらいました。

「ええ、それをわたくしはのぞみます。けれどもそれはあなたはいよいよそうでしょう。正しく清くはたらくひとはひとつの大きな芸術を時間のうしろにつくるのです。ごらんなさい。向うの青いそらのなかを一羽の鵠がとんで行きます。鳥はうしろにみなそのあとをもつのです。みんなはそれを見ないでしょうが、わたくしはそれを見るのです。おんなじようにわたくしどもはみなそのあとにひとつの世界をつくって来ます。それがあらゆる人々のいちばん高い芸術です。」

「けれども、あなたは、高く光のそらにかかります。②すべて草や花や鳥は、みなあなたをほめて歌います。わたくしは誰にも知られず巨きな森のなかで朽ちてしまうのです。」

「③それはあなたも同じです。すべて私に来て、私をかがやかすものは、あなたをもきらめかします。私に与えられたすべてのほめことばは、そのままあなたに贈られます。」

「私を教えて下さい。私を連れて行ってつかって下さい。私はどんなことでもいたします。」

「いいえ私はどこへも行きません。いつでもあなたが考えるそこに居ります。すべてまことのひかりのなかに、いっしょにすんでいっしょにすむ人人は、いつでもいっしょにいるのです。けれども、わたくしは、もう帰らなければなりません。お日様があまり遠くなりました。もずが飛び立ちます。では。ごきげんよう。」

停車場の方で、鋭い笛がピーと鳴り、もずはみな、一ぺんに飛び立って、気違いになったばらばらの楽譜のように、やかましく鳴きながら、東の方へ飛んで行く。

「④先生。私をつれて行って下さい。どうか私を教えてください。」

うつくしくけだかいマリヴロンはかすかにわらったようにも見えた。また当惑してかしらをふったようにも見えた。

そしてあたりはくらくなり空だけ銀の光を増せば、あんまり、もずがやかましいので、しまいのひばりも仕方なく、もいちど空へのぼって行って、少うしばかり調子はずれの歌をうたった。

詩「告別」

㋐おまえのバスの三連音が
どんなぐあいに鳴っていたかを
おそらくおまえはわかっていまい
その純朴さ希みに充ちたたのしさは
ほとんどおれを草葉のようにふるわせた
㋑もしもおまえがそれらの音の特性や
立派な無数の順列を
はっきり知って自由にいつでも使えるならば

※低音

二 次の文章は、宮沢賢治の「マリヴロンと少女」という童話と「告別」という詩です。二つの文章を読んで、あとの問に答えなさい。なお、本文には一部適切でない表現が含まれますが、作者の意図を尊重しそのまま載(の)せています。

童話「マリヴロンと少女」

城あとのおおばこの実は結び、赤つめ草の花は枯(か)れて焦茶(こげちゃ)色になって、畑の粟(あわ)は刈(か)りとられ、畑のすみからちょっと顔を出した野ねずみは［　A　］また急いで穴の中へひっこむ。

崖やほりには、まばゆい銀のすすきの穂が、いちめん風に波立っている。

その城あとのまん中の、小さな四っ角山の上に、めくらぶどうのやぶがあってその実がすっかり熟している。

ひとりの少女が楽譜をもってためいきしながらやぶのそばの草にすわる。

かすかなかすかな日照り雨が降って、草はきらきら光り、向うの山は暗くなる。

そのありなし(※わずかな)の日照りの雨が晴れたので、草はあらたにきらきら光り、向うの山は明るくなって、少女はまぶしくおもて(※顔)をふせる。

そっちの方から、もずが、まるで音譜を［　B　］飛んで来て、

［　　　　X　　　　］

少女は楽譜をもったまま［　C　］すわってしまう。マリヴロンはここにも人のいたことをむしろ意外におもいながらわずかにまなこに会釈(えしゃく)してしばらく虹のそらを見る。

そうだ。今日こそ、ただの一言でも天の才ありうるわしく尊敬されるこの人とことばをかわしたい、丘の小さなぶどうの木が、よぞらに燃えるほのおより、もっとあかるく、もっとかなしい(※切実な)おもいをば、はるかの美しい虹にささげると、ただこれだけを伝えたい、それからならば、それからならば、あの……〔以下数行分空白〕

「マリヴロン先生。どうか、わたくしの尊敬をお受けくださいませ。わたくしはあすアフリカへ行く牧師の娘でございます。」

少女は、ふだんの透きとおる声もどこかへ行って、しわがれた声を風に半分とられながら叫ぶ。

マリヴロンは、うっとり西の青いそらをながめていた大きな青い瞳を、そっちへ向けてすばやく楽譜に記された少女の名前を見てとった。

「何かご用でいらっしゃいますか。あんたはギルダさんでしょう。」

少女のギルダは、まるでぶなの木の葉のようにプリプリふるえて輝いて、いきがせわしくて思うように物が言えない。

「先生どうか私のこころからうやまいを受けとって下さい。」

マリヴロンはかすかに吐息(といき)したので、その胸の黄や菫(すみれ)位の宝石は［　D　］輝きました。そして言う。

「うやまいを受けることは、あなたもおなじです。なぜそんなに陰気(いんき)な顔をなさるのですか。」

「①<u>私はもう死んでもいいのでございます。</u>」

「どうしてそんなことを、仰(お)っしゃるのです。あなたはまだまだお若いではありませんか。」

「いいえ。私の命なんか、なんでもないのでございます。あなたが、もし、もっと立派におなりになるためなら、私なんか、百ぺんでも死にま

【国　語】（四五分）〈満点：一〇〇点〉

一　次の問に答えなさい。

問一　次の①～④の――部のカタカナを漢字に直しなさい。

①　水色をキチョウとした風景画。
②　愛犬の成長カテイを写真に収める。
③　委員長をココロヨく引き受ける。
④　震災に見舞われた街をフッコウする。

問二　形声文字と呼ばれる漢字は、意味をあらわす部首と音をあらわす部分でできています。この音をあらわす部分を音記号と呼ぶことにします。

先生が生徒にいくつかの音記号を示しました。生徒達は、その音記号のうちのいずれかを使ったある漢字について考えています。その漢字を理解するために、音記号にさまざまな部首を付けてみました。部首は意味をあらわしていることを思い出して、生徒の説明を読みながら、生徒Ａ～Ｃが考えているある漢字を答えなさい。また、Ｄの問に答えなさい。

例：音記号「兆」

「この漢字を使う時は、自分の手でやらなければならない状況だからこの部首を使うんだね。部首を『目』に変えると、景色を見るときに使う漢字になったよ。」

答え：挑

（参考までに、部首を「目」に変えた漢字は「眺」ですが、答える必要はありません。）

音記号「畐」「也」「相」「市」「主」

Ａ　この漢字はまだ習っていないけど、きっと昔は車の代わりに馬を使っていたから「馬」を部首にしているんだね。「人」が部首になると家にいることを示していて、「みず」をあらわす部首に変えると、水がたまっていく様子を意味する漢字になったよ。

Ｂ　この漢字は部首に「りっとう」を使っているね。この部首の意味を調べてみたら、「二つの物が寄り添う」と出てきたよ。たしかに、この漢字は何かを補佐する人や物に対して使う漢字だね。家屋を意味する「うかんむり」をつけてみると、豊かさを表す漢字になったよ。その家の状態を表しているのかな。「しめすへん」をつけたら、なんだか幸せそうな漢字になったなぁ。

Ｃ　この漢字は、固い材質を感じさせるこの部首を使うことで、入れ物みたいになったよ。部首を「こころ」にすると、いろんなものをイメージする、という意味になる。「雨」にすると、冷たく、冬を感じさせるものに変わったね。

Ｄ　生徒達が次のような話し合いをしています。

「『それぞれ』という意味をあらわす漢字に『各』があるけど、これは音記号にもなるよね。」

「『きへん』を付けると『格』になって、『うかんむり』を付けると『客』になるね。両方とも『カク』と読むよ。」

「そうだね、この漢字は『とびら』をあらわす部首を付けるから、『たてもの』という意味になるんだね。」

生徒達が話しているこの漢字を使った熟語を、自分で考えて書きなさい。

と「蛾（が）」を分けて別の生き物のように思っているけれど、フランス人は「蝶」のことも「蛾」のことも「パピヨン」って呼ぶみたいだよ。「蝶」と「蛾」が似ているのはわかるけれど、これに関しては日本人の方が正確な名前をつけていることになるよね。モノの名前って難しいね。

Dくん　僕らの身体の部位についても不思議に思うよ。例えば、「腕」とか「肩」とかって言うけれど、どこまでが「腕」で、どこからが「肩」なんだろう。大まかな見当はついても、ここからが「肩」だなんて言えるような特定の場所はないよね。もっと細かな部位の名前まで知っているお医者さんなら、さらに身体が分かれて見えるんだろうね。

問六　――部③「拘束してしまう」とは、どういうことですか。もっともふさわしいものを次の中から選び記号で答えなさい。

ア　「イヌ」と「イヌ」でないもののあいだに線が引かれ、他の動物と比べて犬を特別視してしまうこと。

イ　「イヌ」という言葉ができた途端に、シベリア犬は狼よりもチワワに似ていると誰もが感じてしまうこと。

ウ　「イヌ」という言葉が生んだ境界線を正しく感じることで、他の分け方で世界を見られなくなってしまうこと。

エ　われわれの客観世界に実際に犬がいるため、それを「イヌ」と呼んでいるのだと考えてしまうこと。

問七　――部④「執行という性能」についての具体例としてふさわしくないものを次の中から一つ選び記号で答えなさい。

ア　テレビ番組の天気予報で「今日は午後から雨が降るでしょう」と聞いていたら、予報どおりに雨が降った。

イ　喫茶店の席で店員を呼び、「コーヒーをください」とお願いしたら、しばらくしてコーヒーが運ばれてきた。

ウ　サッカーの試合前に「力を合わせて頑張るぞ」とみんなで声を出したことで、チームの団結力が高まった。

エ　家を出る時、お母さんに「夕飯は家で食べるよ」と伝えたので、塾が終わったら寄り道せずに帰るつもりだ。

問八　[Z]に入る言葉として、ふさわしい言葉を文中の「Y」の部分から探して、二字の漢字で答えなさい。

問九　本文の内容をふまえて、以下の(イ)・(ロ)に答えなさい。

(イ)　筆者は本文に続く箇所で「伝聞という現象」によって社会が豊かになっていくことについて述べています。伝聞によって社会が豊かになるのはなぜだと考えられますか。次の【1】～【3】に注意して、20字以上40字以内で説明しなさい。

【1】「伝聞」とは「自分で直接に見聞きしたのではなく、人から伝え聞くこと」です。

【2】解答欄にある「伝聞によって」という書き出しに続くかたちで答えてください。

【3】解答には「個人」・「共有」・「知識」・「社会」という４つの語句を必ず用いてください。

(ロ)　＝＝部「世界をつくり出し、現実をつくり出すというはたらき」とありますが、こうしたはたらきは社会を豊かにする反面、問題を生じさせることも考えられます。それはどのようなことですか。40字以上60字以内で説明しなさい。

ラスで話し合いをしています。本文の内容を正しく理解している生徒を一人、次の中から選びなさい。ただし、くん・さんはつけなくてもかまいません。

Aさん　アナログって言葉からは、古くて流行に左右されないものって印象を受けるけど、そういう意味も込められているんじゃないかな。名前が時代に合わせて変わっていくのに対して、モノ自体は変化しないからね。どんなに時開が経っても変わらないところが、アナログな性質なんだと思うよ。

Bくん　アナログ時計って、どこの国でも同じようなデザインだよね。誰にだって簡単に、かつ直感的に現在時刻の確認ができるようになっているんだよ。これがアナログな性質だね。たとえ僕らがモノの名前を知らなくても、直感的にモノを見たり、触ったり、使ったりすることはできるわけだからね。

Cさん　デジタル時計の表示って、例えば「12時00分」から「12時01分」にいきなり変わるから、「00分」と「01分」の間って存在していないように感じるよね。デジタルな性質って、こんな風に中間が存在しない性質のことを指しているんだと思うよ。

Dくん　デジタルな性質って、まるでコンピューターで管理しているような様子のことを表しているんじゃないかな。パソコンで作業するときって、ファイルに名前をつけてフォルダに入れて保存しているよね。モノと名前の関係もこれと同じで、扱う人が勝手に名前を決めて整理したり、グループごとにまとめたりしているんだよ。

問三　[A]～[D]に入る言葉としてもっともふさわしいものを次の中からそれぞれ選び記号で答えなさい。ただし、同じ記号を二度使ってはいけません。

ア　けれども　イ　たとえば　ウ　すると　エ　あるいは

問四　次の文は本文中の【Ⅰ】・【Ⅱ】・【Ⅲ】・【Ⅳ】のいずれかの箇所(かしょ)に入ります。もっともふさわしい箇所を選び、ア～エの記号で答えなさい。

なぜなら言葉は、人間の現実をつくり出しているからです。

ア【Ⅰ】　イ【Ⅱ】　ウ【Ⅲ】　エ【Ⅳ】

問五　――部②「モノの名前の特徴」について、クラスで話し合いをしています。本文で説明されている「モノの名前の特徴」について間違ってとらえている生徒を一人、次の中から選びなさい。ただし、さん・くんはつけなくてもかまいません。

Aさん　例えば教室に「黒板」ってあるけれど、よく考えればあれって黒色じゃないよね。例えば絵の具の黒色とは同じ色ではないように見えるよ。かといって緑色でも青色でもないし……何色って呼べばいいんだろう。考えてみると不思議ね。黒色だと思っているものにも様々な色がありそうだわ。

Bくん　僕はこのあいだ虹を見ていたんだけど、どうしても色が七つもあるように見えなくてさ。あとから本で調べたら、日本人の多くは虹を七色だと思っているけれど、海外では虹を五色だと考えたり、二色だと考えたりする人たちもいるみたいなんだ。虹が何色あるかについても絶対的な線の引き方なんて無いんだね。

Cさん　きっと線の引き方が文化によって違うのよ。私たちは「蝶(ちょう)」

Y

て、世界をつくり出し、現実をつくり出すというはたらきがあるのです。

伝統的な哲学は、この点に注意が足りませんでした。言葉は、世界を記述しているだけだから、哲学は世界を研究すればよい、と考えていたんですけど、現代哲学は、言葉の研究もしないといけないというふうに、変わってきました。【Ⅲ】

例その一、命令。「あっちへ行ってろ。」

「あっちへ行ってろ」っていう言葉に対応する現実は、ないわけです。あんたはここにいて、私はここにいて、記述だったら、「二人がここにいます」です。「あっちへ行ってろ」っていうのは、それと違って、命令です。【Ⅳ】

命令というのは、発話者の意思なんですけれど、命令である以上、まだ実現していません。それを意思として相手に伝え、それをきいたら、新しい現実（あんたがあっちへ行くということ）が、生み出されます。世界がある→言葉がある、のではなくて、言葉がある→世界がある、なのです、命令の場合。

これに類すること。宣告。

「被告人を死刑にする」と、裁判官が言う場合。「この船をクイーン・エリザベス１世号と命名します」と、進水式で宣言する場合。親が子どもに名前をつける、でもよろしい。［D］、その名前で指されるものが、存在し始めます。宣告した内容が現実になります。

約束。「あした、三時に、ハチ公前ね。」

三時にハチ公前で、あした、会うかどうかは、あしたになってみないとわかりません。約束の結果、双方が拘束されて、そういう現実が出現する可能性が高いけれど、それは世界を［Z］してるわけではなくて、約束したことを二人が努力して、実現しているのです。社会はこうやって、言葉によってつくられていくのです。

告白。「あなたのことを好きです。」

「あなたのことを好きです。」っていうのは、あなたが好きだという客観的事実があって、それを報告しているのとは違います。「あなたのことが好きです。」って言うことが、あなたのことが好きですっていうこと、なのです。もしも言わなければ、好きだったことになりません。愛情は、こういう側面を持っていて、態度で示さないと、愛情があることになりません。プレゼントとか、告白とか。

愛情もそうですが、人間関係はこうやって、言葉でつくられていくのです。好意とか、反感とか、約束とか。

言葉を手に入れることによって、人間は、ほかの人間との関係を築いていけるようになりました。この能力のうえに、家族とか、友人とか、組織とか、いろいろなものが出来あがっていきます。最も基本的な、社会技術です。

社会について考えるのは、だから、言語について考えることを抜きにして、何にも考えたことにはならないと、私は思います。そして、こうしたことはまだまだ研究中なので、専門の学者たちでも、うんと先のほうまで考えることができているとは言えません。

（橋爪大三郎『面白くて眠れなくなる社会学』による）

問一　本文中の「X」の部分には使い方を誤った同音または同訓の漢字が一字あります。解答欄に正しい漢字を書きなさい。

問二　――部①「名前は言うならば、デジタルな性質を持っています。それに対してモノは、アナログな性質を持っています」について、ク

世界の中には、色がかりにあるとしても、連続的なんです。ところが、言葉のほうは、白は「シロ」、黒は「クロ」と言うしかない。中間があるとしても、「ハイイロ」という新しいものをつくって、灰色は「ハイイロ」。で、「シロ」と「ハイイロ」は違う色で、「ハイイロ」と「クロ」は違う色で、っていうふうにしかできないんです。【Ⅰ】

なぜかと言うと、頭の中がそうなっているから。世の中には、色がたくさんあるけれど、「シロ」と「クロ」と「アカ」と、「ミドリ」と「キイロ」と、「キミドリ」というふうに、名前の数だけ色がある、と思うようにできているのです。

これは、現実の反映かどうか。現実の反映ではあるけれど、現実とは違う構造のものになっているでしょう。これが、②モノの名前の特徴なのです。

色の場合にははっきりわかりますが、たとえば、犬というモノを考えてみる。「イヌ」という言葉を使えるのは、われわれの客観世界に、犬がいるから。それを、「イヌ」と呼んでいるのだ、と思う。でもたぶんこれは、錯覚です。

われわれは、犬と猫が違うと思う。犬と狼が違うと思う。そして、すべての犬は犬だと思う。［B］、みたところ、狼とシベリア犬、シベリア犬とチワワでは、狼とシベリア犬のほうが似ていませんか?

ですから実際、この世界がどうなっているかということとはある程度、無関係に、「イヌ」と「イヌ」でないもののあいだに、線が引かれていて、その線の内側を「イヌ」としている。これは、人間の都合なんですね。

X 「イヌ」という言葉ができた途端に、その線引きが自明の（※わかりきっている）ものとなってしまい、それ以外の考え方ができなくなるという特徴があるんです、人間には。そしてそれは、「イヌ」という言葉を使っている人びと全員を③拘束してしまう。

そこで得られる確信。

世界には犬がいる。

犬は、「イヌ」と呼ばれるモノである。すべての生き物は、［C］すべてのモノは、犬であるか、犬でないか、どちらかである。どんなモノを見せられても、私はそれが犬か、犬でないか、判談できる。こういうふうに、確信するわけです。

よく考えてみると、この確信には、根拠がない。だって、これまで見たこともないような、犬と狼の中間というのがありうるでしょ。でも、どんなに中間があっても、「シロ」と「ハイイロ」と「クロ」があるから、これは白、これは灰色だと、私は決められるって思っているのと、ほぼ同じ理由で、世界は名詞によって、きちんと区切られていると確信するのです。

そうすると、世界は名詞の集積になって、名詞によって指されるモノの全体になって。つまり、意味ある空間になります。【Ⅱ】

だけど、名詞ひとつを取っても、問題はまだまだ複雑なのであって、バートランド・ラッセルとか、ヴィトゲンシュタインとか、もっと最近の哲学者とかが、ああだこうだと議論しても、名詞とは何なのか、一向に決着がついていません。

言葉のすばらしい性質の、まだ続き。

言葉には、④執行という性能があります。

どういうことかと言うと、言葉は、世界を記述しているだけではなく

問七　——部⑤は、今、猫の子供らがしていることをふまえて、この話をおもしろおかしくまとめているセリフです。□にはどんな言葉が入りますか。ひらがな6字で答えなさい。

「□6字□ことです。」

問八　本文でクンねずみがどうして「エヘンエヘン」と言っていたのかクラスで話し合いをしています。

(1)　理由としてふさわしい意見を言っている生徒を次の中からすべて選び記号で答えなさい。ただし、くん・さんはつけなくてもかまいません。

(2)　(1)の答えを選ぶ根拠として、もっとも明確な一文を本文中の〰〰部ア～オから探し記号で答えなさい。ただし、(1)で選んだすべての答えにあてはまるものでなければいけません。

Aくん　クンねずみは難しそうな新聞を読んでいたりして、自分は頭がいいと思っているんだよ。それなのにテねずみが鼠会議員になって自分より偉そうにしているから悔しいんじゃないかな。

Bさん　クンねずみはとにかく人の話を聞きたくないんだと思う。それに目立ちたがり屋だから、人が話しているとついつい自分が話したくなっちゃうんだろうね。

Cくん　でも、それだけではテねずみの話にエヘンエヘンと言う説明にはならないよ。テねずみの話がわかりにくいから、もっとわかりやすく話すべきだっていうことをさりげなく教える優しさをクンねずみはもっていると思う。

Dくん　そうか。だから、猫の大将も自分の子供たちの先生に選ぶわけだ。実際わかりやすく教えているし、それを自慢する意味でエヘンエヘンとやるんだね。

Eさん　自慢というよりは、猫の子供が算術がすぐにできるようになってしまうから、しゃくにさわるんだと思う。だからプライドが高いって考えるのがいいと思います。

三　次の文章を読んで、あとの問に答えなさい。

言語と社会は、切っても切れないものです。

言語の性質として、いちばん基本になるのは、言語には意味がある、ということです。

言語の意味は、この世界の中の出来事やありさまと、関係しています。言語があることによって、この世界は豊かになり、広がりを持ち、人びとが共有できる空間になるという性質があります。

その根本には、言葉がモノを指し示すことができる、という機能があります。これを、指示といいます。

モノを指示する言葉を、名詞といいます。まあ、名前です。モノには名前があるんです。

モノに名前があると、モノとその名前とは、一体であるような気がします。たとえば、犬と「イヌ」、山と「ヤマ」。

でも実は、全然違って、①名前は言うならば、デジタルな性質を持っています。それに対してモノは、アナログな性質を持っています。□A□、わかりやすいので、色を考えてみます。

「シロ」と言い、「クロ」と言い、「ハイイロ」と言います。でも、白はだんだん灰色になって、灰色はだんだん黒になるわけでしょう。

そこへ猫大将が帰って来て、
「何か習ったか。」とききました。
「⑤［　　　］ことです。」と四ひきが一諸（いっしょ）に答えました。

（宮沢賢治「クンねずみ」による）

問一　［①］に入る言葉としてもっともふさわしいものを次の中から選び記号で答えなさい。

ア　飛行機に乗って落ちたんだな
イ　ねずみとりから逃げたんだな
ウ　ねずみとりを殺して姿を消したな
エ　ねずみとりに食われたんだな

問二　――部②「六ヶ敷い」とありますが、何と読みますか。次の【1】～【2】の指示に従って読み方を答えなさい。

【1】テねずみの話にカタカナがたくさん使われていることから考えること。
【2】「～こと」につながるように、5字で書くこと。

問三　［A］～［E］に入る言葉としてもっともふさわしいものを次の中からそれぞれ選び記号で答えなさい。ただし、同じ記号を二度使ってはいけません。

ア　ホクホク　　イ　ニヤニヤ　　ウ　ブルブル　　エ　フウフウ
オ　クルクル

問四　［X］には次のア～エの文が入ります。意味の通るように正しい順番に並べ替えなさい。

ア　するとテねずみは紙切れを出してするするするっと何か書いて捕り手のねずみに渡しました。
イ　「クンねずみはブンレツ者によりて、みんなの前にて暗殺すべし。」
ウ　クンねずみはくやしくてくやしくてなみだが出ましたがどうしてもかないそうがありませんでしたからしばらくじっとしておりました。
エ　捕り手のねずみは、しばられてごろごろころがっているクンねずみの前に来て、すてきに厳（おごそ）かな声でそれを読みはじめました。

問五　――部③「あっちからもこっちからもねずみがみんな集まって来て」とありますが、周りのねずみはクンねずみをどのようにとらえていますか。ふさわしくないものを次の中から一つ選び記号で答えなさい。

ア　偉いテねずみが話をしているのに、自分が一番偉いと思い込み、テねずみやねずみの社会を攻撃してきた暴力的な者。
イ　これからの時代はねずみが一丸となって社会を作るという話をしているのに、それに納得せずに不満を持っている者。
ウ　地位や教養のある者が多少難しくても大切な話をしている時に、その話をきちんと聞けないマナーの悪い者。
エ　テねずみが立派な話をしているにもかかわらず、その話の意味や大切さがわからない協調性の欠けている者。

問六　――部④について、子供らの答えが「わかってるよ」から「わかりました」へだんだん変化しています。どのような気持ちからどのような気持ちに変化したかをそれぞれ30字以内で説明しなさい。

［30字以内］気持ちから
［30字以内］気持ちに変わった。

そしてその中に、猫大将の子供が四人、やっと目をあいて、にゃあにゃあと鳴いておりました。

猫大将は子供らを一つずつなめてやってから言いました。

「お前たちはもう学問をしないといけない。ここへ先生をたのんで来たからな。よく習うんだよ。決して先生を食べてしまったりしてはいかんぞ。」子供らはよろこんで［　D　］笑って口々に、

「お父さん、ありがとう。きっと習うよ。先生を食べてしまったりしないよ。」と言いました。

クンねずみはどうも思わず脚が［　E　］しました。猫大将が言いました。

「教えてやってくれ。主に算術をな。」

「へい。しょう、しょう、承知いたしました。」とクンねずみが答えました。猫大将は機嫌（きげん）よくニャーと鳴いてするりと向こうへ行ってしまいました。

子供らが叫びました。

「先生、早く算術を教えて下さい。先生。早く。」

クンねずみはさあ、これはいよいよ教えないといかんと思いましたので、口早（くちばや）に言いました。

④「一に一をたすと二です。」

「わかってるよ。」子供らが言いました。

「一から一を引くとなんにも無くなります。」

「わかったよ。」子供らが叫びました。

「一に一をかけると一です。」

「わかりました。」と猫の子供らが利口そうに眼をパチパチさせて言いました。

「一を一で割ると一です。」

「先生、わかりました。」と猫の子供らがよろこんで叫びました。

「一に二をたすと三です。」

「わかりました。先生。」

「一からは二は引かれません。」

「わかりました。先生。」

「一に二をかけると二です。」

「わかりました。先生。」

「一を二でわると半かけです。」

「わかりました。先生」

ところがクンねずみはあんまり猫の子供らがかしこいのですっかりしゃくにさわりました。そうでしょう。クンねずみは一番はじめの一に一をたして二をおぼえるのに半年かかったのです。

そこで思わず、「エヘン。エヘン。エイ。エイ。」とやりました。すると猫の子供らは、しばらくびっくりしたように、顔を見合わせていましたが、やがてみんな一度に立ちあがって、

「何だい。ねずめ。オ人をそねみやがったな。」と言いながらクンねずみの足を一ぴきが一つずつかじりました。

クンねずみは非常にあわててばたばたして、急いで「エヘン、エヘン、エイ、エイ。」とやりましたがもういけませんでした。

クンねずみはだんだん四方の足から食われて行ってとうとうおしまいに四ひきの子猫はクンねずみのおへその所で頭をこつんとぶっつけました。

りこぶしをかためました。相手のねずみはやはり「へい。」といっております。テねずみはまたはじめました。

「そこでそのケイザイやゴラクが悪くなるというと、不平を生(しょう)じてブンレツを起こすというケッカにホウチャクするね。そうなるのは実にそのわれわれのシンガイで、フホンイであるから、やはりその、ものごとは共同一致団結和睦のセイシンでやらんといかんね。」

クンねずみはあんまりテねずみのことばが立派で、議論がうまく出来ているのがしゃくにさわって、とうとうあらんかぎり、

「エヘン、エヘン。」とやってしまいました。するとテねずみはぶるるっとふるえて、目を閉(と)じて、小さく小さくちぢまりましたが、だんだんそろりそろりと延(の)びて、そおっと目をあいて、それから大声で叫(さけ)びました。

「イこいつはブンレツだぞ。ブンレツ者だ。しばれ、しばれ。」と叫びました。すると相手のねずみはまるでつぶて※小石のようにクンねずみに飛びかかって鼠のとり縄(なわ)を出して［Ａ］しばってしまいました。

［Ｘ］

クンねずみは声をあげてチウチウなきました。

「さあ、ブンレツ者。歩け、早く。」と捕(と)り手のねずみは言いました。さあ、そこでクンねずみはウすっかり恐れ入ってしおしおと立ちあがりました。③あっちからもこっちからもねずみがみんな集まって来て、

「どうもいい気味だね、いつでもエヘンエヘンと言ってばかりいたやつなんだ。」

「やっぱり分裂していたんだ。」

「あいつが死んだらほんとうにせいせいするだろうね。」というような声ばかりです。

捕り手のねずみは、いよいよ白いたすきをかけて、暗殺のしたくをはじめました。

その時みんなのうしろの方で、［Ｂ］というひどい音がきこえ、二つの眼玉が火のように光って来ました。それは例の猫大将でした。

「ワーッ。」とねずみはみんなちりぢり四方に逃げました。

「逃がさんぞ。コラッ。」と猫大将はその一ぴきを追いかけましたがもうせまいすきまへずうっと深くもぐりこんでしまったのでいくら猫大将が手をのばしてもとどきませんでした。

猫大将は「チェッ」と舌打ちをして戻って来ましたが、クンねずみのただ一ぴきしばられて残っているのを見て、びっくりして言いました。

「貴様は何というものだ。」クンねずみはもう落ち着いて答えました。

「クンと申します。」

「フ、フ、そうか。なぜこんなにしているんだ。」

「暗殺されるためです。」

「フ、フ、フ。そうか。それはかわいそうだ。よしよし、おれが引き受けてやろう。おれのうちへ来い。ちょうどおれの家では、子供が四人できて、それに家庭教師がなくて困っている所なんだ。来い。」

猫大将はのそのそ歩き出しました。

クンねずみはエこわごわあとについて行きました。猫のおうちはどうもそれは立派なもんでした。紫色の竹で編んであって中は藁(わら)や布きれで［Ｃ］していました。おまけにちゃんとご飯を入れる道具さえあったのです。

二　次の文章を読んで、あとの問に答えなさい。

さあ、さあ、みなさん。失敬ですが、クンねずみの、今日の新聞を読むのを、お聴きなさい。

「ええと、カマジン国の飛行機、プハラを襲うと。なるほどえらいね。これは大へんだ。まあしかし、ここまでは来ないから大丈夫だ。ええと、ツェねずみの行方不明。ツェねずみというのはあの意地わるだな。Ａこいつはおもしろい。

天井うら街一番地、ツェ氏は昨夜行方不明となりたり、本社のいちはやく探知するところによればツェ氏は数日前よりはりがねせい、ねずみとり氏と交際を結びおりしが一昨夜に至りて両氏の間に多少感情の衝突ありたるもののごとし。台所街四番地ネ氏の談によれば昨夜もツェ氏は、はりがねせい、ねずみとり氏を訪問したるがごとしと。なお床下通り二十九番地ポ氏は、昨夜深更（※夜中）より今朝にかけて、ツェ氏並にはりがねせい、ねずみとり氏の、烈しき争論、時に格闘の声を聞きたりと。以上を総合するに、本事件には、はりがねせい、ねずみとり氏、最も深き関係を有するがごとし。本社はさらに深く事件の真相を探知の上、おおいにはりがねせい、ねずみとり氏に筆誅（※過ちを書いて責めること）を加えんと欲す、と。ははあ、ふん、これはもう疑いもない。ツェのやつめ、［　①　］。おもしろい、そのつぎはと。何だ、ええと、新任鼠会議員テ氏。エヘン。エヘン。エン。エッヘン。ヴェイ、ヴェイ、何だ。ちくしょう。テなどが鼠会議員だなんて。えい、面白くない。おれでもすればいいんだ。えい。面白くない、散歩に出よう。」

そこでクンねずみは散歩に出ました。

（中略）

クンねずみはそれからだんだん天井うら街の方へのぼって行きました。天井うら街のガランとした広い通りでは鼠会議員のテねずみがもう一ぴきの鼠と話していました。クンねずみはこわれたちり取りのかげで立ち聞きをしておりました。

テねずみが、

「それで、その、わたしの考えではね、どうしても、これは、その、共同一致、団結、和睦の、セイシンで、やらんと、いかんね。」と言いました。

クンねずみは

「エヘン、エヘン。」と聞こえないようにせきばらいをしました。相手のねずみは、「へい。」と言って考えているようすです。

テねずみは話をつづけました。

「もしそうでないとすると、つまりその、世界のシンポハッタツカイゼンカイリョウがそのつまりテイタイするね。」

「エン、エン、エイ、エイ。」クンねずみはまた低くせきばらいをしました。相手のねずみは「へい。」と言って考えています。

「そこで、その、世界文明のシンポハッタツカイリョウカイゼンがテイタイすると、政治はもちろんケイザイ、ノウギョウ、ジツギョウ、コウギョウ、キョウイクビジュツそれからチョウコク、カイガそれからブンガク、シバイ、ええとエンゲキ、ゲイジュツ、ゴラク、そのほかタイイクなどが、ハッハッハ、たいへんそのどうも悪くなるね。」テねずみは②六ヶ敷いことをあまりたくさん言ったのでもう愉快でたまらないようでした。クンねずみはそれがまたむやみにしゃくにさわって「エン、エン」と聞こえないようにそしてできるだけ高くせきばらいをやってにぎ

【国　語】（四五分）〈満点：一〇〇点〉

一　次の問に答えなさい。

問一　次の①〜④の――部のカタカナを漢字に直しなさい。

①　謙譲のビトクを発揮する。

②　国の将来をタッカンする。

③　東京にオリンピックをショウチする。

④　やせた土地をコやす。

問二　形声文字と呼ばれる漢字は、意味をあらわす部首と音をあらわす部分でできています。この音をあらわす部分を音記号と呼ぶことにします。

**　先生が生徒にいくつかの音記号を示しました。生徒達は、その音記号のうちのいずれかを使ったある漢字について考えています。その漢字を理解するために、音記号にさまざまな部首を付けてみました。部首は意味をあらわしていることを思い出して、生徒の説明を読みながら、生徒Ａ〜Ｃが考えているある漢字を答えなさい。また、Ｄの問に答えなさい。**

例：音記号「青」

「この漢字は、たしかに言葉で頼むから、この部首を使うんだ。部首をおひさまに変えると、天気がよくなったよ。」

答え：請

（参考までに、部首を「日」に変えた漢字は「晴」ですが、答える必要はありません。）

音記号「羊」「白」「令」「兆」「包」

Ａ　この漢字はまだ習っていない気がするなあ。この漢字を使う時は自分の手でやらなければならない状況だからこの部首を使うんだね。部首を「目」に変えると景色を見るときに使う漢字になって、「足」に変えると動作に変わったよ。

Ｂ　この漢字は氷に関係しているからこの部首を使うんだ。「こおる」なんかも氷に関係しているから同じ部首が使われているね。部首を「歯」に変えると歳をあらわす時に使う漢字に変わったし、「雨」に変えると何にもないということをあらわす数字を示す漢字に変わったよ。

Ｃ　この漢字は「みなと」や「うみ」と同じ部首を使うみたいだね。なんでだろう。もしかして、昔はふねを陸につなぎとめておくことをあらわしていたからなのかな。部首を「手」に変えると「たたく・うつ」という意味になって、部首を「ふね」に変えると大きなふねをあらわす漢字になったよ。

Ｄ　生徒達が次のような話し合いをしています。

「『かわ』という意味をあらわす『皮』は音読みすると『ヒ』になるね。音記号になるみたいだよ。いろいろな部首をつけることができるね。」

「そうだね、『ころもへん』を付けると『被』になるね。『ぎょうにんべん』を付けると『彼』になった。」

「この漢字は調子が良くない時に使うからこの部首をつけるんだね。」

生徒たちはどの漢字について話しているでしょうか。生徒たちが話しているこの漢字を使った**熟語**を、自分で考えて書きなさい。

MEMO

大切なことはメモしておこうネ！

解答用紙集

○月×日 △曜日　天気（合格日和）

◆ご利用のみなさまへ
＊解答用紙の公表を行っていない学校につきましては、弊社の責任において、解答用紙を制作いたしました。
＊編集上の理由により一部縮小掲載した解答用紙がございます。
＊編集上の理由により一部実物と異なる形式の解答用紙がございます。

人間の最も偉大な力とは、その一番の弱点を克服したところから生まれてくるものである。――カール・ヒルティ――

東京学参株式会社

芝浦工業大学柏中学校(第1回)　2024年度　　◇算数◇

※ 152%に拡大していただくと，解答欄は実物大になります。

1

(1)		(2)	円

2

(1)	cm^3	(2)	cm^3

3

(1)	回	(2)	

4

(1)	円	(2)	円

5

(1)	ターン目	(2)	ターン目	(3)	ターン目

6

(1)	cm	
(2)	度	(理　由)
(3)	回転	

7

(1) 毎分　　m

(2)

(答え)　　倍

(3)

(答え)　　分　　秒以内

芝浦工業大学柏中学校(第1回)　2024年度　◇理科◇

※ 152%に拡大していただくと，解答欄は実物大になります。

1

(1) A　　C

(2) アカミミガメ　　アメリカザリガニ

(3)　　(4)

(5) 元からいた生物

(6) ① 平均点数　　記号　　②

(7) ミカヅキモ →

2

(1)　　(2)

(3)

(4) 万年後

(5)

(6) 毎秒　km　(7) D　km　E　時　分　秒

(8)

3

(1)

(2) と　(3)

(4)

(5)　(6)　(7)　倍

(8)

(9) ① g　② g

4

(1)　(2) cm　(4)

(3) cm　(5) cm

(6) cm　(7) g

(8) cm^3　(9)

(10) 箱形の鉄は水に(　　)

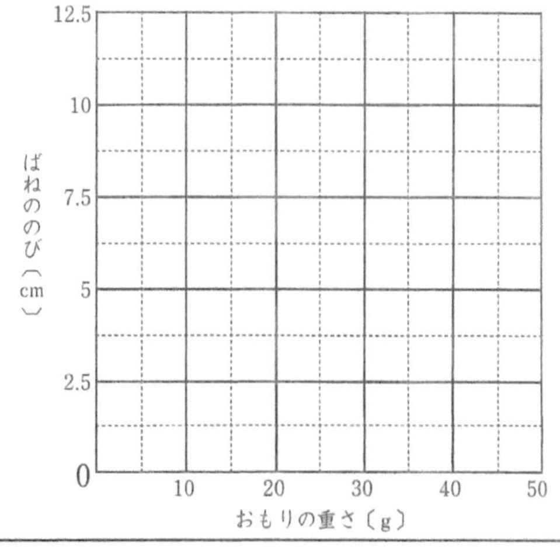

芝浦工業大学柏中学校(第1回)　2024年度

◇社会◇

※ 152%に拡大していただくと，解答欄は実物大になります。

1

問1		問2		問3	(1)
問3(2)					
問4		問5		問6	問7
問8		問9		問10	

2

問1		問2		問3		問4	
問5		問6		問7			
問8	(1)					(2)	
問9		問10		問11		問12	

3

問1	①		③		⑥		
問2		問3					
問4							
問5		問6		問7			

※ 161％に拡大していただくと，解答欄は実物大になります。

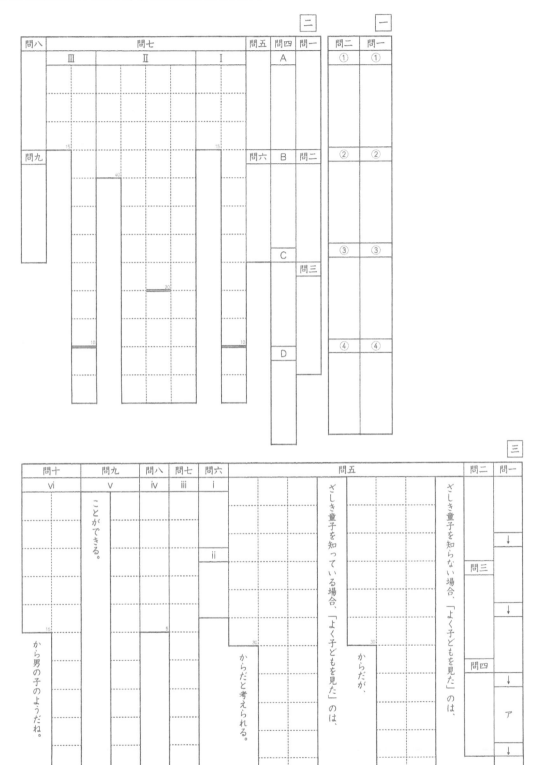

一

問一 ① ② ③ ④

問二 ① ② ③ ④

二

問一

問二

問三

問四 A B C D

問五

問六

問七 Ⅰ Ⅱ Ⅲ

問八

問九

三

問一 → → → ア →

問二

問三

問四

問五 ざしき童子を知らない場合、「よく子どもを見た」のは、　　からだが、ざしき童子を知っている場合、「よく子どもを見た」のは、　　からだと考えられる。

問六 i ii

問七 iii

問八 iv

問九 v ことができる。

問十 vi から男の子のようだね。

芝浦工業大学柏中学校(第2回)　2024年度

◇算数◇

※ 152%に拡大していただくと，解答欄は実物大になります。

1

(1)		(2)	cm^2

2

(1)	回	(2)	回

3

(1)	g	(2)	%

4

記号	cm

5

(1)	個	(2)	個	(3)	人

6

(1)		(2)	(理　由)

(2)	(ア)　　(イ)	(3)	

7

(1) cm^3

(2)

(答え) cm^3

(3)

(答え) 秒後

芝浦工業大学柏中学校（第2回）　2024年度

◇理科◇

※ 152％に拡大していただくと，解答欄は実物大になります。

1

(1)		(2)	①	万匹			
(2)	②	ア		イ		ウ	
	③	万匹					
(2)	④	万匹	⑤		(3)	①	
(3)	②		利点	5	10	15	
(3)	③	交尾の機会を	10	15			

2

(1)	①		②		③		④
(2)		(3)					
(4)	倍						
(5)	5	10	15	20			
(6)		(7)	う		え		
(8)	5	10					

3

(1)		(2)		(4)			
(3)	5	10	15	20			
(5)	①	c		d			
(5)	②		(6)		(7)	①	
(7)	②	cm	③	5	10		

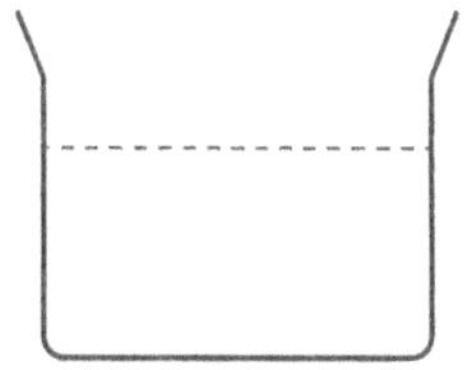

4

(1)		(2)	5	10	
(3)		(4)			
		(5)	ジュール		
		(6)	①	℃	
			②	℃	
			③	℃	
		(7)	倍		
(8)	水の温度は 10℃ より（　　　）くなる				
	5	10	15		
	20	25			

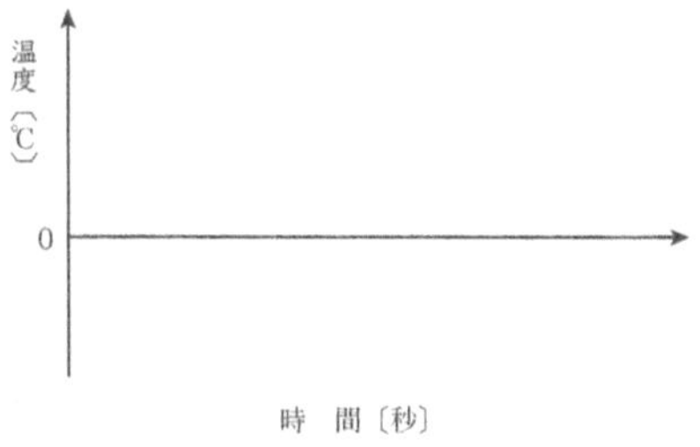

芝浦工業大学柏中学校(第2回)　2024年度

◇社会◇

※ 143％に拡大していただくと，解答欄は実物大になります。

1

問1		問2		問3		問4	
問5		問6		問7		問8	
問9		問10					
問11							
問12							

2

問1		問2	市	問3		問4	
問5		問6		問7	(1)		(2)
問8		問9	(1)		(2)		
問10		問11					

3

問1	②		⑥		問2		問3
問4	(1)		(2) X				
(2) Y							
問5		問6		問7			

芝浦工業大学柏中学校(第2回)　2024年度

◇国語◇

※ 161%に拡大していただくと，解答欄は実物大になります。

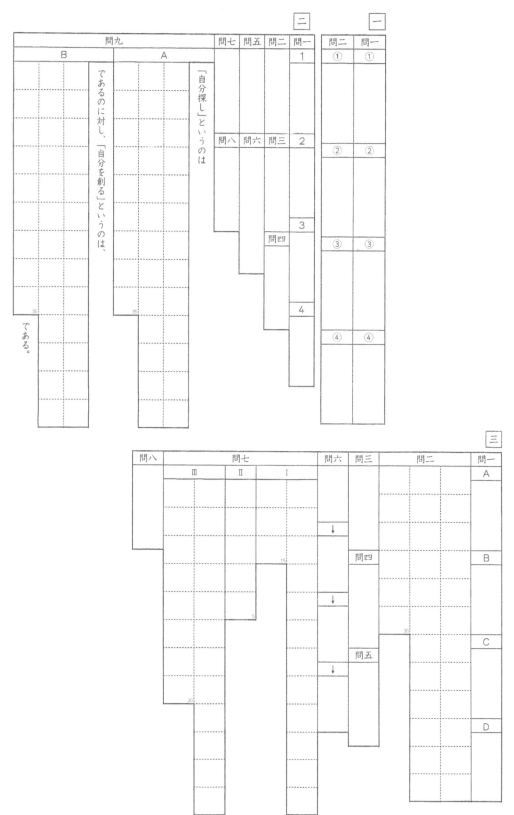

一

問一 ① ② ③ ④

問二 ① ② ③ ④

二

問一 1 2 3 4

問二

問三

問四

問五

問六

問七

問八

問九

A 「自分探し」というのは

B であるのに対し、「自分を創る」というのは、

である。

三

問一 A B C D

問二

問三

問四

問五

問六 ↓ ↓ ↓

問七 Ⅰ Ⅱ Ⅲ

問八

芝浦工業大学柏中学校（第1回）　2023年度

◇算数◇

※ 152%に拡大していただくと，解答欄は実物大になります。

1

(1)		(2)	度

2

(1)	人	(2)	%

3

(1)	：	(2)	円

4

(1)	：	(2)	

5

(1)	（共通する事柄）
	（理　由）
(2)	分　　秒
(3)	分　　秒

6

(1)	通り	(2)	通り	(3)	通り

7

(1)

(2)

（答え）　　cm

(3)

（答え）　　cm^2

芝浦工業大学柏中学校(第1回)　2023年度

◇理科◇

※ 152%に拡大していただくと，解答欄は実物大になります。

1

(1)

(2) ① 温度　　光

②

③ (20字)

④　　⑤

(3)　　(4)　　(5)

2

(1)　　(2) a　　b　　c

(3)　　(4)

(5) (15字)

(6)　　km

(7) (25字)

(8)

3

(1) A　　B　　C　　D　　E

(2)　　(3)

(4) (25字)

(5)　　(6)　　%

(7) i)

ii) (20字)

iii) (25字)

4

(1)　　(2) (15字)

(3) (30字)

(4)　　(5)

(6) (a)　　(b)　　(c)　　(d)

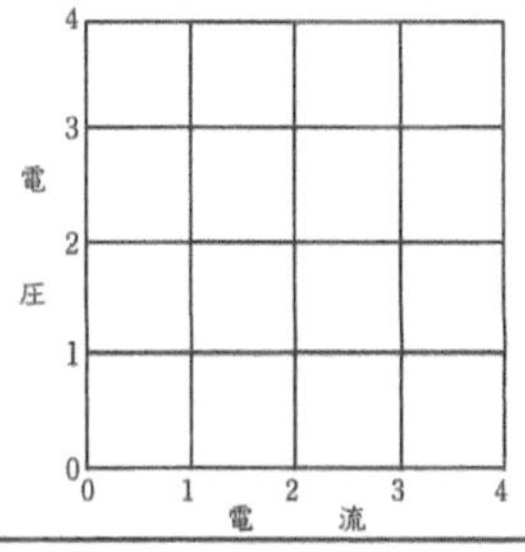

(7)

芝浦工業大学柏中学校(第1回)　2023年度

◇社会◇

※ 152%に拡大していただくと，解答欄は実物大になります。

1

問1		問2		問3		問4			
問5		問6	名称		作品		問7		
問8		問9	(1)		(2)				
問10									

2

問1		問2		問3					
問4	(1)		(2)	(う)		(え)			
問5		問6		問7		問8			
問9		問10		問11					

3

問1	①		⑦		問2			
問3		問4		問5				
問6	(X)		(Y)		問7			
問8	X							
	Y							

芝浦工業大学柏中学校（第1回）　2023年度

◇国語◇

※ 161％に拡大していただくと，解答欄は実物大になります。

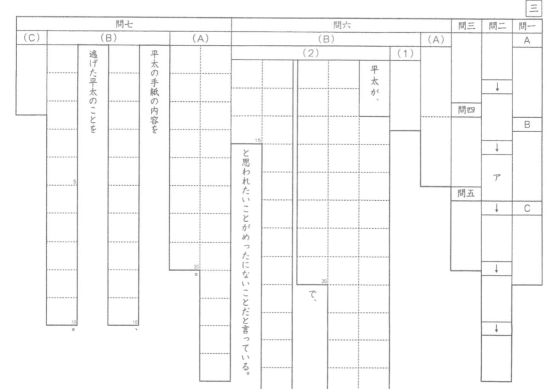

一

問一　①　②　③　④　⑤

問二　①　②　③

二

問一

問二　A　B　C　D

問三

問四　（1）　（2）

問五

問六

問七　（1）　（2）

三

問一　A　B　C

問二　↓　↓　ア　↓　↓　↓

問三

問四

問五

問六　（A）

（B）（1）平太が、

（2）で、

と思われたいことがめったにないことだと言っている。

問七　（A）　。

（B）平太の手紙の内容を　、

逃げた平太のことを　。

（C）

芝浦工業大学柏中学校（第2回）　2023年度

◇算数◇

※ 152%に拡大していただくと，解答欄は実物大になります。

1

(1)		(2)	g

2

(1)	m	(2)	分

3

(1)	種類	(2)	通り

4

(1)	cm^2	(2)	cm^2

5

(1)	本	(2)	本	(3)	

6

(1)	番目	(2)	約数が3個になる整数は，
(2)			
(3)			

7

(1) cm^3

(2)

（答え）cm^2

(3)

（答え）cm^3

芝浦工業大学柏中学校（第2回）　2023年度

◇理科◇

※ 152%に拡大していただくと，解答欄は実物大になります。

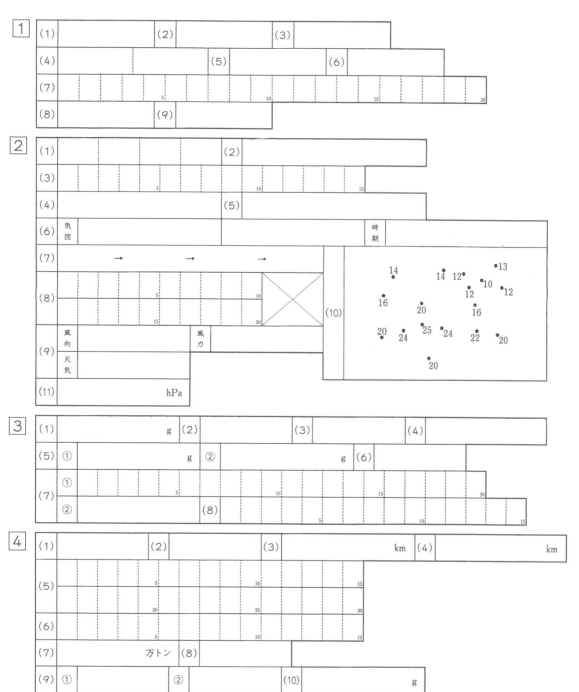

1

(1)　(2)　(3)

(4)　(5)　(6)

(7)

(8)　(9)

2

(1)　(2)

(3)

(4)　(5)

(6) 気団　時期

(7) → → →

(8)

(9) 風向　風力　天気

(10)

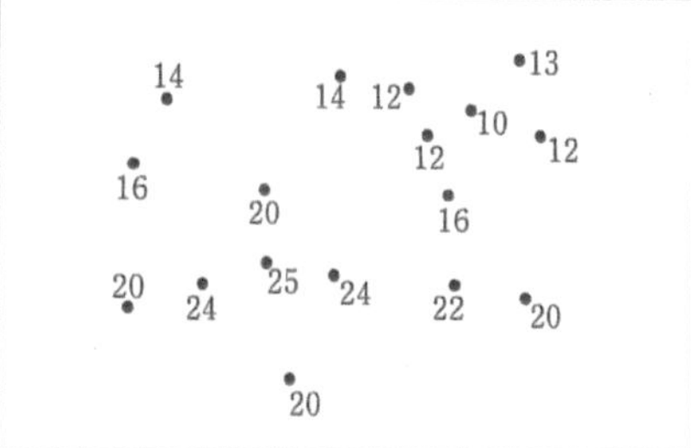

(11) hPa

3

(1) g　(2)　(3)　(4)

(5) ① g　② g　(6)

(7) ①

②　(8)

4

(1)　(2)　(3) km　(4) km

(5)

(6)

(7) 万トン　(8)

(9) ①　②　(10) g

芝浦工業大学柏中学校（第2回）　2023年度

◇社会◇

※ 143％に拡大していただくと，解答欄は実物大になります。

1

問1		問2		問3		問4		問5	
問6		問7		問8					
問9									
問10		問11		問12				問13	

2

問1	(1)		(2)		(3)	
	(4)		(5)		(6)	
問2	(1)		(2)		(3)	
	(4)		(5)			
問3		問4	(1)		(2)	

3

問1		問2						
問3								
問4	(1)		(2)		(3)		(4)	
問5								
問6								

芝浦工業大学柏中学校（第2回）　2023年度

◇国語◇

※ 161％に拡大していただくと，解答欄は実物大になります。

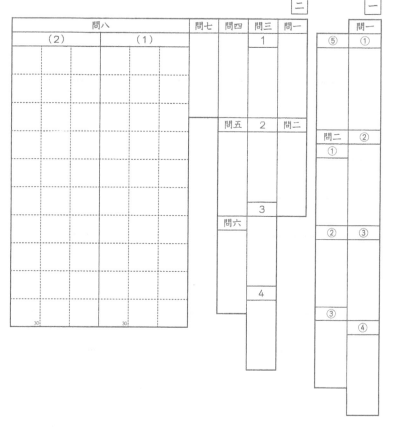

一

問一　①　②　③　④　⑤

問二　①　②　③

二

問一

問二

問三　1　2　3　4

問四

問五

問六

問七

問八　（1）　（2）

三

問一　A　B

問二

問三　↓　↓　↓

問四

問五

問六

問七　理由1　理由2

問八

MEMO

大切なことはメモしておこうネ！

MEMO

大切なことはメモしておこうネ！

MEMO

大切なことはメモしておこうネ！

MEMO

大切なことはメモしておこうネ！

〈ダウンロードコンテンツについて〉

本問題集のダウンロードコンテンツ、弊社ホームページで配信しております。現在ご利用いただけるのは「2025年度受験用」に対応したもので、**2025年3月末日**までダウンロード可能です。弊社ホームページにアクセスの上、ご利用ください。

※配信期間が終了いたしますと、ご利用いただけませんのでご了承ください。

中学別入試過去問題シリーズ

芝浦工業大学柏中学校　2025年度

ISBN978-4-8141-3221-8

[発行所] 東京学参株式会社

〒153-0043　東京都目黒区東山2-6-4

書籍の内容についてのお問い合わせは右のQRコードから ⇒

※書籍の内容についてのお電話でのお問い合わせ、本書の内容を超えたご質問には対応できませんのでご了承ください。

2024年5月23日　初版